# 伦理学原理

（第三版）

LUNLIXUE YUANLI

王海明 著



北京大学出版社
PEKING UNIVERSITY PRESS

**图书在版编目（CIP）数据**

伦理学原理/王海明著.—3版.—北京:北京大学出版社,2009.3
（博雅大学堂·哲学）
ISBN 978-7-301-14566-1

Ⅰ.伦…　Ⅱ.王…　Ⅲ.伦理学-高等学校-教材　Ⅳ.B82

中国版本图书馆CIP数据核字(2009)第015840号

**书　　　名：伦理学原理（第三版）**
著作责任者：王海明　著
责 任 编 辑：田　炜
封 面 设 计：奇文云海
标 准 书 号：ISBN 978-7-301-14566-1/B·0766
出 版 发 行：北京大学出版社
地　　　址：北京市海淀区成府路205号　100871
网　　　址：http://www.pup.cn　　电子邮箱:pkuwsz@yahoo.com.cn
电　　　话：邮购部62752015　发行部62750672　出版部62754962
编辑部62752025
印　刷　者：三河市北燕印装有限公司
经　销　者：新华书店
650mm×980mm　16开本　27.5印张　450千字
**2009年3月第3版　　2021年12月第7次印刷**
定　　　价：42.00元

# 内容简介

一直到19世纪末,伦理学与规范伦理学几乎还是同一概念。1903年摩尔发表《伦理学原理》,宣告了另一种伦理学——元伦理学——的诞生。尔后半个多世纪,元伦理学在西方伦理学领域一直居于主导地位。20世纪60年代以来,脱离规范伦理学而企图独撑伦理学大厦的元伦理学开始走下坡路。代之而起的,一方面是规范伦理学的复兴,另一方面则是否定规范伦理学的美德伦理学的崛起。本教材试图在马克思主义基础上,融会贯通古今中外伦理学成果,从而使相互排斥的元伦理学、规范伦理学和美德伦理学结合起来而成为伦理学体系结构的三部分:元伦理学是关于优良道德制定方法的科学;规范伦理学是关于优良道德制定过程的科学;美德伦理学是关于优良道德实现途径的科学。总之,伦理学是关于优良道德的科学。

# 作者简介

王海明,吉林省白城市镇赉县人,现为三亚学院国家治理研究院特聘教授和北京大学哲学系教授,著有《新伦理学》(全三册,商务印书馆2008年)、《伦理学方法》(商务印书馆2003年)、《人性论》(商务印书馆2005年)、《公正与人道:国家治理道德原则体系》(商务印书馆2010年)、《理想国家》(全二册,商务印书馆2014年)、《国家学原理》(生活读书新知三联书店2014年)、《国家学》(全三册,中国社会科学出版社2012年)、《名家通识讲座书系:道德哲学原理十五讲》(北京大学出版社2008年)、《名校名师名课系列:伦理学与人生》(复旦大学教材,复旦大学出版社2009年)、《伦理学导论》(复旦大学教材,复旦大学出版社 2009 年)、《美德伦理学》(与孙英合著,北京大学教材,北京大学出版社 2011 年)等。曾在《中国社会科学》、《哲学研究》、《哲学与文化月刊》(台北)、《中国社会科学季刊》(香港)等刊物发表伦理学与国家学以及中国学论文 300 余篇。

# 目录



## 上卷　元伦理学原理

## 中卷　规范伦理学原理

### 第一篇　道德价值主体:社会为何制定道德

## 第三篇　道德价值与道德规范：伦理行为应该如何的优良道德

## 下卷　美德伦理学原理

# 绪 论

## 一 伦理学界说:关于优良道德的科学

伦理学无疑是关于道德的科学。但是,伦理学不是关于某个社会的特殊的、具体的道德的科学,而是关于一切社会的道德的普遍性的科学。因为在这个定义中,"道德"是全称,因而包括一切道德,包括一切特殊的、具体的道德而是其一般、抽象、共性、普遍性。所以,伦理学是关于道德的科学,这意味着,伦理学是关于一切特殊的、具体的道德所包含的那种共同的、抽象的、一般的、普遍的"道德"之科学,因而也就是关于道德的普遍本性的科学,说到底,伦理学就是道德哲学:道德科学、道德哲学和伦理学是同一个概念。所以,布洛克(H. Gene Blocker)说:"伦理学试图发现能够确证人类所有行为和最终说明使行为正当或不正当之最高层次、最一般的原因。"[1]这样一来,伦理学便是哲学的分支,亦即道德哲学。今日西方伦理学家也都这样写道:"伦理学是关于道德的哲学研究。"[2]"伦理学是哲学的一个分支;它是道德哲学,亦即关于道德、道德问题和道德判断的哲学思想。"[3]

不过,真正讲来,这个定义也是不够确切的。因为道德是一种社会制定或认可的行为应该如何的规范:道德亦即道德规范。这样,道德便正如休谟所说,无非是人们所制定的一种契约,具有主观任意性,因而虽然无所谓真假,却具有优良与恶劣或正确与错误之分。举例说,我们显然不能说"女人应该裹小脚"的道德规范是真理还是谬误,而只能说它是优良的还是恶劣的或正确的还是错误的:它无疑是恶劣的、错误的。伦理学的意义显然全在于此:避免恶劣的、错误的道德,制定优良的、正确的道德。因为道德既然是可以随意制定的,那么,制定道德便不需要科学。确实,在伦理学诞生之前——亦即在亚里士多德和孔子的时代之前——道德早就存在了。只有制定优良的、正确的道德才需要科学:伦理学是关于优良道德的科学。所以,布洛克说:“道德哲学家反思日常道德假定,并不仅仅是用哲学术语重述我们已经信赖的任何规范;而是寻求对于日常道德的一种新的理解和新的观点,这将改正我们某些道德信仰和改变我们每天的道德行为。”[4]于是,确切地讲,伦理学并不是关于道德的科学,而是关于优良道德的科学,这恐怕才是伦理学的精确定义。伦理学,亦即道德哲学,是关于优良道德的科学,是关于优良道德的制定方法和制定过程以及实现途径的科学。

如果说伦理学是关于优良道德的科学,那么,究竟怎样的道德才是优良的?这是个十分复杂的问题:它牵扯到三个密不可分而又根本不同的重要概念:道德(亦即道德规范)、道德价值和道德判断(亦即道德价值判断)。人们大都以为,所谓道德或道德规范,亦即道德应该、道德价值。其实,二者根本不同。因为道德或道德规范都是人制定或约定的。但是,道德价值却不是人制定或约定的:一切价值——不论道德价值还是非道德价值——显然都不是人制定或约定的。试想,玉米、小麦、大豆的营养价值怎么能是人制定或约定出来的呢?那么,道德价值与道德规范是何关系?

道德规范与道德判断一样,皆以道德价值为内容、对象、摹本,都是道德价值的表现形式:道德规范亦即道德价值规范;道德判断亦即道德价值判断。只不过,道德价值判断是道德价值在大脑中的反映,是道德价值的思想形式;而道德规范则是道德价值在行为中的反应,是道德价值的规范形式。因此,道德规范和道德价值判断有真假对错优劣之分。道德价值判断有真假之分:与道德价值相符的判断,便是真理;与道德价值不符的判断,便是谬误。道德规范则没有真假而只有对错优劣之分:与道德价值相符的道德规范,就是优良的、正确的、对的道德规范;与道德价值不符的道德规范,就是恶劣的、错误的道德规范。举例说,假设“女人裹小脚”确实是不应该的,因而具有负道德价值。那么,一方面,断言“女人裹小脚是应该的”道德价值判断便不符合“女人裹小脚”的道德价值,因而是一种谬误的、假的判断;另一方面,把“女人应该裹小脚”奉为道德规范也不符合“女人裹小脚”的道德价值,因而是一种恶劣的道德规范。

可是,究竟怎样才能制定与道德价值相符的优良道德规范呢?人们制定任何道德规范,无疑都是在一定的道德价值判断的指导下进行的。显而易见,只有在关于道德价值的判断是真理的条件下,所制定的道德规范才能够与道德价值相符,从而才能够是优良的道德规范;反之,如果关于道德价值的判断是谬误,那么,在其指导下所制定的道德价值的规范,必定与道德价值不相符,因而必定是恶劣的道德规范。举例说,如果"为己利他是应该的"道德价值判断是真理,那么,我们把为己利他奉为道德原则,便与为己利他的道德价值相符,因而是一种优良的道德原则。反之,如果"为己利他是应该的"道德价值判断是谬误,那么,我们把为己利他奉为道德原则,便与为己利他的道德价值不相符,因而便是一种恶劣的道德原则。

可见,伦理学是关于优良道德的科学的定义,实际上蕴涵着:伦理学是寻找道德价值真理的科学,是关于道德价值的科学。所以,伦理学家们一再说伦理学是一种价值科学:"伦理学是一个关于道德价值的有机的知识系统。"[5]"伦理学之为科学,研究关于全体生活行为之价值者也。"[6]这是伦理学的公认的定义,也是伦理学的更为深刻的定义。然而,真正讲来,这个"伦理学是关于道德价值的科学"的定义,只能从"伦理学是关于优良道德的科学"推出,而不能由"伦理学是关于道德的科学"推出。因为优良道德是不能随意制定、约定的,制定优良道德必与道德价值相关:优良道德是与道德价值相符的道德规范。反之,道德是可以随意制定、约定的,制定道德不必与道德价值相关:与道德价值相符的道德是道德;与道德价值不符的道德也是道德。

## 二 伦理学对象:伦理学公理

伦理学是关于优良道德或道德价值的科学,意味着:伦理学就其根本特征来说,是一种规范科学或价值科学而不是描述科学或事实科学。这样,在科学的王国里,伦理学便属于规范科学而与事实科学相对立。那么,这是否意味着:伦理学只研究应该、价值、规范而不研究是、事实?行为应该如何与行为事实如何究竟是什么关系?这就是所谓"休谟难题"或"休谟法则",因为休谟首次提出了这个问题:能否从"是"推导出"应当"?这是关于道德价值的产生和存在的来源、依据问题,是如何确定行为的道德价值的问题,是如何科学地确定伦理学的研究对象的问题,是元伦理学的核心问题。元伦理学对于这个问题的研究表明:

所谓道德价值或行为之应该如何,不过是行为之事实如何对于道德目的——保障社会存在发展、最终增进每个人利益——的相符抑或违背之效用,因而是通过道德目的,从行为事实如何中产生和推导出来的:符合道德目的的行为之事实,就是行为之应该;违背道德目的的行为之事实,就是行为之不应该。诚实为什么一般说来是应该的，而有时却是不应该的？岂不就是因为诚实一般说来有利于社会和他人、符合道德目的，而有时却有害于社会和他人、违背道德目的？反之，说谎为什么一般说来是不应该的，而有时却是应该的？岂不就是因为说谎一般说来有害于社会和他人、违背道德目的，而有时却有利于社会和他人、符合道德目的？

因此，行为应该如何的道德规范虽然都是人制定的、约定的；但是，只有那些恶劣的道德规范才可以随意制定、约定。反之，优良的道德规范决非可以随意制定，而只能通过道德目的，从行为事实如何的客观本性中推导、制定出来：所制定的行为应该如何的道德规范之优劣，直接说来，取决于行为应该如何的道德价值判断之真假；根本说来，则一方面取决于行为事实如何的事实判断之真假，另一方面取决于道德目的的主体判断之真假。例如，“无私利他”作为道德规范，究竟是优良的，还是恶劣的，直接说来，便取决于“无私利他具有正道德价值”的价值判断之真假；根本说来，则一方面取决于“每个人的行为事实上能够无私利他”的事实判断之真假，另一方面则取决于“道德目的是增进每个人利益”的主体判断之真假。这就是“是与应该”的关系之真谛，这就是休谟难题之答案，这就是优良道德的推导和制定之方法，这就是可以推演出伦理学的全部内容、全部对象的伦理学的推导公理或公设。我们可以将其归结为一个道德价值和优良道德规范推导公式：

前提 1：行为事实判断之真理<br>
前提 2：道德目的判断之真理

---

结论 1：道德价值判断之真理<br>
结论 2：优良道德规范

可是，我们将这个道德价值和优良道德规范推导公式及其所包含的四个命题叫做伦理学的公理或公设，根据何在？按照亚里士多德和欧几里得的古典公理法的观点，公理和公设是不需要证明的，因为它们是自明的、直觉的、公认的、不言而喻的。然而，非欧几何学的产生表明这种观点是片面的。因为非欧几何学的第五公设——经过直线外的一点，可作多条直线和原有的直线平行——显然不是自明的、直觉的；恰恰相反，它是完全违背人们的直觉的。所以，公理和公设不必是自明的、公认的。公理和公设之为公理和公设，正如波普所说，只在于从它们能够推演出该门科学的全部命题或全部内容。[7]因此,伦理学的公理和公设之为公理和公设,也只在于从它们能够推演出伦理学的全部命题或全部内容,而与是否自明无关。道德价值推导公式及其所包含的四个命题之为伦理学公理或公设,与非欧几何学的第五公设相似,并不是因为它们是自明的——恰恰相反,它们是人类思想的最大难题之一——而是因为由它们可以推导出伦理学的全部内容、全部对象。首先,从这个道德价值推导公式,可以推导出伦理学的基本对象由以下三部分组成:

第一部分是对于这个公式的前提1"行为事实判断之真理"的论述。它的研究对象就是道德哲学家们所谓的"人性":人性就是人的伦理行为事实如何之本性。因为"人"是全称,是一切人。所以,人性就是一切人都具有的属性,是一切人的共同性,也就是大人与小孩以及婴幼儿等一切人的共性,说到底,也就是人生而固有的本性。但是,伦理学所研究的人性仅仅是指可以言善恶的人性,而不包括不可言善恶的人性。那么,可以言善恶的人性究竟是什么?无疑只能是人的伦理行为——心理是行为的内在因素——本性,是伦理行为所固有的事实如何之本性。它是伦理行为不依赖道德目的而独自具有的属性,是伦理行为无论与道德目的发生关系还是不发生关系都同样具有的属性,是伦理行为的固有属性,是伦理行为应该如何的优良道德规范所由以产生和推导出来的实体,所以叫做"道德价值实体",属于"道德客体"范畴。

第二部分是对于这个公式的前提2"道德目的判断之真理"的证明。但是,要证明何为道德目的,就必须证明道德究竟是什么:它的定义、结构、类型、基本性质等等。这就是"道德价值主体:社会为何创造道德"的全部内容了。因为所谓的道德价值主体,也就是对于每个人的伦理行为进行道德治理的治理者"社会";更确切些说,道德主体是社会的道德属性——社会的道德需要、社会的道德起源、社会的道德目的、社会的道德结构、社会的道德类型、社会的道德性质等等——这一部分的核心是道德目的:社会为何创造道德?因为道德目的是衡量伦理行为事实如何的道德价值的终极标准,只有借助它,才能从伦理行为事实如何推导出伦理行为应该如何的优良道德规范。

第三部分是对于这个公式的结论1"道德价值判断之真理"和结论2"优良道德规范"的确证,可以名之为"道德价值和道德规范:伦理行为应该如何的优良道德"。它主要包括:(1)道德总原则"善";(2)社会治理的道德原则"公正"、"平等"与"人道"、"自由"、"异化";(3)善待自己的道德原则“幸福”;(4)道德规则如“诚实”、“贵生”、“自尊”、“谦虚”、“智慧”、“节制”、“勇敢”等等。但是,对于这些优良道德规范的研究并不是该部分的主要内容。因为道德规范是道德价值的表现形式:优良道德规范是与道德价值相符的规范。所以,这一部分研究的结果和目的是制定优良道德规范;而研究的过程和主要内容则是道德价值。道德价值是伦理行为独自不具有的属性,是伦理行为事实如何与道德目的发生关系时所产生的属性,是伦理行为事实如何对道德目的的效用,是通过道德目的而从伦理行为事实如何的客观本性中推导出来的行为应该如何:优良道德规范就是与其相符的规范。

诚然,这三大部分仅仅是伦理学的基本研究对象,而不是伦理学的全部对象。因为对于它们的研究仅仅确立、制定了优良的道德;而还没有解决如何使人们实际遵守这种优良道德。那么,如何才能使人们遵守优良道德、从而使其得到实现?通过良心、名誉、品德:良心与名誉的道德评价是道德规范实现的途径;良好的品德则是道德规范的真正实现。这是伦理学最后部分的研究对象,这一部分显然是对于如何实现道德价值推导公式的结论2“优良道德规范”的研究。这样,伦理学的全部对象便可以归结如下:

伦理学
- 一 是与应该的关系:优良道德的制定方法
- 二 道德价值主体:社会为何制定道德
- 三 道德价值实体:伦理行为之事实如何的客观本性
- 四 道德价值和道德规范:伦理行为之应该如何的优良道德
- 五 优良道德规范之实现:怎样使人遵守优良道德

这五大部分就是伦理学的全部对象吗?是的。因为伦理学是关于优良道德的科学;而这五大部分显然包括了优良道德的全部内容:第一部分是优良道德制定之方法;第二、三、四部分是优良道德制定之过程;第五部分是优良道德之实现途径。进言之,这五部分又可以归结为三卷。上卷即第一部分,是优良道德规范的制定方法,可以称之为“元伦理”;对于它的研究,便是所谓的“元伦理学”。元伦理学主要通过研究“是与应该”的关系而提出确证道德价值判断和道德价值规范之真伪、优劣的方法,解决如何才能确立道德价值判断之真理和如何才能制定优良的道德:元伦理学是关于优良道德制定方法的伦理学。中卷包括第二、三、四部分,是优良道德规范的制定过程,可以称之为“规范伦理”;对于它的研究,便是所谓的“规范伦理学”。

规范伦理学主要通过社会制定道德的目的、亦即道德终极标准,从行为事实如何的客观本性中推导、制定出行为应该如何的优良道德规范:规范伦理学是关于优良道德规范制定过程的伦理学。下卷亦即第五部分,是优良道德规范的实现过程,可以称之为"美德伦理";对于它的研究,便是所谓的"美德伦理学"。美德伦理学主要研究优良道德由社会的外在规范向个人内在美德的转化过程:美德伦理学是关于优良道德实现途径的伦理学。于是,伦理学的对象最终便可以归结为:

- 伦理学
  - 上卷　元伦理学:优良道德之制定方法
  - 中卷　规范伦理学:优良道德之制定
    - 道德价值主体:社会为何制定道德
    - 道德价值实体:伦理行为之事实如何
    - 道德价值和道德规范:伦理行为之应该如何的优良道德
  - 下卷　美德伦理学:优良道德之实现

可见,从道德价值推导公式及其所由以构成的四个命题,可以推演出伦理学的全部内容、全部对象,因而也就可以称之为伦理学公理或公设:规范伦理学无非是确证这个公理的两个前提和两个结论的系统;美德伦理学不过是研究如何实现这个公理的结论的系统;元伦理学则是推导这个公理本身的系统。这就是说,伦理学体系是一种可以公理化的体系:元伦理学是伦理学的公理、公设系统,是伦理学公理化体系的前提系统;规范伦理学和美德伦理学则是由元伦理学所推导出来的伦理学的定理系统,是伦理学公理化体系的结论系统。

当然,伦理学的公理化体系与几何学、数学、力学的公理化体系有所不同。几何学是从若干公理和公设直接推出该门科学的全部命题;伦理学则是从若干公理和公设直接推出构成伦理学全部内容的各个部分,而间接推出伦理学的全部命题。无疑,这是伦理学公理化体系的缺憾。因为几何学的公理化体系是从若干公理和公设直接推出或通过定理间接推出该门科学的全部命题,因而它所具有的真值传递功能遍及该门科学的全部命题:它能够把公理的真值直接或间接地传递给该门科学的全部命题。所以,几何学的公理化体系是完全精密的:不仅体系是精密的,而且这个体系所包含的全部命题也因其公理化而都是精密的。反之,伦理学是从若干公理和公设直接推出构成伦理学全部内容的各个部分,而间接推出伦理学的全部命题,因而它所具有的真值传递功能只能及于构成该门科学的各个部分和某些命题,而不能遍及该门科学的全部命题。所以,伦理学的公理化体系是部分精密的:只有体系自身因其公理化而是精密的,而这个体系所包含的全部命题却不能因其公理化而都是精密的。

但是,这恰恰也是伦理学公理化体系优越于几何学等数学公理化体系之处。因为伦理学是从若干公理和公设通过直接推出构成伦理学全部内容的各个部分、部门而间接推出伦理学的全部命题,因而伦理学公理化体系具有绝对的完全性:任何伦理学的命题都逃不出这个体系。试想,有什么伦理学命题能够逃出构成伦理学全部内容的各个部分呢?有什么伦理学命题能够逃出元伦理学、规范伦理学以及美德伦理学呢?反之,几何学和数学的公理化体系是从若干公理和公设直接推出或通过定理间接推出该门科学的全部命题,因而它所具有的完全性总是相对的、不完全的:总是存在着这样一些命题,这些命题是该门科学的公理所不能推出来的,因而游离于该公理化体系之外。这样,我们说数学比伦理学精密便是相对的:只是就构成公理化体系的每个命题来说,数学才比伦理学精密;然而,就公理化体系自身来说,伦理学却比数学更为完全,因而也就更为精密。

伦理学可以公理化,因而是一门相当精密的科学。因为公理化体系是最为精密的科学体系。这种体系是如此精密,以致欧几里得构建第一个公理化体系以来,虽然自然科学各个领域的科学家竞相效仿,却只有数学和物理学以及某些自然科学的分支能够公理化而已。至于哲学社会科学,最为耐人寻味的是,不论是经济学、法学、政治学、人类学,还是美学、社会学、语言学等等,都没有人提出公理化的问题。唯有伦理学,自笛卡儿以来,先后有霍布斯、斯宾诺莎、休谟、爱尔维修、摩尔等划时代大师,极力倡导伦理学的公理化或几何学化。一些著名的自然科学家和科学哲学家,如爱因斯坦和赖欣巴哈,也曾试图寻找和确立伦理学公理。今天,罗尔斯在他那部影响深远的巨著《正义论》中仍然热诚地呼喊:“我们应当努力于一种道德几何学:它将具有几何学的全部严密性。”[8]

诚然,把这种倡导付诸实践,从而真正构建伦理学为一个公理化体系的,古今中外只有斯宾诺莎一人而已;并且,斯宾诺莎的构建无疑是失败的:他没有发现能够推导出伦理学全部内容的伦理学公理和公设。但是,他的失败具有历史必然性。因为人类对于元伦理学——亦即伦理学公理和公设的系统——的研究,直到20世纪初才刚刚开始。元伦理学的奠基之作,即摩尔的《伦理学原理》,发表于1903年。经过摩尔、普里查德、罗斯、罗素、维特根斯坦、石里克、卡尔纳普、艾耶尔、史蒂文森、图尔闵、黑尔等等元伦理学大师半个多世纪的研究，发现和建构伦理学的公理体系方有可能。因此，我们不应该嘲笑斯宾诺莎伦理学的幼稚，而应该沿着斯宾诺莎的足迹，满载着20世纪元伦理学成果，努力构建的一种如同几何学和物理学一样客观必然、严密精确、可以操作并且能够包容人类全部伦理学知识的公理化的伦理学。

## 三　伦理学意义：价值最大的科学之一

从伦理学的研究对象可以看出，伦理学对于人类社会的发展进步具有莫大的意义。因为人类社会的发展进步，说到底，无疑都是每个人的劳动、活动之结果：每个人的劳动或活动是社会发展进步的基本原因。诚然，科学的发展、技术的发明、生产工具的改进、生产关系的变革、政治等上层建筑的革命等等都是社会发展进步的重要因素。但是，所有这些社会进步的要素，统统不过是人的劳动或活动的产物，因而唯有人的劳动或活动才是社会发展进步的基本原因。人的社会本性决定了每个人的劳动和活动——直接或间接地——总是一种社会活动。一切社会活动，要存在和发展，显然必须互相配合、有一定秩序而不可互相冲突、乱成一团，因而需要遵守一定的行为规范：一切社会活动都应该是某种行为规范之实现。一切行为规范无非两类：权力规范和非权力规范。所谓权力规范，也就是法（包括法律、政策、纪律等等），是依靠权力来实现的规范，是应该且必须遵守的行为规范；所谓非权力规范，亦即道德，是依靠非权力力量——如舆论、名誉、良心的力量——来实现的规范，是应该而非必须遵守的规范。这样，人的任何社会活动实际上都可以看做是对于某种道德或法的规范的实现与背离。

如果抛开规范所依靠的力量而仅就规范本身来讲，道德的外延显然宽泛于法：一般说来，二者是普遍与特殊、一般与个别的关系。因为一方面，道德不都是法，如无私利他、助人为乐、同情报恩等等都是道德，却不是法；另一方面，法同时都是道德，如“不得滥用暴力”、“不得杀人”、“不得伤害”、“不可盗窃”、“抚养儿女”、“赡养父母”等等，岂不都既是法律规则同时也是道德规则吗？所以，抛开规范所依靠的力量而仅就规范本身来讲，法是道德的一部分：道德是法的上位概念。那么，法究竟是道德的哪一部分呢？无疑是那些最低的、具体的道德要求：法是最低的、具体的道德。这个道理被耶林（Jelling，1851—1911）概括为一句名言：“法是道德的最低限度。”反过来说，最低限度的道德或所谓“底线伦理”也就是法。

于是，抛开规范所依靠的力量而仅就规范本身来讲，一切法都不过是那些具体的、最低的道德，因而也就都产生于、推导于、演绎于道德的一般的、普遍的原则。所以，法自身都仅仅是一些具体的、特殊的、琐琐碎碎的规则，法自身没有原则；法是以道德原则为原则的：法的原则就是道德原则。法的原则、法律原则，如所周知，是正义、平等、自由等等。这些原则，真正讲来，并不属于法或法律范畴，而属于道德范畴，属于道德原则范畴。这是不言而喻的，因为谁会说正义是一项法律呢？谁会说平等是一项法律呢？谁会说自由是一项法律呢？岂不是只能说正义是道德、平等是道德、自由是道德吗？正义、平等、自由等等都是道德原则，是社会治理的道德原则，因而也就是法律原则，也就是政治——政治是法的实现——原则。这就是为什么法理学和政治哲学的核心问题都是正义、平等、自由的缘故：正义、平等、自由都是法和政治的原则。

可见，如果抛开规范所依靠的力量而仅就规范本身来讲，法就是最低的、具体的道德，法是以道德原则为原则的，因而实际上法乃是道德原则的一种具体化，是道德原则的一种实现：法是道德的实现。这样一来，人的一切社会活动实际上最终便都是对于某种道德的实现与背离。而社会之所以能存在发展，无疑是因为人们的活动大体说来是遵守而不是背离道德的。所以，大体说来，人的一切社会活动都是道德的实现；因而道德的实现也就是社会发展进步的基本原因。

诚然，道德自身不过是一种行为规范，不过是一纸空文，是软弱无力的。但是，道德的实现与道德根本不同：道德的实现不是道德而是活动，不是规范而是行为。所以，道德的实现乃是社会发展进步的基本原因，并不是说道德是社会发展进步的基本原因；而是说人的实现、奉行某种道德的社会活动——如法律活动、政治活动、经济活动、宗教活动等等——是社会发展进步的基本原因，是说人们推行、奉行某种道德的诸如此类的社会活动是社会发展进步的基本原因。一言以蔽之：道德规范本身，并不是社会发展进步的基本原因；但是，一个社会实行何种道德规范，则是社会发展进步的基本原因：推行优良的道德规范是社会进步的基本原因；推行恶劣道德是社会停滞的基本原因。伦理学正是研究优良道德的科学。因此，伦理学对于人类社会的发展进步便具有莫大的效用、莫大的价值：伦理学是对于人类用处最大的科学，是具有最大价值的科学，至少是具有最大价值的科学之一。

## 注　释

〔1〕 H. Gene Blocker, *Ethics: An Introduction*, Haven Publications, 1988, p. 10.

〔2〕 Louis P. Pojman, *Ethical Theory: Classical and Contemporary Readings*, Wadsworth Publishing Company, 1995, p. 1.

〔3〕 W. K. Frankena, *Ethics*, Prentice-Hall, Inc. , 1973, p. 4.

〔4〕 H. Gene Blocker, *Ethics: An Introduction*, Haven Publications, 1988, p. 22.

〔5〕 宾克莱:《二十世纪伦理学》,河北人民出版社,1988 年版,214 页。

〔6〕 黄建中:《比较伦理学》,国立编译馆,1974 年版,34 页。

〔7〕 Sir Karl Popper, *The Logic of Scientific Discovery*, Basic Books, New York, 1959, p. 71.

〔8〕 John Rawls, *A Theory of Justice* (revised edition), The Belknap Press of Harvard University Press, Cambridge: Massachusetts, 2000, p. 105.

## 思考题

1. 伦理学诞生之前,道德早已存在;正如语言学诞生之前,语言早已存在一样。那么,伦理学究竟有什么用?达尔文论及人类道德的荒谬时曾这样写道:"极为离奇怪诞的风俗和迷信,尽管与人类的真正福利与幸福完全背道而驰,却变得比什么都强大有力地通行于全世界。"试由此解析和比较伦理学的三种定义:伦理学是关于道德的科学;伦理学是关于优良道德的科学;伦理学是关于道德价值的科学。

2. 不论是经济学、法学、政治学、人类学,还是美学、社会学、语言学等等,从来没有人提出公理化的问题。唯有伦理学,自笛卡儿以来,先后有霍布斯、斯宾诺莎、休谟、爱尔维修、摩尔等划时代大师,都极力倡导伦理学的科学化、公理化或几何学化。今天,罗尔斯在他那部影响深远的巨著《正义论》中仍然热诚地呼喊:"我们应当努力于一种道德几何学:它将具有几何学的全部严密性。"那么,道德价值和优良道德规范推导公式是伦理学的公理吗?一些人,如爱因斯坦,把诸如基督教的"黄金律"和儒家的"己所不欲勿施于人"等命题当做伦理学公理。他们的观点对吗?试确立一些伦理学公理,然后看看,从你所确立的伦理学公理能否推导出伦理学的全部内容、全部对象?

3. 是否春秋战国时代中西方同样繁荣进步?是否中世纪中西方同样停滞不前?是否近代以来西方突飞猛进而中国却落伍了?究其根本原因,是否在于中西方当时所奉行的道德原则之同异?

# 上　卷

# 元伦理学原理

# 第一章
# 元伦理范畴:伦理学初始概念

“元伦理学”,如导论所述,乃是伦理学的公理和公设系统:它与几何学、力学等公理和公设系统一样,也是由初始概念和初始命题(或公理、公设)以及初始推演规则三因素构成的。这样,元伦理学之为伦理学的公理和公设系统,便意味着:元伦理学就是伦理学的初始概念和初始命题(或公理、公设)以及初始推演规则三因素之系统。我们可以像元伦理学家们那样,把这三大因素归结为两部分:第一部分是对于伦理学的初始概念的研究,这些概念也就是元伦理学家们所谓的“伦理学术语”、“伦理学概念”或“道德词”、“伦理词”、“价值词”,我们毋宁称之为“元伦理范畴:伦理学初始概念”;第二部分是对于伦理学的初始命题或公理、公设的研究,也就是对于揭示元伦理概念内涵和外延的元伦理命题的证明,说到底,也就是对于伦理学的初始命题或公理、公设的证明,元伦理学家们称之为“道德判断确证”(justification of moral judgments)或“道德确证”(moral justification),我们可以名之为“元伦理确证:伦理学公理和公设”。这两部分的排列顺序,显然应该与一切公理体系的顺序一样:由初始概念到初始命题或公理和公设。

那么,伦理学究竟有哪些初始概念或元伦理范畴?元伦理学的研究表明,解决这个问题的前提是:哪一个或哪几个概念在元伦理范畴或伦理学初始概念系统中居于核心地位?元伦理的核心范畴,在摩尔看来,是“善”(good);在罗斯看来,是“正当”(right)与“善”;在黑尔看来,是“善”、“正当”和“应该”(ought);在艾温看来,是“善”和“应该”;在马奇(J. L. Mackie)看来,是“善”、“应该”和“是”(is);在史蒂文森那里,则是“善”、“正当”、“应该”、“价值”(values)、“事实”(facts)。那么,元伦理学的核心范畴究竟是什么?初看起来,是“善”。因为元伦理的所有概念几乎都可以归结为“善”:“应该”是行为善;“正当”是道德善;“价值”是善最邻近的类概念;“是”或“事实”则是一切善和价值的来源、实体。所以,摩尔认为“善”在元伦理的范畴系统中是最为重要的概念:“怎样给‘善’下定义的问题,是全部伦理学的最为根本的问题。”[1]

然而,不难看出,元伦理的核心范畴是什么,决定于元伦理学的根本问题是什么。元伦理学的根本问题,如前所述,是道德判断或价值判断的确证,亦即道德推理或价值推理的逻辑,说到底,是“应该”、“价值”的来源、依据问题,因而也就是“应该”、“价值”、“应该如何”与“是”、“事实”、“事实如何”的关系问题。准此观之,元伦理的最基本的范畴无疑是“应该”而不是“善”;不论“善”多么重要和复杂。围绕“应该”所展开的元伦理的范畴系统,则不但包括“应该”的依据、来源或对立概念“是”或“事实”,不但包括“应该”的上位概念“善”和下位概念“正当”;而且,正如查尔斯·L. 里德(Charles. L. Reid)所说,还包括“价值”和“评价”,因为后者是解析前者的前提:“回顾我们对于善和恶的研究,理所当然,讨论的主要问题总是深入到价值的本性及其认识问题。”[2] 罗斯甚至在其名著《正当与善》一开篇也这样写道:“本书研究的目的是考察对于伦理学来说是极为基本的三个概念——‘正当’、普遍‘善’和‘道德善’——的本性、关系和意蕴。对于这些问题的考察,正如近年来的许多研究一样,将有大量问题涉及价值的本性。”[3]

这样,元伦理的范畴系统——亦即伦理学的初始概念系统——便可以名之为“应该”的范畴系统。依据“从抽象到具体”的科学体系的概念排列原则,这个伦理学的初始概念系统的开端范畴是“价值”;然后是具体于价值的“善”:善亦即正价值;接着是行为的善:“应该”;次之是行为的道德善:正当;最后则是这些范畴的对立范畴:“是”与“事实”。

## 一 价 值

粗略看来,价值似乎是个不言自明的概念:价值不就是好坏吗?谁不知道好坏是什么呢?确实,价值与好坏是同一概念,价值就是好坏:好亦即正价值,坏亦即负价值。可是,细究起来,正如波吉曼所言:“‘价值’是一个极为含糊、暧昧、模棱两可的概念。”[4] 布赖恩·威尔逊斯(Bryan Wilsons)甚至认为:“即使就全部概念来说,也几乎没有像价值概念这样难以界定的。”[5] 这种困难,恐怕首先表现在:给价值或好坏下定义,必须用“客体和主体”这些本身就相当复杂、一直争论不休的概念。因为所谓价值或好坏,如所周知,是个关系范畴:它们不是某物独自具有的东西,而是某物对于他物来说才具有的东西。我们说石头有价值,是个好东西,必定是对于什么东西——比如一个被狗追赶的人——来说的;离开这些东西,单就石头自身来说,石头是无所谓价值或好坏的。因此,价值总是指"什么东西对什么东西有价值",总是指"什么东西有价值"和"对谁(或对什么东西)有价值"。什么东西有价值,也就是所谓的价值客体问题;对谁有价值或对什么东西有价值,则是所谓价值主体问题。所以,界定价值概念的前提是界定主体和客体。

### 1. 主体与客体:主体性亦即自主性

主体首先是个关系范畴:一事物只有相对于另一事物来说,才可能是主体;离开一定关系,仅就事物自身来说,是无所谓主体的。那么,主体是否只有相对客体来说,才是主体?并不是。主体还可以相对"属性"而言,是属性的本体、承担者,是属性所依赖从属的事物,亦即所谓的"实体"。从主体的词源来看,也是这个意思。"主体"源出于拉丁语 *subjectus*, 意为放在下面的、作为基础的,引申为某种属性的本体、实体、物质承担者。所以,亚里士多德说:"第一实体之所以最正当地被称为第一实体,是因为它们乃是所有其他东西的基础和主体。"[6] 马克思恩格斯也这样写道:"物质是一切变化的主体。"[7] 主体还可以相对于"宾词"而言,是主词、被述说者:"一切可以表述宾词的事物,也可以被用来表述主体。"[8] 主体还可以相对于"次要组成部分"而言,指主要组成部分,如我们说"建筑中的主体工程"、"学生是五四运动的主体"等等。主体的这些含义,显然不是主体作为价值论范畴的定义。因为作为价值论范畴的"主体",如所周知,乃是相对于"客体"而言的主体。那么,相对于客体而言的主体究竟是什么?

不难看出,相对于客体而言的主体,是指活动者、主动者:主体是活动者、主动者,客体是活动对象,是被动者。但是,这并不是主体和客体的定义。因为反过来,活动者、主动者并不都是主体;活动对象、被动者也并不都是客体。举例说,火山有活动期。活动期的火山,处于活动状态,是一种活动的东西,是活动者。活动着的火山吞没了一座村子,村子是火山吞没的对象,是火山活动的对象:火山是主动者;村子是被动者。但是,我们显然不能说火山是主体,也不能说村子是被火山所吞没的客体。可见,主体虽然都是活动者、主动者;活动者、主动者却未必都是主体。那么,主体究竟是什么样的活动者、主动者?

原来,主体是一种能够自主的东西,是能够自主的主动者、活动者。所谓自主,如所周知,亦即选择之自主、自主之选择。这种选择与达尔文的“自然选择”不同。自然选择是一种自动机械式的自在的选择,是不具有分辨好坏利害能力的选择,是不具有“为了什么”属性的选择,是不能够趋利避害的选择。反之,自主的选择则是具有分辨好坏利害能力的选择,是具有“为了什么”属性的选择,是一种为了保持自己存在而趋利避害的选择,是一种自为的选择。因此,主体是能够自主的活动者,便意味着:主体就是能够自主选择的活动者,就是具有分辨好坏利害能力的活动者,就是具有“为了什么”属性的活动者,就是能够为了保持自己存在而趋利避害的活动者。

试想,为什么吞没村子的活动者、主动者——火山——不是主体,然而洗劫村子的活动者、主动者——土匪——却是主体?岂不就是因为土匪具有自主的能力,而火山不具有自主能力?不就是因为土匪是能够自主的活动者,而火山是不能够自主的活动者?不就是因为土匪具有分辨好坏利害能力,而火山不具有分辨好坏利害能力?不就是因为土匪具有“为了什么”的属性,能够为了保持自己存在而趋利避害,而火山则不具有“为了什么”的属性,不能够趋利避害?所以,自主性就是主体之为主体的特性,就是所谓的主体性:它一方面表现为“分辨好坏利害的能力”;另一方面则表现为“为了保持自己存在而趋利避害的选择能力”。这样,相对客体而言的主体便仍然具有实体、本体的一切内涵,因为能够自主的活动者无疑属于实体、本体范畴。但是,主体同实体、本体是种属关系:实体、本体是一切属性的物质承担者;主体则仅仅是“自主”属性的物质承担者,是“分辨好坏利害的能力”和“为了保持自己存在而趋利避害的选择能力”的属性的物质承担者。

随着主体的界定,何谓客体也就迎刃而解了。因为所谓客体,显然就是主体的活动对象,是能够自主的活动者的活动对象,是活动者的自主活动所指向的对象。从客体的词源来看,也是此意。客体源于拉丁语 *objicio*,意为扔在前面、置诸对面,引申为活动者的活动对象、主体的活动对象。这样,客体范畴就比主体范畴广泛、简单多了。因为一切东西——日月、星球、山河、湖泊、飞禽、走兽、人类、社会、思想、观念、实体、属性等等——都可以是主体的活动对象,因而也就都可以是客体:客体既可能是实体,也可能是属性。甚至主体自身也可以是主体的活动对象,因而可以同时既为主体,又为客体。因为主体自身的活动也可以指向自身:自我认识、自我改造——作为认识者、改造者的自我是主体;作为认识对象、改造对象的自我则是客体。

## 2. 价值:客体事实属性对主体需要的效用

从主体和客体的基本含义——主体是能够分辨好坏利害的自主的活动者;客体是主体的活动所指向的对象——可以看出,主体的活动之所以指向客体,显然是因为客体事实上具有某种属性,这种属性对主体具有利害好坏之效用,因而引起主体指向它的活动,以便获得有利、有好处的东西,而避免有害、有坏处的东西。

好坏利害合起来,便构成了所谓的价值概念:价值或好坏利害,就其最广泛的意义来说,无疑是主体和客体的一种相互作用、相互关系。[9]但是,正如培里(Ralph Barton Perry)所说,价值不是主体对于客体的作用或关系,而是客体对于主体的作用或关系:"价值可以定义为客体对于评价主体的关系。"[10]不过,细究起来,价值并不是客体的一切属性对于主体的一切属性的作用。因为,一方面,不言而喻,价值无疑只能是客体的事实属性——而不可能是客体的价值属性——对于主体的作用。另一方面,价值也不是客体的事实属性对于主体的一切东西的作用或关系。那么,价值是客体的事实属性对于主体的什么东西的作用或关系?培里著名的"兴趣说"对此做了极为精辟的回答:"现在可以承认,客体的价值在于它对于兴趣的关系。"[11]"价值可以定义为兴趣的函数。"[12]问题的关键在于,培里的兴趣概念外延极为广泛:"兴趣是一连串由对结果的期望所决定的事件。"[13]它包括"'欲望''意愿'或'目的'"。[14]总之,"'兴趣'一词应被视为下述名称的类名称,诸如,喜欢—不喜欢、爱—恨、希望—恐惧、欲求—避免及其他类似名称。这些名称所表示的意思就是兴趣一词所表示的意思"[15]。因此,培里在用兴趣界定价值之后,又写道:"就现在的观点来说,价值最终必须被看做意愿或喜欢的函数。"[16]

可见,培里所说的"兴趣"之真谛,乃是"需要"经过意识的各种转化形态;更确切些说,也就是"需要"及其意识形态,如"欲望"、"意愿"、"目的"、"兴趣"、"喜欢"等等。因此,我们可以进一步说:价值是客体的事实属性对于主体的需要——及其各种转化形态,如欲望、目的、兴趣等等——的作用。因为不言而喻,客体能够满足主体需要的作用,对于该主体来说,便叫做好、利、正价值;客体阻碍满足主体需要的作用,便叫做坏、害、负价值;客体无关主体需要的作用,对于该主体来说,便叫做非好非坏、非利非害等等,亦即所谓无价值。客体对于主体的好坏、利害、无利无害、非好非坏,无疑都是客体对主体需要的某种作用,亦即所谓的效用:效用显然属于作用范畴,是对于需要的作用。所以，牧口常三郎说："价值可以定义为人的生活与其客体之间的关系，它与经济学家们所使用的'效用'和'有效'这些术语没有什么不同。"[17]

于是，我们可以得出结论说：价值是客体的事实属性对主体需要——及其经过意识的各种转化形态——的效用，简言之，价值亦即客体对主体需要的效用。从价值的词源上看，也是此义。因为价值一词，正如马克思所指出，源于梵文的 Wer（掩盖、保护）和 Wal（掩盖、加固）以及拉丁文 *vallo*（用堤围住、加固、保护）和 *valeo*（成为有力的、坚固的、健康的），引申为有利、有用。所以，马克思说："贝利和其他人指出，'value，valeur'这两个词表示物的一种属性。的确，它们最初无非是表示物对于人的使用价值，表示物的对人有用或使人愉快等等的属性。事实上，'value，valeur，Wert'这些词在词源学上不可能有其他的来源。"[18]

价值亦即客体对主体需要的效用的定义，不妨称之为"效用论"定义。这个定义，不但符合常识，而且在学术界实际上也已经大体得到公认。[19]然而，许多学者却极力避免用"效用"来界定价值。这究竟是何缘故？原来，经济学关于商品价值是不是商品效用的问题，如所周知，曾争论了一个世纪以上。如果商品价值确实不是商品的效用，那么，从"商品价值不是商品效用"命题之真，便可以推知它的矛盾命题"价值是客体对主体需要的效用"之假，效用论便被证伪了。所以，商品价值是不是商品效用，乃是攸关效用论价值定义的真假之大问题。那么，商品价值究竟是不是商品的效用？

### 3. 效用论价值定义的困境：商品价值不是商品的效用

商品价值不是商品效用的观点，一方面，依据于这样一种事实：水的效用极大，却不具有任何价值；钻石的效用很小，却具有很高的价值。诚然，水具有极大的效用。但是，这仅仅是就水的总和的、一般的、抽象的效用来说的。具体地、实际地看，每一单位的水都具有不同的效用：一个人所拥有的水越多，每一单位的水对于他的效用就越小；超过一定量后，其效用就会等于零，甚至成为负数。所以，水没有价值并不是因其总和效用大，而是因其超过一定量后，其单位效用是零；钻石价值大，则不是因其总和效用小，而是因其极为稀少而单位效用大。

因此，诸如水的效用大却无价值而钻石无用却有大价值的现象，不但没有证伪反倒证实了"价值就是效用"的效用论定义。因为水和钻石等一切商品的价值都只能是商品的某种效用；只不过，它不是商品的总和的、一般的、抽象的效用,而是商品的单位的、具体的、实际的效用。"以为商品价值不是商品效用观点"的错误,就在于未能区分某种物品的总和效用与该物品的单位效用,抹杀物品的单位效用而把物品的总和效用等同于物品的效用,因而由物品总和效用极大的水没有价值,得出物品的价值与物品效用无关的错误结论。

另一方面,商品价值不是商品效用的观点,依据于劳动价值论,特别是马克思的劳动价值论。因为按照马克思劳动价值论,商品价值不是物品对人的效用,物品对人的效用是商品使用价值,而商品价值乃是凝结在商品中的一般人类劳动。这样,如果劳动价值论是真理,岂不就推翻了效用论价值定义?那么,劳动价值论是真理吗?是的,马克思劳动价值论是真理;但是,它不但没有推翻而且恰恰证实了效用论价值定义。

原来,物品对人的效用与商品对人的效用根本不同。商品价值不是物品对人的效用,而是商品对人的效用。因为,商品是用来交换的劳动产品;所以,商品价值也就是商品对其交换者的价值,也就是商品中能够满足人的交换需要的效用性。商品中的什么属性才能满足人的交换需要?马克思发现,是凝结在商品中的一般人类劳动。商品中所凝结的一般人类劳动,无疑属于事实范畴,具有满足人的交换需要的效用,因而是商品的价值:商品价值是凝结在商品中的一般人类劳动对人交换需要的效用;商品价值实体是凝结在商品中的一般人类劳动。所以,马克思一再说:"价值实体就是劳动。"[20]"形成商品价值实体的劳动是相同的无差别的劳动,是同一的力量的耗费。"[21]反之,商品使用价值则是商品对其消费者、使用者的效用:"使用价值只是在使用或消费中得到实现。"[22]因此,商品使用价值也就是商品不是作为商品,而是作为物品对人的效用,也就是物对人的效用:"物的有用性使物成为使用价值。"[23]商品不是作为商品而是作为物品对人的效用,说到底,也就是商品满足人的消费需要的效用性,亦即满足人的非交换需要的效用性,因而使用价值实体是商品中所凝结的一般人类劳动之外的属性,如金刚石的坚硬、苹果的香甜等等。

可见,按照马克思的劳动价值论,商品的价值与使用价值都是商品对人的效用。只不过,商品价值是商品中所凝结的一般人类劳动满足人的交换需要的效用;而商品使用价值则是商品中所凝结的一般人类劳动之外的属性——如金刚石的坚硬和苹果的香甜等等——满足人的消费需要的效用性。因此,马克思的劳动价值论不但没有推翻而且恰恰证实了"价值就是客体事实属性对主体需要的效用"的定义。推翻论者的错误在于:把"物品对人的效用(亦即商品对消费者的效用)”等同于“商品对人的效用”,因而以为商品使用价值亦即商品对人的效用。这样一来,商品价值也就不可能是商品对人的效用,而只能是商品中所凝结的一般人类劳动了。

总之,商品价值的事实和理论都没有证伪而是证实了“价值就是客体对主体需要的效用”的定义。从这个定义出发,元伦理学的其他范畴——善、应该和正当等都是一种特殊的价值——便迎刃而解了。

## 二　善

### 1. 善:内在善与手段善

“善”,从词源上看,与“义”、“美”同义,都是“好”的意思。《说文解字》说:“善,吉也,从言从羊,此与义、美同意。”《牛津英语辞典》也认为善就是好:“善(good)……表示赞扬的最一般的形容词,它意指在很大或至少令人满意的程度上存在这样一些特性,这些特性或者本身值得赞美,或者对于某种目的来说有益。”那么,善的概念含义与其词源含义是否相同?

罗斯和艾温十分周详地列举了善的概念的含义,合而观之,可以归结如下:(1)成功或效率;(2)快乐或利益;(3)满足欲望;(4)达到目的;(5)有用或手段善;(6)内在善;(7)至善;(8)道德善。[24]然而,不难看出,一方面,所谓利益,无非是能够满足需要、实现欲望、达成目的的东西,而快乐则是对于需要满足、欲望实现、目的达成的心理体验;另一方面,所谓成功无疑是人生目的之实现,而效率则是人的活动实现其目的的程度。所以,罗斯和艾温关于善的前四种含义可以归结为:善是满足需要、实现欲望、达成目的的效用性。最后一种含义“道德善”,如下所述,亦即所谓“正当”,也是一种对于目的的效用性——不过不是对于某个人的目的的效用性;而是对于社会创造道德的目的的效用性。比较难于理解的,是善的5、6、7三种含义:“手段善”(instrumental good)、“内在善”(intrinsic good)和“至善”(ultimately good)是什么?

“内在善”、“手段善”、“至善”之分,源于亚里士多德。他写道:“善显然有双重含义,其一是事物自身就是善,其二是事物作为达到自身善的手段而是善。”[25]于是,所谓“内在善”也可以称之为“目的善”(good as an end)或“自身善”(good-in-itself),是其自身而非其结果就是可欲的、就能够满足需要、就是人们追求的目的的善。例如,健康长寿能够产生很多善的结果,如更多的成就、更多的快乐等等。但是,即使没有这些善结果,仅仅健康长寿自身就是可欲的,就是人们追求的目的,就是善。因此,健康长寿乃是内在善。所以,罗斯说:“内在善最好定义为不是它所产生的任何结果而是它自身就是善的东西。”[26]反之,所谓“手段善”也可以称之为“外在善”(extrinsic good)或“结果善”,乃是其结果是可欲的、能够满足需要、从而是人们追求的目的的善,是能够产生某种自身善的结果的善,是其结果而非自身成为人们追求的目的的善,是其自身作为人们追求的手段、而其结果才是人们所追求的目的的善。例如,冬泳的结果是健康长寿。所以,冬泳的结果是可欲的,是一种善,是人们所追求的目的;而冬泳则是达到这种善的手段,因而也是一种善。但是,冬泳这种善与它的结果——健康长寿——不同,它不是人们追求的目的,而是人们用来达到这种目的的手段:是“手段善”。所以,罗斯论及“手段善”时写道:“它是达到某种善的目的的手段,换言之,善的这种含义用于一种复合行为,意指被叫做善的东西和它的某种结果、亦即结果善之间的因果关系。”[27]

不难看出,内在善与手段善的区分往往是相对的。因为内在善往往同时也可以是手段善;反之亦然。健康是内在善。同时,健康也可以使人建功立业,从而成为建功立业的手段,成为手段善。自由可以使人实现自己的创造潜能,是达成自我实现的善的手段,因而是手段善。同时,自由自身就是可欲的,就是善,因而又是内在善。所以,艾温说:“一些东西可能既是手段善也是目的善,这在所有的事物中是比较好的东西。仁慈就是这种东西,因为它不但自身善,还能产生幸福。”[28]那么,有没有绝对的内在善?有的。所谓绝对的内在善,亦即至善、最高善、终极善,也就是绝对不可能是手段善而只能是目的善的内在善。这种善,正如亚里士多德所说,就是幸福;因为幸福只能是人们所追求的目的,而不可能是用来达到任何目的的手段:“我们说,为其自身而追求的东西,比为它物而追求的东西更加靠后。看起来,只有幸福才有资格称作绝对最后的,我们永远只是为了它本身而选取它,而绝不是因为其他别的什么。”[29]

可见,至善、目的善、手段善与罗斯、艾温所列举的其他善一样,都是指满足需要、实现欲望、达成目的的效用性。只不过目的善和至善是其自身就是可欲的、就能够满足需要、就是人们追求的目的;而手段善则是其结果是可欲的、能够满足需要、从而是人们追求的目的。因此,所谓善也就是事物所具有的能够满足需要、实现欲望、达成目的的效用性,是人们所赞许、所选择、所欲望、所追求的东西:“我们可以采用一个专门术语,把善界定为引发正面态度(用罗斯的话)的客体。‘正面态度’意味着包括所有赞成态度。它包括,例如,选择、欲望、喜欢、追求、赞许、羡慕。”[30]

**2. 恶:纯粹恶与必要恶**

善的反面,正如艾温所说,就是恶:“前者可以称之为正面态度;后者则是反面态度。”[31]因此,在他看来,恶具有与善一一对应的相反含义:(1)不愉快;(2)阻碍满足欲望;(3)达不到目的;(4)无效率;(5)产生内在恶的东西;(6)内在恶;(7)至恶;(8)道德恶。[32]显然,前四种含义可以归结为一句话:恶是阻碍满足需要、实现欲望、达成目的的效用性。最后一种含义“道德恶”,如下所述,亦即所谓“不正当”,也是一种对于目的的负效用性,亦即对于社会创造道德的目的的负效用性。比较难于理解的,恐怕也是5、6、7,亦即与“手段善”、“内在善”和“至善”相对应的三种恶:“产生内在恶的东西”、“内在恶”和“至恶”。

我们已经知道,“至善”亦即幸福。所以,“至恶”也就是不幸。“内在善”亦即自身善。所以,“内在恶”也就是“自身恶”。“手段善”亦即结果善。所以,“产生内在恶的东西”,也就是“结果恶”。不过,结果善是人们所追求的目的,因而达成结果善的东西可以称之为“手段善”。反之,结果恶不可能是人们所追求的目的,因而导致结果恶的东西不可以称之为“手段恶”,而只能是结果恶。至恶亦即不幸,是不言而喻之理。但是,自身恶与结果恶的含义却十分复杂:它们究竟意味着什么?

结果是恶的东西,其自身既可能阻碍满足需要、实现欲望、达成目的,从而是恶的;也可能有利于满足需要、实现欲望、达成目的,从而是善的。自身与结果都是恶的东西,如癌症,可以名之为“纯粹恶”。自身是善而结果是恶的东西,一般说来,其善小而其恶大,其净余额是恶,因而也属于“纯粹恶”范畴。举例说,吸毒、放纵、懒惰、奢侈、好色、贪杯等等绝大多数恶德,就其自身来说,都是一种需要的满足、欲望的实现、目的的达成,因而都是善;但就其结果来说,却阻碍满足或实现更为重大的需要、欲望、目的,因而是更为巨大的恶:其净余额是恶,因而也是一种纯粹的恶。

反之,自身是恶的东西,其结果既可能是恶,也可能是善:前者如癌症,因而属于纯粹恶范畴;后者如阑尾炎手术,因而可以称之为“必要恶”。必要恶既极为重要,又十分复杂。我们可以把它定义为“自身为恶而结果为善、并且结果与自身的善恶相减的净余额是善的东西”。这种东西就其自身来说,完全是对需要和欲望的压抑、阻碍,因而是一种恶。但是,这种恶却能够防止更大的恶或求得更大的善,因而其结果的净余额是善,是必要的恶。阑尾炎手术,就其自身来说,开刀流血、大伤元气,完全是一种恶。但是,它能够防止更大的恶:死亡。因此,阑尾炎手术的净余额是善,是一种必要恶。冬泳,就其自身来说,冰水刺骨,苦不堪言,完全是一种恶。但是,它却能带来更大的善:健康长寿。所以,冬泳的净余额是善,是一种必要恶。伯纳德·格特(Bernard Gert)曾以"疼痛"为例,十分深刻地揭示了必要恶之本性:"说疼痛是一种恶,并不是说疼痛不能达成一种有用的目的。疼痛以某种方式向我们提供需要医治的警告。如果我们感觉不到疼痛,我们便不会注意到这种必要的医治,以致可能导致死亡的恶果。关于疼痛作用的这一事实在某种程度上可以用来解析恶的问题。它以某种方式表明,恶可能是世界上最好的东西:所有这种恶便叫做必要的恶。"[33]

显然,必要恶的净余额是善,因而实质上仍然属于善的范畴。只不过,它属于手段善、外在善、结果善的范畴。并且,它的善既然仅仅存在于结果,而不在自身,其自身完全是恶;那么,它便不可能是内在善,而只可能是手段善、外在善、结果善:它是绝对的手段善、外在善、结果善,亦即绝对不可能是内在善、自身善的手段善。所以,如果说绝对的内在善只有"幸福"一种事物;那么,绝对的手段善或必要恶则不胜枚举,如手术、疼痛、政治、法律、监狱、刑罚等等。因为这些东西就其自身来说,无不是对于人的某些欲望和自由的限制、压抑、侵犯、损害,因而是一种恶;但是,这些恶却能够防止更大的恶(个人的死亡或社会的崩溃)和求得更大的善(生命的保存或社会的发展),因而其结果的净余额是善,是必要的恶或绝对的手段善。

总之,必要恶与纯粹恶以及至恶虽然有所不同,但是,就其为恶而言,却完全一样,都是指某种阻碍满足需要、实现欲望、达成目的的效用性:必要的恶是通过压抑价值较小的欲望而实现价值较大的欲望;纯粹的恶是纯粹压抑欲望或为实现价值较小的欲望而丧失价值较大的欲望。

### 3. 善与恶

关于善与恶的分析表明,二者都是客体对于主体的需要——及其经过意识的各种转化形态,如欲望、目的等等——的效用性。于是,我们便又回到了斯宾诺莎的定义:"所谓善是指我们确知对我们有用的东西而言。反之,所谓恶是指我们确知那阻碍我们占有任何善的东西而言。"[34]所以,善与恶的定义与其词源含义完全相同:善与恶跟好与坏、正价值与负价值是同一概念。这一点,冯友兰说得很清楚:"所谓善恶,即是所谓好坏。"[35]施太格缪勒也说:“肯定的价值的承担者,就是善。如果涉及的是否定的价值,那我们就称之为恶。”[36]这就是说,善与恶原本属于价值范畴,是价值概念的分类:“价值就是行为、品质特性和客体所存在的善或恶的属性。”[37]

因此,根据我们关于价值范畴的研究,善与恶也就是客体的事实属性对于主体的需要——及其经过意识的各种转化形态,如欲望、目的等等——的效用性;而主体的需要、欲望、目的则是善与恶的标准:客体有利于满足主体需要、实现主体欲望、符合主体目的的事实属性,叫做正价值,因而也就是所谓的善;客体有害于满足主体需要和实现主体欲望因而不符合主体目的的事实属性,叫做负价值,亦即所谓的恶。所以,冯友兰说:“凡所谓善者,即是从一标准,以说合乎此标准者之谓。……所谓恶者,即是从一标准,以说反乎此标准者之谓。”[38]孟子早就看到了善恶以主体的需要、欲望、目的为标准。他将这个道理概括为五个字:“可欲之谓善。”[39]亚里士多德亦如是说:“善的定义揭示的是,具有自身由于自身而值得向往的这类性质的东西,都是一般的善。”[40]两千年后,罗素以更为科学的语言复述了亚里士多德和孟子的定义:“由此可见,善的定义必须出自愿望。我认为,当一个事物满足了愿望时,它就是善的。或者更确切些说,我们可以把善定义为愿望的满足。”[41]

然而,如果一个人的欲望——如偷盗欲望——是恶的,那么,这个欲望的满足岂不是恶的吗?确实,偷盗的欲望是恶的,它的满足更是恶的。但是,我们根据什么说偷盗的欲望及其满足是恶?显然是根据社会和他人的需要、欲望、目的。偷盗的欲望及其满足有害于社会和他人的需要、欲望、目的,因而是恶的。偷盗愿望的满足是恶,只是因为它阻碍、损害了社会和他人的愿望,而并不是因为它满足了偷盗者的愿望;就它满足了偷盗者的愿望来说,它并不是恶,而是善。更确切些说,偷盗愿望的满足既是恶又是善:对于偷盗者来说是善;对于社会和他人来说是恶。它对偷盗者来说之所以是善,只是因为它满足了偷盗者的欲望;它对社会和他人来说之所以是恶,只是因为它损害、阻碍了社会和他人的欲望。所以,说到底,任何欲望的满足都是善,任何欲望的压抑和损害都是恶。

可见,偷盗等欲望及其满足是恶,并未否定“善是欲望的满足”之定义。不但某些欲望及其满足是恶,不能否定善是欲望的满足之定义;而且某些欲望的压抑、损害——如自我牺牲——是善,也不能否定恶是欲望的压抑、损害之定义。这是因为,许多欲望的压抑或满足都具有双重性:它的压抑同时是对其他欲望的满足;它的满足同时是对其他欲望的压抑。因此,这些欲望的满足或压抑便具有善恶双重性:就这些欲望的满足来说是善;就其他欲望的被压抑、被损害来说则是恶。我们都说自我牺牲是善而偷盗是恶,但是,细究起来,二者并非纯粹的善和纯粹的恶,而同样具有善恶双重性。因为我们说自我牺牲是善,只是因为它保全、满足了社会和他人的愿望,而并不是因为它压抑、损害了牺牲者的求生欲望。如果就它压抑、损害了牺牲者的求生欲来说,它并不是善,而是恶:谁能说自我牺牲对于牺牲者来说是件好事呢?

可见,不论某些欲望及其满足——如偷盗——是恶,还是某些欲望的压抑、损害——如自我牺牲——是善,都不能否定"善是欲望的满足、恶是欲望的压抑"之定义。从这个定义出发,可以进一步断言:善也就是利益或快乐,也就是能够带来利益或快乐的东西。因为一方面,所谓利益,正如奥塔·锡克所说,也就是能够满足需要、实现欲望、达成目的的东西:"一定的需要或爱好形成人们的利益。利益是以特别强烈地和比较持久地满足一定需要为目的。这些需要是:物质需要、对活动和关系的需要或文化的需要。"[42]另一方面,所谓快乐,如所周知,则是对于需要满足、欲望实现、目的达成的心理体验,因而也就是对于得到利益的心理体验:"利,所得而喜也。"[43]所以,一切善,一切能够满足主体需要、实现主体欲望、符合主体目的的客体属性,也就都是能够给主体带来利益或快乐的东西;而一切能够给主体带来利益或快乐的东西,也都是客体能够满足主体需要、实现主体欲望、符合主体目的的属性,也就都是善:三者是同一概念。所以,斯宾诺莎在证明他的善恶定义时,又进一步界说道:"所谓善或恶是指对于我们的存在的保持有补益或有妨碍之物而言,这就是说,是指对于我们的活动力量足以增加或减少,助长或阻碍之物而言。因此,只要我们感觉到任何事物使得我们快乐或痛苦,我们便称那物为善或为恶。"[44]

弄清了什么是"善",也就可以进一步研究"应该"和"正当"了。因为"应该"和"正当"说到底,无非都是一种特殊的"善":应该是行为的善;正当是行为的道德善。

## 三　应该与正当

### 1. 应该:行为的善

善是客体有利于满足主体需要、实现主体欲望、符合主体目的的属性,意味着:善乃是人或主体的一切活动或行为所追求的目标。因为,如所周知,人或主体的一切活动或行为的目的,都是为了满足其需要和欲望。所以,亚里士多德的《尼各马科伦理学》一开篇便这样写道:"一切技术,一切规划以及一切实践和选择,都以某种善为目标。"[45]艾温则干脆把善的追求作为善的定义:"善意味着:它是适合选择或追求的客体。"[46]不过,不论是谁,他追求善的行为都既可能达到也可能达不到预期目标。一个人能够达到其目的从而能够满足其需要和欲望的行为,与他所追求的善一样,无疑也因其符合善的定义而属于善的范畴,叫做善的行为;反之,不能或阻碍达到目的、阻碍满足需要和欲望的行为,则符合恶的定义,属于恶的范畴,叫做恶行为。举例说,如果我想健康长寿,那么,饮食有节、起居有常便因其能够实现健康长寿的欲望和目的,而是善的行为;反之,饮食无度、起居无常,则因其阻碍健康长寿的欲望和目的,而是恶行为。

但是,正如摩尔和罗斯所说,善行为和善行为的善有所不同。善行为的善(good)或善性(goodness),则是行为所具有的能够达到目的、满足需要、实现欲望的效用性,简言之,也就是行为的能够实现其目的的属性。行为的这种善或善性,便是所谓的"应该"。反之,恶行为的恶或恶性,则是行为所具有的不能够达到目的、满足需要、实现欲望的效用性,简言之,也就是行为的不能够实现其目的的属性。行为的这种恶性,便是所谓的"不应该"。试想,为了健康长寿,应该饮食有节。那么,应该饮食有节的"应该"是什么意思?意思显然是:饮食有节具有能够达到其目的——健康长寿——的效用性。反之,不应该饮食无度的"不应该"是什么意思?意思岂不是饮食无度具有达不到其目的——健康长寿——的效用性吗?所以,应该和不应该并不一定具有道德含义,它们只是行为对于目的的效用性。一个人的目的不论如何邪恶,他的某种行为如果能够达到其邪恶目的,那么,对于他来说,这种行为便是他应该做的;他的某种行为如果不能够达到邪恶目的,那么,对于他来说,这种行为便是他不应该做的。因此,艾温说:"'应该'有时仅仅用来表示达到某种目的的最好手段,而不管这种目的究竟是善还是恶的。例如,'凶手不应该把自己的指纹留在凶器上'。"[47]

可见,应该是行为的善,是行为对于目的的效用性。那么,应该是否仅仅是行为的善?

善存在的领域,无疑可以分为两类:意识、目的领域的善与无意识、无目的领域的善。无意识、无目的领域的善,仅仅是善而无所谓应该。我们只能说水到零度结冰对人有利还是有害、是善还是恶,却不能说水应该还是不应该零度结冰。只能说金刚石的坚硬有用、是一种善,却不能说金刚石应该坚硬。所以,康德说:“问到自然应该是什么,其荒谬正如去问一个圆应该具有什么性质一样。”[48]所以,“应该”这种善,一定仅仅存在于意识、目的领域,它仅仅是意识、目的领域的善。可是,它究竟是意识、目的领域的什么东西的善呢?是人或主体的血肉之躯吗?不是。因为我们不能说一个人生得美是应该的,而生得丑是不应该的。为什么不能说天生的美丑是应该或不应该的?因为它们是不自由的、不可选择的。所以,只有自由的、可以选择的东西,才可以言应该不应该。那么,在意识、目的领域,究竟什么东西才是自由的、可以选择的?显然只有行为及其所表现和形成的品质。一般说来,行为范畴也可以涵盖行为所表现和形成的品质。因此,艾温说:“‘应该’不同于‘善’之处在于,它主要与行为有关。”[49]只有行为的善才是所谓应该:应该是并且仅仅是行为的善,是行为对于目的的效用性,是行为的能够实现其目的的效用性,是行为所具有的能够达到目的、满足需要、实现欲望的效用性。说到底,在行为领域,应该与善或正价值不过是客体对主体需要的同一效用的不同名称,不过是同一概念的不同称谓罢了——这恐怕就是为什么一切具有应该概念的判断都叫做价值判断的缘故。

**2. 正当:行为的道德善**

正当(right)和不正当(wrong)亦即所谓道德善恶。元伦理学家们,如罗斯、艾温、黑尔、石里克、罗素等等,都把道德善作为善的一个重要的具体类型而详加分析。这恐怕是因为,一方面,人们往往把善与道德善等同起来,因而如不进行比较分析,便不可能真正理解其一;另一方面,在伦理学中,善的分析最后必须落实于道德善的分析:善的分析不过是个方法、手段,它的目的全在于解析道德善,从而确立能够指导行为的道德原则。那么,道德善究竟是什么?

界定道德善恶或正当不正当概念的首要问题无疑是:究竟什么东西可以言道德善恶或正当不正当?几乎所有东西都可以言善恶,如晨风夕月、阶柳亭花、民主自由、科学艺术等等皆有用于人,因而都是善;地震飓风、山洪暴发、专制奴役、愚昧迷信等等皆有害于人,因而都是恶。然而,可以言道德善恶或正当不正当的东西却极其有限。弗兰克纳说:“可以言道德善或恶的东西是人、人群、品质、性情、情感、动机、意图——总之,人、人群和人格诸要素。”[50]其实,这些东西也并不都可以言道德善恶,如人的自然躯体、人格的先天遗传的气质、类型、特质等等。可以言道德善恶或正当不正当的东西，细细想来，无疑只是具有意识的、可以自由选择的东西，说到底，只是行为及其所表现的品德。那么，究竟什么行为和品德是道德善或道德恶？

行为及其品德的道德善既然是一种善，那么，正如马奇（J. L. Mackie）所说，它们也就不能不具有善的一般属性，不能不是客体所具有的能够满足主体需要、实现主体欲望、符合主体目的的属性："道德语境中的善仍然具有善的一般含义，亦即仍然以某种需求或利益或愿望的满足为特征。"〔51〕问题在于，行为及其品德的善或道德善所满足的究竟是谁的需要、欲望、目的："仍然未决的是，这些被满足的需求究竟是当事人的，还是其他人的，抑或是每个人的？"〔52〕理查德·泰勒（Richard Taylor）在研究这个难题时指出，一个人如果脱离社会而孤零零地生活，那么，在他那里就只有善恶而不存在正当不正当："只要我们设想仅仅存在一个人的世界，尽管这个人是个有目的有感情的生物，那么，在这个世界里也只可能有善与恶，而决无正当与不正当或道德责任等伦理概念存在的余地。"〔53〕为什么正当不正当仅仅存在于社会中，而在脱离社会的个人那里却只有善恶？

这显然是因为，善所满足的是任何主体的需要、欲望、目的；而正当所满足的则仅仅是一种特殊的主体——社会——的需要、欲望、目的，是社会创造道德的需要、欲望、目的。善是一切事物所具有的能够满足任何主体需要、欲望、目的的属性；正当则是行为及其品德所具有的能够满足社会创造道德的需要、欲望、目的的属性。善恶属于价值范畴，是价值的分类，是正价值与负价值的同义语。正当与不正当则属于道德价值范畴，是道德价值的分类，是正道德价值与负道德价值的同义语。善恶是客体（一切事物）对于主体（一切具有需要、欲望、目的的生物）需要、欲望、目的的效用性，说到底，也就是一切事物对于主体目的（或合目的）的效用性：符合目的（或合目的）者即为善，违背目的（或合目的）者即为恶。正当不正当则是道德客体（行为及其品德）对于道德主体（社会）制定道德的需要、欲望、目的的效用性，说到底，也就是行为及其品德对于道德目的的效用性：符合道德目的者，便是所谓的正当，便是所谓的道德善；违背道德目的者，便是所谓的不正当，便是所谓的道德恶。

所以，正当不正当或道德善恶，正如石里克所说，从属于善恶，二者是种与属、个别与一般的关系："道德上的善只是更一般的善的特殊情形。"〔54〕二者的区别，表现为两方面。一方面，它们的善恶客体或对象根本不同。善恶的客体或对象是一切客体、一切事物。反之，道德善恶的客体则仅仅是一种特殊的客体：每个人的行为及其所表现的品德。另一方面，它们的主体根本不同。善恶的主体是任何具有需要、欲望、目的的生物,是任何人的需要、欲望、目的。反之,道德善恶的主体则是一种特殊的主体:社会,是社会创造道德的需要、欲望、目的,简言之,是道德的目的。石里克也这样写道:"善这个词,当它(1)指称人的决定,并且(2)表达社会对这个决定的某种赞许时,才具有道德的意义。"[55]

依据这两方面的区别,便可以——如弗兰克纳所说——将道德善恶从善恶中分离出来,从而使善恶分为道德善恶与非道德善恶两大类型。[56]所谓道德善恶或正当不正当,乃是行为对于社会创造道德的需要、欲望、目的的效用性:相符者即为道德善或正当,相违者即为道德恶或不正当。反之,非道德善恶,则是一切事物对于其他(亦即社会创造道德的需要、欲望、目的之外)需要、欲望、目的的效用性,是一切事物对于非道德需要、欲望、目的的效用性:相符者即为非道德善,相违者即为非道德恶。这样,道德善恶与非道德善恶便既可能一致,也可能不一致。举例说,为己利他能够满足我的欲望、实现我的目的,因而对我来说,是一种非道德善;同时,为己利他又有利于社会存在发展,符合道德目的,因此又是正当的,是一种道德善。偷盗能够满足盗贼的需要和欲望,是一种非道德善;同时却有害于社会存在发展,违背道德目的,因而是一种道德恶,是不正当的。自我牺牲有利于社会存在发展,符合道德目的,是一种道德善,是正当的;同时却有害于自我牺牲者,牺牲了他的自我保存的欲望,因而是一种非道德恶。

由此可见,依据某些欲望——如偷盗——及其满足是恶的,从而否定善是欲望的满足的定义,说到底,在于错误地把善与道德善完全等同起来。如果善与道德善是同一概念,那么,很多欲望——如偷盗、抢劫、妒忌、造谣中伤等等——及其满足便都因其绝对有害于社会和他人而完全是恶,而绝不会是善。照此说来,把善定义为欲望的满足无疑是错误的。但是,如果我们把道德善与善区别开来,那么,偷盗等等便仅仅是一种道德恶而不是非道德的恶:对于偷盗者来说,偷盗的愿望得到满足显然是好事,是善,是一种非道德善。所以,偷盗等等愿望的满足固然是恶,却不是完全的恶,而是道德恶、非道德善。于是,只有把道德善定义为欲望的满足才是错误的;而孟子所言"可欲之谓善"则是真理。

### 3. 正当、应该和善的关系

人们往往把"应该"或"应当"与"正当"等同起来。波特(Burton F. Porter)说:"凡是正当的,都是应当的;反之,凡是应当的,都是正当的。"[57]艾温竟然也说:“正当的行为与应当的行为是同义的。”[58]照此说来,“凶手作案不留指纹是应当的”也就全等于“凶手作案不留指纹是正当的”。这说得通吗?

不难看出,“应当”或“应该”的外延比“正当”广阔得多。马奇将其分为道德应当与知识应当两类:“我们必须说明的,不仅有道德的、谨慎的、假言命令的应该,而且还有诸如‘这个戏法应该这样变’,‘他们现在应该穿越国境’和‘它应该溶解了,可奇怪的是为什么还没有’等等。也许可以称这些应该为知识的应该。”[59]然而,按照分类的逻辑规则,与其称之为“知识应该”,不如称之为“非道德应该”。这样,应该便分为道德应该与非道德应该两大类型。所谓道德应该与道德不应该,亦即正当与不正当,亦即道德善恶,是行为对于社会创造道德的需要、欲望、目的的效用性,简言之,也就是行为对于道德目的的效用性:相符者即为道德应该,即为正当,即为道德善;相违者即为道德不应该,即为不正当,即为道德恶。举例说,凶手作案不论如何符合自己的目的,却有害于社会存在发展,违背道德目的,因而都是道德的不应该,都是不正当,都是道德恶。反之,自我牺牲不论如何有害于自我保存之目的,却有利于社会存在发展,符合道德目的,因而都是道德的应该,都是道德善,都是正当。

但是,非道德应该不应该与非道德善恶不同。善恶是一切事物的效用性,所以,非道德善恶是一切事物对于道德目的之外的目的的效用性,是一切事物对于非道德目的的目的——如个人目的——的效用性。反之,应当仅仅是行为的效用性,所以,非道德应该便仅仅是行为对于道德目的之外的目的的效用性,是行为对于非道德目的的目的——如个人目的——的效用性:相符者即为非道德应该;相违者即为非道德不应该。例如,凶手杀人不留指纹,符合凶手逃逸的目的,因而对于凶手来说,是应该的;反之,留下指纹则不符合凶手逃逸的目的,因而对于凶手来说,是不应该的。这些都是非道德应该不应该,因为它们符合与否的目的是凶手的个人目的,而不是社会的道德目的。

可见,道德应该与非道德应该都是行为的效用性,二者的区别仅仅在于:前者是行为对于道德目的的效用性;后者是行为对于非道德目的的目的——如个人目的——的效用性。因此,道德应该与非道德应该便既可能是一致的,也可能是不一致的。举例说,为己利他既符合我的利己目的,因而是非道德应该;又有利社会的存在发展,符合道德目的,因而又是道德应该。反之,不一致者如:自我牺牲违背自己的自我保存目的,因而是非道德不应该；同时却有利社会和他人，符合道德目的，因而是道德应该。同理，凶手杀人不留指纹，符合凶手逃逸目的，是非道德应该；同时却有害社会存在发展，违背道德目的，因而是道德不应该。

总之，应该比正当广泛，从而成为善与正当之中介：善是一切事物对于主体目的的效用；应当与正当则都仅仅是行为对于主体目的的效用——应当是行为善，是行为对于一切目的的效用；正当是行为的道德善，是行为对于道德目的的效用。这样，正当、应当、善便都是客体的某种效用，因而都属于价值范畴。行为、事物、客体对于主体需要之效用与行为、事物、客体之事实显然不同。那么，前者是否源于后者？二者是何关系？所以，对于价值、善、应当、正当诸概念的分析，必然导致对"是"或"事实"的研究："是"或"事实"是元伦理概念系统的终结概念。

## 四　事实与是

### 1. 事实：广义的事实概念

一切事物，据其存在性质，无疑可以分为两类：事实与非事实。所谓事实，不言而喻，就是在思想意识之外实际存在的事物，是不依赖思想意识而实际存在的事物；非事实则是仅仅存在于思想、意识之中而在思想、意识之外并不存在的事物，是实际上不存在而只存在于思想中的事物。例如，一个人得了癌症，不论他怎样想，是承认还是不承认他患癌症，是事实。反之，如果在他思想中，他否认患了癌症，他认为自己根本没有得什么癌症。那么，他未患癌症，便是所谓的"非事实"。因此，罗素在界说事实概念时便这样写道："我所说的'事实'的意义就是某件存在的事物，不管有没有人认为它存在还是不存在。"[60]"事实本身是客观的，独立于我们对它的思想或意见的。"[61]

准此观之，价值无疑属于事实范畴。因为价值显然是不依赖思想意识而实际存在的东西。试想，鸡蛋的营养价值难道是依赖我们怎样思想它而实际存在的吗？不管你认为鸡蛋有没有营养价值，鸡蛋都同样具有营养价值。鸡蛋有没有营养价值不依赖思想意识而存在，因而是一种事实，可以称之为"价值事实"。

但是，这种事实概念乃是广义的事实概念：它只适用于认识论等一切非价值科学，而不适用于伦理学等一切价值科学。因为伦理学等一切价值科学的根本问题，无疑是“应该”或“价值”产生和存在的来源、依据问题，无疑是“应该”、“价值”、“应该如何”与“是”、“事实”、“事实如何”的关系问题，说到底，亦即著名的休谟难题：能否从“是”、“事实”、“事实如何”推导出“应该”、“价值”、“应该如何”？这一难题的存在，或者当你试图解析这一难题从而证明价值能否从事实推出的时候，就已经蕴涵着：事实与价值是外延毫不相干的对立概念。否则，如果事实是不依赖思想意识而实际存在的东西，从而事实之中包含价值，那么，“从事实中推导出价值”与“从事实中推导出事实”就是一回事，因而也就不可能存在“从事实中能否推导出价值”的难题了。

这就是为什么，自休谟难题问世以来，价值与事实属于外延毫不相干的两大对立领域已经近乎共识；这就是为什么，罗素一方面将事实定义为不依赖思想意识而实际存在的事物，另一方面却又似乎自相矛盾地否认价值——价值是不依赖思想意识而实际存在的事物——是事实：“当我们断言这个或那个具有‘价值’时，我们是在表达我们自己的感情，而不是在表达一个即使我们个人的感情各不相同但仍然是可靠的事实。”〔62〕显然，罗素并非自相矛盾。因为，当罗素断言事实是不依赖思想意识而实际存在的事物的时候，他说的是广义的事实概念，亦即认识论等非价值科学的事实概念；而当他断言价值不是事实的时候，他说的是狭义的事实概念，亦即价值科学中的事实概念。

可见，“价值能否从事实中推导出来”的难题之为价值科学的根本问题，实已意味着，在伦理学等一切价值科学中，事实与价值乃是外延毫不相干的对立概念：价值不是事实，事实不包括价值。价值——价值是不依赖思想意识而实际存在的事物——不是事实，显然又意味着：在价值科学中，事实概念不可以定义为“不依赖思想意识而实际存在的事物”：价值科学中的事实概念的外延狭小于“不依赖思想意识而实际存在的事物”，因而是一种狭义的事实概念；而“不依赖思想意识而实际存在的事物”则是广义的事实概念的定义。那么，价值科学中这种狭义的不包括价值的事实概念的定义究竟是什么？

### 2. 是：狭义的事实概念

原来，广义的事实概念——亦即不依赖思想意识而实际存在的事物——可以分为主体性事实与客体性事实：前者是不依赖思想而实际存在的自主活动者及其属性；后者是不依赖思想而实际存在的活动对象及其属性。举例说，一个雕刻家在雕刻鹰。那么，这个雕刻家及其需要、欲望、目的等不依赖思想而实际存在的东西便是主体性事实；而他所雕刻的鹰及其大小、质料、颜色等不依赖思想而实际存在的东西则是客体性事实。这样一来，所谓价值也就是客体的事实属性对于主体的事实属性——需要、欲望、目的等等——的效用性，也就是客体性事实对于主体性事实的效用、作用，因而属于客体性事实与主体性事实相互作用的范畴。

问题的关键在于，客体性事实，依据其是否依赖于主体的需要、欲望和目的的性质，又进而分为价值事实与非价值事实。价值事实亦即价值之事实，就是价值这种类型的事实，也就是价值，也就是客体中所存在的对满足主体的需要具有效用的属性，也就是客体对主体需要的效用性，因而是客体的依赖于主体的需要欲望和目的而存在的东西。可是，为什么价值可以叫做价值事实呢？因为价值是不依赖思想意识而实际存在的东西：价值是一种事实，属于事实范畴。反之，非价值事实则是客体的不依赖主体的需要欲望和目的而实际存在的东西，也就是客体中实际存在的非价值属性，也就是价值之外的客体之事实，就是客体的不包括价值而与价值相对立的事实，说到底，就是狭义的事实概念。举例说，猪肉有营养，是不是事实？当然是事实，因为猪肉有没有营养是不依赖我们怎样思想而实际存在的。只不过，猪肉的营养是一种价值事实；其为事实，依赖于主体的需要欲望和目的，因而属于广义事实范畴。反之，猪肉有重量，也是事实，但显然不是价值，不是价值事实，而是非价值事实，是价值之外的事实，是不依赖主体需要欲望和目的而存在的事实，因而属于狭义事实范畴。

可见，狭义事实的根本特征——亦即区别于价值的根本特征——并不是不依赖于思想意识，而是不依赖于主体需要。因为价值同样不依赖于思想意识，而只是依赖于主体需要：价值是客体对主体需要、欲望、目的的效用性，因而是依赖于主体的需要、欲望、目的而存在的事物。所以，与价值对立的狭义的事实便是不依赖主体需要而存在的事物：不依赖主体的需要、欲望、目的，是狭义事实概念的根本特征。试想，猪肉的重量为什么属于狭义事实范畴，而猪肉的营养却属于广义事实范畴？岂不就是因为前者不依赖于人的需要欲望目的，而后者却依赖于人的需要欲望目的？这样一来，便在与“非事实”对立的广义“事实”概念的基础上，形成了与“价值”对立的狭义的“事实”概念：广义的事实是不依赖思想意识而实际存在的事物，该概念适用于非价值科学；狭义的事实是不依赖主体需要而实际存在的事物，该概念适用于伦理学等一切价值科学。

于是，在伦理学等一切价值科学中，所谓事实乃是与“价值”对立的狭义的事实，是客体的不依赖主体的需要、欲望、目的而独立存在的事物。反之，价值则不是事实，因为价值是客体对于主体的需要、欲望、目的的效用性，是依赖主体的需要、欲望、目的而存在的事物。这样，所谓“价值事实”概念，在价值科学中便如同“圆的方”一样，是个荒谬的、矛盾的、不能成立的概念。但是，“价值事实”在非价值科学中，却是个科学的概念。因为，在非价值科学——如认识论——中，所谓“事实”是广义的，是指不依赖思想意识而实际存在的事物；而价值的存在，如上所述，只依赖主体的需要、欲望、目的，却不依赖主体的思想意识。所以，在非价值科学中，价值属于事实范畴，因而“价值事实”概念是科学的：价值事实与非价值事实是划分事实概念的两大类型。因此，我国一些学者在价值科学领域大谈“价值事实”概念是很错误的：他们混淆了事实在非价值科学和价值科学中的不同含义。

在伦理学或其他价值科学中，这种与价值对立的狭义的事实，往往通过以“是”或“不是”为系词的判断反映出来；而以“应该”或“不应该”为系词的判断所反映的则是价值。所以，在元伦理研究或价值科学中，一方面，“事实”与“是”被当做同一概念来使用，因而所谓“是”也就是与价值对立的事实，就是不依赖主体的需要、欲望、目的而独立存在的事物；另一方面，与应该相对而言的事实大都叫做“是”，而与价值相对而言的事实才叫做事实，因而便出现两个对子：事实与价值、是与应该。

这样，在伦理学或其他价值科学中，一切事物便分为两类：客体与主体；客体又进而分为两类：价值与事实。于是，一切事物实际上便分为三类：价值、事实和主体。价值是客体对于主体的需要、欲望、目的的效用性，是客体依赖主体的需要、欲望、目的而存在的事物。“事实”亦即“是”，也就是价值的对立物，就是客体不依赖主体的需要、欲望、目的而独立存在的事物。主体及其需要、欲望和目的等等则是客体的对立物——主体与客体是构成一切事物的两大对立面——因而既不是价值也不是事实，而是划分价值与事实的依据，是连接价值与事实的中介物。如下所示：

事物
- 主体
- 客体
  - 价值
  - 事实

**3. 结论：两种事实概念**

总而言之，存在着两种事实概念：广义的与狭义的。广义的事实与非事实对立，适用于认识论等一切非价值科学；它是一切在思想意识之外实际存在的事物，是一切不依赖思想意识而实际存在的事物。狭义的事实亦即所谓“是”，则与价值或应该对立，适用于伦理学等一切价值科学；它是客体的在主体需要之外实际存在的事物，是客体的不依赖主体需要而实际存在的事物。如下所示：

- 事物
  - 事实（广义）
    - 主体事实
    - 客体事实
      - 价值
      - “是”或事实（狭义）
  - 非事实

现在，我们完成了对于元伦理范畴或伦理学初始概念——“价值”、“善”、“应该”、“正当”以及“是”或“事实”——的分析。当我们将这些概念联系起来，进一步探寻它们——特别是“应该”——的普遍本性时，不难发现这些初始概念所蕴涵的初始命题或公理和初始推演规则。这些伦理学的初始命题或公理和初始推演规则可以归结为两大系列公理和公设：“伦理学的存在公理和公设”、“伦理学的推导公理和公设”。这些就是下一章的研究对象。

## 注　释

〔1〕 G. E. Moore, *Principia Ethica*, China Social Sciences Publishing House, 1999, p. 57.

〔2〕 Charles. L. Reid, *Choice and Action: An Introduction to Ethics*, MacMillan Publishing Co., New York, 1981, p. 200.

〔3〕 W. D. Ross, *The Right and Good*, Oxford at The Clarendon Press, 1930, p. 1.

〔4〕 Louis P. Pojman, *Ethical Theory: Classical and Contemporary Readings*, Wadsworth Publishing Company, 1995, p. 145.

〔5〕 Bryan Wilsons, *Values*, Humanities Press International, Inc., Atlantic Highlands, 1988, p. 1.

〔6〕 《古希腊罗马哲学》，三联书店，1957 年版，309 页。

〔7〕 《马克思恩格斯全集》第 2 卷，人民出版社，1974 年版，164 页。

〔8〕 《亚里士多德全集》第一卷，中国人民大学出版社，1990 年版，4 页。

〔9〕 李连科：《哲学的价值论》，中国人民大学出版社，1991 年版，88 页。

〔10〕 Ralph Barton Perry, *General Theory of Value: Its Meaning and Basic Principles Construed in Terms of Interest*, Longmans, Green and Company, New York, 1926, p. 122.

〔11〕 Ibid., 1926, p. 52.

〔12〕 Ralph Barton Perry, *General Theory of Value: Its Meaning and Basic Principles Construed in Terms of Interest*, Longmans, Green and Company, New York, 1926, p. 40.
〔13〕 培里等著:《价值和评价》,中国人民大学出版社,1989 年版,45 页。
〔14〕 Ralph Barton Perry, *General Theory of Value: Its Meaning and Basic Principles Construed in Terms of Interest*, Longmans, Green and Company, New York, 1926, p. 27.
〔15〕 培里等著:《价值和评价》,中国人民大学出版社,1989 年版,51 页。
〔16〕 Ralph Barton Perry, *General Theory of Value: Its Meaning and Basic Principles Construed in Terms of Interest*, Longmans, Green and Company, New York, 1926, p. 81.
〔17〕 Tsunesaburo Makiguchi, *Philosophy of Value*, Seikyo Press, Tokyo, 1964, p. 75.
〔18〕《马克思恩格斯全集》第 26 卷,人民出版社,1974 年版,326 页。
〔19〕 王玉梁主编:《中日价值哲学新论》,陕西人民教育出版社,1994 年版,47 页。
〔20〕 马克思:《资本论》第一卷,中国社会科学出版社,1983 年版,17 页。
〔21〕 同上书,15 页。
〔22〕 同上书,48 页。
〔23〕 同上。
〔24〕 C. E. M. Joad, *Classics in Philosophy and Ethics*, London Kennikat Press, 1960, pp. 194-199; A. C. Ewing, *The Definition of Good*, pp. 112-117.
〔25〕 亚里士多德:《尼各马科伦理学》,中国社会科学出版社,1990 年版,8 页。
〔26〕 W. D. Ross, *The Right and Good*, Oxford at The Clarendon Press, 1930, p. 198.
〔27〕 Ibid.
〔28〕 A. C. Ewing, *Ethics*, The Free Press, New York, 1953, p. 13.
〔29〕 亚里士多德:《尼各马科伦理学》,中国社会科学出版社,1990 年版,10 页。
〔30〕 A. C. Ewing, *The Definition of Good*, Hyperion Press Inc., Westport, 1979, p. 149.
〔31〕 Ibid., p. 150.
〔32〕 Ibid., p. 117.
〔33〕 Bernard Gert, *Moraility: A New Justification of the Moral Rules*, Oxford University Press, New York, Oxford, 1988, p. 48.
〔34〕 斯宾诺莎:《伦理学》,贺麟译,商务印书馆,1962 年版,157 页。
〔35〕 冯友兰:《三松堂全集》,河南人民出版社,1986 年版,91 页。
〔36〕 施太格缪勒:《当代哲学主流》,王炳文等译,商务印书馆,1989 年版,329 页。
〔37〕 Lawrence C. Becker, *Encyclopedia of Ethics*, Volume II, Garland Publishing, Inc., New York, 1992, p. 897.
〔38〕 冯友兰:《三松堂全集》,河南人民出版社,1986 年版,98 页。

〔39〕《亚里士多德全集》第八卷,苗力田等译,中国人民大学出版社,1992 年版,244 页。
〔40〕《孟子·尽心上》。
〔41〕《伦理学和政治学中的人类社会》,肖巍译,中国社会科学出版社,1992 年版,66 页。
〔42〕奥·锡克:《经济·利益·政治》,王福民等译,中国社会科学出版社,1984 年版,63 页。
〔43〕《墨子·兼爱上》。
〔44〕斯宾诺莎:《伦理学》,贺麟译,商务印书馆,1962 年版,165 页。
〔45〕亚里士多德:《尼各马科伦理学》,中国社会科学出版社,1990 年版,3 页。
〔46〕A. C. Ewing, *The Definition of Good*, Hyperion Press Inc., Westport, 1979, p. 190.
〔47〕Ibid., p. 15.
〔48〕约翰·华特生编选:《康德哲学原著选读》,商务印书馆,1963 年版,161 页。
〔49〕A. C. Ewing, *Ethics*, The Free Press, New York, 1953, p. 15.
〔50〕William K. Frankena, *Ethics*, Englewood Cliffs, N. J., Prentice-Hall, 1973, p. 62.
〔51〕J. L. Mackie, *Ethics: Inventing Right and Wrong*, New York: Penguin, 1977, p. 59.
〔52〕Ibid., p. 59.
〔53〕Louis P. Pojman, *Ethical Theory: Classical and Contemporary Readings*, Wadsworth Publishing Company, 1995, p. 136.
〔54〕石里克:《伦理学问题》,张国珍等译,商务印书馆,1997 年版,22 页。
〔55〕同上书,29 页。
〔56〕William K. Frankena, *Ethics*, Prentice-Hall, 1973, p. 62.
〔57〕Burton F. Porter, *The Good Life: Alternatives in Ethics*, MacMillan Publishing Company, New York, 1980, p. 33.
〔58〕A. C. Ewing, *The Definition of Good*, Hyperion Press Inc., Westport, 1979, p. 123.
〔59〕J. L. Mackie, *Ethics: Inventing Right and Wrong*, New York: Penguin, 1977, p. 73.
〔60〕罗素:《人类的知识》,商务印书馆,1983 年版,177 页。
〔61〕罗素:《我们关于外间世界的知识》,上海译文出版社,1990 年版,40 页。
〔62〕罗素:《宗教与科学》,商务印书馆,1982 年版,123 页。

## 思考题

1. 试析马克思的两句话:“价值实体就是劳动”(《资本论》第一卷,第 17 页),“一切商品作为价值只是结晶的人类劳动”(《资本论》第一卷,第 27 页)。请回答:价值与价值实体是同一概念吗?
2. 偷盗欲望及其满足是恶,否定了“可欲之谓善”吗?“善是欲望的满足”与“偷盗欲望的满足是恶”矛盾吗?

3. 如何理解纯粹恶与必要恶以及内在善与手段善？“必要的恶”与“手段的善”是同一概念吗？法律是必要的恶吗？道德是必要的恶还是手段善抑或内在善？
4. 是否有两个“事实”概念：一个是价值论的，另一个是认识论的？如果说价值与事实是对立的，那么，所谓“价值事实”概念是否如同“圆的方”一样荒唐？
5. 在元伦理学或其他价值科学中，主体及其需要、欲望和目的究竟是事实还是价值？“道德目的”是事实还是价值？“道德目的”属于“道德应该”或“道德价值范畴”吗？

# 第二章
# 元伦理确证:伦理学公理与公设

所谓"元伦理确证",如前所述,也就是对于揭示元伦理范畴的内涵和外延的元伦理命题的证明,说到底,也就是对于伦理学的初始命题——亦即伦理学公理和公设——的证明。然而,按照亚里士多德和欧几里得的古典公理法的观点,公理和公设是不需要证明的,因为它们是自明的、直觉的、公认的、不言而喻的。非欧几何学的产生表明这种观点是片面的。因为非欧几何学的第五公设——经过直线外的一点,可作多条直线和原有的直线平行——显然不是自明的、直觉的;恰恰相反,它是完全违背人们的直觉的。所以,公理和公设不必是自明的、公认的。公理和公设之为公理和公设,如前所述,只在于从它们能够推演出该门科学的全部命题或全部内容。

因此,伦理学的公理和公设之为公理和公设,也只在于从它们能够推演出伦理学的全部命题或全部内容,而与是否自明无关:它们可以是也可以不是自明的、直觉的、公认的、不言而喻的。然而,人们大都不理解这一点,而以为伦理学的公理和公设必定是自明的、直觉的、不言而喻的。因此,他们往往把诸如基督教的"黄金律"(你们愿意人怎样待你们,你们也要怎样待人)和儒家的"己所不欲,勿施于人"等命题当做伦理学公理。确实,这些道德原则是自明的、直觉的、不言而喻的。但是,从这些道德原则的命题能够推导出伦理学的全部命题或全部内容吗?能够推导出"爱的原则"吗?能够推导出"善的原则"、"公正原则"吗?显然不能够。因为"黄金律"和"己所不欲勿施于人"无疑属于"同情心"原则,它们与"报恩心"原则并列而从属于"爱的原则",是从"爱的原则"推导出来,而不是相反。那么,是否可以从爱的原则和善的原则以及公正原则——或者再增加几个原则——推导出伦理学的全部命题或全部内容?否。

从一些比较普遍的道德原则确实可以推导出一系列比较特殊的道德原则和规范。但是,从任何系列的道德原则都不可能推导出伦理学的全部命题或全部内容。因为能够推导出伦理学的全部命题或全部内容的伦理学初始命题或原则,不可能是道德原则或道德命题,而只可能是超越和统摄一切道德原则或道德命题的非道德原则或非道德命题。这些非道德命题就是揭示伦理学初始概念——价值、应该、正当、善与事实等等——的内涵和外延的伦理学初始命题。这些初始命题集,就是所谓伦理学的公理和公设。

## 一 伦理学公理与公设

### 1. 伦理学的价值存在公理与道德价值存在公设

价值、善、应该和正当或道德价值的最基本的内涵是:它们是否实际存在?詹姆斯的回答是否定的:"我们周围的世界似乎具有的那些价值、兴趣或意义,纯粹是观察者的心灵送给世界的礼物。"[1]洛德·卡门斯也这样写道:"美并不存在于被爱者身上,而存在于爱者的眼睛里。"[2]这就是说,美、价值、善、应该和正当或道德价值是一种仅仅存在于心灵的纯粹主观的东西。这种观点能否成立,是元伦理学家们一直争论不休的难题。破解这一难题的起点是比较两种属性:固有属性和关系属性。

固有属性是事物独自具有的属性:一事物无论是自身独处,还是与他物发生关系,该物都同样具有固有属性。反之,关系属性则是事物固有属性与他物发生关系时所产生的属性。因此,一事物自身不具有关系属性;只有该物与他物发生关系,才具有关系属性。电磁波长短是物体独自具有的属性:无论就物体自身还是就物体与眼睛的关系来说,物体都同样具有一定长短的电磁波。所以,电磁波长短是物体固有属性。反之,颜色则是物体的电磁波与眼睛发生关系时所产生的属性,如波长 595 ~ 580nm 的电磁波,经过人眼的作用生成黄色。物体自身仅仅具有电磁波而不具有颜色;只有当电磁波与眼睛发生关系时物体才有颜色。所以,颜色是物体的关系属性。

显然,价值与颜色一样,都是客体的关系属性,而不是客体的固有属性。但是,红、黄、颜色是客体不依主体的需要欲望而转移的关系属性,是客体的事实关系属性。反之,应该、善、价值则是客体依主体的需要欲望而转移的关系属性,是客体的价值关系属性。于是,一切属性实际上便分为三类:(1)固有属性或固有的事实属性,如质量多少、电磁波长短;(2)关系的事实属性或事实关系属性,如红黄颜色;(3)价值关系属性,如应该、善。如下所示：

- 属性
  - 固有属性
  - 关系属性
    - 事实关系属性（如红与黄）
    - 价值关系属性（如善与应该）

不难看出，这三种属性的客观性和基本性呈递减趋势。因为固有的事实属性，如质量多少、电磁波长短等等，是一事物完全不依赖他物和主体而存在的东西，是完全客观的和独立的东西，因而我们可以像洛克那样，称之为“第一性质”（primary qualities）。事实关系属性，如红黄颜色，是客体不依赖主体的需要、欲望和目的，却依赖主体的某种器官（眼睛）而存在的东西，因而是客体不能独立存在的和不完全客观的东西：正如洛克所言，它们是“第二性质”（secondary qualities）。价值关系属性，如应该、善等等，则是的事实属性——亦即第一性质和第二性质——与主体需要、欲望和目的发生关系的产物，是客体依赖主体需要、欲望和目的而存在的东西，因而是更加不能独立、更加不基本和更少客观性的东西，我们可以像现代英美哲学家亚力山大和桑塔亚那那样，称之为“第三性质”（tertiary qualities）。

但是，“善、价值、应该、应该如何”毕竟与“是、事实、事实如何”一样，都是存在于客体之中的客体的属性。只不过，“是、事实、事实如何”是客体不依赖主体需要而具有的属性，是客体无论与主体的需要发生还是不发生关系都具有的属性，是客体的固有属性或事实关系属性，是客体的第一性质和第二性质。反之，“善、价值、应该、应该如何”则是客体依赖主体需要而具有的属性，是客体的“是、事实、事实如何”与主体的需要、欲望、目的发生关系时所产生的属性，是“是、事实、事实如何”对主体的需要、欲望、目的的效用，是客体的价值关系属性，是客体的第三性质。因此，“应该”、“善”、“价值”的存在便由客体事实属性与主体需要、欲望、目的两方面构成：客体事实属性是“应该”、“善”、“价值”产生的源泉和存在的载体、本体、实体，可以名之为“应该的实体”、“善的实体”、“价值实体”；主体需要、欲望、目的则是“应该”、“善”、“价值”从客体事实属性中产生和存在的条件，是衡量客体事实属性的价值或善之有无、大小、正负的标准，可以名之为“应该的标准”、“善的标准”、“价值标准”。举例说：

营养价值是食物的属性，不是人的属性。但它不是食物离开人的需要而独自具有的属性，不是食物的事实属性；而是食物的事实属性与人的饮食需要发生关系时所产生的属性，是食物的事实属性对人的饮食需要的效用，是食物的关系属性。所以，离开人的需要，食物自身并不具有营养；只有当食物与人的需要发生关系时，食物才具有营养。因此，食物的营养价值之存在，是由食物的事实属性与人的饮食需要、欲望、目的构成：前者是食物的营养价值存在的源泉和实体，后者则是食物的营养价值存在的条件和标准。

可见，“善、价值、应该、应该如何”是客体依赖主体需要而具有的属性，是客体的“是、事实、事实如何”与主体的需要、欲望、目的发生关系时所产生的属性，是客体的“是、事实、事实如何”对主体的需要、欲望、目的的效用，是客体的关系属性。因此，“应该”、“善”、“价值”的存在便由客体事实属性与主体需要、欲望、目的两方面构成：客体事实属性是“应该”、“善”、“价值”产生的源泉和存在的载体、本体、实体；主体需要、欲望、目的则是“应该”、“善”、“价值”从客体事实属性中产生和存在的条件，是衡量客体事实属性的价值或善之有无、大小、正负的标准。这就是应该、善、价值的存在本性，就是伦理学的价值存在公理。

伦理学的价值存在公理所反映的是一切应该、善、价值的普遍的存在本性，因而适用于一切价值科学。如果将其推演于道德价值或道德善领域，我们便会发现道德应该、道德善或道德价值的存在本性，亦即只对伦理学有效的“伦理学的道德价值存在本性公设”。因为按照亚里士多德和欧几里得的观点：“公理是一切科学所公有的真理，而公设则只是为某一门科学所接受的第一性原理。”[3]那么，只对伦理学有效的“道德价值存在本性公设”究竟是怎样的？道德应该、道德价值或道德善不同于非道德应该、非道德价值或非道德善的特点，主要在于它的客体和主体以及主体的目的。在道德应该、道德价值或道德善领域，每个人的行为是社会道德所规范的对象，因而是客体；社会是活动者，因而是主体；于是，社会制定道德的目的便是主体活动目的。

这样，推演伦理学存在公理于道德应该、道德善、道德价值领域，便可以得出结论说：行为应该如何不是行为独自具有的属性，而是行为依赖道德目的而具有的属性，是行为事实如何与道德目的发生关系时所产生的属性，是行为事实如何对于道德目的的效用，是行为的关系属性。因此，行为之应该如何由“行为事实如何”与“道德目的”两方面构成：行为之事实如何是行为应该如何产生的源泉和存在的载体、本体、实体，可以名之为“道德应该的实体”、“道德善的实体”或“道德价值实体”；道德目的是行为应该如何从行为事实如何中产生和存在的条件，是衡量行为事实如何的道德价值之有无、大小、正负的标准，可以名之为“道德应该的标准”、“道德善的标准”或“道德价值标准”。这就是道德应该、道德善和道德价值的存在本性，就是伦理学的道德价值存在公设。

试想：“应该诚实”是诚实行为的属性吗？是的，但它不是诚实行为离开道德目的——保障社会存在发展、增进每个人的利益——而独自具有的属性，不是诚实行为的事实属性；而是诚实行为之事实与道德目的发生关系时所产生的属性，是诚实行为之事实对道德的目的的效用，是诚实行为的关系属性。否则，为什么诚实只是一般说来才是应该的，而有时却不应该诚实？岂不就是因为诚实一般说来有利于社会和他人、符合道德目的，而有时却有害于社会和他人、违背道德目的？反之，说谎为什么一般说来是不应该的而有时却是应该的？岂不就是因为说谎一般说来有害于社会和他人、违背道德目的，而有时却有利于社会和他人、符合道德目的？所以，离开道德目的，诚实行为自身并不具有“应该”属性；只有当诚实与道德目的发生关系时，诚实才具有“应该”的属性。因此，“应该诚实”是由诚实行为之事实与道德目的两方面构成：前者是“应该诚实”的源泉和实体，后者则是“应该诚实”的条件和标准。

关于应该、善和价值存在本性的分析，使我们弄清了它们产生的源泉和条件以及存在的实体和标准。从此出发，便可以解析它们的产生和推导的过程了。它们的产生和推导过程，也就是元伦理学家所说的应该、善和价值的推导逻辑，亦即所谓休谟难题：“应该”能否从“是”推导出来？对于这一难题——亦即“善”、“价值”、“应该如何”怎样从“是”、“事实”、“事实如何”产生和推导过程——的研究，便构成伦理学推导公理和推导公设。不过，“善”、“价值”、“应该如何”从“是”、“事实”、“事实如何”产生和推导过程，并非单纯的、单一的过程，而是个复杂的、复合的过程：是从“价值”到“评价”复到“优良规范”的多重过程。因此，伦理学推导公理和推导公设也就相应地分为：伦理学的价值推导公理和道德价值推导公设；伦理学的价值判断推导公理和道德价值判断推导公设；伦理学的价值判断真理性推导公理和道德判断真理性推导公设；伦理学的优良规范推导公理和优良道德规范推导公设。

**2. 伦理学的价值推导公理和道德价值推导公设**

道德价值的存在本性之发现，乃是破解休谟难题的钥匙。所谓“休谟难题”，原本是休谟在《人性论》的一个伟大发现：“在我所遇到的每一个道德体系中，我一向注意到，作者在一时期中是照平常的推理方式进行的，确定了上帝的存在，或是对人事作一番议论；可是突然之间，我却大吃一惊地发现，我所遇到的不再是命题中通常的‘是’与‘不是’等连系词，而是没有一个命题不是由一个‘应该’或一个‘不应该’联系起来的。这个变化虽是不知不觉的，却是有极其重大的关系的。因为这个应该与不应该既然表示一种新的关系或肯定，所以就必须加以论述和说明；同时对于这种似乎完全不可思议的事情，即这个新关系如何能由完全不同的另外一些关系推出来的，也应该指出理由加以说明。不过作者们通常既然不是这样谨慎从事，所以我倒想向读者们建议要留神提防；而且我相信，这样一点点的注意就会推翻一切通俗的道德学体系。”[4]

这就是所谓的“休谟难题”或“休谟法则”：“应该”能否由“是(事实)”产生和推导出来？它是元伦理学的根本问题，是伦理学能否成为科学的关键，因而也是全部伦理学的最重要的问题。所以，赫德森(W. D. Hudson)说：“道德哲学的中心问题，乃是那著名的是—应该问题。”[5]但这个问题的难度之大，竟从休谟起一直到19世纪末，没有一人能对其进行系统论述。1903年，摩尔发表元伦理学革命的代表作《伦理学原理》，系统论述了这个问题。但他只是揭示了以往伦理学在这个问题上的所谓“自然主义谬误”，而并没有正面解析这个难题。从那以后，近百年来，元伦理学家们对于这个难题进行了大量研究。可以说，当代伦理学家麦金太尔、福特、艾伦·吉沃思(Alan Gewirth)、J. L. 马奇、马克斯·布莱克(Max Black)等人已接近解决该难题。因为他们或多或少、或明或暗地指出，应该如何是通过主体的需要、欲望、目的、利益而从事实如何产生和推导出来的。[6]不过，说得比较清楚的，恐怕只有布莱克。他这样写道：

> 对于那些宣称在“应该”和“是”之间的逻辑断裂不存在桥梁的人，我提出一个反例证：
>
> 费希尔想要将死伯温克。
>
> 对于费希尔来说，将死伯温克唯一的棋步是走王后。
>
> 因此，费希尔应该走王后。[7]

为了进一步诠释这个例证，布莱克又提出一个推理：

> 你要达到E。
>
> 达到E的唯一方法是做M。

因此，你应该做 M。[8]

通过分析这些推论，布莱克得出结论说："事实如何的前提与应该如何的结论之间有一断裂，连接这一断裂的桥梁只能是当事人从事相关活动或实践的意愿。"[9] 这就相当清晰地指出了应该如何是通过主体的需要、欲望、目的而从事实如何产生和推导出来的：

客体事实如何——→主体的需要、欲望、目的——→客体应该如何

对于休谟难题的这一解析如果能够成立，那么，"应该如何"便是通过一种既非应该又非事实的"第三者"而从"事实如何"推导出来。因为在元伦理学或其他价值科学中，一切事物分为两类"客体与主体"；客体又进而分为两类"价值与事实"：价值是客体的依赖主体的需要、欲望、目的而存在的属性；事实是客体的不依赖主体的需要、欲望、目的而独立存在的属性。因此，主体的需要、欲望和目的便因其属于主体范畴而是客体的对立物——主体与客体是构成一切事物的两大对立面——因而既不是价值也不是事实。那么，应该如何果真能够通过主体的需要、欲望、目的而从事实如何中产生和推导出来吗？回答是肯定的。

因为道德价值的存在本性表明，"是、事实、事实如何"与"价值、善、应该如何"都是客体的属性。只不过，"是、事实、事实如何"是客体不依赖主体需要而具有的属性，是客体无论与主体的需要发不发生关系都具有的属性，是客体的事实属性。反之，"价值、善、应该如何"则是客体依赖主体需要而具有的属性，是客体的"是、事实、事实如何"与主体的需要、欲望、目的发生关系时所产生的属性，是"是、事实、事实如何"对主体的需要、欲望、目的的效用，是客体的关系属性，是客体的价值关系属性：客体事实属性是价值、善、应该如何产生的源泉和存在的实体；主体需要、欲望、目的则是它们从客体事实属性中产生的条件和标准。这岂不意味着："价值、善、应该如何"产生于"是、事实、事实如何"，是从"是、事实、事实如何"推导出来的吗？只不过，仅仅"是、事实、事实如何"自身决不能产生"价值、善、应该如何"；因而仅仅从"是、事实、事实如何"决不能推导出"价值、善、应该如何"。只有当"是、事实、事实如何"与主体需要欲望目的发生关系时，从"是、事实、事实如何"才能产生和推导出"价值、善、应该如何"："善、应该、正价值"等于"事实对主体需要欲望目的之符合"；"不应该、恶、负价值"全等于"事实对主体需要欲望目的之不符合"。

就拿燕子来说。"燕子吃虫子"与"燕子是具有正价值的、善的鸟"岂不

都是燕子的属性？只不过，“燕子吃虫子”是燕子独自具有的属性，是无论是否与人的需要、欲望、目的发生关系都具有的属性，是燕子的事实属性。反之，“燕子是具有正价值的善的鸟”则不是燕子独自具有的属性，而是“燕子吃虫子”的事实属性与人消除虫子的需要、欲望、目的发生关系时所产生的属性，是燕子的关系属性。因此，“燕子是具有正价值的善的鸟”便产生于“燕子吃虫子”的事实，是从该事实推导出来的。但是，仅仅“燕子吃虫子”的事实还不能产生和推导出“燕子是具有正价值的善的鸟”；只有当“燕子吃虫子”的事实与人类消除虫子的需要、欲望、目的发生关系时，从“燕子吃虫子”的事实才能产生和推导出“燕子是具有正价值的善的鸟”。

可见，“价值、善、应该如何”，是通过主体的需要、欲望、目的，而从“是、事实、事实如何”产生和推导出的：“应该、善、正价值”等于事实对主体需要欲望目的的符合；“不应该、恶、负价值”等于事实对主体需要欲望目的的不符合。这就是休谟难题之答案，这就是“价值、善、应该如何”的产生和推导的过程，这就是价值、善、应该的推导方法，这就是善、价值、应该如何的发现和证明方法，这就是伦理学的价值推导公理。我们可以将它归结为一个公式而名之为“价值推导公式”：

客体：事实如何
主体：需要、欲望、目的如何
主客关系：事实符合（或不符合）主体的需要、欲望、目的

---

结论：应该、善、正价值（或不应该、恶、负价值）

这是一切应该、善、价值的普遍的推导方法，如果将其推演于道德价值或道德善领域，便可以得出结论说，道德价值、道德善、道德应该、伦理行为之应该如何，是通过道德目的、亦即道德终极标准，从伦理行为事实如何中产生和推导出来的：伦理行为之应该等于伦理行为之事实与道德目的之相符；伦理行为之不应该等于伦理行为之事实与道德目的之相违。这就是行为应该如何从行为事实如何之中产生和推导出来的过程，这就是道德应该、道德善、道德价值所特有的推导方法，这就是道德应该、道德善、道德价值所特有的发现和证明方法，这就是伦理学的道德价值推导公设。我们可以将它归结为一个公式而名之为“道德价值推导公式”：

客体：行为事实如何
主体：道德目的如何

主客关系：行为事实符合（或不符合）道德目的

---

结论：行为应该如何（或不应该如何）

**3. 伦理学的价值判断推导公理和道德价值判断推导公设**

对道德价值的产生和推导过程的考察，使道德价值判断产生和推导的难题迎刃而解。因为事实判断与事实认识显然大体是同一概念，都是人们对于"是"、"事实"、"事实如何"的认识，是大脑对"是"、"事实"、"事实如何"的反映。反之，价值判断与价值认识则大体是同一概念，都是人们对于"价值"、"善"、"应该"、"应该如何"的认识，是大脑对价值、善、应该的反映。这样，既然价值、应该、善可以从是、事实推导出来，那么，价值判断无疑可以从事实判断推导出来。可是，元伦理学家黑尔却认为，价值判断决不能从事实判断中推导出来。因为在他看来，价值判断只能通过祈使句表达；而祈使句的逻辑规则是："从一组不包含至少一个祈使句的前提，不能正确地推出祈使句结论。"[10] 所以，"从一系列的关于'客体的任何特征'之陈述句中，不能推导出关于应做什么的祈使句，因而也不能从这种陈述句中推导出道德判断"[11]。

对此，约翰·塞尔（John R. Searle）举出一个反例证：

（1）琼斯说："我特此许诺付给你，史密斯，5元。"
（2）琼斯许诺付给史密斯5元。
（3）琼斯置自己于付给史密斯5元的义务之下。
（4）琼斯负有付给史密斯5元的义务。
（5）琼斯应该付给史密斯5元。[12]

这是一个在元伦理学界引起众多争议的著名例证。冯·赖特（G. H. von Wright）将它压缩如下：

前提1：A许诺做P。
前提2：由于许诺做P，A置自己于做P的义务之下。
结论：A应该做P。[13]

显然，这两组推理的前提都是陈述句，结论却是祈使句，因而便推翻了黑尔"从纯粹的陈述句不能推出祈使句"的逻辑规则。但是，这两组推理却不能推翻黑尔"从纯粹的事实判断不能推出价值判断"的观点。因为价值判断并非如黑尔所说，只有通过祈使句才能表达；价值判断也可以通过陈述句表达。第一组推理的(1)和(2)以及第二组推理的前提1，都是陈述句，反映的也是琼斯许诺付给史密斯5元的事实，因而都是事实判断。但是，第一组推理的(3)和(4)以及第二组推理的前提2，虽然也是陈述句，反映的却是琼斯负有付给史密斯5元的义务，因而是义务判断、价值判断，而不是事实判断。这样，这两组推理的前提虽然都是陈述句，却不都是事实判断，而至少都含有一个价值判断。因此，这两组推理只能驳倒黑尔"从纯粹的陈述句不能推出祈使句"的逻辑规则，却不能推翻他的"从纯粹的事实判断不能推出价值判断"的观点。那么，究竟从纯粹事实判断能否推出价值判断？

答案是肯定的。因为事实判断的对象是"是"、"事实"、"事实如何"，也就是客体的事实属性，是客体的不依赖主体需要、欲望、目的而存在的属性，是客体不论与主体需要、欲望、目的发生关系还是不发生关系都具有的属性。反之，价值判断的对象则是"价值"、"善"、"应该"、"应该如何"，也就是客体事实属性与主体需要、欲望、目的发生关系时所产生的关系属性，是客体的依赖主体需要、欲望、目的而存在的属性，是客体的事实属性对主体需要、欲望、目的的效用。于是，价值判断便产生于事实判断，是从事实判断中推导出来的。只不过，仅仅事实判断自身决不能产生和推导出价值判断；只有当事实判断与关于主体需要、欲望、目的的判断发生关系时，从事实判断才能产生和推导出价值判断：肯定的价值判断等于事实判断与主体需要、欲望、目的判断之相符；否定的价值判断等于事实判断与主体需要、欲望、目的判断之相违。

举例说，"张三杀人了"是事实判断，它所反映的对象，便是张三杀人的行为事实，是张三杀人的行为不依赖道德目的而独自具有的属性，是张三杀人的行为无论与道德目的发生关系还是不发生关系都具有的属性。反之，"张三不该杀人"是价值判断，它所反映的对象则是张三杀人的价值，是张三杀人的行为独自不具有的属性，是张三杀人的行为事实与道德目的发生关系时所产生的关系属性，是张三杀人的行为事实对道德目的的效用。于是，"张三不应该杀人"的价值判断便产生于"张三杀人"的事实判断，是从"张三杀人"的事实判断推导出来的。只不过，仅仅从"张三杀人"事实判断自身决不能产生和推导出"张三不应该杀人"的价值判断；只有当"张三杀人"的事实判断与道德目的的判断发生关系时，从"张三杀人"的事实判断才能产生和推导出"张三不应该杀人"的价值判断："张三不应该杀人"的价值判断等于"张三杀人"的事实判断与道德目的判断之相违。

可见,价值判断是通过主体需要、欲望、目的判断而从事实判断产生和推导出来的:肯定的价值判断等于事实判断与主体需要、欲望、目的判断之相符;否定的价值判断等于事实判断与主体需要、欲望、目的判断之相违。这就是价值判断的产生和推导的过程,这就是价值判断的推导方法,这就是价值判断的发现和证明方法,这就是应该、善和价值的认识论发现、证明和推导方法,这就是伦理学的价值判断推导公理。我们可以把它归结为一个公式而名之为"价值判断推导公式":

前提1:关于是、事实、事实如何的判断
前提2:关于主体的需要、欲望、目的判断
两前提之关系:关于事实与主体需要的关系判断

---

结论:关于应该、善和价值的判断

推演这一公式于道德价值领域,便可以得出结论说:行为应该如何的道德价值判断是通过道德目的判断,而从行为事实如何的判断产生和推导出来的:肯定的道德价值判断等于行为事实判断与道德目的判断之相符;否定的道德价值判断等于行为事实判断与道德目的判断之相违。这就是道德价值判断的产生和推导过程,这就是道德价值判断的推导方法,这就是道德价值判断的发现和证明方法,这就是伦理学的道德价值判断推导公设。我们可以将它归结为一个公式而名之为"道德价值判断推导公式":

前提1:行为事实如何的判断
前提2:道德日的判断
两前提之关系:行为事实与道德目的的关系判断

---

结论:行为应该如何的道德价值判断

### 4. 伦理学的价值判断真理性推导公理和道德价值判断真理性推导公设

对于道德价值判断真假或真理性的确证问题,黑尔曾以如何确证一种草莓是好草莓为例,进行了十分深刻的论证。[14] 从这些论证可以看出,对于一种草莓是不是好草莓的价值判断真假之确证,需要解决三个问题:一是这种草莓好坏的价值判断是否与该草莓的价值相符;二是对该草莓事实判断之真假;三是对草莓好坏的标准——主体的需要、欲望、目的——的判断之真假。这是千真万确的。因为如上所述,价值判断也就是对价值——亦即客体事实如何对主体需要的效用——的判断,因而是通过主体需要判断,而从对于事实判断产生和推导出的:肯定的价值判断等于事实判断与主体需要判断之相符;否定的价值判断等于事实判断与主体需要判断之相违。

这样,价值判断之真假,直接说来,固然取决于其与客体的价值是否相符;但是,根本说来,则一方面取决于事实判断之真假;另一方面取决于主体需要判断之真假——如果二者都是真的,则由二者合乎逻辑地推导出的价值判断必真;如果所推导出的价值判断是假的,则它所由以推导出的事实判断和主体判断必假:或者其一是假的,或者二者都是假的。试想,"鸡蛋有营养"的价值判断是真理,直接说来,固然是因为它符合鸡蛋的价值;根本说来,则一方面是因为"鸡蛋具有蛋白质"的事实判断是真理,另一方面则是因为"人体需要蛋白质"是真理:二者都是真理,所以由二者合乎逻辑地推导出的"鸡蛋具有营养"的价值判断必定是真理。反之,如果关于鸡蛋的价值判断是谬误(比如说,认为鸡蛋没有营养价值),那么,直接说来,是因为它不符合鸡蛋的价值;根本说来,岂不必定是因为它所由以推导出的关于鸡蛋的事实判断和人的主体需要判断发生了错误(比如说,误以为鸡蛋没有蛋白质,或误以为人体不需要蛋白质)?

这就是价值判断之真假的产生和推导过程,这就是价值判断的真理性推导方法,这就是价值判断真理性的发现和证明方法,这就是应该、善和价值的真理论的发现、证明和推导方法,这就是伦理学的道德价值判断真理性推导公理。我们可以将它归结为一个公式而名之为"价值判断真理性推导公式":

前提 1:客体事实判断之真假(该判断是否与客体事实相符)
前提 2:主体需要判断之真假(该判断是否与主体需要相符)

---

结论:价值判断之真假(该判断是否与价值相符)

推演这一公式于道德价值领域,可以得出结论说,道德价值判断之真假对错,直接说来,取决于其与行为应该如何的价值是否相符;根本说来,则取决于对行为事实如何的判断与对道德目的的判断之真假:二者都是真的,则由二者合乎逻辑地推导出的道德价值判断必真;如果所推导出的道德价值判断是假的,则其所由以推导出的行为事实判断与道德目的判断必假:或者其一是假的,或者二者都是假的。试想,一方面,"成名成家既利己又利他"

的事实判断是真理;另一方面,"道德目的是为了保障社会存在发展、最终增进每个人利益"的主体判断是真理。那么,由二者推出的道德价值判断"成名成家符合道德目的,因而是应该的"岂不必定是真理?反之,多年来,人们以为成名成家是不应该的,说到底,岂不就是由于误以为成名成家势必损人利己(行为事实判断错误)?

这就是道德价值判断的真假之产生和推导过程,这就是道德价值判断真假的推导方法,这就是道德价值判断真假的发现和证明方法,这就是道德应该、道德善和道德价值判断之真假的发现、证明和推导方法,这就是伦理学的道德价值判断真理性推导公设。我们可以把它归结为一个公式:

前提 1:行为事实如何判断之真假(该判断是否与行为事实相符)
前提 2:道德目的判断之真假(该判断是否与道德目的相符)

---

结论 1:行为应该如何的道德价值判断之真假(该评价是否与道德价值相符)

### 5. 伦理学的优良规范推导公理和优良道德规范推导公设

道德价值判断真理性的推导方法是对于道德真理的发现、证明和推导方法,因而似乎是元伦理学确证的终极目的。其实不然。因为伦理学是关于优良道德的科学:它探究道德价值判断之真理,目的全在于制定优良道德;它探究道德价值判断真假推导方法,目的全在于确证优良规范的推导方法。可是,为什么道德价值判断之真理能够达成制定优良道德规范的目的呢?

原来,优良道德之制定,牵扯到三个密不可分而又根本不同的重要概念:道德(亦即道德规范)、道德价值、道德价值判断。人们大都以为,所谓道德或道德规范,亦即道德应该、道德价值。其实,二者根本不同。因为道德或道德规范都是人制定或约定的。但是,道德价值却不是人制定或约定的:一切价值——不论道德价值还是非道德价值——显然都不是人制定或约定的。试想,玉米、小麦、大豆的营养价值怎么能是人制定或约定出来的呢?那么,道德价值与道德规范是何关系?道德规范乃是道德价值的摹本,是根据道德价值制定或约定出来的。因为所谓道德规范,如所周知,也就是行为应该如何的道德规范。这里的"行为应该如何",显然是指"伦理行为应该如何",因而也就是所谓的"道德应该"、"道德善"、"道德价值"。因此，所谓道德规范，也就是伦理行为应该如何的规范，也就是“道德应该”的规范、“道德善”的规范、“道德价值”的规范。

这样，道德规范便与道德价值判断一样，皆以道德价值为内容、对象、摹本，都是道德价值的表现形式：道德规范亦即道德价值规范；道德判断亦即道德价值判断。只不过，道德价值判断是道德价值在大脑中的反映，是道德价值的思想形式；而道德规范则是道德价值在行为中的反应，是道德价值的规范形式。因此，道德规范和道德价值判断有真假对错优劣之分。道德价值判断有真假之分：与道德价值相符的判断，便是真理；与道德价值不符的判断，便是谬误。道德规范则没有真假而只有对错优劣之分：与道德价值相符的道德规范，就是优良的、正确的道德规范；与道德价值不符的道德规范，就是恶劣的、错误的道德规范。举例说，如果为己利他确实是不应该的（这是一种道德价值），那么，断言为己利他是应该的道德价值判断便与其道德价值不符合，因而是一种谬误的、假的判断；而把为己利他奉为道德原则也与其道德价值不符合，因而是一种恶劣的道德原则。

那么，究竟怎样才能制定与道德善、道德应该、道德价值相符的优良道德规范呢？人们制定任何道德价值规范，无疑都是在一定的道德价值判断的指导下进行的。显而易见，只有在关于道德价值的判断是真理的条件下，所制定的道德价值的规范，才能够与道德价值相符，从而才能够是优良的道德规范；反之，如果关于道德价值的判断是谬误，那么，在其指导下所制定的道德价值的规范，必定与道德价值不相符，因而必定是恶劣的道德规范。举例说，如果我们认为道德价值判断“为己利他是应该的”是真理，那么，我们把为己利他奉为道德原则，便与为己利他的道德价值是相符的，因而是一种优良的道德原则。反之，如果我们认为道德价值判断“为己利他是应该的”是谬误，那么，我们把为己利他奉为道德原则，便与为己利他的道德价值不相符，因而便是一种恶劣的道德原则。

可见，道德价值判断之真理乃是达成制定优良道德规范的目的之手段，是制定优良道德的充分必要条件：当且仅当我们的道德价值判断是真理，我们才能够制定与道德价值相符的优良道德，而避免制定与道德价值不符的恶劣道德。这样，推演价值判断真假的产生和推导过程，便可以得到优良规范的产生和推导过程：

人的行为应该如何的规范虽然都是人制定的、约定的；但是，只有那些恶劣的、不科学的规范才可以随意制定、约定。反之，优良的规范决非可以随意制定，而只能通过主体的需要、欲望、目的，从人的行为事实如何的客观本性中推导、制定出来。因此,所制定的行为应该如何的规范之优劣,直接说来,固然取决于对行为应该如何的价值判断之真假;但根本说来,则一方面取决于对行为事实如何的客观规律的认识之真假,另一方面取决于对主体的需要、欲望、目的的认识之真假:二者皆真,则由二者合乎逻辑地推导出的行为应该如何的价值判断必真,因而在其指导下所制定的行为应该如何的规范必定优良;如果所制定的行为应该如何的规范恶劣,则关于行为应该如何的价值判断必假,因而它所由以推导出的行为事实判断和主体需要判断必假:或者其一假,或者二者皆假。

例如,“应该每天吃一个鸡蛋”是优良的养生规范,直接说来,固然取决于“每天吃一个鸡蛋有益健康”的价值判断之真;但根本说来,则一方面取决于“一个鸡蛋具有 $x$ 量蛋白质”的事实认识之真,另一方面则取决于“人体每天需要 $x$ 量蛋白质”的主体性认识之真:二者皆真,则由二者合乎逻辑地推导出的“每天吃一个鸡蛋有益健康”的价值判断必真,因而在其指导下所制定的行为应该如何的规范“应该每天吃一个鸡蛋”必定优良。反之,“每天应该吃尽可能多的鸡蛋”是恶劣的养生规范,直接说来,固然取决于“每天吃鸡蛋越多越好”的价值判断之假;但根本说来,则取决于它所由以推导出的关于鸡蛋的事实判断和人体需要判断之假:或者其一假(误以为一个鸡蛋具有远远少于 $x$ 量的微量蛋白质,或误以为人体每天需要远远大于 $x$ 量的极大量蛋白质),或者二者皆假(既误以为一个鸡蛋具有远远少于 $x$ 量的微量蛋白质,又误以为人体每天需要远远大于 $x$ 量的极大量蛋白质)。

这就是优良规范依据价值判断和事实判断以及主体需要判断之真理的推导和制定的过程,这就是优良规范的推导和制定之方法,这就是优良规范的发现和证明之方法,这就是应该、善和价值的规范论的发现、证明和推导方法,这就是伦理学的优良规范推导公理。我们可以将它归结为一个公式:

前提 1:主体需要判断之真假
前提 2:客体事实判断之真假
↓
前提 3:价值判断之真假

---

结论:规范之优劣(规范是否与价值相符)

然而,人的行为应该如何的优良规范与人的行为应该如何的优良道德规范有所不同。因为道德应该仅仅是应该之一种,二者之异同在于:它们都是行为对于主体的需要、欲望、目的的效用性;但是,应该乃是行为对于一切目的的效用性;而道德应该则是行为对于道德目的的效用性。于是,推演优良规范推导方法于道德应该领域,便可以得出如下结论:

人的行为应该如何的道德规范虽然都是人制定的、约定的;但是,只有那些恶劣的、不科学的道德规范才可以随意制定、约定。反之,优良的道德规范决非可以随意制定,而只能通过社会制定道德的目的,从人的行为事实如何的客观本性中推导、制定出来。因此,所制定的行为应该如何的道德规范之优劣,直接说来,取决于对行为应该如何的道德价值认识之真假;但根本说来,则一方面取决于对行为事实如何的客观规律的认识之真假,另一方面取决于对道德目的的认识之真假:二者皆真,则由二者合乎逻辑地推导出的行为应该如何的道德价值判断必真,因而在其指导下所制定的行为应该如何的道德规范必定优良;如果所制定的行为应该如何的道德规范恶劣,则关于行为应该如何的道德价值判断必假,因而它所由以推导出的行为事实判断和道德目的判断必假:或者其一假,或者二者皆假。

举例来说,“无私利他、自我牺牲”是优良的道德规范,直接说来,固然取决于“无私利他、自我牺牲具有正道德价值,因而是行为应该如何的道德规范”的价值判断之真;但根本说来,则一方面取决于“每个人的行为事实上能够无私利他、自我牺牲”的事实判断之真,另一方面则取决于“道德目的是保障社会存在发展”的道德目的判断之真:二者皆真,则由二者推导出的“无私利他、自我牺牲符合道德目的,因而应该无私利他、自我牺牲”的道德价值判断必真,因而在这种道德价值判断真理指导下所制定的“应该无私利他、自我牺牲”的道德规范必定优良。反之,“不应该无私利他、自我牺牲”是恶劣的道德规范,直接说来,固然取决于“无私利他、自我牺牲具有负道德价值”的道德价值判断之假;但根本说来,则取决于无私利他、自我牺牲事实判断之假和道德目的判断之假:或者其一假(误以为无私利他、自我牺牲事实上不存在,或误以为道德目的是保全自我);或者二者皆假(既误以为无私利他、自我牺牲事实上不存在,又误以为道德目的是保全自我)。

这就是优良道德规范依据道德价值判断和行为事实判断以及道德目的判断之真理的推导和制定的过程,这就是优良道德规范的推导和制定之方法,这就是优良道德规范的发现和证明之方法,这就是伦理学的优良道德规范推导公设。我们可以把它归结为一个公式:

前提 1:道德目的判断之真假
前提 2:行为事实判断之真假
↓
前提 3:道德价值判断之真假

---

结论:道德规范之优劣(道德规范是否与道德价值相符)

优良规范推导公理和优良道德规范推导公设乃是伦理学的终极公理和公设。因为伦理学,如前所述,是关于优良道德的科学:它探究道德价值判断之真理,目的全在于制定和实现与道德价值相符的优良道德。但是,要获得和确证道德价值判断之真理,便必须运用伦理学的评价真假对错的推导公理和道德的评价真假对错的推导公设:它们是探究和确证道德价值判断之真理的推导方法。然而,要获得伦理学的评价真假对错的推导公理和道德的评价真假对错的推导公设,显然必须获得伦理学的评价推导公理和道德的评价推导公设,因而又必须获得伦理学的价值推导公理和道德价值推导公设。最后,要发现伦理学的价值推导公理和道德的价值推导公设,便必须知道应该、善和价值存在何处,便必须获得伦理学的价值存在公理和道德价值存在公设。

可见,伦理学的各种公理公设之间存在着由此及彼的推导关系:它们的最终目的,都是为了制定和实现优良道德规范,都是为了推演出伦理学的优良规范推导公理和优良道德规范推导公设。那么,伦理学的优良规范的公理和优良道德规范公设之间,是否也存在目的和手段的关系?是的。因为伦理学的终极目的并不是制定优良规范,而是制定优良道德规范;制定优良规范不过是制定优良道德规范的方法而已。所以,优良规范推导公理不过是优良道德规范推导公设的方法而已。这样,伦理学的公理和公设体系——因而也就是整个元伦理学——最终便可以归结为优良道德规范推导公设;元伦理学之所以是伦理学的公理和公设体系,说到底,就是因为从这个公式可以直接推导出伦理学的全部内容。

## 二 关于伦理学公理和公设的理论

### 1. 自然主义

自然主义,正如摩尔所言,是一种元伦理学的确证理论,是一种关于

“应该”的产生和推导过程的元伦理学确证理论，是一种关于“应该”如何产生和推导于“是”的元伦理学确证理论，说到底，也就是关于伦理学公理和公设理论：它一方面是用自然的、事实的概念来定义伦理的、非自然的概念，如“善是快乐”；另一方面则是用自然的、事实的判断来确证道德的、非自然的判断，如“因为我事实想望某物，所以我应该想望某物”。

摩尔发现，以往伦理学家们在解决“应该与是”的关系时大都犯了自然主义的错误：自然主义是一种错误的元伦理学确证理论。因为在他看来，善是应该、伦理、非事实、非自然的概念；而“利益”、“快乐”、“给他人和自己带来利益和快乐的行为”则是事实、自然、非应该、非伦理的概念。这样，以往伦理学家们把善定义为给他人和自己带来利益和快乐的行为，便把事实等同于应该、把伦理等同于自然，因而犯了自然主义的错误。

确实，善、应该、应该如何与事实、事实如何根本不同。但是，善、应该、应该如何，如前所述，也同样是客体的一种属性，亦即客体事实如何对于主体活动目的相符抑或违背之效用：符合目的的事实，就是应该，就是善；违背目的的事实，就是不应该，就是恶。因此，善或恶就是符合或违背主体目的的事实：善就是事实，就是客体，就是事实或客体的一种属性。所以，善只能以事实、客体或摩尔所谓的“自然”来定义。这就是为什么我们所使用的价值判断的主项和宾项大都一为“善”、“好”等价值词，一为“快乐”、“利益”、“行为”等事实词。否则，若主宾都只是价值词，岂不只能同义反复？有趣的是，摩尔自己也承认，按照他的定义逻辑，结果只能是同义反复：“如果我被问到‘什么是善的？’我的回答是：善的就是善的；并就此了事。”〔15〕照此说来，正如弗兰肯纳所指出的，便没有任何范畴是可以定义的。〔16〕

那么，由此能否说所谓的自然主义错误根本就不是什么错误，而恰恰是真理？否。发现自然主义的错误的确是摩尔的伟大成就。但是，自然主义的错误并不在善的定义中，而在善的定义的确证或推导之中；并不在一个判断中，而在若干个判断所组成的推理之中：所谓自然主义谬误，乃是仅仅从事实（自然）就直接推导出应该（伦理）、从而把应该（伦理）等同于事实（自然）的元伦理确证谬论。穆勒，如摩尔所说，是这种谬论的代表。他在《功用主义》中便这样写道：“我们最后的目的乃是一种尽量免掉痛苦、尽量在质和量两方面多多享乐的生活……照功用主义的看法，这种生活既然是人类行为的目的，必定也是道德的标准。”〔17〕“证明一事物是值得想望的唯一证据，是人们确实想望它……幸福已经取得它是行为目的之一的资格，因而也取得作为德性标准之一的资格。”〔18〕在这种论证中，正如摩尔所说，犯了

“自然主义”谬误:仅仅从人的行为事实如何便直接推导出人的行为应该如何(因为幸福事实上是人的行为目的,所以幸福应该是人的行为目的;因为人们确实想望某物,所以人们应该、值得想望某物),从而也就把人的行为事实如何当成了人的行为应该如何。

“自然主义谬论”的发现无疑极其重要。但是,自然主义并非完全错了。因为,如上所述,应该、价值是事实对于主体需要的效用性,是在事实与主体需要发生关系时从事实产生和推导出来的属性。所以,自然主义说应该如何存在于、产生于事实如何,是从事实如何推导出来的,确乎说出了一大真理。但是,自然主义不懂得,虽然应该确实产生于事实,是从事实中推导出来的;但只有与主体需要发生关系,从事实才能产生和推导出应该——离开主体,不与主体需要发生关系,仅仅事实自身是不能产生和推导出应该的:事实是应该产生和存在的源泉;主体需要、事实与主体需要的关系则是应该产生于、推导于事实的条件。自然主义的错误在于:只看到事实是应该产生的源泉,却看不到主体需要、事实与主体需要的关系是应该产生的条件;因而误以为仅从事实自身便能直接产生和推导出应该,于是也就把事实如何当做应该如何,把事实与应该等同起来。

**2. 直觉主义**

摩尔在驳斥自然主义的论证中,确立了一种新的元伦理学确证学说:元伦理直觉主义。何谓直觉?西季威克答道:直觉就是不必进行推理论证便可以直接觉知。[19]因此,所谓直觉主义,正如沃尔特·辛诺特-阿姆斯特朗(Walter Sinnott-Armstrong)所说,就是认为人们不必进行推理论证便可以直接觉知某些事物本性的学说:“直觉主义是认为人们能够非推理地直接认知一些道德判断真实性的理论。”[20]直觉主义可以分为三大类型:一是以笛卡儿、斯宾诺莎、莱布尼茨、柏格森等为代表的普遍的一般的直觉主义,亦即所谓哲学直觉主义,认为人们不必进行推理论证便可以直接觉知某些事物的本性;二是以沙甫茨伯利、赫起逊、巴特勒、普赖斯、西季威克等为代表的伦理直觉主义,认为人们不必进行推理论证便可以直接觉知某些道德本性。三是以摩尔、普里查德、罗斯、艾温等为代表的元伦理直觉主义,认为人们不必进行推理论证便可以直接觉知某些元伦理范畴的本性。

我们这里所要考察的,无疑只是元伦理直觉主义。元伦理直觉主义的基本特征在于,认为某些元伦理范畴,如善、应该、正当、义务等等,是单纯的、自明的、不可定义或推理论证的。摩尔写道:“‘善的’是一个单纯的概念，正像‘黄的’是一个单纯的概念一样。正像决不能向一个事先不知道它的人阐明什么是黄的一样，你不能向他阐明什么是善的。”[21]善、正当等等既然是单纯的、自明的、不可定义或推理论证的，那么，我们对于它们的本质无疑只能通过直觉直接觉知，正如我们直觉地觉知数学公理一样。所以，罗斯说道：“现在如果要问我们究竟是怎样达到认识这些基本的道德原则的，那么，答案看来是……和数学一样，我们是通过直觉的归纳把握这些一般的真理的。”[22]

那么，我们所直接觉知到的善和正当的本性究竟是什么？罗斯指出，正当或善这些客体的非自然属性，与客体的自然属性或事实属性，是一种因果关系：“正当始终是一种作为结果而发生的属性，是行为由于具有其他属性而具有的属性。……只是通过认识和思考我的行为在事实上所具有的一种特性，我才知道或断定我的行为是正当的。……我断定我的行为是正当的，因为它是一种救人出苦难的行为。”[23]这就是说，同一行为同时具有两种属性，一种是可以感知的，是行为之事实如何（救人出苦难）；另一种是只能直觉的，是行为之应该如何，亦即所谓正当：只能直觉的行为之正当，依附于、产生于可以感知的行为之事实。

可见，元伦理直觉主义与它所反对的自然主义从根本上说却是一致的：二者都正确认为正当或善是客体的属性，都正确认为正当或善源于事实，因而都被叫做客观主义。只不过，自然主义误以为从事实自身便能直接产生和推导出正当，因而误把事实与正当等同起来；而元伦理直觉主义则认为只有通过直觉的中介，从事实才能产生正当，因而把事实与正当区别开来。那么，元伦理直觉主义的这种与自然主义不同的见地是真理吗？

我们决不能笼统地说直觉主义是不是真理。因为，如上所述，直觉主义的根本特征在于认为人们不必进行推理论证便可以直接觉知某些事物的本性：不是一切事物而是某些事物的本性。这样，直觉主义是否为真理，便完全取决于它所认为可以直觉的某些事物究竟是什么事物：如果这些事物是可以直觉的，那么，主张这些事物是可以直觉的直觉主义便是真理；如果这些事物是不可以直觉的，那么，主张这些事物是可以直觉的直觉主义便是谬误。例如，认为不必进行推理论证便可以直接觉知某些数学公理的直觉主义便是真理，因为某些数学公理确实是不可论证而只能直觉的。同理，认为不必进行推理论证便可以直接觉知某些道德判断的直觉主义也可能是真理，因为某些道德判断，诸如罗斯所举证的应该帮助盲人过大街、不应该撒谎等等，确实是不必论证便可以直觉的。因此，某些哲学直觉主义和伦理直觉主义可能是真理。那么,元伦理直觉主义也可能是真理吗?

任何元伦理直觉主义都是错误。因为任何元伦理范畴,不论是善还是正当抑或是应该,都是不可能依靠直觉认识的。摩尔认为善只能依靠直觉把握的根据,在于善是最单纯、最简单因而是自明的、不可分析的东西。确实,最单纯、最简单因而是自明的、不可分析的东西,如数学公理,只有依靠直觉才能认识。但是,善是这种东西吗?摩尔的论证是不能令人信服的。因为对于究竟什么是"善",古今中外数千年来人们一直争论不休。难道几千年人们竟会为一个自明的东西而一直争论不休吗?普里查德所举证的关于义务、善的本性是自明而为直觉所认识的根据,主要是诸如 $7 \times 4 = 28$ 等数学命题的自明性。[24] 罗斯所举证的关于正当、义务、应该的本性是自明的而为直觉所认识的根据,主要是诸如应该帮助盲人过大街、不应该撒谎等道德判断的自明性。[25] 艾温所举证的关于应该、正当、善的本性是自明的而为直觉所认识的根据,主要是认为如果不诉诸直觉,那么,从一个判断推出另一个判断的论证过程便会无穷地推导下去。[26] 不难看出,三人都犯了"以偏概全"和"推不出"的逻辑错误。$7 \times 4 = 28$ 等数学命题和应该帮助盲人过大街等道德判断,确实都是自明的;如果不诉诸直觉,从一个判断推出另一个判断的论证过程确实会无穷地推导下去。但是,由这些前提显然推不出一切道德概念和判断都是自明的,推不出正当和善等元伦理学范畴和判断的本性是自明的。

可见,元伦理直觉主义与自然主义一样,也是一种关于"应该、善和价值"的产生和推导过程的元伦理学确证理论,是一种关于"应该"能否从"是"产生和推导出来的元伦理学确证理论,说到底,是一种关于伦理学公理和公设理论。但是,它比自然主义更接近真理:它一方面正确看出自然主义仅仅从事实自身就直接推导出应该、因而把应该与事实等同起来的错误;另一方面则正确指出只有通过一种中介,才能从事实产生应该,从而把应该与事实区别开来。但是,直觉主义未能发现这种中介就是主体的需要、欲望、目的,而误以为是直觉,从而误认为应该、正当和善等等是通过直觉产生于事实。

### 3. 情感主义

元伦理直觉主义,从上可知,与其说是自然主义的对头,不如说是它的一个堂兄弟:它们同属客观主义元伦理学的大家庭。它们的共同敌手,乃是主观主义元伦理学:情感主义。所谓情感主义,正如厄姆森(J. O. Urmson)

所说,是认为价值判断的本质在于表达主体的情感而不是描述客体事实的元伦理学确证理论。[27]情感主义的代表,如所周知,有罗素、维特根斯坦、卡尔纳普、艾耶尔、斯蒂文森以及所谓“规定主义”论者黑尔。但是,理查德·斯皮内洛(Richard A. Spinello)说得不错:情感主义的真正奠基人是休谟。[28]

休谟等情感主义者看到,一方面,事实自身无所谓应该,应该的存在依赖于主体;另一方面,应该必与主体一致而与事实却往往相反。于是他们便进而得出结论说,应该存在于主体,是主体的情感、意志、态度,是主体的属性,而不是客体的、事实的属性。[29]所以,“关于‘价值’的问题完全在知识的范围以外”,罗素补充道,“这就是说,当我们断言这个或那个具有‘价值’时,我们是在表达我们自己的感情,而不是在表达一个即使我们个人的感情各不相同但仍然是可靠的事实”[30]。艾耶尔也这样写道:“伦理词的功能纯粹是情感的,它用来表达关于某些客体的情感,但并不对这些客体做出任何断定。”[31]

善和应该既然仅仅是或主要是主体的情感、属性,而不是客体的、事实的属性,那么显然,善和应该也就只能从主体而不可能从事实推导出来了。所以,休谟在阐明应该是主体的情感而不是客体的事实属性之后,接着便提出了那个尔后成为元伦理学基石的著名论断:“应该”不能由“是”推导出来,“应该”与“是”之间存在着逻辑鸿沟。[32]因此——斯蒂文森——总结道:“从经验事实并不能推导出伦理判断,因为经验事实并非伦理判断的归纳基础。”[33]

可见,情感主义与自然主义和元伦理直觉主义一样,也是一种关于“应该”的产生和推导过程的元伦理学确证理论,是一种关于“应该”能否从“是”产生和推导出来的元伦理学确证理论,说到底,是一种关于伦理学公理和公设理论。但是,情感主义无疑比二者离真理更远。因为情感主义误认为:应该等等是主体的情感属性,而不是客体的事实属性,因而也就只能从主体而不可能从事实推导出来。这一错误,如上所述,依据于:一方面,事实自身无所谓应该,应该的存在依赖于主体;另一方面,应该必与主体一致而与事实却往往相反。这些依据能成立吗?应该的存在,确如情感主义论者所说,依赖于主体:离开主体便无所谓应该;存在主体便有所谓应该。但是由此只能说主体是应该存在的条件,而不能说主体是应该存在的源泉。应该,确如情感主义所说,必与主体一致而与事实却往往相反。但是,由此只能说主体是应该的标准而不能说主体是应该的源泉。因为,如前所述,应该是客体事实对主体需要的效用性，是在事实与主体需要发生关系时，从事实中而不是从主体需要中产生的属性：主体需要只是应该从事实中产生的条件和衡量事实是否应该的标准；事实才是应该产生和存在的载体、实体。情感主义的错误在于：把应该产生、存在的条件和标准——主体的需要、欲望、感情——当做应该产生、存在的源泉，因而认为应该存在于主体的需要、欲望、感情之中，是主体的需要、欲望、感情的属性，于是也就只能从主体的需要、欲望、感情而不能从事实中推导出来。

**4. 规定主义**

黑尔虽然看到价值判断具有评价与描述双重意义，但是，正如W. D. 赫德森(W. D. Hudson)所言："黑尔坚信，事实上，道德语言的最核心最重要的用法，是规定的。"[34] 所以，黑尔在《道德语言》一开篇，便明确指出道德语言的本性在于它的规定性："道德语言属于'规定语言'的种类。"[35] 在《伦理学理论》中，黑尔又进一步阐明道德判断具有两种"逻辑特色"(logical features)："第一种有时被叫做道德判断的规定性(prescriptivity)；第二种特色通常被叫做可普遍化性(universalizability)。可普遍化性的意思是，一个人说'我应该'，他就使他自己同意处在他的环境下的任何人应该。"[36] 显然，可普遍化性是修饰规定性的：道德语言是具有可普遍化规定性的规定语言。所以，道德语言、道德判断的逻辑特色也就可以归结为一种：可普遍化的规定性。所以，黑尔的伦理学说便被叫做"规定主义"；黑尔亦自称为"普遍规定主义"(universal prescriptivism)："'普遍规定主义'意味着，它是普遍性(认为道德判断是可普遍化的)和规定主义(认为道德判断在一切典型的情况下都是规定的)的结合。"[37]

可见，所谓规定主义也就是认为道德语言、道德判断的本性在于规定性的学说："规定主义是认为道德语言的主要的意义和目的在于规定或命令的理论。"[38] 道德判断的本性既然在于规定，那么，道德判断便无所谓真假，便是非认识的了。因为所谓规定，正如冯·赖特所说，是无所谓真假的，是非认识的："规定(prescription)既不是真的也不是假的。"[39] 所以，约翰·罗思(John K. Roth)说："规定主义含有伦理知识不可能存在之意……因为与陈述不同，命令无所谓真假。"[40] 因此，规定主义仍属于非认识主义、情感主义。对于黑尔与他的情感主义前辈的异同，路易丝·波吉曼(Louis P. Pojman)曾有很好的说明："他与那些情感主义者一样认为，我们不能把真假属性归于道德陈述，因为道德判断是态度的；但是，他改变了道德词表达的重点:从赞成不赞成的感情到包括可普遍化特色和规定成分的判断类型。"[41]因此,根本说来,规定主义与情感主义的错误是一样的:片面化价值判断对主体的需要、感情、命令的表达。他对情感主义错误的"新贡献"显然是:把规定的本性(无真假、非认识)和关于规定的判断的本性(有真假、是认识)等同起来,把道德的本性(无真假、非认识)和道德判断的本性(有真假、是认识)等同起来;从而断言规定语言、道德语言的本性就是规定,就是无真假、非认识的规定。

### 5. 描述主义

非认识主义之谬意味着,认识主义是真理。因为所谓认识主义,如前所述,是认为一切价值判断都属于认识范畴因而有真假之分的学说。但是,人们往往夸大认识主义之真理,由一切价值判断都有真假之分,进而断言一切评价都有真假之分。李连科先生便这样写道:"价值评价实际上是价值,即客体与主体需要的关系在意识中的反映,是对价值的主观判断、情感体验和意志保证及其综合。价值评价作为一种意识反映,当然有主观随意性,有真有假。"[42]

然而,价值判断与评价并非同一概念。价值判断无疑都是评价。但是,评价却不都是价值判断。因为评价,正如李连科先生所说,是一种心理、意识,属于心理、意识范畴;而一切心理、意识都分三而为"知(认知)"、"情(感情)"、"意(意志)"。所以,评价也就相应地分三而为"认知评价"、"情感评价"、"意志评价"。所以,评价与价值意识是同一概念,它们的外延较广,包括对于价值的认识、情感、意志等全部心理活动;而价值判断与价值认识、价值认知则大体是同一概念,它们的外延较狭,都仅仅是指对于价值的认识活动。问题的关键在于,如前所述,只有认知才有真假,而感情和意志则只有对错而并无真假。因此,只有一部分评价——亦即价值判断、价值认识——才有真假;而其他的评价——亦即价值情感和价值意志——则只有对错而并无真假。试想,谁能说贾宝玉对林黛玉的爱是真理还是谬论?岂不只能说贾宝玉对林黛玉的爱是对还是错吗?

非认识主义是谬误而认识主义是真理,并不意味着凡是反对非认识主义而主张认识主义的学说都是真理。自然主义与直觉主义都反对非认识主义而主张认识主义,但是,如前所述,都不是真理。那么,反对非认识主义——特别是规定主义——的描述主义究竟是不是真理?

描述主义是什么?劳伦斯·贝克(Lawrence C. Becker)说:"根据描述

主义理论，诸如‘善’和‘不正当’等道德词与‘红’和‘长方形’等普通的描述词相似，二者的意义和使用条件密切相连。”[43]确实，描述主义的著名代表菲力帕·福特（Philippa Foot）在论证诸如正当、义务、善、责任、美德等价值词与伤害、利益、便利、重要等描述词如何相似相联之后[44]，得出结论说："当人们论证什么是正当、善、义务或某种人格特质是不是美德时，他们并没有局限于引证通过简单观察或明晰化技巧所得到的事实……这种讨论正像其他的讨论，如文学批评或性格讨论，在很大的程度上要依靠经验和想象。”[45]这就是说，道德论证与描述推理一样，都依靠事实、经验和想象。质言之，评价的推理逻辑与描述的推理逻辑是一样的，区分二者为具有不同功能的两种逻辑类型是错误的。于是，从描述到评价与从描述到描述的推理逻辑也就是一样的，因而正如从描述可以直接推出描述一样，从事实描述也可以直接推出评价或从事实可以直接推出价值：在评价与描述以及价值与事实之间，根本不存在什么逻辑鸿沟。

福特举例说，“某人好冒犯别人”，是事实判断，是事实描述；从这个判断就可以直接推出评价、价值判断“该人没有礼貌”：“当一个人判断某种行为是不是无礼貌时，他必须运用公认的标准。既然这标准就是‘冒犯’，那么，一个人如果肯定‘冒犯’便不可能否定‘无礼貌’。它遵循的逻辑规则是，如果 P 是 Q 的充分条件，那么肯定 P 却否定 Q 便是矛盾的。这样，我们就得到了从一个非评价前提推导出一个评价结论的例子。”[46]

可见，描述主义是一种把评价逻辑等同于描述逻辑的元伦理学说，是认为评价与描述的推理逻辑并无不同因而从事实描述可以直接推出评价（或从事实可以直接推出价值）的元伦理学说，说到底，是一种自然主义的元伦理学认识论。因为所谓自然主义，如前所述，便是认为仅仅从事实（自然）便可以直接推导出应该（伦理）的元伦理学说。因此，描述主义便与自然主义一样，是一种谬论。那么，描述主义究竟错在哪里？

不难看出，描述主义的错误主要在于等同评价的逻辑与描述的逻辑，亦即等同事实判断的逻辑和价值判断的逻辑。描述的逻辑显然是：从一个描述或事实判断可以直接推导出一个描述或事实判断，如从“天下雨”可以直接推导出“地上湿”。反之，评价的逻辑，如前所述，则是：至少从两个描述——一个事实如何的描述和一个主体需要如何的描述——才能推导出一个评价或价值判断。更确切些说，评价的逻辑是：一个评价或价值判断是通过一个主体需要如何的描述判断，而间接地从一个事实如何的描述判断中推导出来的。诚然，从“某人好冒犯别人”可以直接推出“该人没有礼貌”。

但是，细细想来，只有“该人不应该没有礼貌”才是评价或价值判断；而“该人没有礼貌”则与其前提“某人好冒犯别人”一样，都是描述或事实判断。所以，福特是从一个描述前提直接推出一个描述结论；而并没有从一个非评价前提直接推导出一个评价结论。

可见，描述主义与自然主义一样，其错误在于不懂得，虽然评价和价值判断确实产生于描述和事实判断，是从描述和事实判断中推导出来的；但只有与主体需要的描述发生关系，从事实描述才能产生和推导出评价和价值判断——离开主体描述，不与主体需要的描述发生关系，仅仅事实判断自身是不能产生和推导出评价和价值判断的：事实描述是评价产生和存在的源泉；主体需要的描述则是评价或价值判断产生于、推导于事实描述的条件。描述主义与自然主义一样，只看到事实描述是价值判断产生的源泉，却看不到主体需要的描述是价值判断产生的条件；因而误以为仅从事实判断自身便能直接产生和推导出价值判断，误以为从一个描述便可以直接推导出一个评价，于是也就把根本不同的评价的推理逻辑与描述的推理逻辑完全等同起来。

综观自然主义、直觉主义、情感主义以及规定主义和描述主义，可知五者都是关于伦理学推导公理和推导公设的片面的错误的理论；因为它们都是关于应该、善和价值产生和推导过程的片面的错误的理论，都是关于应该能否从是产生和推导出来的片面的错误的理论。情感主义和规定主义把“应该”所由以产生和存在的条件与标准——主体的需要、欲望、感情——当做应该产生和存在的源泉与实体；因而误认为应该存在于主体的需要、欲望、感情之中，是主体的需要、欲望、感情的属性，于是也就只能从主体的需要、欲望、感情而不能从事实中推导出来。反之，自然主义和描述主义则未能看到主体的需要、欲望、目的是“应该”产生和存在的条件与标准，而只看到“事实”是“应该”产生和存在的源泉与实体；因而误以为从事实自身直接便能产生和推导出应该，于是也就把事实与应该等同起来。直觉主义正确地看到只有通过一种中介，才能从事实产生应该，却未能发现这种中介就是主体的需要、欲望、目的，而误以为是直觉；从而误认为应该是通过直觉产生于事实。

**注　释**

〔1〕　罗尔斯顿：《环境伦理学》，中国社会科学出版社，2000 年版，151 页。

〔2〕 朱狄:《当代西方美学》,人民出版社,1984 年版,172 页。
〔3〕 参阅克莱因:《古今数学思想》第 1 卷,上海科学技术出版社,1979 年版,60、68—69 页;《亚里士多德全集》第一卷,中国人民大学出版社,1990 年版,266 页。
〔4〕 休谟:《人性论》下册,商务印书馆,1983 年版,509 页。
〔5〕 W. D. Hudson, *The Is-Ought Question: A Ccollection of Papers on the Central Problem in Moral Philosophy*, St. Martin's Press, New York, 1969, p. 11.
〔6〕 W. D. Hudson, *The Is-Ought Question*, pp. 41, 227, 102; J. L. Mackie, *Ethics: Inventing Right and Wrong*, New York: Penguin, 1977, p. 66; George Sher, *Moral Philosophy: Selected Readings*, San Diego: Harcourt Brace Jovanovich, 1987, p. 329.
〔7〕 W. D. Hudson, *The Is-Ought Question: A Ccollection of Papers on the Central Problem in Moral Philosophy*, St. Martin's Press, New York, 1969, p. 102.
〔8〕 Ibid., p. 106.
〔9〕 Ibid., p. 111.
〔10〕 R. M. Hare, *The Language of Morals*, Oxford University Press, London, 1964, p. 30.
〔11〕 Ibid., p. 28.
〔12〕 W. D. Hudson, *The Is-Ought Question: A Ccollection of Papers on the Central Problem in Moral Philosophy*, St. Martin's Press, New York, 1969, p. 121.
〔13〕 M. C. Doeser and J. N. Kraay, *Facts and Values*, Martinus Nijhoff Publishers, Boston, 1986, p. 33.
〔14〕 R. M. Hare, *The Language of Morals*, Oxford University Press, London, 1964, p. 111.
〔15〕 摩尔:《伦理学原理》,商务印书馆,1983 年版,12 页。
〔16〕 Philippa Foot, *Theories of Ethics*, Oxford University Press, 1967, p. 58.
〔17〕 穆勒:《功用主义》,商务印书馆,1957 年版,13 页。
〔18〕 同上书,28 页。
〔19〕 西季威克:《伦理学方法》,中国社会科学出版社,1993 年版,231 页。
〔20〕 Lawrence C. Becker, *Encyclopedia of Ethics*, Volume II, Garland Publishing Inc., New York, 1992, p. 628.
〔21〕 摩尔:《伦理学原理》,商务印书馆,1983 年版,13 页。
〔22〕 W. D. Ross, *Foundation of Ethics*, Oxford Press at The Clarendon, 1939, p. 320.
〔23〕 Ibid., p. 168.
〔24〕 A. I. Melden, *Ethical Theories: A Book of Readings*, Prentice-Hall Inc., Englewood Cliffs, New Jersey, 1967, p. 537.
〔25〕 W. D. Ross, *Foundation of Ethics*, Oxford Press at The Clarendon, 1939, p. 316.
〔26〕 A. C. Ewing, *The Definition of Good*, Hyperion Press, Westport, Connecticut, pp.

25-26.
〔27〕 Lawrence C. Becker, *Encyclopedia of Ethics*, Volume II, Garland Publishing Inc., New York, 1992, pp. 304-305.
〔28〕 John K. Roth, *International Encyclopedia of Ethics*, Fitzroy Dearborn, London, 1995, p. 258.
〔29〕 休谟:《人性论》下册,商务印书馆,1983 年版,508 页。
〔30〕 罗素:《宗教与科学》,商务印书馆,1982 年版,12 页。
〔31〕 Louis P. Pojman, *Ethical Theory: Classical and Contemporary Readings*, Wadsworth Publishing Company, 1995, p. 415.
〔32〕 休谟:《人性论》下册,商务印书馆,1983 年版,509 页。
〔33〕 Charles L. Stevenson, *Facts and Values: Studies in Ethical Analysis*, New Haven: Yale University Press, 1963, p. 28.
〔34〕 W. D. Hudson, *Modern Moral Philosophy*, MacMillan Press Ltd., London, 1983, p. 203.
〔35〕 R. M. Hare, *The Language of Morals*, Oxford University Press, London, 1964, p. 2.
〔36〕 R. M. Hare, *Essays in Ethical Theory*, Clarendon Press, Oxford, 1989, p. 179.
〔37〕 R. M. Hare, *Freedom and Reation*, Clarendon Press, Oxford, 1963, p. 16.
〔38〕 John K. Roth, *International Encyclopedia of Ethics*, Fitzroy Dearborn, London, 1995, p. 693.
〔39〕 M. C. Doeser and J. N. Kraay, *Facts and Values*, Martinus Nijhoff Publishers, Boston, 1986, p. 36.
〔40〕 John K. Roth, *International Encyclopedia of Ethics*, Fitzroy Dearborn, London, 1995, p. 693.
〔41〕 Louis P. Pojman, *Ethical Theory: Classical and Contemporary Readings*, Wadsworth Publishing Company, 1995, p. 428.
〔42〕 李连科:《世界的意义——价值论》,人民出版社,1985 年版,106 页。
〔43〕 Lawrence C. Becker, *Encyclopedia of Ethics*, Volume II, Garland Publishing Inc., New York, 1992, p. 1007.
〔44〕 Philippa Foot, *Virtues and Vices and Other Essays in Moral Philosophy*, University of California Press, Berkeley, 1978, p. 109.
〔45〕 Ibid., p. 106.
〔46〕 Ibid., p. 104.

## 思考题

1. 朱光潜说:“美在心与物的关系上。”蔡仪说:“美是不依赖于欣赏的人而存在的。”高尔太说:“人的心灵是美的源泉。”三者孰是孰非?

2. 试析休谟难题:能否从“是”推出“应该”？如果说“行为应该如何”可以通过“道德目的”从“行为事实如何”推导出来,那么,“道德目的”属于“事实”范畴,还是属于“应该”范畴?

3. 为什么说优良道德的制定牵涉三个概念:“道德(亦即道德规范)”、“道德价值”和“道德价值判断”?

4. 试论“道德价值”、“道德价值判断”、“道德价值判断真理性”和“优良道德规范”四者的产生和推导过程之内在联系。

5. 何谓“自然主义谬误”?“应该”、“善”这些伦理的、非自然的概念不可以用诸如“是”、“事实”这些所谓自然的、伦理的概念定义吗？穆勒认为:因为人们确实想望某物,所以人们应该想望某物。这种观点能成立吗?

# 中　卷

# 规范伦理学原理

# 第一篇

# 道德价值主体:社会为何制定道德

# 第三章
# 道德概念

## 一　道德界说

道德是什么？这是当代伦理学论争的首要难题。破解这个难题的关键在于，把握道德的三重关系：道德与伦理、道德与应该、道德与法。

### 1. 道德与伦理

人们大都以为，道德与伦理是一个东西。从二者在西方的词源含义来说，确实如此。因为“伦理”源于希腊语“*ethos*”，意为品性与气禀以及风俗与习惯。“道德”源于拉丁文“*mos*”，意为品性与风习。所以，道德与伦理在西方的词源含义相同，都是指外在的风俗、习惯以及内在的品性、品德，说到底，也就都是指人们应当如何的行为规范。

但是，在中国，道德与伦理的词源含义却有所不同。“伦”本义为“辈”。《说文》曰：“伦，辈也。”引申为“人际关系”。如所谓“五伦”，便是五种人际关系：君臣、父子、夫妇、长幼、朋友。“理”本义为“治玉”。《说文》曰：“理，治玉也。……玉之未理者为璞。”引申为整治和物的纹理，如修理、理发、木理、肌理；进而引申为规律和规则。理是事实如何的必然规律：“理非他，盖其必然也……就天地人物事物本其不易之则，是谓理。”[1] 理又是行为应该如何的当然规则：“只是事物上一个当然之则，便是理。”[2] 于是，所谓伦理，就其在中国的词源含义来看，便是人们的行为事实如何的规律及其应该如何的规范。

“道”本义为道路。《说文》曰：“道，所行道也。”引申为规律和规范。“德”亦即“品德”、“道德品质”，其本义为得：“德者，得也，行道而有得于心者也。”[3] 这样，“道德”的“道”，便因与“德”相结合而受到“德”的限定：只是指行为应该如何的规范,而不是指事物事实如何的规律。因为一个人按照事实如何的规律行事,并不能得到德;只有按照应该如何的规范行事,才能得到德。因此,构成“道德”一词的“道”与“德”的词源含义也就都是指应该如何的行为规范。只不过“道”是外在规范,是未转化为个体内在心理的社会规范;而“德”则是内在规范,是已经转化为个体内在心理的社会规范。因此,任何规范,如“忠”、“信”、“卑让”等等,究竟是“道”还是“德”只能看它们存在于何处——如果存在于个体心中,是个体的内在心理,那么它们就是“德”;如果存在于个体心外,是外在于个体的社会规范,那么,它们就是“道”。于是,“道”与“德”所合成的“道德”一词的词源含义也就无非是应该如何的行为规范。

可见,道德与伦理,从词源上看,在西方虽为一词,都是指人们行为应该如何的规范;但在中国却是整体与部分的关系——伦理是整体,其含义有二:人们行为事实如何的规律及其应该如何的规范;道德是部分,其含义仅一:人们行为应该如何的规范。然而,从概念上看,道德与伦理的含义又是什么?

在汉语中,道德和伦理的含义从概念上看显然与其词源含义一致:伦理是人们行为事实如何的规律及其应该如何的规范;道德是人们行为应该如何的规范。就拿所谓的“五伦”概念来说。我们只能说君臣、父子、夫妇、长幼、朋友是五种伦理,却不能说它们是五种道德:只能说君臣是伦理,却不能说君臣是道德;只有君臣之“义”才是道德。更确切些说,君臣与君臣之义都是伦理;君臣却不是道德,而只有君臣之义才是道德。这就是因为,君臣是人际关系之事实如何,而君臣之义则是人际关系之应该如何。道德仅仅是人际关系应该如何;伦理则既包括人际关系应该如何,又包括人际关系事实如何。

**2. 道德与应该**

“人们行为事实如何的规律及其应该如何的规范”是伦理概念的定义吗?是的,因为除了伦理,没有一个概念有此含义。那么,“人们行为应该如何的规范”也是道德概念的定义吗?非也,因为许多应该如何的行为规范并非道德。斯温在论及道德与习俗的区别时,就曾以吃饭为例说,西方人习惯用刀叉,而许多有教养的印度人却习惯用手指。这两种习惯无疑是两种应该如何的行为规范,却皆非道德。[4]那么,道德与这些应该如何的行为规范区别何在?正如斯温所言,在于是否具有社会重要性[5],亦即是否具有利害社会之效用。道德是具有社会效用的行为应该如何的规范,是对于社会具有利害效用的行为应该如何的规范。

试想，为什么用筷子还是刀叉抑或手指吃饭都无所谓道德不道德？岂不就是因为三者对于社会存在发展都不具有利害关系，因而都不具有社会效用？为什么诚实与欺骗、公正与不公正、人道与非人道等等都是道德规范？岂不就是因为这些规范具有利害社会之效用？

那么，具有利害社会之效用，是不是道德与应该的唯一区别？否。因为一种应该如何的行为规范究竟是不是道德规范，不但在于它们是否具有利害社会之效用，而且还在于它们是谁制定或认可的。如果一种具有社会效用的行为规范是社会制定或认可的，那么，不论这种规范如何荒谬错误，它都是道德；如果并不是社会制定或认可的，而只是一个人自己独自制定或认可的，那么，不论这种规范如何正确优良，它也不是道德，而只是他自己的一种"应该"。

举例说，如果一个社会制定或认可了"女人应该裹小脚"的行为规范，那么，不论它是多么荒谬，也是道德。这样，一个人如果裹小脚，她就遵守了道德，她就是有道德的。反之，如果她制定或认可相反的行为规范"女人不应该裹小脚"，这一规范并没有得到社会的认可，而只是她自己的行为规范，那么，不论它是何等正确优良，也不是道德，而仅仅是个人的行为规范。于是，一个人如果不裹小脚，那么，她就违背了道德，就是无道德的、缺德的。

可见，道德区别于"应该"的另一个根本特征，乃在于道德必定是社会制定或认可的；而"应该"未必是社会制定或认可的：道德是社会制定或认可的关于人们具有社会效用的行为应该如何的规范。从这一特征来说，道德必定具有社会性，必定是两个以上的人所订立的一种需要共同遵守的社会契约：道德与道德契约以及道德规范三者实为同一概念。反之，应该如何的行为规范则未必具有社会性，而完全可以是一个逃离社会的孤独者自己为自己制定或认可的生活规则。因此，弗兰克纳一再说："道德是一种社会的事业，而不可能是个人用来指导自己的一种发现或创造。……就道德的起源、认可和作用来看，它也地地道道是社会的。它是用来指导个人和较小团体的全社会的契约。"[6]

### 3. 道德与法

"社会制定或认可的关于人们具有社会效用的行为应该如何的规范"是道德的定义吗？还不是。因为法，不但如所周知，也是社会制定或认可的具有社会效用的行为规范；而且如法学家所说，也是人们应该如何的行为规范:“法是决定人们在社会中应该如何行为的规范、规则或标准。”[7]道德与法的这一共同点,包尔生早就注意到了:“道德律宣称应当是什么……法律也无疑是表现着应当是什么。”[8]那么,道德与法的区别何在?

二者的区别,说到底,在于有无一种特殊的强制:权力。因为所谓权力,如所周知,是仅为管理者所拥有且被社会承认的迫使被管理者服从的强制力量。这样,从权力是仅为社会管理者所拥有的迫使人们不得不服从的力量方面来看,权力具有必须性,是人们必须服从的力量;从权力是社会承认、大家同意的力量方面来看,权力具有应该性,是人们应该服从的力量。合而言之:权力是人们必须且应该服从的力量。从权力之如是界说不难看出:法是权力规范,是应该且必须如何的行为规范;道德则是非权力规范,是应该而非必须如何的行为规范。

这是被道德与法所规范的行为的性质所决定的。道德所规范的是每个人的全部具有社会效用的行为;而法所规范的则仅仅是其中的一部分,即那些具有重大社会效用的行为。试想,为什么“不应该杀人放火”是法,而“应该让座位给老弱病残”则仅仅是道德?岂不就是因为杀人放火具有重大社会效用,而让座位则不具有重大社会效用?法所规范的是具有重大社会效用的行为,决定了法不能不具有各种强制性:从最弱的舆论强制到最强的肉体强制;决定了法的强制是有组织的强制,是仅为社会的管理者、领导者所拥有的强制,说到底,是权力强制,是应该且必须如何的强制。所以,庞德说:“法是一种权威性的行为规则。”[9]反之,道德所规范的是一切具有社会效用的行为,决定了道德只具有最弱的强制性:舆论强制。这显然是一种无组织的因而为全社会每个人所拥有的强制;说到底,是非权力强制,是应该而非必须如何的强制。

综观道德与法、应该、伦理之异同,可以得出结论说:道德是社会制定或认可的关于人们具有社会效用的行为应该而非必须如何的非权力规范。简言之,道德是具有社会效用的行为应该而非必须如何的规范,是具有社会效用的行为应该如何的非权力规范。

## 二　道德结构

### 1. 道德基本结构

道德界说表明,道德属于规范范畴:道德亦即道德规范。因此,所谓道德的结构,也就是道德规范的结构。那么,道德规范是怎样构成的?道德规范都是人为的,都是人制定、约定或认可的。所以,要知道道德规范是怎样构成的,也就是要知道人们是怎么或用什么、根据什么制成道德规范的。

不言而喻,人们是根据行为事实的某种效用——亦即行为事实对于道德目的的效用——来制定行为应该如何的道德规范的。就拿"应该诚实"和"不应该欺骗"来说。这两种道德规范是怎样制定的?无疑是根据诚实和欺骗的某种效用来制定的。比如说,诚实是社会合作的基本纽带,符合道德目的:保障社会存在发展、最终满足每个人的利益;反之,欺骗瓦解社会合作,不符合道德目的。人们认识到诚实与欺骗的这些效用,便一方面把诚实奉为行为应该如何的道德规范;另一方面则把欺骗奉为行为不应该如何的道德规范。

可见,人们是根据行为事实对于道德目的的效用来制定或认可道德或道德规范的。行为事实对于道德目的的效用,如前所述,亦即行为应该如何,亦即道德价值。这样,说到底,道德或道德规范便是根据道德价值来制定或认可的。因此,道德或道德规范亦即道德价值规范:道德、道德规范、道德价值规范三者乃是同一概念。

道德与道德价值规范是同一概念,是个十分重要的命题。因为它意味着:就最直接的意义来说,道德乃是道德价值——亦即行为应该如何——的规范,因而由道德价值与道德规范两因素构成。然而,人们往往以为,"道德"或"道德规范"与"道德价值"是一个东西。殊不知,二者根本不同。因为道德规范或道德都是人制定或约定的。但是,道德价值却不是人制定或约定的:一切价值——不论是道德价值还是非道德价值——显然都不是人制定或约定的。试想,玉米、小麦、大豆的营养价值怎么能是人制定或约定出来的呢?那么,道德价值与道德规范是何关系?

道德或道德规范是根据道德价值制定或认可的,意味着:道德或道德规范不过是道德价值的表现形式;而道德价值则是道德或道德规范所表现的内容。这不难理解。试想,"应该诚实"的道德规范究竟是什么?不过是对于诚实的某种效用、价值的反应和表现,它表现了诚实具有这样的效用和价值:诚实是社会合作的基本纽带,符合道德目的,因而是应该的,等等。

因此,道德或道德规范,就其自身来说,只是一种形式;它包容和表现着道德价值。换言之,道德具有形式与内容的结构,它是道德规范形式和道德价值内容的结合体:它的形式是道德规范;而内容则是道德价值。

## 2. 道德完整结构

道德的"道德价值内容与道德规范形式"之结构，细究起来，仅仅是道德的基本结构，而不是道德的完整结构。因为仅仅道德规范与道德价值两者，是不可能结合在一起的。二者之结合，必须依赖一种中介。这个中介就是道德价值判断。因为道德规范固然是人们根据道德价值制定的；但是，仅仅有道德价值，人们是制定不出道德规范的。人们要制定道德规范，首先必须知道道德价值是什么。因此，由道德价值到道德规范的飞跃和转化，必须有一个中间环节：道德价值判断。这样，人们制定道德规范的过程，首先便是探察道德价值，弄清道德价值究竟如何，形成道德价值判断。然后，在道德价值判断的指导下，才能够制定与道德价值相符的道德规范。

举例来说，我们要制定"应该为己利他"或"不应该为己利他"的道德规范，首先必须弄清为己利他的道德价值、形成道德价值判断：为己利他是否有利于社会存在发展、符合道德目的、具有正道德价值？而后，在这些关于为己利他道德价值判断的指导下，我们才能够制定与为己利他道德价值相符的道德规范：如果为己利他具有负道德价值，我们便会制定"不应该为己利他"的道德规范；如果为己利他具有正道德价值，便会制定"应该为己利他"道德规范。

这样，道德实际上便由道德价值、道德价值判断和道德规范三因素构成。这就是道德的完整结构。在道德的这种结构中，道德规范是道德价值判断的表现、形式；道德价值判断又是道德价值的表现、形式。这样，道德规范便与道德价值判断一样，都是道德价值的形式，皆以道德价值为内容、对象、摹本。只不过，道德价值判断是道德价值的直接形式，是道德价值在大脑中的反映，是道德价值的思想形式；而道德规范则是道德价值的间接形式，是道德价值——经过道德价值判断之中介——在行为中的反应，是道德价值的规范形式。

因此，道德价值判断有真假之分：与道德价值相符的判断，便是真理；与道德价值不符的判断，便是谬误。反之，道德规范则没有真假而只有对错优劣之分：与道德价值相符的道德规范并不是真理，而是优良的、正确的；与道德价值不符的道德规范并非谬误，而是恶劣的、不正确的。举例说，如果为己利他确实是不应该的（这是一种道德价值），那么，断言为己利他是应该的道德价值判断便与其道德价值不符，因而是一种谬误的、假的判断；而把为己利他奉为道德原则也与其道德价值不符合，因而是一种恶劣的道德原则:我们只能说这种道德原则是恶劣的或优良的,却不能说它是真的或假的。

### 3. 道德深层结构

不难看出,与道德的形式(道德规范)一样,道德的内容——道德价值——也是由两因素构成的。这两因素就是道德目的与行为事实。因为所谓道德价值或行为应该如何,不过是行为事实如何对于道德目的相符抑或违背之效用:符合道德目的的行为之事实,就是行为之应该,就是正道德价值;违背道德目的的行为之事实,就是行为之不应该,就是负道德价值。试想,"应该利人"的道德价值究竟是什么呢?不过是"利人事实"对于道德目的——保障社会存在发展、增进每个人利益——的效用,它全等于"利人事实对道德目的之符合"。反之,"不应损人"的道德价值又究竟是什么呢?不过是"损人事实"对于道德目的的效用,它全等于"损人事实对道德目的之违背"。这是一种道德价值推理:

前提 1:行为事实如何(利人与损人)

前提 2:道德目的(保障社会存在发展、增进每个人的利益)

两前提之关系:行为事实如何与道德目的之关系(利人符合道德目的、损人违背道德目的)

---

结论:行为应该或不应该如何的道德价值(应该利人、不应损人)

这一推理表明,首先,"行为事实如何"是行为不依赖道德目的而独自具有的属性,是行为无论与道德目的发生关系还是不发生关系都同样具有的属性,因而是行为的固有属性,是道德价值、行为应该如何所由以产生和推导出来的源泉、依据、实体,所以叫做"道德价值实体"。其次,"道德目的"是行为应该如何从行为事实如何中产生和推导出来的条件,是衡量行为事实应该不应该的标准,所以叫做"道德价值标准"。最后,行为事实如何与道德目的相结合便构成"行为应该如何":它是行为独自不具有的属性,是行为事实如何与道德目的发生关系时所产生的属性,是行为事实如何对于道德目的的效用,是行为的关系属性,叫做"道德价值"。

可见,道德价值是行为事实如何对于道德目的的效用,因而由"行为事实"与"道德目的"两方面构成:前者是道德价值构成的源泉和实体;后者是道德价值构成的条件和标准。这就是道德价值的结构,是道德内容的结构,因而也就是道德的深层结构。

综观道德结构可知，道德结构极为复杂，它的内容和形式都是双重的，因而由四因素——道德价值规范、道德价值判断、道德目的、行为事实构成。如下所示：

- 道德
  - 道德形式
    - 道德价值规范(1)
    - 道德价值判断(2)
  - 道德内容＝道德价值
    - 道德目的(3)
    - 行为事实(4)

## 三　道德类型

### 1. 普遍道德与特殊道德

不同民族或同一民族在不同时代，往往奉行不同的乃至相反的道德规范。例如，初民社会倡导“应该吃老人”；而今日社会则倡导“应该养老送终”。美国人谴责自杀，认可“失败后不应该自杀”的道德规范；日本人却敬重自杀，认可“失败后应该自杀”的道德规范。在大多数国家，妇女都可以露出面孔，而应该遮住乳房和臀部。可是，在非洲的许多地区，妇女却应该裸露乳房和臀部；火地岛的妇女不应该露出后背；菲律宾的塔萨代妇女在日常生活中则可以是全裸的；而在传统的阿拉伯社会中，妇女应该遮住全身。

但是，这些道德规范的差异，只能说明道德具有多样性、特殊性，却不能否认道德具有普遍性、一般性。因为诸如善、公正、幸福、诚实、自尊、谦虚、智慧、节制、勇敢等等道德规范，无疑是适用于一切社会、一切时代、一切阶级的普遍道德规范。试问，古今中外，有哪一个社会、哪一个时代、哪一个阶级，不倡导或不应该倡导诚实、自尊、爱人、忠尽、勤勉、慷慨、勇敢、公平、廉洁、善、幸福、谦虚、智慧、节制、勇敢等道德规范？谁敢说这些规范仅仅实行或应该实行于某些特定社会、特定时代、特定阶级，而不应该实行于一切社会、一切时代、一切阶级？

所以，道德既具有特殊性又具有普遍性：道德的性质是普遍性与多样性的统一。这就是道德的普遍性与特殊性原理。以道德的普遍性与特殊性为根据，一切道德显然可以分为两类：普遍道德与特殊道德。特殊道德，如“三从”（在家从父、出嫁从夫、夫死从子）和“四德”（妇言、妇容、妇功、妇德)以及“三纲”(君为臣纲、父为子纲、夫为妻纲)等等,仅仅适用于一定的社会和文化(中国封建社会、封建文化),仅仅对一些人(封建社会的中国人)是有效的,仅仅是他们应该遵守的道德。反之,普遍道德,如诚实、节制、谦虚、公正、勇敢、中庸、智慧等等,则无疑是任何时代任何人都应该遵守的,是普遍适用于一切社会和文化的。

道德的普遍性与特殊性之关系,说到底,显然是根本与非根本、产生与被产生、决定与被决定、支配与被支配、推导与被推导的关系。由此观之,道德又可以分为道德原则与道德规则两大类型。所谓道德原则,便是某个领域根本的道德规范,便是某个领域产生、决定和推导出该领域其他道德规范的道德规范,说到底,也就是某个领域普遍的、一般的、抽象的道德规范。反之,道德规则则是某个领域的非根本的道德规范,是某个领域被产生、被决定、被推导的道德规范,说到底,也就是某个领域的具体的、个别的、特殊的道德规范。举例说,在中国封建社会,“三纲”是根本的道德规范,是产生、决定和推导出其他中国封建道德的一般的、普遍的道德规范,所以是中国封建社会的道德原则。反之,“三从四德”则是被“三纲”所产生和决定的非根本的道德规范,是中国封建社会的具体的、特殊的道德规范,所以便是中国封建社会的道德规则。再比如,在任何社会,“爱人”、“利人”都是产生、决定和推导出其他诸种道德规范的比较根本、普遍、一般的道德规范,所以是一切社会的道德原则。反之,“智、勇、信”等等则是被“爱人”、“利人”所产生和决定的,是普遍适用于任何社会而又比“爱人”、“利人”特殊、具体、个别的道德规范,所以是一切社会的道德规则。

可见,道德原则与道德规则的关系也都是普遍与特殊的关系。但是,道德原则未必都是人类社会的普遍道德;道德规则也未必都是人类社会的特殊道德。更确切地说,道德原则分为两类:普遍道德原则与特殊道德原则。普遍道德原则是一切社会共同的道德原则,如“仁爱”、“利人”等等;特殊道德原则是一定社会特有的道德原则,如“三纲”等等。道德规则也分为普遍道德规则与特殊道德规则。普遍道德规则是一切社会共同的道德规则,如“智”、“勇”、“信”等等;而特殊道德规则是一定社会特有的道德规则,如“三从四德”等等。总之,以普遍性和特殊性为根据,道德可以分类如下:

- 道德
  - 普遍道德
    - 普遍道德原则(如仁爱)
    - 普遍道德规则(如勇敢)
  - 特殊道德
    - 特殊道德原则(如三纲)
    - 特殊道德规则(如三从)

### 2. 绝对道德与相对道德

比较普遍道德与特殊道德以及道德原则与道德规则之关系,可以看到,道德相互间根本的、普遍的关系,是因果关系:一方面,一切道德规则都产生于、决定于、推导于、隶属于道德原则;另一方面,一切特殊道德都产生于、决定于、推导于、隶属于普遍道德。于是,合而言之,一切特殊道德规则都产生于、决定于、推导于、隶属于特定道德原则;一切特定道德原则和一切普遍道德规则都产生于、决定于、推导于、隶属于普遍道德原则:普遍道德原则是产生、决定、推导出其他一切道德的道德。

这样,当道德规则相互间发生冲突或道德原则与道德规则发生冲突时,便应该牺牲道德规则而服从道德原则。就拿康德所举的例子来说。一个人看见被凶手追杀的无辜者藏身于某处,当凶手问他是否看见被追杀者时,他便面临着道德原则与道德规则的冲突:如果他遵守诚实的道德规则对凶手如实相告,就违背了救人、利人的道德原则而使被追杀的无辜者丧命;如果他遵守救人、利人的道德原则救助被追杀者,就要违背诚实道德规则而欺骗凶手。那么,他应该怎么办?显然应该遵守救人、利人的道德原则而牺牲诚实道德规则。

然而,当各种道德原则发生冲突时应该怎么办呢?无疑应该服从比较根本的道德原则而违背被它所决定的道德原则。进言之,当比较根本的道德原则与更为根本的道德原则发生冲突时,便应该服从更为根本的道德原则。于是,最终必定应该服从最为根本的道德原则,亦即道德终极原则、道德终极标准——它是最根本的道德原则,是产生、决定、推导出其他一切道德原则的原则,是在一切道德规范发生冲突时都应该服从而不应该违背的道德原则,是每个人在任何条件下都应该遵守而不应该违背的道德原则,因而也就是绝对道德。

绝对道德或道德终极标准必定只能是一个。否则,如果是两个或两个以上,那么,当它们发生冲突时,只可能遵守一个,而违背另一个:那应该违背者显然不可能是道德终极标准;而只有那不应该违背者才是道德终极标准。因此,道德终极原则必定仅仅是一个普遍道德原则。它与其他普遍道德原则的区别在于，其他普遍道德原则仅仅是一切社会一切人应该遵守的道德原则，却不是一切人的一切伦理行为应该遵守的道德原则。反之，道德终极原则之为道德终极原则，必是一切社会一切人的一切伦理行为应该遵守的道德原则，因而也就是一切人在任何条件下都应该遵守的道德原则，是在任何条件下都没有例外而绝对应该遵守的道德原则，是绝对道德原则，亦即所谓绝对道德："如果说某些道德原则是'绝对'的，那就意味着这些道德原则是没有例外的。"[10]

绝对道德或道德终极标准只能有一个，那么，它究竟是什么？是道德最终目的：增进全社会和每个人利益。因为如上所述，一切道德规范、道德原则都是根据道德价值制定的，因而说到底，都是通过道德最终目的从行为事实推导、制定出来的：符合道德最终目的的一定类型行为之事实，就是该类型行为之应该，就是应该如何的道德规范；违背道德最终目的的一定类型的行为之事实，就是该类型行为之不应该，就是不应该如何的道德规范。因此，增进全社会和每个人的利益便是衡量其他一切道德原则的原则，是一切道德原则所由以推出的原则，因而也就是道德终极的、绝对的原则，是绝对道德。

总之，道德既具有相对性，又具有绝对性：体现其相对性者为相对道德；体现其绝对性者为绝对道德。绝对道德只有一条，亦即人们所认识、所把握并被作为行为规范的道德最终目的：增进每个人利益；而其余皆为相对道德。这就是道德的绝对性与相对性的基本原理，如下所示：

- 道德
  - 普遍道德
    - 普遍道德原则
      - 终极道德标准 = 道德最终目的 = 绝对道德
      - 非终极道德原则
    - 普遍道德规则
  - 特殊道德
    - 特殊道德原则
    - 特殊道德规则

（非终极道德原则、普遍道德规则、特殊道德原则、特殊道德规则）} 相对道德

### 3. 优良道德与恶劣道德

道德既然是一种契约、约定、协议，也就是依人的意志而转移的，是主观任意、可以自由选择的。问题在于，道德是不是完全主观任意的？不是。因为就道德自身来说，是一种人们制定或认可的规范，亦即道德规范，完全是主观任意的。但是，道德自身或道德规范，如上所述，仅仅是一种形式，它的内容是道德价值：道德乃是由道德规范形式与道德价值内容构成的统一体。

道德价值与道德规范根本不同,因为道德价值显然不是人们制定、认可或约定的。谁能说价值是契约、协议、约定俗成的产物?谁能说苹果的营养价值是契约、协议、约定俗成的呢?

那么,道德价值是客观的吗?是的。因为道德价值,如上所述,乃是行为事实所具有的对于道德目的的效用性。行为事实之为事实,无疑是客观的。道德目的确实似乎是主观的,其实不然。因为个人行为的起因和目的可以是主观任意的;但是人们所结成的团体的起因和目的却大都是客观、必然的。例如,家庭、社会、国家等等的起源和目的,岂不都是客观的、必然的、不依人的意志而转移的吗?经济、政治、法律的起源和目的岂不都是客观的、必然的、不依人的意志而转移的吗?因此,道德的起源和目的是客观的、必然的、不依人的意志而转移,又有什么奇怪呢?

道德目的和行为事实既然都是客观的,那么,行为事实所具有的对于道德目的的效用——亦即道德价值——也必然是客观的:它一方面必然决定于客观的、不依人的意志而转移的道德目的,另一方面必然决定于客观的、不依人的意志而转移的行为事实,因而也就同样是客观的、不以人的意志而转移的。就拿为己利他的道德价值来说,如果为己利他行为事实上既利己又利他,如果道德目的是保障社会的存在发展、增进每个人的利益,那么,不论儒家和康德如何否定为己利他,不论有多少人认定它具有负道德价值,它也因符合道德目的而必然具有正道德价值:这是被为己利他行为事实和道德目的之本性所必然决定的,是客观的、不以人的意志而转移的。反之,如果为己事实上势必损人、为己利他最终必然导致损人利己,或者道德目的是为了完善每个人的品德而不是增进每个人利益,那么,不论合理利己主义者如何肯定为己利他,不论有多少人认定它具有正道德价值,它都因不符合道德目的而必然具有负道德价值:这是被为己利他行为事实和道德目的之本性所必然决定的,是客观的、不以人的意志而转移的。

因此,主观的、依人的意志而转移的,并不是为己利他的道德价值,而是人们对于为己利他道德价值的判断和在这种判断指导下所制定的关于为己利他的道德规范:利他主义者认为为己利他具有负道德价值,因此制定了"不应该为己利他"的道德规范;合理利己主义者则认为为己利他具有正道德价值,因此制定了"应该为己利他"的道德规范。

可见,道德既具有主观性又具有客观性:就其内容——道德价值、道德目的和行为事实——来说是客观的、不以人的意志而转移的;就其形式——道德规范——来说则是主观的、以人的意志而转移的。以道德的主客观本性为根据,可以把一切道德分为优良道德与恶劣道德两大类型。首先,道德规范的主观性是道德有优劣之分的前提。因为只有在道德规范是主观任意的条件下,道德才能有优劣之分;反之,如果道德规范是客观必然、不可自由选择的,它怎么能有优劣之分呢?其次,道德价值的客观性是道德分为优良道德与恶劣道德的根据。试想,如果说道德规范有优劣之分,那么,究竟根据什么来确定道德的优劣呢?应该根据是否与道德价值的客观本性相符:与道德价值相符的道德规范便是优良的(亦即正确的、科学的)道德规范;与道德价值不符的道德规范便是恶劣的(亦即正确的、科学的)道德规范。

举例说,如果为己利他不符合道德目的,具有负道德价值,那么,合理利己主义者所制定的"应该为己利他"的道德规范,就与为己利他道德价值不符,因而是恶劣的道德规范;反之,利他主义者所制定的"不应该为己利他"的道德规范,则与为己利他道德价值相符,因而是优良道德规范。但是,如果为己利他符合道德目的,具有正道德价值,那么,合理利己主义者所制定的"应该为己利他"的道德规范,就与为己利他道德价值相符,因而是优良的道德规范;反之,利他主义论者所制定的"不应该为己利他"的道德规范,则与为己利他道德价值不符,因而是恶劣的道德规范。

优良道德规范必定与道德价值——亦即行为事实对于道德目的的效用——相符,说到底,便必定与道德目的以及人的行为事实如何的客观本性相符。这样,一方面,从优良道德必定符合人的行为事实如何的客观本性——亦即所谓人性——来看,优良道德必定是每个人都能够且应该遵守的:违背人性的恶劣道德则是每个人不能够也不应该遵守的。另一方面,从优良道德必定符合道德目的——亦即增进每个人利益——来看,优良道德显然是每个人都能够且应该遵守的;反之,违背道德目的的恶劣道德——亦即不是为了增进每个人利益的道德——则是每个人不能够也不应该遵守的。优良道德必定是每个人都能够且应该遵守的道德,因而也就必定是可普遍化的道德;不可普遍化的道德——亦即不是每个人都能够且应该遵守的道德——则必定是恶劣的道德。这就是优良道德的可普遍化性:可普遍化的道德就是每个人都能够且应该遵守的道德。

综观道德的主客观本性可知,道德是主观性与客观性的统一物:就其内容——道德价值、道德目的和行为事实——来说是客观的、不以人的意志而转移的;就其形式——道德规范——来说则是主观的、以人的意志而转移的。因此,道德规范的优劣性及其衡量标准便完全是客观的、不以人的意志而转移的：不论人们的意志和愿望如何，只有与道德价值相符因而可普遍化的道德，才是优良的、正确的；而与道德价值不符因而不可普遍化的道德，必定是恶劣的、错误的。这就是道德的主客观性与优劣性的基本原理。

## 四　关于道德概念的理论

道德概念，从上可知，极其艰深复杂。因此，围绕道德概念，两千年来哲学家和伦理学家们一直争论不休。这些争论，可以归结为六大流派：伦理相对主义、伦理绝对主义、道德主观主义、道德怀疑论、道德客观主义、道德实在论。

### 1. 伦理相对主义

伦理相对主义（ethical relativism）虽然在当代西方伦理学界备受关注，但是，它的代表人物却大都是人类学家和社会学家——如萨姆纳（W. G. Sumner）、埃德瓦尔・韦斯特马克、埃米尔・涂尔干、卡尔・曼海姆等等——而并不是伦理学家和哲学家。考察这些思想家的论著可知，所谓伦理相对主义，顾名思义，就是认为任何道德及其正确性都是相对的理论。它分为"文化伦理相对主义"（cultural ethical relativism）和"规范伦理相对主义"（normative ethical relativism）：文化伦理相对主义，一般被简称为"文化相对主义"或"描述相对主义"（descriptive relativism）；规范伦理相对主义则往往被简称为"伦理相对主义"或"规范相对主义"。文化或描述相对主义认为道德事实上完全是相对的，一切道德都相对于一定的文化和社会而存在，皆因文化和社会的不同而不同，不存在适用于一切文化、一切社会的普遍的、绝对的道德；规范伦理相对主义则从文化相对主义出发，进一步认为，人们所奉行的道德规范的正确性也完全是相对的：任何道德只有相对于奉行它的特定的社会才是正确的；不存在对于一切社会都是普遍正确、绝对正确的道德。[11]

原来，伦理相对主义所描述的不同民族或同一民族在不同时代所奉行的不同的乃至相反的道德风习，都是具体的、特殊的道德规范。这些道德规范的差异，只能说明道德具有相对性，却不能否认道德具有绝对性。因为这些道德规范所由以推出而为其前提的道德最终目的是完全相同的，都是为了增进全社会和每个人利益：它是任何人在任何条件下都应该遵守的道德终极标准，是绝对的道德标准。人们从这同一的绝对的道德终极标准出发而形成相反的道德风习，只是因为该标准在不同的时代和地域的表现不同罢了。试想，初民社会为什么会有“应该吃老人”的道德呢？因为初民社会生产力水平极端低下，如果不吃老人，所有的人都可能饿死。所以，初民社会吃老人便与今日社会养老送终一样，最终都是为了保障社会的存在发展、增进每个人的利益。于是，初民社会“应该吃老人”和今日社会“应该养老送终”的相反道德，便不过是同一道德终极标准“增进全社会和每个人的利益”因两种社会的生产力根本不同而具有的两种相反的表现罢了。因此，伦理相对主义认为一切道德皆因社会不同而不同因而不存在适用于一切社会的普遍的、绝对的道德的观点确系以偏概全：只看到具体的、特殊的道德规范，而没有看到这些道德规范所由以推出而为其前提的道德终极标准或道德最终目的“增进全社会和每个人的利益”。

这样一来，伦理相对主义由此认为任何道德只有相对于奉行它的特定社会才是正确的观点，也就不能成立了。因为只有特殊的、相对的道德之优劣对错，才是相对于特定的社会而成立的：一种特殊道德对于一种社会是正确的，对于另一种社会则可能是错误的。例如，“应该吃人”的道德规范是正确的，只是对于初民社会才能成立：它只是在初民社会，才与吃人行为的道德价值相符，因而才是正确的道德规范；而在现代社会，则与吃人行为的道德价值不符，因而是错误的道德规范。反之，普遍道德和绝对道德的对错则对于一切社会都是同样的：如果一种普遍的或绝对的道德是正确的，那么，它对于任何社会便都是正确的。公正、诚实、节制、谦虚、勇敢、中庸、自尊、智慧等等普遍道德，如所周知，都是放之四海而皆准、行之万世而不悖的优良的、正确的道德规范：它们对于任何社会都同样是正确的、优良的道德规范。

可见，道德的正确性既具有相对性又具有绝对性：特殊的、相对的道德的正确性是特殊的、相对的；普遍的、绝对的道德的正确性则是普遍的、绝对的。伦理相对主义认为任何道德的正确性都只有相对于奉行它的特定的社会才是能够成立的观点之错误，说到底，显然在于否认普遍的绝对的道德而认为一切道德都是特殊的、相对的：如果一切道德都是特殊的、相对的、皆因社会不同而不同，那么，它们的正确性也就确实只有对于特定社会来说才是能够成立的。由此可以进一步看出，在构成伦理相对主义的双重因素中，描述或文化相对主义（它认为一切道德都是特殊的、相对的、皆因社会不同而不同）乃是规范或伦理相对主义（它认为一切道德的正确性只有对于特定社会来说才是能够成立的）的前提：反驳伦理相对主义，关键在于颠覆它的前提，证明存在着适用于一切社会的普遍的、绝对的道德。

### 2. 伦理绝对主义：境遇伦理学

与伦理相对主义不同，伦理绝对主义（ethical absolutism）或道德绝对主义（moral absolutism）的代表人物并不是人类学家和社会学家，而是伦理学家和哲学家，如康德、弗莱彻等等。正如波吉曼所指出，伦理绝对主义或道德绝对主义与伦理相对主义恰恰相反：伦理相对主义否认绝对道德的存在，而认为一切道德都是相对的；伦理绝对主义则否认相对道德，而认为一切真正的道德都是绝对的。[12]更确切地说，伦理绝对主义或道德绝对主义也就是否认相对道德之为真正的道德，而认为真正的、优良的道德必定是绝对的理论。

然而，绝对道德或道德终极标准，如上所述，必定只有一条，亦即道德的最终目的；此外皆为相对道德。伦理绝对主义的错误显然在于夸大了这一点，认为道德就其真正的本性来说是绝对的，从而不是把绝对道德仅仅理解为道德最终目的，而是理解为其他道德原则或由一系列道德原则——如应该爱、不应该说谎、应该为义务而义务等等——所构成的道德原则体系。这样，伦理绝对主义便一方面错误地把一些相对道德——如爱和诚实——夸大成绝对道德；另一方面，则错误地把众多的相对道德逐出道德领域，否认这些相对道德之为道德。

这种对于相对道德的否认在弗莱彻的“境遇伦理学”（situation ethics）那里登峰造极。弗莱彻的境遇伦理学也是一种十分典型的道德绝对主义，或者毋宁说，是一种新康德道德绝对主义。因为它与康德一样，认为道德就其真正的本性来说是绝对的；不具有绝对性的道德，不是真正的道德，因而完全没有存在的必要。只不过，在康德看来，绝对道德、真正的道德是一系列道德原则，如责任、诚实等等；反之，在境遇伦理学看来，绝对道德、真正的道德只有一条，那就是“爱”：“只有‘爱’这一戒律是绝对的善。”[13]于是，只有“爱”才因其具有绝对性而是真正的道德；其余道德则皆因其是相对的而并不是真正的道德，完全没有存在的必要：“爱是唯一的规范。”[14]这样，一切伦理行为之应该与否也就完全取决于行为之境遇，取决于行为在该境遇下是否符合“爱”的计算。因此，正如弗莱彻所言，境遇伦理学只有两个东西：一个是绝对的规范，另一个是具体境遇的计算方法。[15]然而，如果全部道德只是一个规范“爱”，道德岂不就几乎等于零吗？所以，宾克来说：虽然弗莱彻和境遇伦理学者并不是为不负责任或无道德论进行辩护，但是，实际上他们与非道德主义已相差无几了。[16]那么,境遇伦理学究竟错在哪里?

原来,如上所述,绝对道德是任何人在任何条件下都应该遵守的道德,这种道德只有一条,亦即道德最终目的:增进全社会和每个人的利益。相对道德则是这一条绝对道德之外的全部道德,是人们在一般的、正常的、典型的条件下才应该遵守——而在例外的、非常的、极端的条件下则不应该遵循——的道德。显然,相对道德存在的必要性全在于:正常行为的数量远远多于非正常行为的数量。这样,因为相对道德规范的行为是正常行为,所以,它应该被遵守的次数便远远多于它不应该被遵守的次数,因而它的存在是必要的。反之,如果相对道德规范的行为是非正常行为,那么,它应该被遵守的次数便远远少于它不应该被遵守的次数,因而它的存在便是极无必要的了。

然而,境遇伦理学却把正常与非正常视为同等重要:"境遇的变量(variables)与规范或一般的常量(constants)应该被看做同等重要。"[17]这就是境遇伦理学的根本错误之所在:抹杀正常行为与非正常行为的区别,等量齐观相对道德应该被遵守的正常境遇与其不应该被遵守的非正常境遇,进而等量齐观相对道德应该被遵守的次数与其不应该被遵守的次数。这样一来,相对道德也就没有存在的必要了。因为如果相对道德应该被遵守的次数与其不应该被遵守的次数是相等的,那么,它应该存在的理由岂不就与它不应该存在的理由相等吗?相对道德既然没有存在的必要,所以也就只有绝对的道德才是真正的道德:境遇伦理学就是这样堕入否认相对道德的道德绝对主义的。

### 3. 道德主观主义与道德怀疑论

所谓道德主观主义(moral subjectivism),如所周知,亦即否认道德的客观性而认为道德完全是主观任意的理论。道德主观主义者的阵营十分庞大复杂。情感主义伦理学家,如罗素、维特根斯坦、艾耶尔、斯蒂文森等等,无疑都属于道德主观主义者。伦理相对主义者同时也都是道德主观主义者。因为如果道德确如伦理相对主义者所言,完全是相对的——相对一些社会和人们来说是善的,相对另一些社会和人们来说则是恶的——那么,道德善恶也就完全是依人的意志而转移的,因而也就完全是主观的。但是,典型的道德主观主义的主要代表人物,当推古代的埃斯库鲁和18世纪的休谟以及当代英美哲学家马奇和哈曼。

因为道德主观主义论者得出道德完全是主观的最有力的论据,无疑是

"道德契约论"。任何道德或道德规范,在道德主观主义论者看来,都是人制定的,因而也就都可以看做是某种契约、协议的产物。埃斯库鲁说:"正义是一种防止人们相互伤害的权宜契约。"[18]休谟说:"正义起源于人类协议。"[19]吉尔伯特·哈曼(Gilbert Harman)则进一步系统地提出"道德契约论"(moral bargaining):"我的论点是,道德发生于一个人群关于他们彼此的关系达成一种暗含的契约或无言的协议的时候。"[20]道德规范既然是一种契约、约定、协议,也就是依人的意志而转移的,是主观任意的、自由的、可以选择的。可是,道德主观主义论者却由此进而完全否认道德的客观性,认为道德并不是客观事实,而完全是主观的,完全是依人的意志而转移的东西。[21]

如果确如道德主观主义论者所言,道德完全是主观的而不具有客观性,那么,关于道德的判断显然也就无所谓真假,而在这种判断指导下所制定的道德显然也就无所谓优劣对错。所以,艾耶尔一再说:"只表达道德判断的句子没有陈述任何东西,它们是纯粹的情感表达,因而不能归入真假范畴。"[22]这就是所谓的道德怀疑论(moral nihilism/scepticism),它就是认为道德判断无所谓真假和道德规范无所谓对错的理论。波吉曼在总结道德怀疑论的根本特征时便这样写道:"道德怀疑论乃是这样一种学说,在它看来,我们不能够知道是否存在道德真理。"[23]

可见,道德怀疑论乃是道德主观主义的应有之义和合乎逻辑的必然结论。所以,我们只要驳倒道德主观主义,也就驳倒了道德怀疑论。

道德主观主义和道德怀疑论是不能成立的。道德就其自身来说,一方面,确实属于与事实对立的"应该"、"价值"范畴,而不属于"事实"范畴:道德是应该而不是事实;另一方面,道德确实是一种人们制定或认可的规范,可以看做是某种契约、协议的产物,因而完全是主观任意的。但是,道德自身或道德规范,如上所述,仅仅是一种形式:它所表达的直接内容是道德价值判断;它所表达的根本内容是道德价值;它所表达的最终内容是道德目的与行为事实,因为道德价值不过是行为事实如何对于道德目的的效用。所以,道德乃是由道德规范、道德价值判断、道德价值或道德普遍目的与行为事实所构成的极为复杂的统一体。这样,一方面,道德本身虽然不是事实,但是,道德的根本内容则是事实,是客观的、不以人的意志而转移的行为事实;另一方面,行为应该如何的道德规范的正确性,说到底,便取决于是否符合行为事实如何的客观规律,而决不以人的意志为转移。

道德主观主义和道德怀疑论者只看到道德自身——亦即道德规范——

的主观性，而抹杀道德的内容——亦即道德价值、道德普遍目的和行为事实——的客观性，进而抹杀道德规范的优劣及其衡量标准的客观性，而错误地得出说：道德完全是主观的，因而不存在所谓道德真理、道德无所谓正确或不正确。

**4. 道德客观主义与道德实在论**

道德客观主义（moral objectivism），正如波吉曼所言，是认为道德具有不以人的意志而转移的客观本性的理论，是认为行为的正当性和道德规范的正确性是客观的、不以人的意志而转移的理论。[24]不过，道德客观主义比较复杂，大体可以分为两派。一派是极端道德客观主义，亦即所谓道德实在论（moral realism），在它看来，道德本身就是事实，就是与颜色一样的不依赖主体的需要和意志而独立存在的事实。反之，另一派则是温和道德客观主义，在这种客观主义看来，道德本身是一种行为应该如何的道德规范，属于"应该"而不属于"事实"范畴；但是，道德的基础和根本内容则是事实，是行为事实如何：行为应该如何的道德规范的正确性便取决于是否与行为事实相符，而不以人的意志而转移。绝大多数伦理学家，如柏拉图、亚里士多德、托马斯·阿奎那、沙甫茨伯利、赫起逊、康德、罗斯、穆勒、西季威克、摩尔等等都属于温和道德客观主义论者；而主张道德实在论的伦理学家则很少，如邦德（E. J. Bond）、戴维·布林克（David O. Brink）等等。

道德实在论（moral realism）的基本特征是承认存在所谓"道德事实"。波吉曼说："道德实在论者关于伦理学持有一种这样的观点：存在道德事实（moral facts）。"[25]所谓"存在道德事实"，据黑尔的解释，也就是认为道德善恶如同颜色一样，是不依赖主体需要——亦即社会创造道德的需要、目的——而存在的属性，因而是一种事实，属于事实范畴："我们所说的'不正当'之属性和一种行为是不正当之事实，就如同说'红'之属性和某种东西是红的事实一样。"[26]

不难看出，道德实在论是不能成立的。它的错误，首先在于等同客体的事实关系属性与价值关系属性。他们看到：道德善与红色一样，都是客体依赖主体而存在的关系属性，而不是客体的固有属性。但是，他们却没有看到：红色是客体不依赖主体的需要而具有的属性，因而是客体的事实属性，是客体的事实关系属性，是客体的第二性质；反之，道德善则是客体（亦即行为）的不能离开主体需要（亦即社会创造道德的需要、目的）而具有的属性，是客体（亦即行为）的事实属性对主体需要（亦即社会创造道德的需要、目的)的效用,是客体(亦即行为)的价值关系属性,是客体(亦即行为)的第三性质。道德实在论的错误就在于等同道德与颜色的存在性质,因而由颜色是事实的正确观点得出错误结论:道德也是事实,存在道德事实。

然而,如果像道德主观主义和道德怀疑论那样,由此进一步断言道德完全不是事实、完全是主观的,则是错误的。因为道德或道德规范虽然是一种应该而不是事实,但是,如前所述,道德或道德规范,就其自身来说,只是一种形式,它包容和表现着道德价值:道德的形式是道德规范;而内容则是道德价值。这是道德的浅层结构。因为道德价值又不过是行为事实如何对于道德目的的效用,因而又由"行为事实"与"道德目的"两方面构成:前者是道德价值构成的源泉和实体;后者是道德构成的条件和标准。这是道德价值的结构,是道德内容的结构,因而也就是道德的深层结构。这样,道德或道德规范是道德价值的形式,说到底,是道德目的与行为事实之形式。因此,正如温和道德客观主义所说:一方面,道德本身不是事实,但是,道德的根本内容则是事实,是客观的、不以人的意志而转移的行为事实;另一方面,行为应该如何的道德规范的正确性,说到底,便取决于是否符合行为事实如何的客观规律,而决不以人的意志为转移。所以,道德客观主义并不是纯粹的真理:温和道德客观主义是真理;而极端道德客观主义、道德实在论则是谬误。

综观道德概念及其理论可知,一方面,道德既具有适用于一定社会的特殊性、相对性,因而存在特殊的、相对的道德,又具有适用于一切社会的普遍性、绝对性,因而存在共同的、绝对的道德。伦理相对主义只看到道德的特殊性和相对性,而抹煞道德的普遍性和绝对性,因而错误地认为不存在适用于一切社会的共同的和绝对的道德,不存在对于一切社会都是正确的普遍正确和绝对正确的道德。反之,伦理绝对主义或道德绝对主义则夸大道德的适用于一切社会的普遍性和绝对性,进而否认相对的、特殊的道德之为真正的道德,以致片面地认为真正的、优良的道德必定是普遍的和绝对的。另一方面,道德就其自身——道德规范——来说,是主观的、以人的意志而转移的;就其基础和根本内容——行为事实——来说是客观的、不以人的意志而转移的:道德规范的正确性取决于是否与行为事实相符,而不以人的意志而转移。道德实在论夸大了道德的基础和根本内容之为事实的方面,以致认为道德本身就是事实,就是与颜色一样的不依赖主体的需要和意志而独立存在的事实。反之,道德主观主义和道德怀疑论者则夸大了道德自身的主观性,认为道德完全是主观任意的,因而道德判断和道德规范也就无所谓真假对错了。

## 注　释

〔1〕 黄建中:《比较伦理学》,国立编译馆,1974 年版,28 页。

〔2〕 同上书,27 页。

〔3〕 朱熹:《四书集注·论语·学而》。

〔4〕 John Hartland-Swann, *An Analysis of Morals*, London: George Allen & Unwin Ltd., 1960, p. 57.

〔5〕 Ibid., p. 62.

〔6〕 William K. Frankena, *Ethics*, Prentice-Hall Inc., Englewood Cliffs, New Jersey, 1973, p. 6.

〔7〕 邓正来等译:《布莱克维尔政治学百科全书》,中国政法大学出版社,1992 年版,393 页。

〔8〕 包尔生:《伦理学体系》,中国社会科学出版社,1988 年版,18 页。

〔9〕 罗·庞德:《通过法律的社会控制·法律的任务》,商务印书馆,1984 年版,102 页。

〔10〕 George Sher, *Moral Philosophy: Selected Readings*, Harcourt Brace Jovanovich Publishers, New York, 1987, p. 158.

〔11〕 Ibid., p. 152.

〔12〕 Louis P. Pojman, *Ethical Theory: Classical and Contemporary Readings*, Wadsworth Publishing Company, 1995, p. 16.

〔13〕 Joseph Fletcher, *Situation Ethics*, The Westminster Press, Philadelphia, 1966, p. 26.

〔14〕 Ibid., p. 80.

〔15〕 Ibid., p. 27.

〔16〕 宾克来:《理想的冲突》,商务印书馆,1983 年版,356 页。

〔17〕 Joseph Fletcher, *Situation Ethics*, The Westminster Press, Philadelphia, 1966, p. 29.

〔18〕《西方思想宝库》,吉林人民出版社,1988 年版,944 页。

〔19〕 休谟:《人性论》下,商务印书馆,1980 年版,535 页。

〔20〕 Louis P. Pojman, *Ethical Theory: Classical and Contemporary Readings*, Wadsworth Publishing Company, 1995, p. 38.

〔21〕 Steven M. Cahn and Peter Markie, *Ethics: History, Theory, and Contemporary Issues*, Oxford University Press, 1998, p. 537.

〔22〕 Charles L. Stevenson, *Facts and Values: Studies in Ethical Analysis*, New Haven: Yale University Press, 1963, p. 415.

〔23〕 Louis P. Pojman, *Ethical Theory: Classical and Contemporary Readings*, Wadsworth Publishing Company, 1995. p. 17.

〔24〕 Ibid., p. 456.

〔25〕 Ibid., p. 727.

〔26〕 Ted Honderich, *Morality and Objectivity*, Routledge & Kegan Paul, London, 1985, p. 45.

## 思考题

1. 试以“五伦”概念为例,说明“伦理”与“道德”之异同。
2. 如果一个社会制定或认可了“女人应该裹小脚”和“男人应该不洗头”的行为规范,那么,这些规范是道德吗?一个人如果裹小脚或不洗头,她或他就遵守了道德,就是有道德的,就是有美德的吗?
3. 许多社会都处于同样的社会发展阶段:所提供的食品不足以养活不断增加的人口。但是,人们因此而制定和奉行的特定道德规则却不相同。爱斯基摩人的道德规则是将一部分女婴和年老体衰的父母置于雪地活活冻死。巴西的雅纳马莫人的道德规则是杀死或饿死女婴,并在男人之间不断进行流血的战斗。新几内亚的克拉基人的道德规则是男人在进入青春期以后的数年内只可建立同性恋关系。请回答:哪一种道德规则比较优良?哪一种道德规则比较恶劣?试析道德优劣之分的前提和根据以及优良道德的可普遍化性。
4. 文化相对主义所描述的事实,如一些文化倡导养老送终而另一些文化则处死老人等等,能够证明道德不具有普遍适用性和普遍正当性吗?试析伦理相对主义之真理与谬误。
5. 为什么会存在绝对的终极的标准?为什么绝对的终极的道德只能有一条,而其余一切道德都是相对的?试析伦理绝对主义和境遇伦理学之真理与谬误。
6. 任何道德都是人们任意制定、约定的吗?如果答案是肯定的,那么,由此可以否定道德的客观性,而认为道德完全是主观任意的吗?比较道德主观主义和道德怀疑论以及道德客观主义和道德实在论之真理与谬误。

# 第四章
# 道德的起源和目的

## 一　道德的起源和目的:从道德共同体看

### 1. 道德共同体概念:道德代理者与道德顾客

如果说规范伦理学的第一个问题是解析道德概念,那么,它的第二问题显然是:应该对谁讲道德和对谁不讲道德?或者说,应该按照道德来对待的对象是什么?这就是所谓的道德共同体问题。因为所谓道德共同体,正如贝尔斯所言,就是应该被道德地对待或应该得到道德关怀的对象的总和:"我用'道德共同体'所指的,是我们可以恰当地对其表达我们的道德关心的那些实体范围。"[1]这样,不论是什么东西,哪怕它是一条狗,如果成为道德共同体的成员,那么,它就拥有了所谓"道德身份或道德地位"(moral standing);反之,即使是人,如果他被排斥在道德共同体之外,那么,他就不具有道德地位或道德身份。道德身份或道德地位就是道德共同体的成员资格,就是道德共同体的成员所享有的被道德地对待或道德关怀的利益。

但是,道德共同体的成员所拥有的这种道德身份或道德地位,并不完全相同,而可以分为两大类:"道德代理者或道德行为者"(moral agent)与"道德顾客或道德承受者"(moral patient)。道德代理者就是道德行为主体,就是具有道德意识能力、能够进行道德的和不道德的行为、因而能够对于自己的行为承担道德责任者。[2]可是,我们为什么将道德行为主体叫做道德代理者呢?

原来,一方面,道德行为主体也就是道德共同体中能够按照道德规范来行为的成员,他们能够按照道德规范来约束自己和对待其他道德共同体成员,从而使道德规范得到实现:道德代理者也就是道德规范的代理者,就是道德规范的运用者和实现者,就是能够运用和实现道德规范的道德行为主体。[3]另一方面,道德共同体中存在着这样一些成员,如婴儿、精神病患者和痴呆症患者等等,这些成员不具有道德意识,因而不能够进行道德行为,不能对自己的行为承担道德责任,于是也就不能够成为道德行为主体而只能够是道德行为客体。那么,这些成员的利益与不利或权利与义务等等,便必须由那些能够成为道德行为主体的成员代理,帮助其行使和履行。所以,那些能够成为道德行为主体的成员,就因其是那些不能够成为道德行为主体的成员的代理者,而被叫做道德代理者。

这些不具有道德意识的成员,当然也就不能够按照道德规范来行为,而只能被按照道德规范来对待,因而只能叫做道德顾客或道德承受者:道德顾客或道德承受者就是被按照道德规范来对待的成员,也就是道德代理者的道德行为对象,是道德代理者对其负有道德义务因而能够对其做出在道德上是正确或错误的行为的存在物。[4]这样,道德顾客便不仅仅是那些不能按照道德规范来行为而只能被按照道德规范来对待的道德共同体的成员,而且还包括全部能够按照道德规范来行为的成员,包括全部的道德代理者:道德代理者无疑更应该被按照道德规范来对待,更应该得到道德关怀。因此,道德顾客或道德承受者乃是道德共同体的全部成员,是一切具有道德身份或道德地位者。[5]那么,道德顾客或道德共同体的全部成员究竟应该包括哪些存在物?或者说,道德共同体的界限究竟应该划定在哪里?

### 2. 道德共同体的界限:有利于人类的一切生物

只有具有利益的东西——亦即具有分辨好坏利害的评价能力和趋利避害的选择能力的东西——才可能存在被道德地对待或道德关怀的问题,才可能成为道德共同体的成员。因此,只有生物才可能是道德共同体的成员,而非生物则不可能是道德共同体成员。因为非生物,如石头和铁块等等,对于作用于它们的任何东西,都不具有分辨好坏利害的评价能力和趋利避害的选择能力,都不具有利益。反之,任何生物对于作用于它的东西,都具有分辨好坏利害的评价能力和趋利避害的选择能力。就连最低级的生物——植物——也是如此。因为任何植物都具有趋利避害的"趋性运动"。就拿任何植物叶肉细胞中的叶绿体来说:它在弱光作用下,便会发生沿叶细胞横壁平行排列而与光线方向垂直的反应;在强光作用下,则会发生沿着侧壁平行排列而与光线平行的反应。这两种反应显然都是分辨好坏利害的评价能力和趋利避害的选择能力的表现:前者是为了吸收有利于自己的最大面积的光;后者是为了避免吸收有害于自己的过多的光;说到底,都是为了保持内外平衡,从而生存下去。

那么,由此是否可以得出结论说,一切生物都应该得到道德关怀从而都是道德共同体的成员？否。具有利益只是应该得到道德关怀的必要条件而非充分条件。非人类存在物应该得到道德关怀从而成为道德共同体的成员,不但必须具有利益,而且还必须对人类有利,给人类带来利益,能够与人类构成一种大体具有互惠关系的利益共同体。因为即使是人,也并不都应该成为道德共同体的成员。一个人,如果是一个害人精,杀人放火、无恶不作,他就应该被杀头而不能成为道德共同体的成员了。人尚且如此,更何况非人类存在物?

因此,对人类有利,乃是非人类存在物应该得到道德关怀从而成为道德共同体成员的更为根本的必要条件:具有利益是应该得到道德关怀的前提;对人类有利则是应该得到道德关怀的依据。那么,这两个条件结合起来,是否能够成为道德关怀的充分条件？是的。具有利益并且有利于人类,乃是非人类存在物应该得到道德关怀的充分条件。因为一种能够趋利避害从而具有利益的生物,如果给了我们利益,那么,我们就应该回报它们以利益,而决不应该给它们以不必要的损害。只有如此,我们对它们的行为才符合等利交换的公正原则,才是公正的、道德的;否则,如果我们不是回报它们以利益,而是回报它们以损害,就违背了等利交换的公正原则,因而是不公正、不道德的。

然而,问题是,人类杀死和吃掉动植物无疑是应该的、道德的。既然如此,那岂不意味着:对于动植物是不应该讲道德的吗？因此,岂不只有人类才是道德共同体的成员吗？这是一种似是而非的逻辑。因为动植物应该得到人类的道德关怀从而成为道德共同体的成员的真正依据,就在于这些动植物有利于人类:有害于人类的动植物是不应该得到人类的道德关怀而成为道德共同体的成员的。事情的关键在于,一些动植物,如猪、鸡、鱼和红薯、玉米等等,所给予人类的利益,就是作为食物而被人类杀死和吃掉。因此,人类杀死和吃掉动物,不但不是对动植物可以不讲道德的根据,恰恰相反,倒正是它们应该得到人类的道德关怀的根据。难道不是这样吗？试想,我们杀死、吃掉猪和鸡确实是应该的。但由此能够说,对于猪和鸡可以不讲道德吗？决不可以。恰恰相反,谁都知道,任何给猪和鸡带来不必要痛苦的行为都是不道德的。

### 3. 道德的起源和目的:保障利益共同体与增进人类利益

具有利益并有利于人类是非人类存在物应该得到道德关怀的充分条件,显然意味着,所谓道德共同体,也就是具有互惠关系的利益共同体:道德共同体的成员与利益共同体的成员是同一成员,它们是同一共同体的两个名称、两块牌子。这样一来,任何道德的起源和目的显然便都在于保障利益共同体的存在发展。因为没有规矩不成方圆,任何一种利益共同体,哪怕它只由两个成员构成,如果没有道德规范,要存在发展也是不可能的:它要存在发展,就必须同时成为道德共同体,从而使它的成员按照道德规范来相互对待。否则,如果一个利益共同体的成员违背道德而互相损害,那么,这个利益共同体势必崩溃瓦解而不可能存在。所以,人类之所以创造道德,普遍言之,就是为了使人类与非人类存在物的利益共同体成为一种道德共同体,从而保障这种利益共同体的存在与发展:道德普遍起源于利益共同体的存在与发展的需要,道德的普遍目的就是为了保障利益共同体的存在与发展。

然而,道德保障利益共同体存在发展的目的又是为了什么?也就是说,道德的最终目的或终极目的是什么?是为了增进利益共同体每个成员利益吗?或者说,是为了增进人类与动植物等非人类存在物每方的利益吗?答案是否定的:道德最终目的只能是为了增进人类利益,而不可能是为了增进非人类存在物利益。因为当人类利益与动植物等非人类存在物的利益发生冲突不可两全时,无疑应该保全其中道德价值较大者而牺牲其中道德价值较小者:只有这样,其净余额才是正道德价值,才是应该的、道德的。如果道德终极目的只是增进人类的利益,那么,人类利益的道德价值无疑大于非人类存在物的道德价值;因而当人类利益与动植物等非人类存在物的利益发生冲突不可两全时,应该保全人类利益而牺牲非人类存在物的利益。但是,如果道德终极目的是增进人类与非人类存在物的利益,那么,人类利益的道德价值便小于非人类存在物的道德价值;因为人类不过是人类与动植物等非人类存在物所构成的庞大生态系统的一个物种、一种成员或一小部分而已。这样,当人类利益与动植物等非人类存在物的利益发生冲突不可两全时,便应该牺牲人类利益而保全非人类存在物的利益。

可见,认为“道德终极目的是增进人类与非人类存在物的利益”的理论,无法摆脱反人类主义的结论。因此,这种理论必定是谬误。因为无论如何,道德毕竟是人类创造的:难道人类创造道德的最终目的就是为了反对自己而自取灭亡吗?所以,道德终极目的不可能是增进人类与非人类存在物的利益，而只可能是增进人类的利益。诚然，人类创造某些道德规范的直接目的，确实是为了增进动植物等非人类存在物的利益。例如，人们曾制定或认可这样一些对待动物的道德规范："当忠诚服务于主人的老狗不能再提供服务时，主人不应该杀死它，而应该供养它直至它死亡。""当立有战功的老马死亡时不应该吃它的肉，而应该好好安葬它。"这些特殊的、具体的道德规范的直接的起源和目的，显然在于老狗和老马的利益，而不在于主人的利益；显然是为了老狗和老马的利益，而不是为了主人的利益。但是，这只是道德的特殊的直接的起源和目的，而不是一切道德的普遍的起源和目的，更不是一切道德的终极的起源和目的。

总之，道德的特殊的、直接的起源和目的，可以是为了增进动植物等非人类存在物的利益；但道德的终极起源和目的，则只能是为了增进人类的利益。这样，一方面，当人类与动植物等非人类存在物的利益一致时，便应该遵循道德的特殊的、具体的、直接的目的和标准，便应该既增进人类利益又增进动植物的利益，甚至应该为了增进动植物的利益而增进动植物的利益。但是，另一方面，当动植物等非人类存在物的利益与人类的利益发生冲突不可两全时，道德特殊的目的和标准便不起作用了；这时，便应该诉诸道德终极目的和标准"增进人类的利益"，从而应该牺牲动植物等非人类存在物的利益而保全人类的利益。例如，人类如果不吃动植物，固然保全了它们的生命，却牺牲了自己的幸福乃至生命：人类的幸福和生命与动植物的生命发生冲突不可两全。在这种情况下，人类吃动植物，固然违背了"增进动植物的利益"的道德特殊标准，却符合"增进人类利益"的道德终极标准，因而是道德的、应该的。

道德之最终的起源和目的是增进人类利益，显然意味着：道德最终源于人类对于道德的需要。因此，最终说来，可以同意蒂洛所见："道德起源于人类的需要。"[6]道德最终源于人类的道德需要；道德目的最终在于满足人类的道德需要。但是，人类的道德需要无疑可以分为社会的道德需要与个人的道德需要。那么，道德最终究竟源于社会的道德需要还是源于个人的道德需要抑或源于社会和个人双重道德需要？

## 二　道德的起源和目的：从社会道德需要看

### 1. 社会道德需要：道德的起源和目的

从社会道德需要来看道德的起源和目的，也就是从道德与人类社会的其他事物之相互关系来揭示道德的起源和目的，也就是从社会各种事物对于道德的需要——亦即所谓“社会道德需要”——来揭示道德的起源和目的。所以，从社会道德需要来考察道德的起源与目的，同时也就是对于社会结构诸成分的比较研究。

社会，静态地看，亦即所谓“群”，不过是人的“人群”体系，是两个以上的人因一定人际关系而结合起来的共同体；动态地看，则是人的“社会活动”的总和，是人们相互交换活动、共同创造财富的利益合作体系。因此，社会结构也就相应地分为社会的动态结构和社会静态结构。能够显示道德起源与目的的社会结构，无疑是社会的动态结构，亦即社会活动总和之结构。那么，人类社会究竟有哪些活动呢？

人类社会的基本活动，不言而喻，表现为两大方面：一方面是关于物质财富的活动；另一方面是关于精神财富的活动。关于物质财富的活动，也就是对物质财富的生产、交换、分配、消费。这种活动，如所周知，叫做“经济”。关于精神财富的活动，也就是对精神财富的创作、出版、发行、教育、表演、学习、欣赏等等；如著书立说、戏剧舞蹈、绘画雕刻、讲课听课等活动。这些活动，虽然都是关于精神的，却不是精神活动，不是那种无法进行强制管理的无形体的大脑反映活动，而是可以进行强制管理的有形体的物质活动。这种活动，不妨名之为“精神产业”或“文化产业”活动。

经济和文化产业活动都是创造财富的活动，都是与财富有必然的、不可分离关系的活动。反之，那些与财富没有必然的、不可分离关系的活动，亦即完全不创造财富的活动，如朋友来往、同学交往、血缘关系、同事交际、爱情婚姻、拐骗盗窃、打架杀人等等，不妨名之为“人际交往”活动。

经济和文化产业以及人际交往，皆系社会性活动，因而要存在和发展，就必须互相配合、有一定秩序而不可互相冲突、乱成一团。这就需要对这些活动进行管理。于是便产生了管理活动。不过，管理活动有的创造财富，有的不创造财富。创造财富的管理活动，如生产调度的工作和乐队指挥的工作，无疑仍然分别属于经济活动与文化产业：生产调度的工作属于经济活动范畴；乐队指挥的工作属于文化产业范畴。

不创造财富的管理活动也分为两类：政治和德治。孙中山早就说过，政治是一种管理活动：“政就是众人之事，治就是管理，管理众人之事就是政治。”[7]不过，正如马起华所说，管理众人之事，并非都是政治；政治仅仅是一种权力管理：“权力可以说是政治的标志。”[8]政治是社会对于人们行为的权力管理，因而也就是对于人们的行为应该且必须如何的管理。因为所谓权力,如前所述,是仅为管理者所拥有且被社会承认的强制力量,是人们必须且应该服从的力量。它一方面表现为暴力强制,如判刑、收监、枪杀、体罚等等;另一方面则表现为行政强制,如处分、降职、降薪等等。反之,德治则是非权力管理,是社会依靠非权力力量对于人们的行为应该而非必须如何的管理。因为所谓非权力力量,如前所述,也就是使人应该而非必须服从的力量。它一方面是使人自愿服从的力量,亦即所谓教育,如思想的灌输、熏陶、培养等等;另一方面则是非权力强制,即舆论强制,如人们的议论、谴责、赞扬、批评等等。

政治和德治之分,原本基于它们所管理的对象性质之不同。政治的对象仅仅是那些具有重大社会效用的行为,如民族争端、阶级斗争、杀人放火、贪污盗窃等等。政治所管理的是具有重大社会效用的行为,决定了政治不能不具有"应该且必须服从"的力量,决定了权力是政治的本性:政治是权力管理,它要求被管理的行为应该且必须如何。反之,德治的对象是人们的一切具有社会效用的行为,因而既包括具有重大社会效用的行为,又包括不具有重大社会效用的行为,如扶老携幼还是欺幼凌老、有礼貌还是没礼貌等等。这就决定了德治仅仅具有"应该而非必须服从"的力量,决定了教育是德治的本性:德治是非权力管理,它要求被管理的行为应该而非必须如何。这样,具有重大社会效用的行为,便既是政治对象,需要政治对其进行权力管理;同时还是德治对象,还需要德治对其进行非权力管理。反之,不具有重大社会效用的行为,则仅仅是德治对象,仅仅需要德治对其进行非权力管理。

这样,政治与德治虽然都起源于对经济和文化产业以及人际交往活动进行管理的需要,却不仅仅是对经济和文化产业以及人际交往的管理。因为为了实现对这些活动的管理,又要有一定的管理组织、机关,因而便又有了对管理组织及管理活动本身的管理。所以,政治与德治是对被管理活动与管理活动的双重管理,也就是对人们的一切具有社会效用的行为的管理:政治是社会对于具有重大社会效用的行为应该且必须如何的不创造财富的权力管理;德治是社会对于具有社会效用的行为应该而非必须如何的不创造财富的非权力管理。

然而,没有规矩,不成方圆。唯有借助行为规范,才能实现对行为的管理,才能实现政治和德治,从而保障经济、文化产业、人际交往以及一切具有社会效用的活动之存在和发展。不言而喻,这种行为规范也无非两种。一种是政治规范,是政治活动遵循的规范,亦即具有重大社会效用的行为应该且必须如何的权力规范:这就是法。另一种则是德治规范,是德治活动遵循的规范,亦即具有社会效用的行为应该而非必须如何的非权力规范:这就是道德。

可见,所谓社会,动态地看,亦即社会活动,无非是财富活动与非财富活动之和。财富活动亦即创造财富的活动,又分为两类:一是创造物质财富的活动,即经济;一是创造精神财富的活动,即文化产业。非财富活动也分为两类。一类是与财富没有必然的、不可分离关系的活动,是完全不创造财富的活动,即人际交往活动;另一类非财富活动则是与财富有必然的、不可分离关系的活动,是直接不创造财富而间接创造财富管理活动,说到底,也就是直接不创造财富的管理活动。这种管理活动又分为权力管理及其规范和非权力管理及其规范:前者即政治与法;后者即德治与道德。于是,社会就其动态结构来说,无非由经济、文化产业、人际交往、政治、德治、法和道德七类活动构成。如下所示:

- 社会
  - 财富活动
    - 创获物质财富活动 = 经济活动(1)
    - 创获精神财富活动 = 文化产业(2)
  - 非财富活动
    - 非管理活动 = 人际交往(3)
    - 管理活动
      - 权力管理 = 政治(4)
      - 非权力管理 = 德治(5)
      - 权力规范 = 法(6)
      - 非权力规范 = 道德(7)

综观社会结构,可知经济活动、文化产业和人际交往以及一切具有社会效用的活动存在与发展,需要道德之保障:这就是所谓"社会的道德需要",即社会道德需要就是社会对于道德的需要,就是社会的存在发展对于道德的需要,就是经济活动、文化产业和人际交往以及一切具有社会效用的活动存在与发展对于道德的需要。因此,道德起源于社会的道德需要,起源于经济活动、文化产业和人际交往以及一切具有社会效用的活动存在与发展之需要;道德目的是满足社会的道德需要,保障经济活动、文化产业和人际交往以及一切具有社会效用的活动的存在与发展。

**2. 道德的全部源泉和目的**

如果说道德起源于社会的道德需要,目的在于保障经济活动、文化产业和人际交往以及一切具有社会效用的活动存在与发展,那么,这"一切具有社会效用的活动”,除了经济和文化产业以及人际交往,还包括什么?还包括——社会所由以构成的七种活动表明——法和政治。因为法和政治显然都属于“具有社会效用的活动”之范畴。因此,从社会道德需要来看,道德的起源和目的,全面地说,乃在于保障经济、文化产业、人际交往、政治和法五种活动的存在与发展。换言之,道德的起源和目的不仅在于经济、文化产业和人际交往之三大社会活动之需要,而且在于法和政治两大社会活动之需要。这是因为,道德不但是经济、文化产业和人际交往的存在发展的必要条件和根本手段,而且是制定良法和实现优良政治的必要条件和根本手段:如果没有道德,不可能制定良法和实现优良政治。

原来,如果抛开规范所依靠的力量而仅就规范本身来讲,道德的外延显然宽泛于法:一般说来,二者是普遍与特殊、整体与部分的关系。因为一方面,道德不都是法,如谦虚、谨慎、贵生、勤劳、中庸、节制、勇敢、仁爱等都是道德,却不是法;另一方面,法同时都是道德,如“不得滥用暴力”、“不得杀人”、“不得伤害”、“不可盗窃”、“抚养儿女”、“赡养父母”等岂不都既是法律规则同时也是道德规则吗?所以,抛开规范所依靠的力量而仅就规范本身来讲,法是道德的一部分:道德是法的上位概念。那么,法究竟是道德的哪一部分呢?无疑是那些最低的、具体的道德要求:法是最低的、具体的道德。这个道理被耶林(Jelling,1851—1911)概括为一句名言:“法是道德的最低限度。”

法是具体的、最低的道德,因而也就产生于、推导于、演绎于道德的一般的、普遍的原则。所以,法自身都仅仅是一些具体的、特殊的、琐琐碎碎的规则,法自身没有原则;法是以道德原则为原则的:法的原则就是道德原则。法的原则、法律原则,如所周知,是正义、平等、自由等等。这些原则,真正讲来,并不属于法或法律范畴,而属于道德范畴,属于道德原则范畴。这是不言而喻的,因为谁会说正义是一项法律呢?谁会说平等是一项法律呢?谁会说自由是一项法律呢?岂不是只能说正义是道德、平等是道德、自由是道德吗?正义、平等、自由等道德原则都是法的原则,因而也就应该是政治——政治以法为规范,因而应该是法的实现——的原则。这就是为什么法理学和政治哲学的核心问题都是正义、平等、自由的缘故:正义、平等、自由都是法和政治的原则。

法和政治的原则就是道德原则,显然意味着:不遵循道德原则和遵循恶劣道德原则的法和政治,必是恶劣的法和政治;而优良的法和政治,必是遵循优良道德原则的法和政治。所谓优良的法和政治,亦即遵循优良道德原则的法和政治;而恶劣的法和政治,亦即不遵循道德原则和遵循恶劣道德原则的法和政治。这就是说,造就良法和优良政治需要道德:道德不仅源于经济和文化产业以及人际交往的存在发展之需要,而且源于造就良法和优良政治的需要。因此,道德的目的不但在于促进经济发展和繁荣文化产业以及保障人际交往之自由与安全,而且在于造就良法和优良政治:促进经济发展和繁荣文化产业以及保障人际交往自由安全,是道德与法和政治的共同目的;造就良法和优良政治则是道德的特有目的。

因此,所谓社会的道德需要便可以归结为五大道德需要:经济活动之道德需要、文化产业发展之道德需要、人际交往之道德需要、优化法律之道德需要、优化政治之道德需要。这样,从社会道德需要来看,道德便具有五大起源和目的:经济、文化产业、人际交往、法、政治。这五种活动连同道德和德治,便是所谓的"具有社会效用的活动",便是所谓的"社会活动",便是所谓的"社会"。于是,道德的五大起源和目的又可以归结为一个:道德起源于社会存在和发展的需要,是维持社会活动秩序从而保障其存在和发展的手段。因此,从社会道德需要来看,保障社会的存在发展乃是道德之总目的;而促进经济发展、繁荣文化产业、保障人际交往自由安全以及造就良法和优良政治则是道德的五大分目的。

道德的这些起源和目的无疑乃是一切道德都具有的起源和目的,因而也就是道德的普遍起源和目的。那么,道德的特殊起源和目的是什么?每一个道德规范显然都具有它所特有的起源和目的。就拿"节制"来说:它显然源于每个人的理智和情欲之冲突,目的在于使每个人的理智支配情欲,从而能够做明知当做之事而不做明知不当做之事。这就是"节制"的特殊的起源和目的。这样,如果每个人都能够节制从而使自己的理智支配情欲,那么,社会的存在发展——亦即道德普遍目的——岂不就得到了保障吗?所以,道德的普遍的起源和目的即寓于其特殊的起源和目的之中。

这就是道德的全部的源泉和目的吗?不是。因为我们还可以追问:保障人类社会——经济、文化产业、人际交往、法和政治——和人类与非人类存在物的利益共同体的存在发展最终又是为了什么?最终显然只能是为了满足每个人需要、增进每个人的利益、实现每个人的幸福。这样,保障社会——经济、文化产业、人际交往、法和政治——和人类与非人类存在物的利益共同体的存在、发展,便是道德的直接的普遍目的;而满足每个人需要、增进每个人利益、实现每个人幸福,则是道德的最终的普遍目的,亦即道德终极目的。所以,穆勒一再说:"幸福是道德的终点和目的。"[9]

总而言之,道德的全部起源和目的可以分为特殊与普遍两大类型。各个道德规范都有其特殊的起源和目的。一切道德规范所具有的道德的普遍的起源和目的,可以分为道德的直接的起源和目的与终极的起源和目的:道德的终极的起源和目的是满足每个人需要、增进每个人利益;道德的直接的起源和目的则是“一总六分”:一个总目的,亦即保障人类社会和利益共同体之存在发展;六个分目的,亦即“经济”之发展、“文化产业”之繁荣、“人际交往”之自由安全、“法”和“政治”之优良以及增进“动植物等非人类存在物的利益”。如下所示:

- 道德目的
  - 道德特殊目的
  - 道德普遍目的
    - 道德直接目的
      - 道德总目的=社会和利益共同体的存在发展
      - 道德分目的
        - 经济之发展(1)
        - 文化产业之繁荣(2)
        - 人际交往之自由安全(3)
        - 法之优良(4)
        - 政治之优良(5)
        - 增进动植物利益(6)
    - 道德终极目的=增进每个人利益

## 三　道德的起源和目的:从个人道德需要看

### 1. 个人道德需要:道德实现的途径和手段

毋庸置疑,人是个道德动物,每个人或多或少都有遵守道德,从而做一个好人、有道德的人、高尚的人的道德需要。那些十恶不赦的坏人并不是没有这种做一个好人的道德需要。他们也有道德需要,只不过他们的道德需要较弱,或者他们的邪恶的欲望较强,因而一事当前,邪恶的欲望占据了上风罢了。对于这种道德需要,康德名之为“对道德法则的敬重心”;儒家名之为“成圣成贤之心”;精确地说,不如名之为“完善自我品德之心”。那么,为什么每个人或多或少都会有完善自我品德之心、都有做一个好人的道德需要呢?

原来,人是个社会动物,每个人的生活都要依靠社会和他人:他的一切利益都是社会和他人给的。所以,能否得到社会和他人的赞许,便是他一切利益中最根本、最重大的利益。不言而喻,一个人能否得到社会和他人的赞许之关键,在于他的品德如何,亦即在于他的行为有利还是有害于社会和他人:如果他有道德品德好,他的行为有利于社会和他人,那么,他便会得到社会和他人的赞许,他便会从社会和他人那里得到莫大的利益;反之,则会受到社会和他人的谴责,他便失去了生活的支柱。所以,说到底,一个人是否有道德、品德好,便是他一切利益中最根本的利益。

这就是每个人最初为什么会有做一个好人的道德需要的缘故:道德是他利己的最根本、最重要的手段:他对道德的需要是一种手段的需要。但是,手段可以转化为目的。一个人追逐金钱,最初必定是把金钱当做他获得种种快乐和幸福的手段。然而,逐渐地,他便可能因为金钱不断赋予他莫大的利益和快乐而深深爱上金钱;因为所谓爱,如所周知,不过是对于利益和快乐的心理反应。一个人一旦深深爱上金钱、深深迷恋金钱,他便会为了金钱而求金钱。这时,对于他来说,金钱就不再是手段而是目的了;因而他也就变成了所谓的吝啬鬼、守财奴了:吝啬鬼、守财奴岂不就是以金钱为目的的人吗?同样,道德也是如此。一个人最初把道德和美德当做他利己的手段。逐渐地,他便会因道德和美德不断给他带来莫大的利益和快乐而深深爱上道德和美德、深深迷恋道德和美德。这时,他便会为了道德和美德而欲求道德和美德,亦即为道德而道德、为义务而义务、为美德而美德,从而使道德和美德由手段变成目的;就像他会爱金钱、欲求金钱、使金钱由手段变成目的一样。[10]

这样,每个人的个人道德需要,便表现为两方面:一方面是为了利己而做好人、守道德、求美德,是把道德和美德作为他的利己的手段的道德需要;另一方面则是为了做好人而做好人、守道德,为了守道德而守道德、有美德而求美德,是把道德和美德作为他的行为的目的的道德需要。不难看出,以美德为手段的个人道德需要,是低级的、基本的个人道德需要;以美德为目的的个人道德需要,是高级的个人道德需要:后者是前者不断积累和发展之结果。举例说,一个人,如果他相信诚实是最好的策略,因而童叟无欺,那么,他所具有的,便是把诚实之美德作为获利手段的个人道德需要,因而是低级的、基本的个人道德需要。但是,日积月累,逐渐地,他诚实便可能不再是为了获利,而是为了具有诚实的美德,是为了做一个诚实的好人而不做撒谎的缺德者;这时,即使诚实使他吃亏,他也要诚实。那么,他所具有的,便是把诚实之美德作为目的的个人道德需要,因而是高级的个人道德需要。

但是,需要是行为的唯一动力。一个人只要有了遵守道德、做一个好人的道德需要,那么,不论他把美德作为手段还是目的,他都会自愿地遵守道德、做一个好人,以满足其道德需要:个人道德需要乃是道德被遵守从而得到实现的途径和手段。只不过,如果一个人所具有的是以美德为手段的个人道德需要,那么,他并不以拥有美德而快乐和幸福,却仅仅以拥有美德所带来的利益而快乐和幸福:在他那里,美德与幸福、快乐是两回事。因此,他遵守道德、追求美德从而使道德得到实现,是有条件的:只有美德能够带来利益,他才会遵守道德、追求美德;否则,他就不会遵守道德、追求美德了。反之,如果一个人所具有的是以美德为目的的个人道德需要,那么,他便会以拥有美德而快乐和幸福:在他那里,美德与幸福、快乐是一回事。因此,他遵守道德、追求美德从而使道德得到实现,是无条件的:不论美德能否带来利益,他都遵守道德、追求美德。所以,个人道德需要是道德实现的途径和手段:以美德为手段的个人道德需要是道德实现之有条件的途径和手段;以美德为目的的个人道德需要则是道德实现之无条件的途径和手段。

个人道德需要是道德实现的途径和手段,实已蕴涵着:道德的起源和目的不可能是个人道德需要。不过,我们仍然可以追问,道德的起源和目的是否可能是为了道德自身、为了完善每个人的品德、满足每个人做一个好人的个人道德需要?答案是否定的:道德的起源和目的不可能是自律的,不可能是为了道德自身、为了完善每个人的品德、满足每个人做一个好人的个人道德需要;而只能是他律的,只能是为了保障道德之外的他物,亦即保障社会的存在发展、增进每个人的利益。那么,为什么道德的起源和目的只能是他律的?

### 2. 道德的起源和目的之他律本性

细察社会动态结构诸成分对于人的利害关系,不难看出:经济活动、文化产业和人际交往三种活动与政治、德治、法、道德四种活动根本不同:

经济活动和文化产业创造物质财富和精神财富,直接满足人的物质需要和精神需要;人际交往活动虽然不创造财富,却直接满足人的交往需要。因此,三者就其自身来说,都是对人直接有益的活动,都是有益无害的活动,因而都是“纯粹的善”。因为所谓纯粹的善,无疑是纯粹的利,也就是有益无害的利。

反之,政治、德治、法、道德,就其自身来说,不但不创造财富,而且是对人的行为的管理及规范,是对人的某些欲望和自由的限制、约束、侵犯,因而其本身对人非但无益而且有害；对人有益的，并非这些管理和规范本身，而是这些管理和规范通过对人的损害所达成的结果、目的，即经济活动、文化产业和人际交往的存在发展。所以，道德与法、政治、德治，就其自身来说，不过是人类为了达到利己目的（保障经济活动、文化产业和人际交往的存在发展）而创造的害己（限制每个人的某些欲望和自由）手段，因而也就是“必要的恶”。因为所谓“必要的恶”，如前所述，也就是这样一种害，它能够求得更大的利或防止更大的害；也就是这样一种恶，它能够求得更大的善或防止更大的恶。

不难理解，政治与法是必要的恶。这一理解的经典，便是边沁的那句名言：“每一则法律都侵犯了自由。”“每一则法律”，柏林进而解释说，“虽然可能增进某一种自由，但也都消减了某些自由。它是否能够增进可获致之自由的总量，当然要看每一个特殊的情况而定。一项规定‘每一个人在一个特定的范围内，都不能对别人施加强制力’的法律，虽然很明确地增进了大多数人的自由，但是即使是这样的法律也‘侵犯’了潜伏的暴徒及警察的自由。在这种情况下，这种侵犯，可能很值得我们去追求，但是它却仍然是一种‘侵犯’”[11]。

然而，道德也如此吗？是的。因为，一般说来，一切法律规范同时也都是道德规范。柏林所举证的“每个人在一个特定的范围内，都不能对别人施加强制力”岂不既是法律规范同时也是道德规范吗？“不可滥用暴力”、“不可杀人”、“不可伤害”、“不可盗窃”、“抚养儿女”、“赡养父母”等岂不都既是法律规范同时也是道德规范吗？如果说“不可滥用暴力”作为法律规范限制、约束、侵犯了警察的自由，那么，它作为道德规范岂不也同样限制、约束、侵犯了警察的自由吗？道德与法都是对人的行为的规范、限制、约束，因而也就都是对人的某些（亦即那些具有负社会效用的）自由和欲望的压抑、阻遏、侵犯。只不过，就法律和道德所借以实现的力量来说，道德比法对人的自由和欲望的压抑和侵犯较轻：法是一种权力侵犯，是暴力强制和行政强制的侵犯；而道德则是一种非权力侵犯，是思想教育和舆论强制的侵犯。但是，如果就法律和道德所侵犯的行为来说，道德则比法对人的自由和欲望的侵犯较多。因为法仅仅约束人的具有重大社会效用的欲望和自由，道德则约束人的一切具有社会效用的欲望和自由；法仅仅要求勿害人，道德则还要求自我牺牲。所以，道德与法同样，就其自身来说，是一种恶。我们同样可以说：“每一则道德都侵犯了自由”、“每一则道德都压抑了欲望”。

可是，有利无害的纯粹的善的手段岂不更好？人类为什么非要创造道德与法律而不创造有利无害的手段？无疑，如果没有道德、德治、政治、法，经济活动、文化产业和人际交往也能存在发展，那么，人类便只会有经济活动、文化产业和人际交往，而决不会存在道德、法、德治、政治。然而，遗憾的是，如上所述，没有道德、德治、法、政治、经济活动、文化产业和人际交往是不可能存在发展的。诚然，如果经济活动、文化产业和人际交往是与人无关的孤独的个人活动，那也就不需要管理及规范，也就不会存在道德、德治、法、政治了。这一点，爱尔维修已说得很清楚："如果我生在一个孤岛上，孑然一身，我的生活中就没有什么罪恶和道德了。"[12]但是，经济活动、文化产业和人际交往都是社会性活动。所以这些活动要存在和发展，就必须互相配合、有一定秩序而不能互相冲突、乱成一团。这就既需要对这些活动进行管理，从而不能不产生政治和德治；又需要这些活动遵守一定的规范，从而不能不产生法和道德。

所以，道德、德治、法、政治乃是人类为了保障社会、保障经济和科教的存在发展而无可逃避的"四恶"、"四害"。不过，四者给予每个人的损害显然远远小于其给予每个人的利益：有道德、政治、法，便有社会，便有经济、文化产业和人际交往，每个人失去的不过是具有负社会效用的欲望和自由；反之，没有道德、政治、法，便不会存在社会，便不会存在经济活动、文化产业和人际交往，每个人将失去一切。同理，美德亦然。因为美德给予每个人的损害显然远远小于其给予每个人的利益。因为一个人如果有美德，他便会得到社会和他人的赞许、赏誉，便会得到他所赖以生存发展的一切利益；他所失去的不过是具有负社会效用的欲望和自由。反之，如果他没有美德，他虽然得到了具有负社会效用的欲望和自由，但是，他却会受到社会和他人的谴责、惩罚，从而失去他所赖以生存发展的一切利益。

总而言之，一方面，道德与法一样，就其自身来说，不过是对人的某些欲望和自由的压抑、侵犯，因而是一种害和恶；就其结果和目的来说，却能够防止更大的害或恶（社会、经济活动、文化产业和人际交往的崩溃）和求得更大的利或善（社会、经济活动、文化产业和人际交往的存在发展），因而是净余额为善的恶，是必要的恶。另一方面，美德与道德一样，就其自身来说，不过是对拥有美德的人的某些欲望和自由的压抑、侵犯，因而是一种害和恶；但就其结果和目的来说，却能够使拥有美德的人防止更大的害或恶（社会和他人的唾弃、惩罚）和求得更大的利或善（社会和他人的赞许、赏誉），因而是净余额为善的恶，是必要的恶。

道德和美德是一种必要的恶，意味着，道德的起源与目的不可能是自律的：一方面，道德不可能起源于道德自身，不可能起源于完善自我品德之个人道德需要；另一方面，道德的目的不可能是为了自身，不可能是为了完善每个人的品德而满足个人道德需要。因为道德和美德既然就其自身来说，都仅仅是对人的某些欲望和自由的限制、压抑、侵犯，都仅仅是一种害和恶，那么，如果说道德目的就是为了道德自身，就是为了完善人的品德，岂不就等于说：道德的目的就是为了给予每个人以害和恶？岂不就等于说：道德的目的就是为了限制、压抑、侵犯人的欲望和自由？岂不就等于说：道德就是为了压抑人的欲望而压抑人的欲望，就是为了侵犯人的自由而侵犯人的自由，就是为了害人而害人，就是为了作恶而作恶？

因此，道德的起源与目的只能是他律的。一方面，道德起源于道德之外的他物，亦即起源于人类社会和利益共同体的道德需要：直接起源于人类社会——经济、文化产业、人际交往以及法和政治——和利益共同体的存在发展之需要；最终起源于每个人利益增进之需要。另一方面，道德目的在于保障道德之外的他物，亦即满足人类社会和利益共同体的道德需要：直接目的在于保障人类社会——经济、文化产业、人际交往以及法和政治——和利益共同体的存在发展，最终目的在于增进每个人利益。[13]

## 四　道德的起源和目的之理论

### 1. 人类中心主义与非人类中心主义

传统伦理学，如所周知，是一种人类中心主义（anthropocerntrism）的伦理学；只是到了20世纪，随着生态伦理学的诞生与发展，才算出现了非人类中心主义（anti-anthropocerntrism）与人类中心主义之争。人类中心主义学派的代表，主要是墨迪、帕斯莫尔、麦克洛斯基、诺顿和什科连科等人；但其真正的大师，依然是柏拉图、亚里士多德、阿奎那、笛卡儿、洛克和康德等传统伦理思想家。反之，非人类中心主义学派的代表人物，主要有动物解放、动物权利论者辛格与雷根；生物中心论者施韦泽和泰勒；生态中心论者莱奥波尔德、奈斯和罗尔斯顿等等。

这些思想家的论著表明，人类中心主义与非人类中心主义都是一种关于人类应该如何对待非人类存在物的伦理学说。二者的分歧在于，人类中心主义认为，只有人类才是目的，才拥有内在价值或目的价值，才拥有自己的善或利益；而一切非人类存在物都不过是为人类利益服务的手段，只具有工具价值,而不具有自己的善或利益。因此,人类所进行的一切活动都只应该是为了人类利益,因而道德的起源、目的和标准也就只应该是为了人类的利益:一切道德上的善恶都只应该以人类利益为标准。这样一来,每个人也就只有如何对待人类,才可能符合或违背道德的目的和标准,从而才有所谓道德不道德的问题;而如何对待非人类存在物,则与道德的目的和标准无关,因而无所谓道德不道德的问题:只有人类才应该得到道德关怀从而是道德共同体的成员。[14]反之,非人类中心主义则认为,动物甚至植物乃至一切生物都具有目的性或合目的性,都具有内在价值或目的价值,都拥有自己的善或利益。因此,一切生物甚至整个生态系统都应该得到道德关怀而成为道德共同体的成员,道德的起源、目的和标准乃是为了人类与非人类存在物的利益:一切道德上的善恶都应该以人类与非人类存在物的利益为标准。[15]

大体说来,正如今日绝大多数的环境伦理学家所言,人类中心主义是谬误,而非人类中心主义是真理。因为任何生物对于作用于它的东西,无疑都具有分辨好坏利害的评价能力和趋利避害的选择能力,都可以是价值主体,都具有自己的善或利益,因而也就都应该得到道德关怀而成为道德共同体的成员:道德的起源、目的和标准是为了人类与非人类存在物的利益。

但是,人类中心主义并非完全错误。因为如上所述,一切有利于人类的生物,固然都应该得到道德关怀而成为道德共同体的成员;但是,只有道德的特殊的起源、目的和标准,才可能是为了增进人类与动植物等非人类存在物的利益;而道德的终极的起源、目的和标准,则必定只能是为了增进人类的利益。这样,一方面,当人类与动植物等非人类存在物的利益一致时,便应该遵循道德的特殊的、具体的、直接的目的和标准,便应该既增进人类利益又增进动植物的利益,甚至应该为了增进动植物的利益而增进动植物的利益。但是,另一方面,当动植物等非人类存在物的利益与人类的利益发生冲突不可两全时,道德的特殊目的和标准便不起作用了;这时,便应该诉诸道德终极标准"增进人类的利益",从而应该牺牲动植物等非人类存在物的利益而保全人类的利益。

否则,如果像非人类中心主义那样,认为道德的终极目的和终极标准也是增进人类与非人类存在物的双方的利益,那么,当二者发生冲突不可两全时,便应该牺牲人类利益而保全非人类利益。因为人类不过是人类与动植物等非人类存在物所结成的庞大生态系统的一个物种而已:整体(非人类存在物)的道德价值显然大于部分(人类)的道德价值。非人类中心主义所蕴涵的这种反人类的结论显然意味着其为谬误。因为无论如何,道德毕竟是人类创造的:难道人类创造道德的最终目的就是为了反对自己而自取灭亡吗?所以,道德终极目的,绝不可能是增进人类与非人类存在物双方的利益,绝不可能是非人类中心主义的;而必定只可能是增进人类的利益,必定只可能是人类中心主义的:道德的终极目的和标准的人类中心主义是真理。

**2. 道德他律论与道德自律论**

道德起源和目的他律论——简称道德他律论——是功利主义的理论前提,因而它的代表人物与功利主义一样,当推边沁、穆勒和西季威克。道德他律论的基本观点,可以归结为边沁的那句名言:"每一强制性法律都创造一种罪恶。"[16]这就是说,法律是一种必要恶。对此,边沁曾这样解释道:"所有惩罚都是伤害:所有惩罚,就其本身来说,都是恶。根据功利主义原则,如果它最终应当被认可,那只是因为它能够避免某种更大的恶。"[17]如果说法律是一种必要恶,那么,道德和美德也就同样是一种必要恶。因为道德、美德与法律同样是对人的行为的规范、限制、约束,因而也就都是对人的某些自由和欲望的压抑、阻遏、侵犯,因而也就都是一种恶。道德、美德既然与法律一样,是一种必要恶,那么,道德的起源和目的便只能是他律的,只能是为了道德之外的他物;而不可能是自律的,不可能是为了道德自身。换言之,道德不可能起源于道德自身,不可能为了完善每个人品德;而只能起源于利益和幸福,只能是为了增进每个人的利益和幸福。所以,边沁写道:"一般说来,道德可以定义为这么一种艺术:它指导人们的行为以产生利益相关者的最大可能量的幸福。"[18]穆勒也一再说:"幸福是道德的终点和目的。"[19]

道德起源和目的自律论——简称道德自律论——是义务论的理论前提,因而它的主要代表便与义务论一样,当推儒家、康德和基督教伦理学家。道德自律论最为根本的观点,是认为法律和道德并不是必要恶,而是必要善,是一种必要的内在善、自身善。新儒家冯友兰曾就此写道:"国家社会的组织,法律道德的规则,是人依其性以发展所必有底。对于人,它们是必要底,但不是必要恶,而是必要的善。"[20]道德和美德是一种必要善,是一种必要的内在善、自身善的观点,在康德那里得到了系统的论述。在他看来,一个人的道德意志、道德品质、品德之善,不仅就其自身来说就是善,因而是一种自在善、内在善,而且是一种无条件的、绝对善:"在世界之中,甚至在世界之外,除了善良意志,不可能设想一个无条件善的东西……善良意志,并不因它所促成的事物而善,并不因它期望的事物而善,也不因它善于达到预定目标而善，而仅仅是由于意愿而善，它是自在善。”[21] 道德和美德既然就其自身来说就是善的，是一种自在善，那么，道德的起源与目的，真正讲来，便是自律的：道德起源于道德自身，起源于每个人完善自我品德的需要；目的在于道德自身，在于完善每个人的品德，实现人之所以异于禽兽、人之所以为人者。对于这一点，布拉德雷——康德道德自律论的信奉者——说得最清楚：“道德说，她是为其本身之故而被欲求为一目的的，不是作为达到本身以外的某物的手段。”[22]

不难看出，道德他律论是真理，道德自律论是谬误。因为如上所述，一方面，道德确实与法一样，就其自身来说，不过是对人的行为的规范、限制、约束，是对人的某些欲望和自由的压抑、侵犯，因而是一种害和恶；就其结果和目的来说，却能够防止更大的害或恶（社会、经济活动、文化产业和人际交往的崩溃）和求得更大的利或善（社会、经济活动、文化产业和人际交往的存在发展），因而是净余额为善的恶，是必要的恶。另一方面，美德与道德一样，就其自身来说，不过是对拥有美德的人的某些欲望和自由的压抑、侵犯，因而是一种害和恶；但就其结果和目的来说，却能够使拥有美德的人防止更大的害或恶（社会和他人的唾弃、惩罚）和求得更大的利或善（社会和他人的赞许、赏誉），因而是净余额为善的恶，是必要的恶。这样，道德的起源与目的便不可能是自律的，不可能是为了道德和美德自身，不可能是为了完善每个人品德：如果说道德的目的是为了道德自身，是为了完善人的品德，那岂不就等于说，道德的目的就是为了害和恶？因此，道德起源和目的只能是他律的，只能是为了保障道德之外的他物：为了保障社会的存在发展，最终是为了增进每个人利益。

道德自律论的错误之根源，一方面在于混淆自身善和结果善。理解能力、明智、判断力、财富、荣誉、健康、幸福，就其自身来说，都是对于欲望和自由的满足，因而都是利和善；但是，这些利和善却可能因它们的拥有者没有美德而变成极大的害和恶之结果，因而就其结果来说，可能是害和恶。所以，理解能力、明智、判断力、财富、荣誉、健康、幸福等都是一种自身善：它们的结果可能是恶，也可能是善。反之，善良意志、善良品质或美德，就其自身来说，不过是对拥有美德的人的某些欲望和自由的压抑、侵犯，因而是一种害和恶；但就其结果来说，却是一种极大的善，因为它能够使拥有美德的人防止更大的害或恶，如防止理解能力、明智、判断力等成为极大的恶。所以，美德是一种结果善；它自身却是恶。康德等道德自律论者的错误，就在于混淆结果善与自身善，从而把美德这种结果善当做自身善；而把幸福、健康、明智这些自身善而结果可能是恶也可能是善的东西——它们作为美德的结果是善;作为恶德的结果是恶——仅仅当做结果善。把美德这种结果善的东西当做自身善,乃是道德自律论的根本错误,因为从此出发,便可以得出道德的目的乃在于道德和美德自身的结论了。

道德自律论的错误之根源,另一方面在于混淆"道德自律"所具的两种含义。每个人的行为,如上所述,可以源于其完善自我品德的个人道德需要,目的是为了完善自我品德、为了道德自身:这是个人"行为的起因和目的"方面的道德自律。这是真理。反之,道德起源于每个人的品德完善的个人道德需要,目的是为了完善每个人的品德、为了道德自身:这是社会"道德的起源和目的"方面的道德自律。这是谬误。因为道德和美德,如前所述,就其自身来说,都是对人的某些欲望和自由的压抑、侵犯,都是一种害和恶。这样,如果说道德目的是为了道德自身,是为了完善人的品德,那岂不就等于说:道德的目的就是为了害和恶?所以,一个人的行为目的可能是为了道德自身,是为了完善自我品德;但道德的目的却绝不可能是为了道德自身,绝不可能是为了完善人的品德。就这一点来说,道德与金钱一样:一个人的目的可以是为了金钱自身;但金钱的目的却绝不可能是为了金钱自身。道德的起源和目的自律论者的错误,就在于等同个人"行为起因与目的"的道德自律与社会"道德起源与目的"的道德自律,从而由个人的行为可以起因于完善自我品德需要、目的是为了自我品德的完善之正确前提,而得出错误结论:道德起源于人的品德完善的需要,目的是为了完善每个人的品德。

以上,我们解析了道德的起源和目的以及围绕它所形成的人类中心主义与非人类中心主义以及道德自律论和道德他律论之争。由此出发,便不难解决两千年来功利主义和义务论一直争论的问题:道德终极标准。因为在下一章我们将看到,道德终极标准不过是道德终极目的之量化:道德终极目的之量化既是评价人类一切行为是否道德的终极标准,又是评价人类一切道德优劣的终极标准。

## 注 释

〔1〕 约瑟夫·P.德马科等编:《现代世界伦理学新趋向》,中国青年出版社,1990年版,305页。

〔2〕 Paul W. Taylor, *Respect for Nature: A Theory of Environmental Ethics*, Princeton Uni-

versity Press, 1986, p.14.
〔3〕 Ibid., p.16.
〔4〕 Ibid., p.17.
〔5〕 Ibid., p.16.
〔6〕 Jacques P. Thiroux: *Ethics:Theory and Practice*, third edition, Prentice-Hall, 1986, p.27.
〔7〕 马起华:《政治学论》,台湾商务印书馆,1977 年版,12 页。
〔8〕 同上书,12 页。
〔9〕 J. S. Mill: *Utilitarianism*, *Liberty and Representative Government*, J. M. Dent & Sons Ltd., London, p.22.
〔10〕 Ibid., p.33.
〔11〕 柏林:《自由四论》,台北联经出版事业公司,1986 年版,53 页注。
〔12〕 周辅成编:《西方伦理学名著选辑》下卷,商务印书馆,1987 年版,55 页。
〔13〕 法律的起源和目的亦然:法是一种必要恶,因而其起源和目的便不可能是自律的,而只能是他律的。一方面,法律起源于法之外的他物,亦即起源于人类社会和利益共同体的法律需要:直接起源于人类社会——经济、文化产业、人际交往以及政治、德治和道德——和利益共同体的存在发展之需要;最终起源于每个人利益增进之需要。另一方面,法律目的在于保障法律之外的他物,亦即满足人类社会的法律需要:直接目的在于保障人类社会——经济、文化产业、人际交往以及政治、德治和道德——和利益共同体的存在发展,最终目的在于增进每个人利益。所以,马克思写道:"法的关系正像国家的形式一样,既不能从它们本身来理解,也不能从所谓人类精神的一般发展来理解,相反,它们根源于物质的生活关系。"(《马克思恩格斯选集》第二卷,人民出版社,1972 年版,82 页)
〔14〕 Joseph R. Desjardins (College of Saint Benedict), *Environmental Ethics: An Introduction to Environmental Philosophy*, Wadsworth Publishing Company, 1993, p.111.
〔15〕 Paul W. Taylor, *Respect for Nature: A Theory of Environmental Ethics*, Princeton University Press, 1986, p.122.
〔16〕 Jeremy Bentham, *An Introduction to the Principles of Morals and Legislation*, The Clarendon Press, Oxford, 1823, p.330.
〔17〕 Ibid., p.170.
〔18〕 Ibid., p.310.
〔19〕 J. S. Mill, *Utilitarianism*, *Liberty and Representative Government*, J. M. Dent & Sons Ltd., London, p.22.
〔20〕 冯友兰:《三松堂全集》第四卷,河南人民出版社,1986 年版,592 页。
〔21〕 康德:《道德形而上学原理》,上海人民出版社,1986 年版,42—43 页。

〔22〕 布拉德雷:《伦理学研究》上册,商务印书馆,1944 年版,76 页。

## 思考题

1. 能否由“法律是一种必要的恶”推导出“道德是一种必要的恶”?
2. 政治和法自身没有原则:政治和法是以道德原则为原则的。这种观点能成立吗?
3. 为什么个人“行为起因和目的”可以是一种道德自律,而社会的“道德起源和目的”却只能是道德他律的?
4. 阿奎那写道:“我们要驳斥那种认为人杀死牲畜是一种罪过的错误观点。因为根据神的旨意,动物就是供人使用的,这是一种自然的过程。因此,人类如何使用它们并不存在什么不公正:不论是杀死它们,还是以任何方式役使它们。”这种观点正确吗?
5. 孟子曰:“人之有道也。饱食、暖衣、逸居而无教,则近于禽兽。圣人乃忧之,使契为司徒,教以人伦——父子有亲、君臣有义、夫妇有别、长幼有序、朋友有信。”这是哪一种道德起源目的论? 它是真理吗?
6. 道德可以分为两类:一种是规范人们相互间的欲望冲突从而造福社会和他人的道德,如“大公无私”、“自我牺牲”、“公正”、“报恩”、“同情”、“爱人”、“诚实”、“慷慨”等等;另一种则是规范个人自己的各种欲望之冲突从而善待自己的道德,如“节制”、“贵生”、“幸福”、“谨慎”、“豁达”、“平和”、“自我实现”等等。如果说道德并非源于个人自己的各种欲望之冲突,并不是为了解决自我的各种欲望冲突,那么,社会究竟为什么会制定或认可这些解决自我的各种欲望冲突的道德规范呢?
7. 在原始社会,正如《一个印第安人凶手》所记载的那样,人们对于本部落以外的人,如路人或陌生人,都可以随意杀戮,甚至以剥下他们的头皮的多少而竞相夸耀。在原始社会,每个人都是这种意义的“凶手”。对于其中的一个“凶手”,该书这样描述道:“从良心上说,他感到遗憾,他没有像之前的父亲那样抢劫与勒死那么多的旅游者在一个未开化的文明阶段,抢劫陌生者的确通常被认为是光荣的。”试运用道德共同体理论解释原始社会的这种现象。

# 第五章
# 道德终极标准

## 一　道德终极标准体系

### 1. 增减每个人利益总量:道德终极总标准

道德终极标准的提出,如前所述,源于各种道德规范之间时常发生的冲突:当道德规范之间发生冲突时,最终无疑应该服从最根本的道德标准,亦即道德终极标准——它是产生、决定、推导出其他一切道德标准的标准,因而不仅是衡量一切行为善恶的终极标准,而且是衡量一切道德标准优劣的终极标准。[1]元伦理学表明,一切道德规范都是根据道德价值制定的,因而最终都是以道德目的为标准而从行为事实推导和制定出来的:道德目的是产生、决定和推导出其他一切道德标准的标准,亦即道德终极标准。

但是,道德目的,如前所述,分为道德特殊目的与道德普遍目的。道德特殊目的无疑仅仅能够产生和推导出某些道德规范,而不可能产生和推导出一切道德规范;只可能衡量某些行为之善恶和某些道德之优劣,而不可能衡量一切行为之善恶和一切道德之优劣。这样,道德特殊目的便不可能是道德终极标准。举例说,许多社会都曾处于这样的阶段:所提供的食品不足以养活不断增加的人口。为了避免所有的人都被饿死,人们所制定和奉行的道德规则不尽相同:爱斯基摩人的规则是将年老体衰的父母置于雪地活活冻死;巴西的雅纳马莫人的规则是饿死女婴;新几内亚的克拉基人的规则是男人在进入青春期以后的数年内只可建立同性恋关系。这些人制定这些特殊道德规范的目的,都是为了避免所有的人都被饿死。显然,"避免所有的人都被饿死"这个道德的特殊目的,只能够产生和推导出诸如此类、极其有限的道德规范,而不可能产生和推导出一切道德规范;只能够衡量诸如此类极其有限的行为之善恶和诸如此类极其有限的道德规范之优劣，而不可能衡量一切行为之善恶和一切道德之优劣。因此，“避免所有的人都被饿死”之道德特殊目的不可能是道德终极标准。

道德特殊目的不可能是道德终极标准，意味着：道德终极标准只能是道德普遍目的。道德普遍目的，如前所述，分为直接的普遍目的与最终的普遍目的，亦即道德终极目的。道德最终的普遍目的或道德终极目的，是增进每个人利益；而道德直接的普遍目的，则是“一总六分”：一个总目的，亦即保障人类社会和利益共同体之存在发展；六个分目的，亦即“经济”之发展、“文化产业”之繁荣、“人际交往”之自由安全、“法”和“政治”之优良以及增进动植物等非人类存在物的利益。显然，道德终极标准不可能是增进动植物等非人类存在物的利益，因而不可能是道德的直接的普遍目的；而只能是道德最终的普遍目的，亦即道德终极目的，说到底，亦即增进每个人利益。更确切些说，道德终极标准则应该量化为：增减每个人利益总量。因为任何标准之为标准，如所周知，都必须是一种可以量化的东西。所以，道德终极标准并不等于道德终极目的：道德终极标准乃是道德终极目的之量化。

不过，“增减每个人利益总量”也就是“增减全社会和每个人利益总量”。因为每个人利益与个人利益不同。个人利益属于自我范畴，因而与社会利益既可能一致也可能不一致：有利社会却可能有害自我；有利自我却可能有害社会。反之，每个人利益则属于社会范畴，因而与社会利益必定完全一致：凡是有利(或有害)社会的，显然必定有利(或有害)每个自我；凡是有利(或有害)每个自我的，必定有利(或有害)社会。这样，“增减全社会利益总量”与“增减每个人利益总量”是完全吻合一致的：“增减全社会利益总量”就是“增减每个人利益总量”；反之亦然。因此，道德终极标准也可以归结为：“增减全社会——亦即保障经济之发展、文化产业之繁荣、人际交往之自由安全、法之优良、政治之优良——和每个人利益总量。”

当然，道德终极标准的最确切的表述是：增减每个人利益的总量。但是，这一表述，特别适合于衡量每个人的行为之善恶而不是一个社会所奉行的道德之优劣。因为与一个社会所奉行的道德不同，每个人的一时一事之行为，一般说来，不可能涉及经济、文化产业、人际交往、法和政治的各个方面。比如说，衡量“一个人帮助盲人过街的行为”之善恶，显然不宜运用“增减经济、文化产业、人际交往、法和政治诸种利益总量”的道德终极标准；而只宜运用“增减每个人利益总量”的道德终极标准。

然而，一个社会所奉行的道德，却必然同时作用于经济、文化产业、人际交往、法和政治等一切方面。所以,具体衡量一个社会所奉行的道德之优劣的道德终极标准,则应该是:增减社会——亦即经济、文化产业、人际交往、法、政治——和每个人利益总量。这就是说,评价某种道德优劣,只应看它对全社会——亦即经济、文化产业、人际交往、法、政治——和每个人利益总量的效用如何:哪种道德促进经济和文化产业发展速度最快、保障人际交往的自由和安全的系数最大、使法和政治最优良、最终增进全社会和每个人利益最多,哪种道德便最优良;反之,则最恶劣。

总之,“增减每个人利益总量”或“增减全社会和每个人利益总量”是衡量一切行为之善恶和一切道德之优劣的道德终极标准,更确切些说,是道德的终极总标准。因为这一标准在不同情况下有不同表现,从而衍生出四个道德终极分标准,即最大利益净余额标准、最大多数人最大利益标准、无私利他标准和无害一人地增进利益总量标准。

**2. 最大利益净余额:利益冲突的道德终极标准**

“增减每个人利益总量”是衡量一切行为是否道德和一切道德是否优良的道德终极标准;但是,在人们的利益发生冲突而不能两全的情况下,增进每个人利益总量就是不可能的。因为在这种情况下,要增进一些人的利益,就必然减少另一些人的利益,因而不可能增进每个人利益总量,而只可能增进利益净余额——增进与减少之余额,叫做利益净余额——如果增进的利益少于减少的利益,便是减少了利益净余额;如果增进的利益多于减少的利益,便是增进了利益净余额。

在这种利益发生冲突的情况下,粗略看来,“增减利益净余额”是道德终极标准:增进利益净余额的行为和道德,就是善的行为和优良道德;减少利益净余额的行为和道德就是恶的行为和恶劣道德。其实不然。因为在这种情况下,显然应该最小限度地减少不得不减少的利益,而最大限度地增进可能增进的利益,从而使利益净余额达到最大限度:最大利益净余额是解决利益冲突的道德终极标准。所以,西季威克在概括最大利益净余额标准时写道:“最大幸福意味着:快乐超过痛苦之最大净余额。”[2]

举例说,在一个人托炸药炸敌人碉堡的情况下——亦即在只能由人去托炸药炸敌人碉堡的情况下——不论一个人还是两个人托炸药炸碉堡,都增进了利益净余额。因为用一个人或两个人的生命换来更多人的生存,都是增进了利益净余额,而不是减少了利益净余额。但是,显然不应两个人而只应该一个人托炸药。原因无疑是:牺牲一个人符合最小地减少不得不减少的利益；而牺牲两个人则不符合最小地减少不得不减少的利益。所以，在人们的利益发生冲突而不能两全的情况下，道德终极标准“增减每个人利益总量”便具体化为“最大利益净余额”标准：“最大利益净余额”是在人们的利益发生冲突而不能两全的情况下，衡量一切行为是否道德和一切道德是否优良的道德终极标准。[3]

因此，最大利益净余额标准具有正与反或积极与消极两方面内容。正的或积极方面，是在增进一方利益同时必定减少另一方利益的情况下的最大利益净余额标准，可以概括为“两利相权，取其重”：应该选择最大的利益而牺牲较小的利益。因为在这种情况下，选择最大的利益而牺牲较小的利益，是最大限度地增进了利益净余额。例如，要增进老百姓的安全利益，必定要打击扒手、减少和牺牲扒手的利益。在这种情况下，显然应该选择增进老百姓的安全利益而打击和牺牲扒手偷窃利益。因为老百姓的安全利益远远大于扒手的偷窃利益：增进老百姓的安全利益而打击和牺牲扒手偷窃利益，是最大地增进了利益净余额。

“最大利益净余额”的反的或消极的方面，是在不可避免要遭遇到两种以上损害的情况下的最大利益净余额标准，可以概括为“两害相权，取其轻”：选择最小的损害而避免更大的损害。因为在这种情况下，选择最小的损害而避免更大的损害，是最大地增进了利益净余额。就拿今日西方伦理学界十分流行的“电车”的理想实验来说。一辆飞驰而来的电车，如果不驶向左面的轨道压死一个人，就必定要驶向右面的轨道压死五个人。电车的司机应该驶向那一条轨道？应该驶向左面的轨道压死一个人。因为这样做，是选择最小的损害而避免更大的损害，是最大地增进了利益净余额。

总而言之，“最大利益净余额”是选择最小损害而避免更大损害、选择最大利益而牺牲最小利益，是最小地减少不得不减少的利益、而最大地增进可能增进的利益，从而使利益净余额达到最大限度。它是解决一切利益冲突——不论是他人之间的利益冲突，还是己他之间的利益冲突——的道德终极标准，也就不能不因利益冲突的类型不同而有不同表现。这些表现，主要讲来，可以归结为两大类型：最大多数人的最大利益和无私利他。

### 3. 最大多数人的最大利益：他人之间利益冲突的道德终极标准

人们的利益冲突可以归结为两类：一类是自我利益与他人利益之间的冲突；另一类是他人之间的利益冲突。自我利益与他人利益的冲突，亦即己他利益冲突，也就是自我利益与社会利益、他人利益的冲突：社会利益，对于自我来说,可以看做是他人利益的集中表现。他人之间的利益冲突,主要讲来,则可以归结为多数人与少数人的利益之冲突。

从社会治理的眼光来看利益冲突,其最重要者,无疑莫过于他人之间的利益冲突。在这种情况下,无疑应该保全最大多数人的最大利益而牺牲最少数人的最小利益。因为保全最大多数人的最大利益而牺牲最少数人的最小利益,其净余额是最大的利益,符合最大利益净余额标准,因而是应该的、善的、道德的;反之,如果保全最少数人最小利益而牺牲最大多数人最大利益,其净余额是最大的损害,违背最大利益净余额标准,因而是不应该的、恶的、不道德的。所以,在他人之间发生利益冲突的情况下,应该保全最大多数人的最大利益而牺牲最少数人的最小利益,从而使利益净余额达到最大限度:这就是所谓"最大多数人的最大利益"或"最大多数人的最大幸福"标准。

"最大多数人的最大利益"或"最大多数人的最大幸福"标准,也可以叫做"最少数人的最小损害"或"最少数人的最小不幸"标准。因为不言而喻,按照这一标准,不但应该最大地增进最大多数人的最大利益,而且应该最小地减少最少数人的最小利益,从而使利益净余额达到最大限度。这个道理,也可以用那辆失控电车的理想实验来说明:如果把它驶向左面轨道,将压死五个人;如果驶向右面轨道,将压死一个人;如果驶向中间轨道,将压死两个人。那么,应该将它驶向哪个轨道? 显然应该驶向右面轨道,压死一个人而避免压死五个人或两个人。因为这样的选择导致的是最少数人的最小不幸和最大多数人的最大利益,从而使利益净余额达到最大限度,符合最大利益净余额标准。

"最大多数人的最大利益"或"最大多数人的最大幸福"标准,不但是"最大利益净余额"之道德终极分标准的体现;而且也是"增减每个人利益"之道德终极总标准的体现:它是解决利益冲突的近似的道德终极总标准。因为在他人利益发生冲突时,无疑只有增进最大多数人利益和减少最少数人利益,才最接近符合"增进每个人利益":增加最大多数人利益,比增加最少数人利益,更接近增加每个人利益;减少最大多数人利益,比减少少数人利益,更接近减少每个人利益。

最大多数人最大利益标准既然是两个标准——"最大利益净余额"和"增进每个人利益总量"——在利益冲突情况下的具体体现,那么,它就蕴涵着这两个标准发生矛盾的可能性。这种可能表现在:最大多数人的利益可能不是最大利益;最大利益可能是少数人利益。这样一来,如果按照"最大利益净余额”标准,就应该保全少数人利益而牺牲最大多数人利益,从而得到最大利益净余额;反之,如果按照“增进每个人利益”的道德终极总标准,就应该保全最大多数人利益而牺牲少数人利益(因为保全最大多数人利益比保全少数人利益更接近保全每个人利益)因而也就得不到最大利益净余额:两个标准发生了冲突。那么,在这种情况下,应该牺牲最大多数人利益而保全少数人利益吗?答案是否定的。因为任何道德标准——“最大利益净余额”也不例外——与道德终极总标准发生冲突,显然都应该服从道德终极总标准。这样,在他人利益发生冲突的情况下,首先,应该根据道德终极总标准,保全最大多数人的利益而牺牲最少数人利益;而后,才应该根据最大利益净余额标准,保全最大利益而牺牲最小利益,从而使利益净余额达到最大限度。

举例来说,如果在利益冲突的情况下,最大多数一方的人数如果是90%,就应该保全这90%人的利益而牺牲与其冲突的10%的人的利益;即使相反的选择会达到更大的、最大的利益净余额。如果最大多数一方的人数是51%,就应该保全这51%人的利益而牺牲49%的人的利益;即使相反的选择会达到更大的、最大的利益净余额。只有在冲突双方的人数都是50%的情况下,保全哪一方的利益净余额最大,才应该保全那一方,而牺牲另一方。但是,这些情况无疑统统都是例外而不是常规。按照常规,道德终极总标准与最大利益净余额标准是完全一致的。因为按照常规,最大多数人的利益无疑都是最大利益;最少数人的利益,无疑都是最小的利益;因而只要保全最大多数人的利益而牺牲最少数人的利益,就能够得到最大利益净余额:最大利益净余额与最大多数人最大利益是一致的。所以,蒙塔古接着写道:“边沁始终认为,实际上,最大量的幸福只有采取措施,谋求最大多数人的幸福时才能达到。”[4]

总之,“最大多数人最大利益”是解决他人之间利益冲突的道德终极标准。按照这一标准,在他人之间利益冲突的任何情况下,都应该保全最大多数人利益而牺牲最少数人利益;即使最大的利益例外地是最少数人的利益,而不是最大多数人的利益。因此,“最大多数人最大幸福”标准的关键词,乃是“最大多数人”,而不是“最大幸福”:最大多数人最大幸福,是最大多数人的最大幸福。所以,这一标准决不可以省略“最大多数人”而更改为“最大幸福”。因为最大幸福毕竟有可能——不论这种可能性是如何小、如何例外——是少数人的幸福,而不是最大多数人的幸福。

### 4. 无私利他:己他利益冲突的道德终极标准

人们的利益冲突,从每个人的角度看,最重要的是己他利益冲突,亦即自我利益与社会和他人利益之冲突。在这种情况下,“最大利益净余额”表现为“自我牺牲”标准。因为,一方面,自我仅仅是一个人,是最少数人;社会和他人是自我之外的一切人,是最大多数人。因此,在自我利益与社会、他人利益发生冲突时,害己利他、自我牺牲符合最大多数人最大利益标准;反之,害他利己、损人利己则违背最大多数人最大利益标准。另一方面,社会和他人的任何利益,总体讲来,都大于自我的任何利益。所以,害己利他、自我牺牲,其差为利,利益净余额是增加了,符合最大利益净余额标准;反之,害他利己、损人利己,其差为害,利益净余额是减少了,违背最大利益净余额标准。[5]

诚然,在某些场合,当己他利益发生冲突时,利他之利可能小于利己之利。例如,歹徒抢劫储蓄所,所里存有两万元人民币,工作人员柯华文与歹徒搏斗而壮烈牺牲。这里柯华文的利他之利不过两万元,显然小于其利己之利:生命。所以,在这种场合,柯华文利他害己、自我牺牲,其差是害。反之,当此场合,如果柯华文听命于歹徒,利己害他、损人利己,其差是利。但是,从总体上说,当利己与利他发生冲突、不能两全之时,每个人只有牺牲自我利益,才能保障社会存在发展;而只有社会存在发展,每个自我才能生存。反之,如果每个人在己他冲突不能两全时,不是自我牺牲而是损人利己,那么,人们便会彼此损害、乱成一团,从而社会也就不可能存在发展;社会不能存在发展,每个自我便不可能生存。这样,自我牺牲,就某一具体场合来说,可能害大于利;但从总体上说,却既保全了社会,又保全了自我,因而利大于害。反之,损人利己,就某一具体场合来说,可能利大于害;但从总体上说,却既牺牲了社会,又牺牲了每个自我,因而害大于利。

可见,不论在何种场合,不论在该场合自我牺牲之差是多么大的害,而损人利己之差是多么大的利;从总体上看,自我牺牲之差却都是利,而损人利己之差却都是害。总体大于局部。所以,自我牺牲的总体之利,大于损人利己的局部之利,其最终净余额是利,是利益总量的增加。反之,损人利己的总体之害,大于自我牺牲的局部之害,其最终净余额是害,是利益总量的减少。因此,当自我利益与社会、他人利益发生冲突、不能两全时,只有自我牺牲,才符合“最大利益净余额”原则,才是应该的、道德的:自我牺牲是在自我利益与社会、他人利益发生冲突情况下的道德终极标准。

不过,人们对于自我牺牲含义的理解,往往过于狭窄:自我牺牲是无私利他的极端,是无私利他的最高境界。然而,真正讲来,不但凡是自我牺牲都是无私利他,而且凡是无私利他也都是自我牺牲。因为自我牺牲之为利益冲突的道德终极标准,显然意味着:自我牺牲是自我利益之牺牲。因此,自我牺牲包括自我性命之牺牲,但不必是自我性命之牺牲:只要是自我利益受到损失,则不论这种利益如何微小,都属于自我牺牲范畴。准此观之,任何无私利他便都是一种自我牺牲。因为任何无私利他,至少都必须压抑、牺牲自己一定的利己的欲望和自由以及自己一定的时间和精力。这不就是自我利益之牺牲吗?看见一人落水挣扎,我救他上岸。按照通常理解,我如果未被淹死,便是无私利他;只有我被淹死才是自我牺牲。其实,我未被淹死,也是自我牺牲:牺牲了自我的时间、劳动和安全。路见乞丐,我给他一元钱。这是无私利他,也是自我牺牲:牺牲了自己一元钱。

可见,自我牺牲与无私利他实为同一概念。但从上可知,自我牺牲易生歧义、外延模糊;而无私利他则简单明了、外延明确。因此,作为自我利益与社会、他人利益发生冲突的道德终极标准,与其说是自我牺牲,不如说是无私利他。

### 5. 无害一人地增进利益总量:利益不相冲突的道德终极标准

"最大利益净余额"和"最大多数人最大利益"以及"无私利他"三个标准,如上所述,都仅仅是利益冲突情况下的道德终极标准,都仅仅是道德终极总标准"增进每个人利益总量"在利益冲突情况下的体现。那么,在人们利益不发生冲突而可以两全的情况下,道德终极标准是什么?或者说,在这种情况下,道德终极总标准"增进每个人利益总量"的具体表现是怎样的?

在利益不相冲突的情况下,道德终极总标准便具体化为"不损害任何人地增加利益总量"或"无害一人地增进利益总量"标准。按照这一标准,便应该不损害任何一个人地增加人们的利益,便应该无害一人地增进每个人利益或一些人利益,便应该使每个人的境况变好或使一些人的境况变好而不使其他人的境况变坏。这是因为,道德终极总标准是增进每个人利益总量,而并不是增进最大利益净余额和最大多数人最大利益:它们不过是在利益发生冲突因而不可能增进每个人利益情况下的无奈选择。因此,在人们利益不相冲突的情况下,也就只有无害一人地增进利益总量的行为,才符合"增进每个人利益总量"之道德终极总标准,因而才是应该的、道德的;反之,如果为了最多数人最大利益而牺牲最少数人最小利益或为了社会和他人利益而牺牲自我利益，那么，不论这样做可以使利益净余额达到多么巨大的、最大的程度，不论这样做可以给最大多数人造成多么巨大的、最大的幸福，便都违背了“增进每个人利益总量”之道德终极总标准，因而便都是不应该、不道德的。

哈曼曾由此设计了两个著名的理想实验，不但难倒了自己，也一直令中西学者困惑不已。一个理想实验是这样设计的：一个医生，如果把极其有限的医药资源用来治疗一个重病人，另外5个病人就必死无疑；如果用来救活这5个病人，那个重病人就必死无疑。医生显然应该救活5人而让那一个重病人死亡。反之，另一个理想实验是这样的。有5个分别患有心脏病、肾病、肺病、肝病、胃病的人和一个健康人。这5个病人如果不进行器官移植，就必死无疑；如果杀死那个健康人，把他的这些器官分别移植于这5个病人身上，这5个病人就一定能活命，而且会非常健康。医生应该怎么办？显然不应该杀死那一个健康人而救活这5个人。[6]问题恰恰就在于：为什么第一个案例应该为救活5人而牺牲1人，第二个案例却不应该为救活5人而牺牲1人？

原来，其中的奥妙就在于，在第一个案例中，5个人与1个人的利益发生了冲突：保全5个人的利益必定损害那一个人的利益，5个人要活命必定导致那一个人死；反之亦然。因此，在这种情况下，医生救活5人而让那一个重病人死亡，符合利益冲突时的道德终极标准——亦即最大多数人的最大利益标准和最大利益净余额标准——因而是道德的。反之，在第二个案例中，5个病人与1个健康人的利益并没有发生冲突：保全这个健康人的利益和性命，并没有损害那5个病人的利益和性命；这个健康人的利益和性命并不是用这5个病人的利益和性命换来的。因为并不是那个健康人要活命，就必定导致那5个病人的死；也不是那5个病人的死亡，才换来了那个健康人的活命。那5个人的死亡是他们的疾病所致，而与那一个健康人的活命没有任何关系。没有关系，怎么会发生利益冲突呢？因此，在这种利益不相冲突的情况下，医生如果为救活5个病人而杀死那一个健康人，虽然符合利益冲突时的道德终极标准（亦即最大多数人的最大利益标准和最大利益净余额标准），却违背了利益不相冲突的道德终极标准（亦即无害一人地增进利益总量），因而是不道德的、不应该的。这就是为什么第一个案例应该为救活5人而牺牲1人，第二个案例却不应该为救活5人而牺牲1人的缘故。

总之，“无害一人地增进利益总量”乃是道德终极总标准“增进每个人利益总量”在利益不相冲突情况下的体现,是利益不相冲突的道德终极标准。最早提出这一标准的,恐怕是孟子。他将这一标准概括为一句话:“行一不义,杀一不辜,而得天下,不为也。”[7]但是,真正确证这一标准的,并非伦理学家,而是经济学家帕累托,因而被称为“帕累托标准”(pareto criterion)或“帕累托最优状态”(pareto optimum)。对于这一标准或状态,帕累托这样写道:

> 我们看到,要取得一个集体的福利最大化,有两个问题待解决。如某些分配的标准为既定,我们就可以根据这些标准去考察哪些状态将给集体的各个人带来最大可能的福利。让我们来考虑任何一种特定状态,并设想作出一个与各种关系不相矛盾抵触的极小变动。假如这样做了,各个人的福利均增加了,显然这种新状态对他们每个人是更为有利;相反的,如各个人的福利均减少了,这就是不利。有些人的福利仍旧不变亦不影响这些结论。但是,另一方面,如这个小变动使一些人的福利增加,并使别的人福利减少,这就不能再说作此变动对整个社会为有利的。因此,我们把最大效用状态定义为:作出任何种微小的变动不可能使一切人的效用,除那些效用仍然不变者外,全都增加或全都减少的状态。[8]

可见,所谓“帕累托最优状态”乃是这样一种状态:当且仅当该状态没有一种改变能使一些人的境况变好而又不使至少一个人的境况变坏。这一状态之所以为最优状态的依据,则是所谓的“帕累托标准”:应该使每个人的境况变好或使一些人的境况变好而不使其他人的境况变坏,简言之,应该至少不损害一个人地增加社会的利益总量,即无害一人地增进利益总量。

## 二　道德终极标准性质

### 1. 绝对性与相对性:道德终极标准的适用范围

综观道德终极标准或功利诸标准,可知所谓功利标准、道德终极标准并非单一的道德标准;而是由若干标准构成的道德标准体系,是“一总两分”:一个总标准和两个分标准。总标准是在任何情况下都应该遵循的道德终极标准:增减每个人的利益总量。一个分标准是在人们利益不发生冲突而可以两全情况下的道德终极标准,亦即所谓的帕累托标准:无害一人地增加利益总量。另一个分标准则是在人们利益发生冲突而不能两全的情况下的道德终极标准:“最大利益净余额”标准——它在他人之间发生利益冲突时,表现为“最大多数人的最大利益”标准;而在自我利益与他人或社会利益发生冲突时,表现为“无私利他、自我牺牲”标准。

这样,相对性便是道德终极分标准的基本性质。“无害一人地增加利益总量”标准仅仅适用于利益不相冲突的情况,而不可能适用于利益冲突的情况;因为在利益冲突的情况下,不损害任何人的利益是不可能的。反之,“最大多数人的最大利益”和“无私利他、自我牺牲”标准则仅仅应该运用于利益冲突的情况,而不应该运用于利益不相冲突的情况。因为在利益不相冲突的情况下,不论牺牲少数人利益还是牺牲自我利益都是不应该的。不过,这些道德终极分标准的相对适用性有所不同:“不损害一人地增加利益总量”既然是利益不相冲突情况下的道德标准,那么也就应该是恒久的道德标准;反之,“无私利他”和“最大多数人最大利益”则因其是利益冲突情况下的道德标准,因而应该是偶尔的道德标准。因为任何社会存在和发展的前提无疑是:在这个社会里,人们的利益一致而不相冲突是正常的、常规的、一般的情况,因而是恒久的;反之,人们的利益发生冲突、不可两全则是例外的、非常的情况,因而是偶尔的。

然而,难道无私利他仅仅适用于利益冲突领域,因而仅仅应该是偶尔的道德终极标准吗?难道在人们的利益一致而不相冲突的情况下,就不应该无私利他吗?是的。因为无私利他与自我牺牲是同一概念:任何无私利他,至少都必须压抑、牺牲自己一定的利己的欲望和自由以及自己一定的时间和精力。这样,在利益不相冲突、可以两全的情况下,无私利他便因其压抑、牺牲了自我欲望、自我利益而违背了“不损害一人地增加利益总量”的道德终极标准,因而是不应该、不道德的;反之,只有己他两利、为己利他才符合“不损害一人地增进利益总量”的道德终极标准,才是应该的、道德的。不仅如此,这种情况下,无私利他还违背道德终极总标准:“增进每个人利益总量。”因为正如西季威克所言,利益不相冲突而可以两全的情况下,为己利他比无私利他更能增加全社会和每个人利益总量。这可以从两方面看。一方面,无私利他似乎没有增加全社会和每个人利益的总量。因为它虽然增加了他人利益的总量,却减少了自我利益的总量。反之,为己利他则显然增加了全社会和每个人利益的总量,因为它不仅增加了他人利益的总量,而且增加了自我利益的总量。另一方面,即使无私利他增加了全社会和每个人利益的总量,也必定远远少于为己利他所增加的全社会和每个人利益的总量。因为只有为己利他才具有——而无私利他则不具有——人们增进社会利益的最强大的动力：个人利益追求。[9]

总而言之，道德终极分标准都是在一定条件下才应该遵循，而在另外的条件下则不应该遵循的，因而都属于相对道德范畴。然而，绝对性原本是道德终极标准的应有之义：如果它不是绝对的，不是在任何条件下都应该遵循的，那么，它也就不成其为终极标准了。可是，道德终极标准的绝对性究竟在哪里？原来，一方面，道德终极总标准"增减每个人利益总量"是绝对的；因为在任何条件下，显然都应该遵循道德终极总标准：增加而不是减少每个人利益总量。另一方面，道德终极分标准之和也是绝对的；因为在任何条件下，都应该遵循道德终极分标准之一：不是应该增加最大利益净余额、最大多数人的最大利益和无私利他、自我牺牲，就是应该不损害一人地增加利益总量。这样，道德终极分标准虽然属于相对道德范畴，但整体说来，道德终极分标准之和却属于绝对道德范畴。

### 2. 直接性与间接性：道德终极标准与其他道德规范的关系

道德终极标准是最普遍、最一般、最抽象的、绝对的道德标准，因而极其稀少、贫乏、简单、笼统：一个总标准、两个分标准。然而，人类社会的伦理行为却极其复杂、具体、丰富、多样。因此，仅凭道德终极标准便不可能准确、迅速地指导每个人的一切伦理行为，不可能准确迅速地使每个人懂得他的一切伦理行为应该如何。于是，便须从道德终极标准引申、推演出与人类伦理行为相应的复杂、具体、多样的道德规范，从而才可以准确迅速地指导每个人的一切伦理行为。

举例说，仅凭"无害一人地增进利益总量"的道德终极标准，显然不可能准确迅速地使每个人知道他的婚姻行为应该如何。于是，便须从"无害一人地增进利益总量"引申、推演出与婚姻行为相应的道德规范"贞"与"不贞"："贞"符合"无害一人地增进利益总量"的道德终极标准，因而是婚姻行为应该如何的规范；"不贞"则违背"无害一人地增进利益总量"的道德终极标准，因而是婚姻行为不应该如何的规范。根据"贞"与"不贞"，每个人便可以准确迅速地知道他的婚姻行为究竟应该如何了。

可见，道德终极标准与其他一切道德规范是依据和派生、绝对和相对的关系：道德终极标准是产生、决定和推导出其他一切道德的最终依据、最终标准，是在任何条件下都应该遵循的绝对道德；而其他一切道德——如仁爱、公正、平等、人道、自由、幸福、贵生、诚实、自尊、谦虚、勇敢、节制、智慧等等——都不过是道德终极标准在各种具体条件下的引申、推演，因而都仅仅是在一定的、具体的条件下才应该遵循，而在另外的、其他的条件下则不应该遵循的道德，于是也就都是相对的，都属于相对道德范畴。

那么，相对道德究竟在怎样的条件下应该遵循、在怎样的条件下不应该遵循？不难看出，它们只有在一般的、正常的、常规的、典型的条件下才应该遵循；而在例外的、非常的、极端的条件下则不应该遵循。因为它们都是在一般、正常条件下——而不是例外、非常条件下——从道德终极标准引申、推演出来的：它们只有在一般、正常条件下才符合道德终极标准；而在例外的、非常条件下则违背道德终极标准。就拿诚实与说谎来说。为什么在一般的、正常的情况下应该诚实而不应该说谎？岂不就是因为在一般的、正常的情况下，诚实有利于他人、符合道德终极标准，而说谎则有害于他人、违背道德终极标准？然而，在例外的、非常的情况下，诚实却害人而违背道德终极标准；说谎则利人而符合道德终极标准。在这种情况下，便不应该诚实而应该说谎，如为了稳定军心而谎称援军将至、为了救治癌症患者而谎告所患非癌、为了安慰儿子阵亡的母亲而谎说儿子无事等等，都符合道德终极标准，都是应该的、道德的。

可见，不论在什么条件下，每个人的行为都应该遵循道德。只不过在一般的、正常的情况下，既应该遵循道德终极标准，又应该遵循其他道德规范。因为在这种情况下，二者是一致的。反之，在例外的、非常的情况下，则只应该遵循道德终极标准，而不应该遵循其他道德规范。因为在这种情况下，二者是冲突的。于是，道德终极标准不论对于正常行为还是对非常行为都同样有意义：它既是正常行为又是非常行为所应遵循的道德。反之，其他道德则仅仅对正常行为有意义：它们仅仅是正常行为所应遵循的道德，其目的仅仅是为正常行为提供指导。

## 三　道德终极标准理论

### 1. 义务论与功利主义

“义务论”(deontology)，如所周知，亦称“道义论”(theory of duty)或“非目的论”(non-teleology)，是与功利主义恰恰相反的关于道德终极标准的理论。它的主要代表，当推儒家、基督教伦理学家、康德、布拉德雷、普里查德、罗斯以及今日西方义务论美德伦理学家，如迈克尔·斯洛特(Michael Slote)和格雷戈里·维尔艾泽考·Y.特诺斯盖(Gregory Velazco Y. Trianosky)等人。

所有义务论者无不是道德自律论者。因为在他们看来,道德和美德并不是必要的恶,而是必要善,是一种必要的内在善、自身善,甚至是唯一无条件的、绝对的善。因此,道德的起源与目的便是自律的:道德起源于道德自身,起源于每个人完善自我品德的需要;目的在于道德自身,在于完善每个人的品德,实现人之所以异于禽兽、人之所以为人者。从这种道德起源和目的自律论出发,义务论者便合乎逻辑地得出结论说,行为是否道德,只能看它对行为者的道德、品德、道义的效用如何,而不能看它对全社会和每个人利益的效用如何:凡是能够使行为者品德达到完善、实现人之所以为人者的行为,不论它如何减少行为者和整个社会的利益总量,也都因其符合道德目的,而是应该的、道德的;凡是不能使行为者品德达于完善、不能实现人之所以为人者的行为,不论它如何增进行为者和整个社会的利益总量,也都因其不符合道德目的,而是不应该、不道德的。道义论大儒董仲舒把这一思想概括为一句千古名言:"正其义不谋其利,明其道不计其功。"

这样,也就只有出于完善自我品德之心的、为完善品德而完善品德的行为——亦即只有出于义务心的、为义务而义务、为道德而道德的行为——才因其能够使行为者的品德达到完善境界而实现人之所以为人者、符合道德目的,从而是道德的、应该的:"道德完善就是出于义务(即法则不仅是支配他行动的规则,而且是他行动的动机)而履行义务。"[10]可是,具体说来,究竟什么行为才是能够使人的品德达于完善、实现人之所以为人者的行为?只能是无私利他!因为正如新儒家冯友兰所言,只有"无私利他"才是品德的完善境界,因而才符合使人的品德达于完善、实现人之所以为人者的道德之目的,从而才是道德的:"求自己的利,可以说是出于人的动物的倾向,与人之所以为人者无干。为实现人之所以为人者,我们不能说,人应该求自己的利。……但求别人的利,则与人之所以为人者有干。为实现人之所以为人者,我们可以说,人应该求别人的利。"[11]

可见,义务论是把道义(而不是功利)奉为道德终极标准的流派,是把增减每个人的品德完善程度(而不是增减每个人利益增总量)奉为道德终极标准的流派,说到底,是把无私利他奉为唯一道德终极标准的流派。

义务论的概念解析,使何谓功利主义迎刃而解。功利主义(utilitarianism)又称目的论(teleology),其代表人物,不仅有诸如苏格拉底、休谟、佩利、爱尔维修、霍尔巴赫、巴利、达尔文、斯宾塞、边沁、穆勒、包尔生、西季威克、摩尔、梯利等伟大先哲，而且如罗尔斯所说："在现代道德哲学的许多理论中，占优势的一直是某种形式的功利主义。"〔12〕现代功利主义的代表，当推J. J. C. 斯马特和R. B. 勃朗特以及今日西方功利主义美德伦理学家冯·赖特(Von Wright)等人。

所有功利主义论者都是道德他律论者。因为在功利主义论者看来，道德和美德，与法律一样，都是一种必要恶，因而道德的目的便不能可是自律的，不可能是为了道德自身、为了完善每个人品德；而只能是他律的，只能是为了道德和美德之外的他物，亦即每个人的利益和幸福："幸福是道德的终点和目的。"〔13〕道德目的，如前所述，是衡量一切行为之善恶和一切道德之优劣的道德终极标准。因此，道德目的只能是为了增进每个人利益和幸福，便意味着：衡量一切行为之善恶和一切道德之优劣的道德终极标准，只能是利益和幸福而不可能是道德和美德。换言之，道德终极标准是功利而不是道义，是增减每个人的利益总量而不是增减每个人的品德的完善程度。

可见，功利主义乃是与义务论相反的学说：它是把功利(而不是道义)奉为道德终极标准的流派，是把增减每个人的利益总量(而不是增减每个人的品德的完善程度)奉为道德终极标准的流派。所以，彼彻姆写道："功利主义者认为，行为的道德价值决定于我们所努力争取的诸如快乐和健康非道德的内在价值之最大结果。"〔14〕

**2. 功利主义与义务论之真谬**

义务论与功利主义的区别清楚表明，义务论是谬论而功利主义是真理。

首先，从前提来说。道德目的自律论和道德目的他律论，如前所述，分别是义务论和功利主义的前提。显然，功利主义的前提是真理；而义务论的前提是谬误。因为如前所述，道德、品德就其自身来说，是一种"必要的害和恶"，是人类为了达到利己目的(保障社会的存在发展、增进每个人利益)而创造的害己手段(压抑、限制每个人的某些欲望和自由)。因此，如果说道德目的是自律的，是为了道德自身，是为了完善人的品德，那就等于说：道德的目的就是为了压抑人的欲望、侵犯人的自由，就是为了压抑人的欲望而压抑人的欲望，就是为了侵犯人的自由而侵犯人的自由，就是为了害人而害人，就是为了作恶而作恶。所以，道德目的不可能是自律的，而只能是他律的：不可能是为了道德和品德自身，而只能是为了道德和品德自身之外的利益、幸福；为了保障社会存在发展，最终增进每个人利益、实现每个人幸福。

其次,从结论来看。义务论将“增减每个人的品德之完善”奉为衡量一切行为之善恶和一切道德之优劣的道德终极标准,是错误的;而功利主义将“增减每个人利益总量”奉为衡量一切行为之善恶和一切道德之优劣的道德终极标准,是正确的。因为道德终极标准,亦即道德目的:道德目的,如上所述,不可能是自律的,不可能是为了道德和美德自身,不可能是为了完善每个人品德;而只能是他律的,只能是为了道德和品德自身之外的利益、幸福,为了增进每个人利益。义务论的这种错误,导致它所确立的道德终极标准之片面化:它否定为己利他而把无私利他作为衡量一切行为是否道德的唯一的终极标准。这是由于,人类的全部行为,无疑只有“无私利他”才是品德的完善境界,因而才符合义务论的道德目的——使人的品德达于完善——从而才是道德的;而目的是为了自己的一切行为,则都因其不是品德的完善境界、不符合义务论的道德目的,都是不道德的:无私利他是义务论评价行为是否道德的唯一的终极标准。反之,功利主义所确立的道德终极标准则是多元的、全面的,是“一总两分”:一个总标准和两个分标准。一个总标准:增减每个人的利益总量。分标准之一,是在人们利益不发生冲突而可以两全情况下的道德终极标准,亦即所谓的帕累托标准:无害一人地增加利益总量。另一个分标准是在人们利益发生冲突而不能两全的情况下的道德终极标准,亦即“最大利益净余额”标准——它在他人利益之间发生冲突时,表现为“最大多数人的最大利益”标准;而在他人、社会利益与自我利益发生冲突时,表现为“无私利他、自我牺牲”标准。

最后,就优劣来讲。义务论的道德标准,一方面,对每个人的欲望和自由侵犯最为严重:它侵犯、否定每个人的一切目的利己的欲望和自由;另一方面,它增进全社会和每个人利益最为缓慢,因为它否定目的利己、反对一切个人利益的追求,也就堵塞了人们增进社会和他人利益的最有力的源泉。于是,合而言之,义务论道德是给予每个人的害与利的比值最大的道德,因而也就是最为恶劣的道德。反之,功利主义的道德标准,一方面,则对每个人的欲望和自由侵犯最为轻微:它仅仅侵犯、否定每个人的损人利己的欲望和自由;另一方面,它增进全社会和每个人利益又最为迅速,因为它肯定为己利他、鼓励一切有利社会和他人的个人利益的追求,也就开放了增进全社会和每个人利益的最有力的源泉。于是,合而言之,功利主义道德便是给予每个人的利与害的比值最大的道德,因而也就是最为优良的道德。

然而,最为耐人寻味的是:如果说功利主义是真理,为什么它至今仍遭受那么多的诘难?甚至像罗尔斯这样地地道道的功利主义论者,竟然也反对功利主义而以义务论自居？其中的奥秘恐怕在于：功利主义论者对于功利主义的表述，至今仍然存在着重大缺憾。

### 3. 以往功利主义的缺憾与诘难

功利主义恐怕是人类所能创造的最为深邃复杂、曲折模糊、枝节横生的理论了。所以，不论是边沁、穆勒，还是西季威克、摩尔，抑或其他功利主义思想家，对功利主义的表述，总难免各种缺憾。最重大也最为普遍的缺憾就是：几乎所有功利主义者都不懂得功利标准乃是由若干标准构成的道德标准体系；却以为功利标准只是一条标准，从而将其完全等同于“最大利益净余额”或“最大多数人的最大幸福”标准。[15]然而，功利主义标准并不仅仅是最大利益净余额，而是由一个总标准和两个分标准构成的一种道德终极标准体系：“增减每个人的利益总量”是任何情况下都应该遵循的道德终极总标准；“无害一人地增进利益总量”是利益不相冲突的道德终极分标准；“最大利益净余额”是利益冲突的道德终极分标准——它在他人之间发生利益冲突时，表现为“最大多数人的最大利益”标准；而在自我利益与他人利益发生冲突时，表现为“无私利他、自我牺牲”标准。因此，以往功利主义论者把功利主义标准与“最大利益净余额”等同起来，是犯了以偏概全的错误，遂引发了对于功利主义的诘难：功利主义必导致非正义。

这一诘难有两个著名例证：“奴隶制度”和“惩罚无辜”。[16]前者是说，如果一个社会实行奴隶制比非奴隶制更能增进最大利益净余额，那么，按照功利原则，实行奴隶制就是应该的、道德的。这就意味着，功利原则必导致非正义：奴隶制是非正义的。“惩罚无辜”的例证说，法官明知一个人无辜，但如果惩罚、宣判他死刑，便可阻止一场否则必有数百人丧命的大骚乱，那么，按照功利原则，惩罚这个无辜者便是应该的、道德的。所以，功利原则必导致非正义：惩罚无辜是非正义的。

然而，细究起来，这两个例证都有两种恰恰相反的可能。一种可能是，这两个例证发生于释放无辜和数百人活命以及非奴隶制与俘虏生存、社会发展发生冲突、不能两全的情况下。在这种情况下，不惩罚一个无辜必有数百个无辜丧生；不实行奴隶制则俘虏必被杀死、社会必不能发展。这样，实行奴隶制和惩罚无辜虽然都是非正义的、恶的，却能够避免更大的恶和非正义，属于两恶相权取其轻，因而是应该的、道德的、善的，而决不是不道德、非正义的。

另一种可能则是，这两个例证发生于释放无辜和数百人活命以及非奴隶制与俘虏生存、社会发展不相冲突而可以两全的情况下。在这种情况下，不惩罚无辜其他人也不会丧生，不实行奴隶制社会也能发展、俘虏也能生存。这样，实行奴隶制和惩罚无辜，便都是在人们的利益不相冲突的情况下，通过损害一部分人的利益，来增进利益净余额的；因而不论达到何等巨大的利益净余额，也都是不道德、非正义的。

在这两种情况下，实行奴隶制和惩罚无辜虽然都增进了利益净余额，或者都达到了最大利益净余额；但是，功利主义只赞成前者而反对后者。因为功利主义标准，如前所述，是"增进每个人的利益总量"：它在人们利益不发生冲突而可以两全的情况下，表现为"不损害一人地增进利益总量"标准；在人们利益发生冲突而不能两全的情况下，则表现为"最大利益净余额"和"最大多数人最大利益"标准。所以，按照功利主义，"最大利益净余额"标准仅仅适用于利益冲突领域：它在人们利益不发生冲突领域，是个不适用的、错误的标准。准此观之，在释放无辜和数百人活命以及非奴隶制与俘虏生存、社会发展不相冲突而可以两全的情况下，无论奴隶制和惩罚无辜可以增进多么巨大的利益净余额，功利主义都应该反对实行奴隶制和惩罚无辜；只有在释放无辜和数百人活命以及非奴隶制与俘虏生存、社会发展发生冲突、不能两全的情况下，功利主义才主张实行奴隶制和惩罚无辜。所以，功利主义决不会导致非正义。

人们之所以认为功利主义必导致非正义，是因为他们忽略、抹杀了功利主义的"不损害一人地增进利益总量"标准，而把"最大利益净余额"标准完全等同于功利标准、功利主义。功利主义如果真是如此，那么，按照功利主义，不论情况如何，只要奴隶制和惩罚无辜等等非正义能够带来最大利益净余额，也就都应该实行奴隶制和惩罚无辜等等非正义：功利主义必然导致非正义。罗尔斯等众多思想家都是这样曲解——这种曲解的广泛形成当然与历代功利主义思想家对功利主义表述的缺憾有关——功利主义的："功利主义……其要义是说：如果一个社会的主要制度被安排得能够达到属于它的所有个人的满足总计之最大净余额，那么，这个社会就是被正当地治理的，因而是正义的。"[17]"这样，原则上就没有理由否定：为什么不应该以一些人的极少损失，换来另一些人的更大收益；或者更严重些，为什么不应该剥夺极少数人的自由而使许多人分享更大的利益。"[18]

可见，罗尔斯等人对功利主义的诘难犯了"抓住一点，不及其余"的错误：抹杀功利主义的"增进每个人利益总量"和"无害一人地增进利益总量"标准，而把功利标准或功利主义完全等同于"最大利益净余额"或"最大多数人最大利益”标准；于是便由这些标准在人们利益不相冲突而可以两全的情况下必导致非正义，而得出“功利主义必然导致非正义”的结论。“最大利益净余额”虽然在人们利益不相冲突领域必然导致非正义，却是利益冲突领域唯一正义的、道德的标准。因为在利益发生冲突的情况下，不损害任何人的利益是不可能的，而只可能二者择一：或者损害少数人的利益而保全多数人的利益；或者损害多数人的利益而保全少数人的利益。当此际，岂不只应该保全最大多数人的最大利益而牺牲最少数人的最小利益吗？岂不只应该选择最大利益净余额吗？难道还能有其他更好的选择吗？[19]

道德终极标准无疑是最重要的道德规范，因而也就是伦理学——关于优良道德规范的制定与实现的科学——的最重要的东西。然而，如前所述，道德终极标准乃是最普遍、最一般、最抽象的、绝对的道德标准，因而极其稀少、贫乏、简单、笼统：一个总标准、四个分标准。然而，人类社会的伦理行为却极其复杂、具体、丰富、多样。因此便须通过道德终极标准引申、推演出与人类伦理行为相应的复杂、具体、多样的道德规范：规范伦理学就是通过道德终极标准推演出一系列与人类伦理行为相应多样化的优良道德规范之科学。但是，仅仅通过道德终极标准是推演不出任何优良道德规范的。因为一切行为之优良道德规范，如前所述，都是根据行为应该如何的道德价值——亦即行为事实如何对于道德目的、道德终极标准的效用——制定的，因而说到底，都是通过道德目的、亦即道德终极标准，而从行为事实如何推导出来的。因此，在“道德价值主体”的这最后一章“道德终极标准”之后，应该研究“道德价值实体——伦理行为事实如何”。然后，才能够通过道德终极标准，从伦埋行为事实如何的客观本性中推导、制定出一切伦理行为应该如何的优良道德规范。

## 注　释

〔1〕 Louis P. Pojman, *Ethical Theory: Classical and Contemporary Readings*, second edition, Wadsworth Publishing Company, 1995, p. 172.

〔2〕 Henry Sidgwick, *The Methods of Ethics*, London: MacMillan, 1922, p. 413.

〔3〕 Tom L. Beauchamp, *Philosophical Ethics*, McGraw-Hill Book Company, New York, 1982, p. 73.

〔4〕 边沁：《政府片论》，商务印书馆，1995 年版，36 页。

〔5〕 Henry Sidgwick, *The Methods of Ethics*, London: MacMillan, 1922, p. 499.

〔6〕 Louis P. Pojman, *Ethical Theory: Classical and Contemporary Readings*, second edi-

tion, Wadsworth Publishing Company, 1995, pp. 478-479.
〔7〕《孟子·公孙丑上》。
〔8〕转引自胡寄窗:《1870 年以来的西方经济学说》,经济科学出版社,1988 年版,191 页。
〔9〕西季威克:《伦理学方法》,中国社会科学出版社,1993 年版,443 页。
〔10〕《康德文集》,改革出版社,1997 年版,358 页。
〔11〕冯友兰:《三松堂全集》第四卷,河南人民出版社,1986 年版,608 页。
〔12〕罗尔斯:《正义论》,中国社会科学出版社,1988 年版,1 页。
〔13〕J. S. Mill, *Utilitarianism, Liberty and Representative Government*, J. M. Dent & Sons Ltd., London, p. 22.
〔14〕Tom L. Beauchamp, *Philosophical Ethics*, McGraw-Hill Book Company, New York, 1982, p. 81.
〔15〕参阅:Jeremy Bentham, *An Introduction to the Principles of Morals and Legislation*, the Clarendon Press, Oxford, 1823, p. 5; Henry Sidgwick, *The Methods of Ethics*, London: Macmillan, 1922, p. 411;摩尔:《伦理学》,中国人民大学出版社,1985 年版,10 页; Louis P. Pojman, *Ethical Theory: Classical and Contemporary Readings*, Wadsworth Publishing Company, 1995, p. 727。
〔16〕Tom L. Beauchamp, *Philosophical Ethics*, McGraw-Hill Book Company, New York, 1982, p. 99.
〔17〕John Rawls, *A Theory of Justice*, revised edition, The Belknap Press of Harvard University Press, Cambridge, Massachusetts, 2000, p. 20.
〔18〕Ibid., p. 23.
〔19〕Ibid., pp. 298-299.

## 思考题

1. 评价一切道德优劣的终极标准是否可以譬喻为:“不管黑猫白猫,抓住耗子就是好猫”?
2. 假设一辆飞驰而来的电车,如果不驶向左面的轨道压死一个人,就必定要驶向右面的轨道压死 5 个人。电车的司机应该驶向哪一条轨道? 为什么?
3. 如果一个社会实行奴隶制比非奴隶制更能增进最大利益净余额,那么,这个社会实行奴隶制就是应该的、道德的吗? 法官明知一个人无辜,但如果宣判他死刑,便可阻止一场否则必有数百人丧命的大骚乱,因而可以得到最大利益净余额。那么,法官宣判这个无辜者死刑是应该的、道德的吗?
4. 假设损害一小撮人,某国家就会突飞猛进,从而给最大多数人带来极为巨大的幸福,使利益净余额达到最大限度。反之,如果不损害一小撮人,该国家最大多数人也并不会受到任何损害;但该国家却会发展较慢,从而最大多数人得不到最大幸福、利益净余额达不到最大限度。在这种情况下,怎样做才是道德的?

5. 旧福利经济学大师庇古根据边际效用递减规律——亦即一个人的财富越多,其边际效用越小——得出著明的"收入应该均等化"的结论:"假如有一个富人和十个穷人。从富人拿出一镑钱,并把它给予第一个穷人,总满足量就增加了。但是富人还是比第二个穷人富。所以,再转移一镑钱给第二个穷人,就又增加了总满足量。如此转移,直到原来的富人不比其他任何人富裕为止。"庇古错在哪里?试比较"收入应该均等化"与"帕累托标准"。
6. 西季威克在为功利主义下定义时也这样写道:"功利主义在这里是指这样的伦理学理论:在任何环境下,客观地正当的行为乃是总体说来将产生最大幸福的行为。"今日西方伦理学家也这样写道:"功利主义乃是这样一种理论,在它看来,所谓正当的行为就是造成最大功利的行为。"这些定义正确吗?

# 第二篇

# 道德价值实体:伦理行为事实如何

# 第六章
# 人　性

本篇的研究对象是道德价值实体，亦即伦理行为事实如何，也就是作为伦理学对象的“人性”：人的伦理行为事实如何之本性。可是，我们如此界定伦理学的人性概念，或许引起异议：难道这就是伦理学人性概念的定义吗？这样定义人性，岂不以偏概全、犯了定义过窄的逻辑错误？这不是几句话就可以回答的。因为人性问题，正如江恒源所言，乃是个最为源远流长、聚讼不休的难题：“我们哲学史上发生最早而争辩最激烈的，就是‘人性’问题。”[1]建国以来，人性仍然是学术界长期激烈争论的大问题。这种争论，如所周知，经历了两个阶段：从50年代到“文化大革命”为一段；打倒“四人帮”以后的80年代和90年代则为另一段。今日检讨这些争论，首先令我们困惑的，依然是那个老问题：究竟什么是人性？

## 一　人性概念

### 1. 人性界说：人生而固有的普遍本性

“人性”一词，由“人”与“性”构成。“人”是张三、李四、约翰、彼得等等的总称：张三是能够独立存在的东西，因而是第一性实体；人则是第二性实体。反之，“性”是不能独立存在的东西，是依赖于、附属于实体的东西，因而叫做“属性”。因此，所谓人性，顾名思义，也就是人的属性，亦即人所具有的属性。“人”在此是全称，是指一切人。所以，人性也就是一切人都具有的属性，是一切人共同地、普遍地具有的属性，亦即一切人的共同性、普遍性；而仅仅为一些人所具有的特殊性，则不是人性。所以，荀子云：“凡人之性者，尧舜之与桀跖，其性一也。君子之与小人，其性一也。”[2]举例说，怜悯之心，人皆有之。怜悯心是一切人共同具有的东西，是一切人的一种共同性、普遍性。所以，怜悯心是一种人性。反之，杀人越货之心、敲诈勒索之心等等，不是一切人都具有的共同性、普遍性，而仅仅是一些人具有的特殊性，因而都不是人性。

人性是一切人普遍具有的属性，意味着：一个人，只要是人，则不论他年龄多么小，哪怕只是个呱呱坠地的婴儿，他也与其他人一样具有人性；人性是呱呱坠地的婴儿与行将就木的老人共同具有的属性。由是观之，人性必是生而固有的，而不是后天习得的。否则，如果人性是后天习得的，那么，呱呱坠地的婴儿就不具有人性了。于是，所谓人性，说到底，也就是一切人与生俱来、生而固有的普遍本性。人性的这一定义，实乃诸子百家——尽管它们的人性论分歧极大——之共识：

性无善恶论者告子曰："生之谓性。"[3]性有善恶论者董仲舒曰："如其生之自然之资谓之性。"[4]性三品论者韩愈曰："性也者与生俱生者也。"[5]性恶论者荀子曰："生之所以然者谓之性。"[6]性善论者孟子，如所周知，也认为人性——亦即他所谓的恻隐之心、羞恶之心、辞让之心、是非之心——"非由外铄我也，我固有之也"[7]。埃尔伍德（Charles A. Ellwood）在总结西方思想家的人性论时也这样写道："我们所说的人性，乃是个人生而赋有的性质，而不是后天通过环境影响而获得的性质。"[8]

然而，人性即人生而固有属性的定义，却为我国今日主流学者所拒斥。他们以为这一定义无异于说，人性都是人的自然本性。因为在他们看来，人生而固有的本性都是人的自然本性；而人的社会本性则都是后天获得的。这种观点是不能成立的。因为所谓社会，如所周知，也就是两个以上的人因一定关系而结合起来的共同体。因此，每个人的社会性或社会本性，也就是他的那些与他人有关的属性；而他的自然本性或自然性，则是他的那些仅仅关乎他自己一人的属性。准此观之，显然也就只有饮食、睡眠、安全等需要和欲望，才是人的自然本性或自然性，因为这些东西是仅仅关乎他自己一人的属性。反之，诸如同情心、报恩心等则都是人的社会本性，都是人的社会性，因为这些都是一个人与他人有关的感情。所以，达尔文一再说："同情心构成社会本能的本质，是社会本能的真正基础。"[9]

同情心是人的社会本性，意味着：人的社会本性可以生而固有。因为如所周知，丝毫没有同情心的人是不存在的，同情心是任何人或多或少都具有的本性，因而也就是每个人与生俱来、生而固有的本性。人可以生而固有社会本性是不奇怪的。因为人是社会动物，当然不仅生而固有自然性，而且生而固有社会性。同情心等等社会本性是人生而固有的东西，显然意味着：人生而固有的本性并不都是人的自然本性,而同样可能是社会本性。因此,我国学者以为“人性是人生而固有的本性”蕴涵着“人性都是人的自然本性”的观点,是错误的。人性是人生而固有的普遍本性:它一方面是人生而固有的自然本性,另一方面则是人生而固有的社会本性。

**2. 人性结构:人性的体与用**

人性是人生而固有的普遍本性,似乎意味着:人性完全是一成不变的。其实不然。因为人性显然由质与量两方面构成,是质与量的统一体。从质上看,亦即从质的有无来说,人性确实完全是生而固有、一成不变的,是普遍的、必然的、不能自由选择的。但是,从量上看,亦即从量的多少来说,在一定限度内,人性却是后天习得的,是不断变化的,是特殊的、偶然的、可以自由选择的。就拿爱人之心与恨人之心来说。爱人之心与恨人之心人人皆有,因而都是人性。所以,一个人,不论他多么自私冷酷,多么卑鄙恶毒,他都不可能丝毫没有爱人之心。试想,他能丝毫不爱给了他巨大的快乐和利益的父母和妻儿吗?同理,一个人,不论他多么仁慈善良,多么温良恭俭让,他都不可能丝毫没有恨人之心。试想,他能不恨给他巨大痛苦的人吗?他能不恨杀害他父母的仇人吗?他能不恨夺走他心上人的情敌吗?所以,从爱人之心与恨人之心的质的有无来看,二者完全是一切人生而固有、一成不变的,是普遍的、必然的、不能自由选择的。

但是,从量的多少来看,在一定限度内,爱人之心与恨人之心则都可以是后天习得的,是不断变化的,是特殊的、偶然的、可以自由选择的。所以,一个生性冷酷的人,对于他人给予的快乐和利益反应天生淡漠,因而他对他人的爱极为匮乏。但是,如果他后天不断努力完善自己的品德、想方设法增进自己的爱人之心,那么,他原本贫乏的爱人之心,便可以逐渐丰富起来,甚至可能成为一个极富爱人之心的人。同理,一个生性热心助人为乐的人,对于他人给予的快乐和利益反应天生强烈,因而他对他人的爱极为厚重。但是,如果他后天不幸被一些冷酷的歹人所包围,这些歹人不断给他痛苦和损害,那么,他原本丰富的爱人之心,便可能逐渐贫乏起来,甚至可能成为一个爱人之心极其贫乏的人。

这样,一方面,人性的质是守恒的,遵循恒有恒无定律。任何人,如果生而具有什么人性,那么,不论后天如何,他从生到死必将永恒具有而绝不可能丧失它:人性绝不可能从有到无。任何人,如果生而不具有什么人性,那么,不论后天如何,他从生到死必将永恒没有而绝不可能获得它:人性绝不可能从无到有。另一方面，人性的量，在一定限度内，是不守恒的。任何人，不论他生而固有的某种人性是多么贫乏，在一定限度内，他都可以通过后天的习得而使之极为丰富；不论他生而固有的某种人性是多么丰富，在一定限度内，他都可以通过后天习得而使之极为贫乏。于是，合而言之，人性便是这样一种东西：它在质上是生而固有、一成不变、不生不灭的，是普遍的、必然的、不能自由选择的；而在量上，在一定限度内，则可以是后天习得、不断变化的，是偶然的、特殊的、可以自由选择的。那么，构成人性的这两种因素究竟是何关系？

我们应该沿袭中国古典哲学传统而称之为"体用"关系：人性的质之有无是人性的"体"，而人性的量的多少则是人性的"用"。因为人性的质之有无只能通过人性的量之多少表现出来：人性的质是人性的内容，并因其一成不变性而是人性的"体"；人性的量则是人性的形式，并因其众多之变化而是人性的"用"。举例说，怜悯之心，人皆有之。这是必然的、普遍的、不变的、不可自由选择的。但是，怜悯心并不能赤裸裸地独自存在，而只能存在和表现于每个人的可多可少、可强可弱、时强时弱、时多时少的怜悯心之中。怜悯心的这些变化的、特殊的、偶然的属性，是怜悯心的量，是怜悯心的表现形式，并因其变异性而是怜悯心的"用"；而它所表现出来的不变的、必然的、普遍的怜悯心，则是怜悯心的质，是怜悯心的内容，并因其不变性而是怜悯心的"体"。

这样一来，人性便是"体"与"用"的统一体：人性的"体"，亦即人性的质之有无，完全是生而固有、一成不变的，是必然的、普遍地、不能自由选择的；人性的"用"，亦即人性的量之多少，在一定的限度内，是后天习得、不断变化的，是特殊的、偶然的、可以自由选择的。这就是人性的结构：人性是质与量、体与用、不变与变化、普遍与特殊、必然与偶然的统一体。

### 3. 人性类型：人的特性与人的动物性

人生而固有的一切普遍本性，依其与其他动物的关系，显然可以分为两类：一类是比较一般的、低级的、基本的属性，是人与其他动物的共同性，是人所固有的动物性，如能够自由活动、都同样有食欲和性欲等等；另一类则是比较特殊的、高级的属性，是使人与其他动物区别开来而为人所特有的普遍属性，是人之所以为人者，亦即人的特性，如能够制造生产工具以及具有语言、理性和科学等等。

但是，以孟子为代表的传统主流观点，却认为人所固有的动物性决非人性,人性只是人之所以为人者的特性。他们的主要根据,乃在于这样一种明摆着的事实:人性与犬性、牛性是不同的。《孟子·告子上》记载了这一根据:“孟子曰:‘生之谓性也,犹白之谓白与?’曰:‘然。’‘白羽之白也,犹白雪之白,白雪之白犹白玉之白与?’曰:‘然。’‘然则犬之性犹牛之性,牛之性犹人之性与?’”

确实,人性与犬性、牛性是不同的。但是,由此能否得出结论说,人性就是人不同于犬、牛的人之特性?不能。因为没有任何事物是完全不同的。人性与犬性、牛性也不可能是完全不同的。人性与犬性、牛性既有不同的一面,又有相同的一面。人性与犬性、牛性不同的一面,是人之所以为人者的特性,是人区别于犬、牛的人之特性,如能够制造生产工具以及具有语言、理性和科学等等;人性与犬性、牛性相同的一面,则是人性所包含的动物性,是犬性和牛性所包含的动物性,是人与犬、牛的共性,如能够自由活动、都同样有食欲和性欲等等。

人的食欲、性欲等等与其他动物共有的所谓动物性,既然存在于一切人身上,怎么能不是人的属性呢?怎么能不是人性呢?如果因为这些属性同时也存在于其他动物身上,就断言它们不是人性,那么,我们也就可以因为白人身上的人性同样存在于黑人身上,断言人性不是每个白人的本性:在白人的本性中是没有人性的。依此类推,我们也就可以因为人性同样也存在于贾宝玉之外的人身上,断言人性不是贾宝玉的本性:在贾宝玉的本性中是没有人性的。难道还有比这更荒谬的吗?

可见,人性包括两部分:一是人性区别于犬性、牛性而为人所特有的属性;一是人性与犬性、牛性共同的动物性。孟子的错误就在于只看到人性与犬性、牛性不同的一面,而抹杀人性与犬性、牛性相同的一面,将人性与人性的一部分(亦即人的特性、人性的高级部分)等同起来,因而片面断言人性只是人性区别于犬性、牛性的人之所以为人者的特性。

## 二　伦理行为概念:伦理学的人性概念

显然,人性与其他任何具有多层次本性的复杂事物一样,都是若干门不同科学的研究对象,而皆非一门科学的研究对象:一门科学只研究其一部分本性。那么,伦理学所研究的人性究竟是人性的那一部分呢?伦理学是关于道德的科学,因而只能研究可以言道德善恶的人性,而不能研究不可言道德善恶的人性:不可言道德善恶的人性乃是其他科学——如心理学——的研究对象;只有可以言道德善恶的人性,才是伦理学的研究对象。举例说,知情意与怜悯心,都是人生而固有的本性,因而都是人性。但是,知情意显然是不可言道德善恶的人性,因而便不是伦理学对象,而是心理学对象。反之,怜悯心是可以言道德善恶的人性:怜悯之心,仁也。所以,怜悯心是伦理学对象,而不是心理学对象。

不难看出,一个东西可以言道德善恶的充分条件,乃是能够运用道德规范对它进行道德评价:可以言道德善恶的东西与道德评价的对象是同一概念。那么,究竟什么东西才能是道德评价的对象呢?道德,如所周知,是人的行为应该如何的规范。所以,道德评价的对象只能是人的行为及其心理:心理是行为的内在因素;行为是心理的外在表现。因此,能够进行道德评价因而可以言道德善恶的人性,只能是人的行为及其心理之本性。

然而,细究起来,人的行为及其心理也并不都是可以进行道德评价而言道德善恶的。就拿吃饭用筷子还是用刀叉来说,用刀叉和筷子吃饭都是人的行为,却都是不可以进行道德评价而言道德善恶的。那么,究竟什么样的行为及其心理才是道德评价的对象?无疑仅仅是那些受有利或有害于社会、自然和他人以及自己的意识支配的行为,亦即受利害己他(它)意识支配的行为,亦即伦理行为:可以言道德善恶的人性就是人的伦理行为及其心理事实如何之本性。

这样,人性便依其能否言道德善恶的性质而分为两类。一类是可以言道德善恶的,亦即人的伦理行为事实如何的本性,如同情心和妒忌心等等,是伦理学的研究对象,是伦理学所研究的人性,是作为伦理学对象的人性:它显然既非纯粹善的,也非纯粹恶的,而是亦善亦恶的。另一类是不能言道德善恶的,亦即伦理行为之外的人性,如知情意、眼鼻耳等等,是心理学等科学的研究对象,是心理学等科学所研究的人性,是作为心理学等科学对象的人性。这样一来,便存在着两种人性概念。一种是广义的:人性乃是人生而固有的普遍本性。这是作为一般科学术语的人性概念。另一种是狭义的:人性是人的伦理行为事实如何之本性。这是伦理学的人性概念。所以,伦理学对于人性研究的真正开端,乃是解析伦理行为概念:伦理行为概念就是伦理学的人性概念。

### 1. 伦理行为界说

伦理行为,如所周知,与道德行为是同一概念,无非是道德所规范的行为,是能够进行道德评价的行为,是具有道德价值的行为。所以,黄建中说:

“伦理行为者,善恶价值判断所加之行为也。”[10]然而,究竟什么行为才是具有道德价值从而能够进行道德评价的行为?

所谓价值,如前所述,乃是客体对于主体活动目的的效用:有利的效用即正价值;有害的效用即负价值。准此观之,所谓具有道德价值的行为,也就是对于道德目的具有效用的行为。道德的普遍目的,如前所述,是为了保障人类社会以及人类与动植物等非人类存在物的利益共同体之存在发展,最终为了增进每个人的利益:保障人类社会与利益共同体是道德直接普遍目的;增进每个人利益是道德终极目的。因此,所谓具有道德价值的行为,也就是对于社会和利益共同体的存在发展以及每个人利益的增进具有效用的行为,也就是有利或有害于社会和利益共同体的存在发展以及每个人利益增进的行为,说到底,也就是利害己他(它)的行为。[11]

于是,所谓伦理行为或道德行为,便是具有道德价值、可以进行道德评价的行为,便是对道德目的具有效用的行为,便是对于社会和利益共同体存在发展以及每个人利益增进具有效用的行为,便是有利或有害于社会和利益共同体存在发展以及每个人利益增进的行为,说到底,便是利害己他(它)的行为。

然而,细究起来,每个人的任何行为——或多或少、或直接或间接——无不具有利害己他的效用,无不是利害己他的行为,无不具有社会重要性。比如,无意于利己的观花、看鱼、散步,终究岂不也于己有利:有利于自己的身心健康?但是,能说这些行为是伦理行为吗?显然不能。那么,伦理行为究竟是什么?

行为的根本特征,如所周知,是受意识支配:行为是有机体受意识支配的实际活动。由此不难理解,伦理行为或道德行为的根本特征是受具有道德价值的意识之支配:伦理行为或道德行为是受具有道德价值、可以进行道德评价的意识支配的行为,说到底,也就是受利害己他意识支配的行为。我们说赏花观鱼散步不是伦理行为,是因为赏花观鱼散步一般说来并不受利害人己的意识支配,是超利害意识行为。然而,如果一个人赏花观鱼散步是为了陪伴、愉悦朋友,便是受利他意识支配的行为,便是伦理行为了。

可见,伦理行为与非伦理行为的区别,关键在于是否具有利害己他之意识;而不在于是否具有利害己他之事实。所以,冯友兰说:“凡可称为道德的行为,必同时亦是有觉解的行为。无觉解的行为,虽亦可合于道德律,但严格地说,并不是道德的行为。”[12]确实,一种行为,不管事实上给社会和他人带来多大利益，因而多么合乎道德规范，如果不具有利他意识，也不是伦理行为。例如，一个凶手正要杀李四，恰好张三高歌而至，吓跑了凶手。张三高歌而来的行为事实上无疑给李四以莫大的利益。但是，张三是无意高歌而来，没有吓唬凶手的救人意识，所以其行为便不是伦理行为。反之，一种行为，不管事实上有无利害，只要受利害意识支配，便是伦理行为。比如，一个人给死去的老父烧纸，事实上对死去的老父毫无利益。但在他的意识中，却是给冥府里的老父送钱，受利他意识支配，所以便是伦理行为。

总之，伦理行为是受利害己他意识支配的行为：受利他利己意识支配的行为，符合道德目的，因而便是具有正道德价值的伦理行为，叫做"道德的行为"；而受害他害己意识支配的行为，则违背道德目的，因而是具有负道德价值的伦理行为，叫做"不道德行为"。

**2. 伦理行为结构**

行为，如所周知，原本由目的与手段构成：目的是有意识地达到的结果，也就是行为主体所预期达到的行为结果；手段则是有意识地用来达到某种结果的过程，也就是行为主体有意识地用来达到行为结果的行为过程。可是，从现代心理学——特别是弗洛伊德心理学——的科学成就来看，目的与手段仅仅是行为的静态的、表层的结构；行为的动态的、深层的结构，乃由目的、手段、原动力三部分构成。所谓行为原动力，就是引发行为的根本原因、根本动因，也就是引发行为目的与行为手段的根本原因、根本动因。手段的原因、动因是目的。所以，行为原动力实际上也就是引发行为目的的根本原因、动因。可是，行为的根本目的显然也是引发行为的根本原因，而且往往还是引发其他行为目的的根本原因。那么，行为根本目的与行为原动力区别何在？

所谓根本目的，也就是目的的目的。例如，张三追求名誉是其苦读的目的，而追求爱情又是其追求名誉的目的，是苦读的目的之目的，所以就是苦读的根本目的。由此观之，行为原动力与行为根本目的都可以是引发某一目的的原因。但是，如果引发某一目的的原因本身仍是目的，仍是行为主体为了达到的东西，它便是根本目的；如果产生某一目的的原因本身已经不再是目的，而只是原因，已经不再是"为了什么"，而只是"因为什么"，它便是原动力。例如，张三苦读的目的是追求名誉；而追求名誉目的之所以产生的原因仍是目的：追求爱情，则追求爱情是其苦读的根本目的。但是，产生追求爱情目的的原因却不再是目的，而仅仅是一自然原因：性欲；那么性欲便是其苦读的原动力。

可见，行为原动力与行为根本目的之异同在于：二者都是行为的根本原因；但是，行为根本目的是某一行为目的的目的因，是尚未深化到超越目的层次的行为目的的原因；行为原动力则是行为目的的非目的因，是已经深化到超越了目的层次的行为目的的原因。因此，可以说行为原动力比行为根本目的更为深远、根本：行为原动力乃是行为根本目的的原因，是行为根本目的的非目的因。

推演行为结构可知，伦理行为的静态的、表层的结构由伦理行为目的与伦理行为手段构成；而伦理行为的动态的、深层的结构则由伦理行为目的、伦理行为手段、伦理行为原动力构成。根据伦理行为和行为目的、行为手段以及行为原动力诸概念的定义，可以得出结论说：

首先，所谓伦理行为目的，亦即具有道德价值、可以进行道德评价的行为目的，也就是对道德目的具有效用的行为目的，说到底，也就是利害己他（它）的行为目的，是行为者所要达到的利害己他的行为结果。因此，伦理行为目的不过四种：利他（它）目的、利己目的、害他（它）目的、害己目的。其次，所谓伦理行为手段，亦即具有道德价值、可以进行道德评价的行为手段，也就是对道德目的具有效用的行为手段，说到底，也就是利害己他的行为手段。因此，伦理行为手段也不过四种：利他（它）手段、利己手段、害他（它）手段、害己手段。最后，所谓伦理行为原动力，则是引发伦理行为的根本的、非目的的原因，也就是引发利害己他行为的根本的、非目的的原因，说到底，也就是产生利害己他行为的非目的因，是产生利他与利己以及害他与害己四种目的的非目的因。

### 3. 伦理行为类型

伦理行为是受利害己他（它）意识支配的行为。所以，一眼看去，便知伦理行为可分为利他（它）行为、利己行为、害他（它）行为、害己行为四大类型。然而，细究起来，伦理行为又由伦理行为目的与伦理行为手段构成：一方面，伦理行为目的又分为利他目的、利己目的、害他目的、害己目的；另一方面，伦理行为手段也分为利他手段、利己手段、害他手段、害己手段。所以，伦理行为目的与伦理行为手段结合起来，便形成 16 种伦理行为：

| 目的 / 类型 / 手段 | 利己 | 利他 | 害己 | 害他 |
|---|---|---|---|---|
| 利己 | 1. 完全利己 | 5. 为他利己 | 9. 利己以害己 | 13. 利己以害他 |
| 利他 | 2. 为己利他 | 6. 完全利他 | 10. 利他以害己 | 14. 利他以害他 |
| 害己 | 3. 害己以利己 | 7. 自我牺牲 | 11. 完全害己 | 15. 害己以害他 |
| 害他 | 4. 损人利己 | 8. 害他以利他 | 12. 害人以害己 | 16. 完全害他 |

①“完全利己”,即目的利己、手段利己的行为,也就是目的与手段都既不利人又不损人而仅仅利己的行为。这种行为的经典概括,当推杨朱的两句名言:“拔一毛而利天下不为也”、“不以天下易其胫一毛”。②“为己利他”,即目的利己、手段利他的行为,也就是以造福社会和他人为手段而求得自己利益的行为。合理利己主义极为推崇这种行为,霍尔巴赫甚至说:“德行不过是一种用别人的福利来使自己得到幸福的艺术。”[13] ③“害己以利己”,即目的利己、手段害己的行为,也就是通过牺牲自己的一部分利益以求得自己另一部分利益的行为;如“卧薪尝胆”和“头悬梁,锥刺骨”以及吸烟、喝酒、截肢、移皮、受虐狂等等。④“损人利己”,即通过损人手段以达到利己目的的行为,如偷盗、贪污、敲诈勒索、施虐狂等等。⑤“为他利己”,即目的利他、手段利己的行为。孔子说的“君子谋道不谋食;学也,禄在其中矣”[14]就是此意,“学”、“谋道”是目的利他,而“禄”、“食”是手段利己。⑥“完全利他”,即目的利他、手段也是利他的行为,如孟子所说的出于怜悯心而救孺子于深井的行为。⑦“自我牺牲”,即目的利他、手段害己的行为,也就是牺牲自我利益以保全他人利益的行为;如董存瑞托炸药、黄继光堵枪眼、王杰扑地雷、刘英俊拦惊马、徐洪刚斗歹徒等等。孔子盛赞这种行为:“志士仁人,无求生以害仁,有杀身以成仁。”[15] ⑧“害他以利他”,即目的利他、手段害他的行为,如父母为了改掉儿子偷窃恶习而痛打儿子,医生为确诊治病而给患者做胃镜等令患者十分痛苦的检查等等。⑨“利己以害己”,即目的害己、手段利己的行为,也就是以快乐较多或痛苦较少的手段来达到害己目的的行为。古罗马安东尼的妻子克丽奥佩特拉访求无数易死秘方,最后选用小毒蛇咬死自己,便是以痛苦较小的手段实现自杀目的的“利己以害己”。⑩“利他以害己”,即目的害己、手段利他的行为。例如,一个人受内疚感驱使而让医生在自己身上进行新针灸疗法试验,从而实现其折磨自己的渴望,便是利他以害己。⑪“完全害己”,即目的害己、手段也害己的

行为。这种行为，如弗洛伊德所说，也引发于诸如内疚感、罪恶感的自恨心；如一个印第安人酒后杀母因而内疚，于是不论冬夏都不着衣物，严冬时露宿雪地。⑫"害人以害己"，即目的害己、手段害人的行为，如一个人受内疚感驱使而欲入狱惩罚自己，于是便故意破坏公物、扰乱治安以便让警察抓住自己的行为。⑬"利己以害他"，即目的害他、手段利己的行为，如为了杀死仇人而锻炼身体、练功习武等等。⑭"利他以害他"，即目的害他、手段利他的行为，如西施委身吴王以求灭吴。⑮"损己以害人"，即目的害人、手段害己的行为。列夫·托尔斯泰的《安娜卡列尼娜》中，安娜卧轨自杀就是一种损己以害人，因为她卧轨时不断喃喃自语"报复他"：她自杀的目的是为了报复佛伦斯基。⑯"完全害人"，即目的害人、手段也害人的行为。这是典型的复仇行为，是古老而又常见的社会现象；多少年来，它一直是戏剧、小说和电影的重要题材。特别是中国的旧式或新派武侠小说，大都以这种完全害人的复仇行为为主题，几乎千篇一律：张三的父母被李四杀害，张三逃进深山老庙，为了杀害李四报仇雪恨而勤学苦练，一朝武艺学成便出庙下山追杀李四。

不论任何社会任何人的伦理行为如何怪诞罕见，均无逃乎这16种伦理行为：只不过或者是其纯粹类型，或者是其复合形态罢了。因为这16种伦理行为由人的全部伦理行为目的与全部伦理行为手段结合而成，因而便包括人类一切社会一切人的一切伦理行为。然而，问题的关键在于，人们究竟为什么会做出这些行为？或者说，这些伦理行为——特别是无私利他——的原因、根据和原动力究竟是什么？换言之，一切伦理行为的根源究竟是什么？行为手段的根源无疑在于行为目的。所以，伦理行为的根源，真正讲来，也就是伦理行为目的之根源，也就是目的利己与目的害己以及目的利人与目的害人四大伦理行为目的之根源：四者乃是伦理行为最深刻的本性，是最深刻的人性。

## 三 最深刻的人性：目的害己与目的利己之根源

### 1. 爱与恨：引发一切伦理行为之普遍根源

无论是哲学家、心理学家抑或芸芸众生，几乎都承认需要是引发每个人一切行为的动因、根据、原动力。粗略讲来，这是不错的。然而，细究起来，需要并不能直接引发人的行为。需要只有被体验而转化为感情——感情是需要是否得到满足的心理体验——才能引发行为:需要只能引发关乎这些需要的种种心理体验,亦即欲望、苦乐、爱恨等感情;欲望等感情才能引发行为目的;行为目的则产生实现它的行为手段。所以,唯有感情才是真正引发每个人行为的动因、根据、原动力;而需要则是直接引发感情、间接引发每个人行为的动因、根据、原动力。

感情、欲望、苦乐等是引发一切行为动因、根据、原动力,因而也就是引发伦理行为的动因、根据、原动力。所以,探究伦理行为的动因、根据、原动力,正如冯友兰和梁启超所言,只能到欲望、感情中去寻找,而不能到理智中去寻找:"理智无力,欲无眼。"[16]理智不过是欲望、感情的眼睛,不过是用来指导实现欲望和感情的手段而已:"理性只能叫人知道某件事该做,某件事该怎样做法,却不能叫人去做事;能叫人去做事的,只有情感。"[17]那么,究竟什么感情是引发伦理行为的动因、根据、原动力? 那就是爱与恨。

人生在世,恐怕没有什么比爱和恨更熟悉的了。可是,爱与恨究竟是什么,却很难说清。不过,遍查典籍,推敲生活,可以看出,洛克、斯宾诺莎、休谟、费尔巴哈、弗洛伊德的阐释较为真切:爱与恨乃是一种心理反应,它们与快乐、利益和痛苦、损害有必然联系:爱是自我对其快乐之因的心理反应,是对给予自己利益和快乐的东西的心理反应;恨是自我对其痛苦之因的心理反应,是对给予自己损害和痛苦的东西的心理反应。[18]这个定义能成立吗? 确证或否定这个定义的最好方法,显然是考察最普遍、最复杂也最重要的三大类型的爱:母爱、性爱、友爱。

父母之爱似乎与这个定义相违。因为按照这个定义,爱与恨都是有条件的:爱以快乐和利益为条件;恨以痛苦和损害为条件。可是,根本说来,正如弗洛姆和蔡元培所言,母爱乃是一种无条件的、生而固有的本能:"母爱,就其真正的性质来说,是无条件的。"[19]"父母之爱其子也,根于天性,其感情之深厚,无足以尚之者。"[20]然而,这种无条件的本能形成的原因是什么? 细究起来,其原因恐怕正如无数先哲所说,乃在于:人生最重大、最根本的苦痛和不幸,莫过于意识到自己总有一天要死亡;而人生的最重大、最根本的渴望便是永生。父母爱其子女的感情之所以"无足以尚之者",说到底,岂不就是因为子女给了父母最重大最根本的利益和快乐:满足了父母永生的渴望? 因此,柏拉图说:"不要为所有的人都爱自己的子孙而感到惊奇,因为这普遍的关切和爱都是为了通向永生。"[21]这就是说,父母之爱的本能是无条件的;但产生这种本能的原因却是有条件的:给予父母以利益和快乐。所以,父母之爱的本能,说到底,也是对于子女所给予的利益和快乐的心理体验；只不过这种心理体验代代相传，因而进化为先天的和无意识的罢了。

更何况，全面地看，父母之爱显然不仅仅是先天固有的本能，而且还有后天习得的部分。先天固有的父母之爱乃是对子女给予的利益和快乐的无意识的心理反应。反之，那后天习得的父母之爱，则是对子女给予的利益和快乐的有意识的心理反应。茅盾先生在谈到这种后天习得的父母之爱时，便这样写道："凡母亲爱子的感情，总是和一个强烈的快感相连的。做母亲者当偎抱子女柔软的身体时，简直可以使自己忘却种种愁苦，而只觉得快感。"〔22〕如果子女不是给父母以利益和快乐，而是给父母以痛苦和损害，那么，父母便不会爱而会恨子女了。那些控告子女于法庭、甚至亲手勒死子女的父母，为什么那么恨自己的子女？岂不就是因为这些子女给父母带来极大的痛苦和损害？反过来，子女之所以爱父母，也是因为父母给了他们莫大的利益和快乐："父母之恩，世岂有足以比例之者哉！"〔23〕如果父母给予子女的不是快乐而是痛苦，那么，子女也不会爱而会恨父母。那个控告母亲而使她被判处无期徒刑的儿子，为什么这样恨自己的母亲？岂不就是因为她奸杀了自己的父亲而给自己以莫大的痛苦和损害？

可见，父母之爱，不论就其先天固有的本能还是就其后天习得的部分来说，都是对于子女给予的快乐和利益的心理反应。那么，性爱呢？性爱或爱情，如所周知，乃是对性对象的爱。然而，一个人对他的性对象的爱究竟是怎样发生的？从质上看，正如沙比所指出，只能是因为性对象使他快乐："爱情不就是一种沉醉，一种快乐？"〔24〕从量上看，对性对象的爱之所以是人类最强烈、最美妙、最令人神魂颠倒的感情，也只是因为性欲——人类最强烈的欲望——是爱情的原动力和最深层的本质，因而性对象所给予的快乐是人类最强烈、最美妙、最令人神魂颠倒的快乐。性爱源于性对象所给予的快乐，因而也就是一种典型的交织着恨的爱。因为性对象不仅给予快乐，同时也无不给予痛苦："爱情是痛苦的同义词。"〔25〕如果这种痛苦是性对象的行为——如拒绝、变心、不贞——所造成的，那么，对性对象的爱便会转化为恨。我们都知道，这种恨极为强烈，有时甚至导致杀人和自杀的悲剧。可是，对性对象的恨为什么会如此强烈？显然也是因为性对象所造成的痛苦极为强烈：爱情的痛苦是人类最为强烈的痛苦。

可见，性爱，不论从质上还是从量上看，都是对于性对象所给予的快乐和利益的心理反应。那么，友爱呢？友爱，不言而喻，亦即对朋友的爱。而所谓朋友，也就是经常来往、互相帮助、彼此信任的伙伴。所以，朋友的最深刻的本质，正如亚里士多德所说，是相互给予利益和快乐："任何种类的友爱都被认为是快乐。"[26]只不过所给予的利益和快乐因朋友类型的不同而不同:酒肉朋友相互给予的是酒肉的利益和快乐;文墨朋友相互给予的是文墨的利益和快乐;狐朋狗友相互给予的是低级下流的利益和快乐;君子之交相互给予的是淡泊如水的精神利益和快乐。所以,蔡元培说:"朋友者,所以为人损痛苦而益快乐者也。"[27]

于是,对朋友的爱也就不过是对朋友所给予的利益和快乐的心理反应、心理体验。由此可以理解,为什么"人无千日好,花无百日红"。友爱难以长久维持,只缘人们难以长久相互利乐。当朋友不再相互有用和令人快乐,友爱也就必然淡薄、疏远、终结了。不仅此也。越是朋友,便越密切,便越容易发生重大的利益冲突,便越可能造成重大的损害和痛苦,便越可能结下深仇大恨。古今中外,多少不共戴天的仇敌,当初却是形影不离的最要好的朋友啊!所以,我们对于同一个人由友爱到仇恨的转变,不过是对他由给予我们快乐到给予我们痛苦的转变的心理反应罢了。

母爱、性爱、友爱虽然最为普遍、复杂、歧义丛生,但是,如上所述,三者还是比较清楚地显示了爱恨与苦乐、利害的必然联系。这种联系在其他类型的爱恨中就更加直接、简单、一目了然了。试想,我为什么爱国?岂不就是因为祖国生我、养我、育我,给了我巨大的利益?相反,如果祖国压迫我、剥削我、折磨我、蹂躏我,我还会爱国吗?穆勒甚至说:"在独裁统治下最多只有一个爱国者,那就是独裁者本人。"[28]试想,我为什么会博爱而爱一切人?岂不就是因为"除了人,没有别的东西对于人更为有益?"[29]相反,如果张三诬陷我、损害我、欲置我于死地而后快,我又怎么会不恨他呢?同理,我爱狗爱猫,是因为它们给我的生活带来了情趣;可是,如果它们每天咬我一口,我还会爱它们吗?试问,谁会爱给他痛苦的东西、而恨给他快乐的东西?给谁快乐谁不爱、给谁痛苦谁不恨?

可见,就像铁遇氧必然生锈、水加热必然蒸发一样,人遭受损害和痛苦必恨、而接受利益和快乐必爱:爱是一个人对给予他利益和快乐的东西的必然的、不依人的意志而转移的心理反应;恨是一个人对给予他损害和痛苦的东西的必然的、不依人的意志而转移的心理反应。可是,爱与恨又是怎样成为一切伦理行为的动因、根源、原动力的呢?

原来,使一个人快乐和痛苦的既可能是他人,也可能是自我本身。所以,爱与恨便分为爱人之心与自爱心以及恨人之心与自恨心:爱人之心是对于成为自己快乐之因的他人的心理反应;恨人之心是对于成为自己痛苦之因的他人的心理反应;自爱心是对于成为自己快乐之因的自己本身的心理反应;自恨心是对于成为自己痛苦之因的自己本身的心理反应。这四种爱与恨正是产生一切伦理行为——亦即目的利人、目的害人、目的利己、目的害己四种伦理行为——的动因、根据、原动力。

**2. 自恨心:罪恶感与自卑感**

目的害己都是害己的行为,但害己的行为却不都是目的害己。因为害己未必都是目的,而往往是手段。如果害己是为了逃避更大痛苦和损害,害己便不是目的而是手段,便是害己以利己,属于目的利己行为。因为利己具有二重性:趋利与避害——趋利是利己,避害也是利己。例如,弗洛伊德80岁时因患鼻咽癌而注射氰化钾自杀之害己,便是为了逃避更大的痛苦,因而是害己以利己,属于目的利己的行为。

然而,自杀不都是目的利己。因为有些自杀者的自杀方式十分可怕:扑向飞快旋转的电锯、点燃含在口中的炸药、把烧红的铁棒插入喉管、跳进白热的烤箱、投身于火山口、拥抱烧红的火炉、脱得精光在冬天的风雪中冻死等等。这些自杀者为什么选择如此痛苦的害己方式?显然不是为了逃避痛苦和损害,而是出于受苦受害的强烈渴望,是为了受苦而受苦、为了受害而受害,因而便是目的害己的行为。

可是,人们为什么会自己害自己呢?这是精神分析学的核心问题。弗洛伊德、荣格、阿德勒、弗洛姆、荷尼等精神分析学家的研究表明,一个人之所以会有害己的目的,是由于他的恨转向了自己,他恨自己。这是因为,一方面,恨——如前所述——是一个人对给予他损害和痛苦的东西的必然的、不依人的意志而转移的心理反应。每个人所遭受的痛苦和伤害,固然大都来自他人,但也往往是自己造成的。一个人的痛苦和伤害如果是他人造成的,他便必然会恨他人,便必然会产生恨人之心;如果是自己造成的,他也必然会恨自己,也必然会产生自恨心:自恨心是对于成为自己痛苦之因的自己本身的必然的、不依自己的意志而转移的心理反应。另一方面,恨——正如弗洛伊德所说——是破坏性、损害性行为的动因。如果所恨的对象是他人,便会导致目的害人的行为;如果所恨的对象是自己,便会导致目的害己的行为。[30]那么,自恨心究竟是怎样引发目的害己之行为的?

原来,每个人或多或少都有遵守道德从而做一个好人的道德愿望。这样,如果自己造福他人、行为符合道德,自己便会因做一个好人的道德愿望得到实现而沉浸于良心满足的快乐,便会产生自豪、自尊之自爱心。反之,如果自己损害他人、干出了违背道德的恶行,自己便会因做一个好人的道德愿望得不到实现而陷入良心谴责的痛苦,便会产生内疚感、罪恶感:内疚感和罪恶感是对自己因损害他人而造成自己良心痛苦的心理反应,因而属于自恨心范畴。这种自恨心,如所周知,往往是一种相当强烈的持续的焦虑,是震撼心灵的极深刻的情绪上的动荡不安;如果不能为自爱心所中和、抵消,便会以各种残害自己的行为来自我惩罚以赎罪,从而解除罪恶和内疚、摆脱焦虑、达到内心的安宁。

那么,内疚感和罪恶感是引发目的害己行为的全部动因吗?不是。因为现代心理学表明,痛苦最主要的情境条件是:行为失败而达不到目的。如果一个人认为失败的原因在自己,是由于自己的无能,那么,他对于因自己的无能所造成的自己的失败之痛苦的心理反应,便是一种与内疚感和罪恶感有所不同的自恨心:自卑感。这种不同在于,内疚感和罪恶感是对自己的无德的恨;而自卑感则是对自己无能的恨,是把自己的痛苦归因于自己无能的心理:"卑谦是由于一个人省察他自己的软弱无力而引起的痛苦。"[31]更确切些说,自卑感与自尊心相反,是认为自己无能使自己受尊敬的心理,是认为自己没有能力有作为、有价值的心理:不自信是自卑感的根本特征。因此,自卑之为自卑的根本特征,并非自认卑下,而是自认无能改变自己之卑下。所以,阿德勒说:"现在,我们应该给自卑情结下一个定义:当个人面对一个他无法适当应付的问题时,他表示他绝对无法解决这个问题,此时出现的便是自卑情结。"[32]这样,仅仅认为自己卑下,还不是自卑——认为自己卑下但能加以改变,恰恰是自信、自尊——只有认为自己卑下且无能加以改变,才是自卑:自卑感是自认无能改变自己之卑下的心理。由此可以理解,为什么生理缺陷最易引起自卑,因为生理缺陷是自己无能、无法加以改变的。

自卑感与内疚感、罪恶感虽然有所不同,但毕竟都是自恨心,因而所引发的目的害己行为之心理机制往往相同:自我惩罚。对此,达尔文曾举一例:在大猩猩凶狠地打斗时,被打败者往往拼命打自己;因为它痛感自卑,愤恨自己无能,因而自我惩罚。我们平时也曾看见,有的母亲因管教不了儿女而用手掌甚至木棍猛打自己的脸和头。这也是一种引发于自卑之自恨的自我惩罚:恨自己竟无能到了管教不了自己儿女的地步。

不过,大体说来,自卑感与内疚、罪恶感的害己心理还是不同的:自卑的害己特点在于自暴自弃。因为大体说来,一个人如果自卑,认为自己没有能力有所作为,那么,他显然就会放弃作为、自暴自弃——谁会为自认不可能的事情奋斗呢?所以,荷尼说:"自卑主要是在于对抗任何为求改善或成就的奋斗。”[33]美国心理学家卡普兰对9300名七年级学生进行十年调查的结论是：自卑和偏离规范的行为（不诚实、加入罪犯团伙、违法行为、吸毒、酗酒、挑衅以及各种心理变态等）成正比例关系。他举例说：在自卑心低、中、高的学生中，一年或更长时间以后承认有过小偷小摸的分别占8%、11%、14%；被学校开除的分别占5%、7%、9%；想过自杀或威胁要自杀的分别占9%、14%、23%。[34]

总之，一个人之所以会目的害己，只是因为他有自恨心。如果这种恨是对于因自己缺德所造成的良心痛苦的心理反应，那么，他便会产生内疚感和罪恶感，从而以各种残害自己的行为来赎罪；如果这种恨是对于因自己的无能给自己造成的痛苦的心理反应，那么，他便会发生自卑感而自暴自弃：自恨心通过衍生自卑感和内疚感或罪恶感而导致目的害己之行为。

**3. 自爱心：求生欲与自尊心**

目的利己，不言而喻，亦即为自己谋利益的行为，也就是求利避害、求乐避苦的行为：求乐、求利是积极的利己；避害、避苦是消极的利己。人们大都赞成伏尔泰的话：正如没有必要去证明人有脸一样，没有必要去证明一个人为什么会有利己的目的；因为人人莫不求利避害，求利避害是人的本能。[35]然而，这种见解是肤浅的。因为，如前所述，人不仅有利己的目的，而且还有害己的目的。如果说利己是人的本能，那么，他为什么还会害己呢？细究起来，一个人之所以会有利己目的，只是因为他有自爱心，他爱自己。因为如果他不是爱自己而是恨自己，那么他便不会利己而会害己了。

自爱心的基本表现是求生欲。因为所谓求生欲，如所周知，也就是对自己的生命的爱的欲望，也就是爱自己的生命而保持其存在的欲望。每个人都有求生欲而爱自己的生命，只是因为生命的快乐是人的最根本、最重要、最大的快乐：这是生物进化的结果。因为如所周知，生物进化一方面使动物具有快乐和痛苦的感受性而趋乐避苦；另一方面则使有利生命的刺激引起快乐感受、有害生命的刺激引起痛苦感受。这样，动物这种最高级因而也最难保持存在的物质形态才能生存下来。

既然对于有利生命的东西的心理反应便是快乐，对于有害生命的东西的心理反应便是痛苦；那么，对于生命本身的心理反应便是最根本、最重要、最大的快乐。庄子将这个道理概括为四个字：“至乐活身。”[36]生命本身、活着本身便是每个人最根本、最重要、最大的快乐，因而每个人对自己生命的爱、他的求生欲，便是他最根本、最重要、最大的欲望和需要。所以，费尔巴哈说:“人的愿望,至少那些不以自然必然性来限制其愿望的人的愿望,首先就是那个希冀长生不死的愿望。是的,这个愿望乃是人的最后的和最高的愿望,乃是一切愿望的愿望。”[37]那么,每个人的求生欲将导致什么行为?显然是使自己的生命得以存在和发展的行为,因而也就是求利避害、求乐避苦的行为,说到底,也就是目的利己的行为。

于是,我们可以得出结论说:目的利己的行为,直接说来,源于求生欲;而根本说来,则源于生命的快乐。然而,求生欲所能引发的,无疑仅仅是一部分并且是基本的、低级的目的利己行为,即活着。仅仅求生欲,还不能引发那些比较高级的目的利己行为:活得有作为、有成就、有价值。引发这些行为的,乃是另一种自爱心:自尊心。何谓自尊心?

原来,一个人的自我,无非由生命和人格两方面构成。求生欲是自爱在自己生命方面的表现,是对自己的生命的爱,是对生命自我的爱。反之,自尊心则是自爱在自己人格方面的表现,是对自己人格的爱,是对人格自我的爱。

然而,究竟何谓人格,依赫根法所见,“也许这是所有心理学问题中最为复杂的问题”[38]。根据阿尔波特的综述,其定义竟多达五十余种。不过,细细想来,不难看出,所谓人格,正如绝大多数心理学家所说,也就是一个人的行为自我。因为,一方面,人格这种自我形成于行为,是自己长期的、一系列的行为所造成的:“人从事什么,人就是什么。”[39]你若经常偷盗,那么你的人格自我就是小偷。你若经常做好事,那么你的人格自我就是好人。这个道理被存在主义奉为第一原理:“人不外是由自己造成的东西。这就是存在主义第一原理。”[40]人格即行为自我,另一方面则是因为,人格这种自我反过来又决定一个人的行为,通过一个人的行为表现出来。对此,阿尔波特曾这样写道:“人格是个体内部心理物理系统的动力组织,它决定一个人行为和思想的独特性。”[41]于是,合而言之,人格就是一个人的行为所表现和形成的自我:“人格是人所是的和人所做的,它存在于行动后面,在个人内部。”[42]可是,一个人为什么会爱自己的人格,会爱他的行为自我?

现代心理学表明:引起快乐的最主要的情境条件是,一个人追求并达到目的。每个人的行为,目的都是为了满足一定的需要、实现一定的欲望。如果他的行为获得成功,从而满足了需要、实现了欲望、达到了目的,那么,他便快乐;反之,他便痛苦。不言而喻,每个人的行为不论如何屡遭失败,却总有数说不尽的成功,总有数说不尽的快乐——尽管这些成功和快乐可能极为琐碎渺小——而这成功和快乐，说到底，是他自己努力求得的，是他自己的行为和人格之结果。所以，每个人的一切快乐之终极原因，具体讲来，是他自己的行为；总体地看，则是他自己的人格。这就是每个人为什么都爱自己的人格的秘密。

爱自己的人格，不言而喻，也就是使自己的人格受尊敬的心理，也就是使自己的人格受自己和他人尊敬的心理：爱自己的人格与自尊心是同一概念。所以，冯友兰写道："孟子说：'舜何人也，予何人也，有为者亦若是。'有这一类底志趣者，谓之有自尊心。"[43]不过，一个人怎样才能得到自己和他人的尊敬呢？无疑只有使自己有所作为、有所成就、有贡献、有价值才能得到自己和他人的尊敬："为鸡狗禽兽矣，而欲人之尊己，不可得也。"[44]因此，自尊心必将导致使自己有作为、有价值的目的利己的行为：自尊者必自强自立也。

可见，一个人之所以会有利己目的，只是因为他有自爱心：一方面是因为自爱在自己生命方面的表现是求生欲，因而必导致维持自己生命的低级的目的利己行为；另一方面是因为自爱在自己人格方面的表现是自尊心，因而必然导致使自己有所作为的高级的目的利己行为。

## 四　最深刻的人性：目的利人与目的害人之根源

### 1. 爱人之心：同情心与报恩心

所谓目的利人的行为，亦即行为目的是为了别人而不是为了自己的行为，也就是无私利他、自我牺牲的行为。这种行为能否存在，是利他主义与利己主义的根本分歧：自孔墨与老庄、亚里士多德与伊壁鸠鲁以来，人们一直争论至今。然而，每个人——不管他多么自私——都或多或少地存在着无私利他的行为。这是因为，每个人，不管多么自私，都或多或少会从他人那里得到快乐和利益，从而必然或多或少有爱人之心；而爱人之心这种对于成为自己快乐之因的他人的心理反应，便会驱使自己相应地为了他人的快乐和利益而劳作：爱人之心会导致无私利人的行为。

举例说，据1993年的《印度斯坦时报》报道，在印度西部古吉拉特邦的哈特米塔雅纳村，一名小童希什在他家附近玩耍时，被一头雌狮攻击压倒在地。他27岁的母亲拉娜闻声出来看见，便飞身撞向狮子，大声呼叫。村民赶到，吓跑母狮。母亲身受重伤，儿子化险为夷。试问，这位母亲的行为是不是无私利他、自我牺牲？有人说不是，因为她救的是她自己的儿子。照此说来，一个人为了他的朋友也是为了自己，因为那是他自己的朋友；他只有为了路人才是无私利他。即使为了路人也是为自己，因为那是他自己的同胞；他只有为外国人才是无私利他。即使为外国人也是为自己，因为那是他自己的同类；他只有为了驴马、狮虎，才堪称无私利他。难道还有比这更荒唐的逻辑吗？所以，一个人只要不为自己，那么，不管他所为的别人离他多么近，都是无私利他。只不过他所为的别人离他越近，他的无私利他的境界便越低；离他越远，他的无私利他的境界便越高罢了。所以，这位母亲撞狮救子是一种无私利他、自我牺牲的行为。那么，驱使她如此无私利他、自我牺牲的动因、原动力究竟是什么？无疑是对儿子的爱，是母爱。任何一位深爱自己子女的母亲，受着爱的驱使，为了救她所爱的子女出危难，岂不都可能牺牲自己的幸福乃至生命吗？[45]可是，为什么爱人之心会导致无私利人的行为？

原来，正如斯宾诺莎所说，一个人爱谁，便会对谁产生同情心，便会与谁发生同样的感情。[46]因为爱越多，同情便越强烈；爱越浅，同情便越淡薄。如果不是爱，而是恨，那便不但不同情，而且恰好相反：看到所恨的人快乐自己会痛苦；看到所恨的人痛苦自己会快乐。所以，同情心是从爱人之心分化产生出来的，是爱人之心的表现。这样，当一个人在爱他人的时候，就会与他所爱的人融为一体：看到所爱的人快乐，自己便会同样快乐；看到所爱的人痛苦，自己便会同样痛苦。于是，一个人便会帮助他所爱的人得到快乐、摆脱痛苦，就像使自己得到快乐、摆脱痛苦一样；而实际上，他这种行为的目的，不但毫不为己而且还往往是自我牺牲。

举例说，谁都承认，母爱是无私的、富有牺牲精神的。可是，母亲为什么会辛辛苦苦不为自己而为子女谋取幸福、快乐？无疑是因为母亲深爱自己的子女，对他们怀有强烈的同情：感觉到他们的苦乐，就像自己的苦乐一样。我们不是常常看到，当有了什么好吃的东西，母亲总是宁愿让给儿女吃而自己不吃？母亲为什么会这么做？因为——母亲们都这么说——她感受到儿女吃时的快乐，这种快乐的感受甚至比自己吃所感受的快乐还强烈。

可见，只要爱人而以同情心待人，便会达到无私利人的崇高境界。那么，爱人之心是否只能通过产生同情心而导致无私利人？不是的。一个人之所以会爱他人，如上所述，只是因为他人给了他快乐和利益：爱人之心是对于成为自己快乐之因的他人的心理反应。如果这快乐和利益是他人无意给予我的，如稚子的憨态、情人的美丽，那么，这种快乐和利益便仅仅是快乐和利益而不是恩。我对于这种快乐和利益便仅仅有爱的心理反应而不会有报恩心,是非报恩心之爱。这种爱无疑只能通过产生同情心而无私利人。反之,如果我所得到的快乐和利益是他人有意给予的,如父母的养育、朋友的帮助,那么,这种快乐和利益便叫做恩。我对于这种快乐和利益便不仅有爱的心理反应,而且相应地产生一种也有意给对方以快乐和利益的心理。这就是所谓的恩爱、报恩心之爱:报恩心便是对有意给自己快乐和利益的人所产生的也有意给他以快乐和利益的心理。所以,报恩心是一种爱,是爱人之心的一种表现和结果:“感恩或谢忱是基于爱的欲望或努力,努力以恩德去报答那曾基于同样的爱的情绪,以恩德施诸我们的人。”[47] 如果说父母对子女的爱是同情心之爱的典型,那么,子女对父母之爱则是报恩心之爱的典型。

不难看出,报恩心所引发的行为的目的,并不是为了而是因为从恩人那里得到快乐和利益;目的是为了给予恩人快乐与利益,而原因在于恩人曾给予自己快乐与利益;是为了报答、给予恩人快乐与利益,而不是为了再从恩人那里得到、索取快乐和利益;是给予而非索取;是为恩人而不是为自己。一句话,报恩心所引发的是一种无私利他的行为。这样,当一个人在爱他人的时候,如果这种爱是对他人有意给予自己快乐和利益的心理反应,那么,他便会对他人心怀感激、产生报恩心,从而为他的恩人谋取快乐和利益:爱人之心通过产生报恩心而导致无私利他的行为。

总之,一个人之所以能够无私利人,是因为他有爱人之心。爱人之心所以会导致无私利人,一方面是因为它使爱者与被爱者融为一体、产生同情心;另一方面则是因为它使爱者对被爱者心怀感激、产生报恩心。

那么,爱人之心是不是无私利人的唯一动因?不是的。爱是人与动物所共有的、不学而能、不经道德教化便可以出现的自然的、天赋的道德感情,是源于个人的非道德需要的道德感情,它仅仅是无私利人动因之一方面。引发无私利人的另一方面动因,则是人所特有的、经过后天道德教化从能实现的感情,亦即源于个人的道德需要的道德感情:完善自我品德之心。

**2. 完善自我品德之心**

不言而喻,每个人或多或少都有做一个好人、道德的人、高尚的人的道德需要。个人对其道德需要的心理反应、体验、觉知,即道德欲望;准备付诸实现的道德欲望,即道德愿望;远大的道德愿望,即道德理想。道德欲望、道德愿望、道德理想虽有所不同,却都源于个人道德需要,都属于源于个人道德需要的道德感情。对于这种道德感情,康德名之为"对道德法则的敬重心";儒家名之为"成圣成贤之心";精确地说,不如名之为"完善自我品德之心"。

然而,一个人怎样才能成为好人、道德的人、高尚的人,从而满足其道德需要、实现其完善自我品德之心?无疑只有去做好事、道德的事、高尚的事。这个道理,亚里士多德说得很清楚:"德性则由于先做一个一个简单行为,而后形成的。这和技艺的获得一样。当我们学了一种技艺时,我们愿意去做这种技艺,于是去做。就由于这样去做,而学成了一种技艺。我们由于从事建筑而变成建筑师,由于奏竖琴而变成为竖琴演奏者。同样,由于实行公正而变为公正的人,由于实行节制和勇敢而变为节制的、勇敢的人。"〔48〕那么,一个人究竟要做什么样的好事、道德的事才能完善自我品德?最重要的无疑是无私利人。因为无私利人,如所周知,是最高尚的事,是品德的完善境界。所以,一个人受完善自我品德之心的驱使,便会无私利人:完善自我品德之心是引发无私利人行为目的之动因。

无私利人源于完善自我品德之心的理论的最早表述,恐怕便是孔子的那句名言:"古之学者为己,今之学者为人。"这里的"己",正如王阳明所说,是"真吾"而不是"私吾",也就是道德自我、自己的品德,而不是名利自我、自己的名利。〔49〕因此,"为己"便是为了完善自我品德、实现自己的人之所以为人者、最终成圣成贤。这样,"为己"便不但不是自私利己,而且恰好相反,正是无私利人。因为只有无私利人,才能使自我品德达到完善境界、实现自己的人之所以为人者之崇高道德理想:"求自己的利,可以说是出于人的动物倾向,与人之所以为人者无干……为实现人之所以为人者,我们可以说,人应该求别人的利。"〔50〕所以,王阳明说,为己必须无己、无私;无己、无私必须克己:"君子之学,为己之学也。为己故必克己,克己则无己。"〔51〕

孔子的这种"为己须无私利人"的思想,后来便被概括为著名的"内圣外王":"内圣"是"为己";"外王"是"无私利人"——为了完善自我品德而内圣,便必须外王而无私利人。对此,张灏讲得很清楚:"孔子'内圣外王'之生命理想……根据这理想,每个人有两项待践履的理分。首要的是,人格的道德的完美……道德生命的完美成就圣贤人格——每个人的人生目标。……另一项深奥的睿识是任何人的道德修养都不能是独善其身的。这个睿识乃涵蕴于'仁'的意义中……在'仁'的这项性格之下,道德生命的实现乃决定于'己立立人、己达达人'的奉献,这种对他人'道德福祉'的奉献。"〔52〕可见,"内圣外王"所涵蕴的正是这样的一个真理:一个人之所以能有无私利人的行为目的，是因为他有完善自我品德之心；他要完善自我品德，满足自己做一个好人的道德需要、道德感情，便必须去做好事而无私利人。

总观目的利人之原因，可知一个人之所以能无私利人，无非是因为他有两种感情：一方面是因为他有完善自我品德之心，这是源于个人道德需要的道德感情；另一方面则因为他有爱人之心、同情心和报恩心，这是源于个人非道德需要的道德感情。然而，如所周知，每个人不仅有爱人之心、同情心、报恩心，而且还有恰恰相反的恨人之心、嫉妒心、复仇心。那么，由前者导致目的利人，是否可以说后者将导致恰恰相反的行为：目的害人？

### 3. 恨人之心：嫉妒心与复仇心

所谓目的害人的行为，亦即行为目的是为了害人而不是为了利己的行为；不但不是为了利己，而且往往为了害人而宁愿害己。试举一例。1963年在美国佐治亚洲，一个黑人学生枪杀了他的同学，因为他看到受害者被推选为班委会主席而眼红：为了害人而不惜违法害己。由此可见，目的害人是一种十分独特的行为，它与两种行为形似而神异：一方面，目的害人与损人利己都属于害人行为，但后者以害人为手段，而前者以害人为目的；另一方面，目的害人与目的利人虽然目的恰恰相反，但手段却往往相同：害己。

那么，这种行为是否只有那些心灵极为阴暗的人才干得出来呢？不是的。每个人，不管他多么善良，都或多或少地存在着目的害人的行为。这是因为，每个人，不管多么善良，都或多或少会从他人那里受到痛苦和伤害，从而必然或多或少有恨人之心；而恨人之心这种对于成为自己痛苦之因的他人之心理反应，显然便会驱使自己相应地为了使他人痛苦而活动：恨人之心会导致目的害人的行为。确实，古今中外，恨曾经并且还将驱使多少人为了损害所恨的人而不惜损害自己，甚至身陷囹圄、命丧黄泉！所以，斯宾诺莎说："假如一个人恨另一个人，他将努力设法损害他。"[53]可是，为什么恨人之心会导致目的害人的行为？

原来，一个人恨谁，便会对谁产生反感，便会产生与那人相反的感情。这种反感的典型便是嫉妒心：嫉妒心是因与他人的优劣相比较而与他人发生相反感情的心理。嫉妒心也源于他人对自己的伤害和给自己造成的痛苦。不过，这种伤害和痛苦却不是他人有意造成的，而是自己与他人相比较的结果：一方面是与他人的优势相比而使自己居于劣势的结果；另一方面则是与他人的劣势的改善相比而使自己优势减弱的结果。他人无意伤害我，但是,他人的优势却不能不使我居于劣势;他人的劣势的改善也不能不威胁我的优势。他人的优势使我居于劣势和他人劣势的改善而威胁我的优势,不能不使我对他人产生怨恨之心,不能不使我与他人发生相反感受:这就是所谓的嫉妒心。

这样,在我恨他人的时候,如果这种恨是对他人的优势或劣势的改善之心理反应,那么我便会对他人心怀嫉妒,因而看到他人快乐和幸福,我便会感到痛苦和不幸;看到他人痛苦和不幸,我便会感到快乐和幸福。于是,我便会设法使他人遭受痛苦和不幸,就像使自己得到快乐和幸福一样;我便会设法使他人丧失快乐和幸福,就像使自己摆脱痛苦和不幸一样。然而,实际上我这种行为的目的,却是纯粹害人而毫不利己;不但毫不利己,而且往往还自我损害。这个道理,赫·舍克在《嫉妒论》中讲得极为精辟:“嫉妒者完全做好了准备,如果能够使被嫉妒者遭到伤害或是感到痛苦,哪怕使自己本人受到伤害,他也在所不惜。”[54]举例说,1963年,纽约有一个其貌不扬的临时工,在一场棒球比赛散场之后,驾车冲上人行道,把在这场比赛中获胜的漂亮英雄压倒。这个谋杀者供认其犯罪动机在于,他不能忍受这位相貌出众的运动员那么丰神俊爽、光彩夺目:嫉妒心使他为了害人而不惜违法害己。

那么,恨人之心是否只能通过产生与所恨的人的相反感情——特别是嫉妒心——而导致目的害人的行为?不是的。一个人之所以会恨他人,如上所述,只是因为他人给了他痛苦和损害:恨人之心是对于成为自己痛苦之因的他人的心理反应。如果这痛苦和损害是他人无意给予我的——如他人的优势或他人的劣势的改善——那么,这种痛苦和损害便仅仅是痛苦和损害,而不是仇。我对于这种痛苦和损害便仅仅有嫉妒心等恨的反应,而不存在复仇心,是非复仇心之恨。反之,如果这种痛苦和损害是他人有意给予的——如他人对我诬陷迫害——那么,这种痛苦和损害便叫做“仇”。我对于这种痛苦和损害便不仅仅有恨的心理反应,而且还相应地产生一种也有意给他人以痛苦和损害的心理反应,亦即复仇心之恨:复仇心是对有意伤害自己的人所产生的也有意给他以伤害的心理。所以,复仇心是一种特殊的恨人之心,是恨人之心的一种表现和结果。

因此,复仇心所引发的行为目的,也是害人而非利己;不但不是利己,而且也往往以自我损害为手段:为了给予仇人痛苦和损害,不惜自己再遭受痛苦和损害。这种目的害人的复仇行为,是古老而又常见的社会现象,多少年来,一直成为戏剧、小说和电影的重要题材。特别是中国的旧式或新派武侠小说,大都以复仇为主题,几乎千篇一律:张三的父母被李四杀害,便逃进深山老庙苦练武艺;学成后便出庙下山寻杀李四而置自己的前程和性命于不顾。

可见,一个人之所以会目的害人,只是因为他有恨人之心。如果这种恨是对他人有意给予自己痛苦和损害的心理反应,那么,他便会对他人心怀仇恨、发生复仇心,从而使仇人遭受痛苦和损害;如果造成这种恨的痛苦和损害是他人无意给予的,是他人的优势或劣势的改善的客观结果,那么,他便会对他人心怀嫉妒、与他人发生相反感情,从而使他人遭受痛苦和损害:恨人之心通过衍生嫉妒心和复仇心而导致目的害人之行为。

综观目的利人与目的害人以及目的利己与目的害己之根源可知,每个人的行为目的都是自由的、可选择的、各不相同的:既可能是无私利他,又可能是自私利己,既可能是纯粹害人,也可能是纯粹害己。一个人的行为目的之所以能够无私利他,只是因为他有爱人之心——同情心和报恩心——和完善自我品德之心:他之所以爱人而生同情心和报恩心,只是因为他人给了他利益和快乐;他之所以有完善自我品德之心,说到底,也是因为美德给了他莫大的利益和快乐。一个人所以会目的害人,只是因为他恨人而有嫉妒心和复仇心;他之所以心怀嫉妒和复仇而恨人,又只是因为他人给了他痛苦和损害。一个人所以会有利己目的,只是因为他爱自己,是因为他爱自己的生命而有求生欲和爱自己的人格而有自尊心;而他所以自爱而有求生欲和自尊心,只是因为他自己的生命和人格是他一切快乐之终极原因。一个人之所以会有害己目的,只是因为他的恨转向了自己而有内疚感、罪恶感和自卑感;而他所以会内疚感、罪恶感和自卑感而恨自己,则是因为他的痛苦之因乃是他自己的缺德和无能。这就是引发一切伦理行为的原因、根据和原动力规律,这就是一切伦理行为最深刻的本性,这就是最深刻的人性。

我们通过人性概念与伦理行为概念以及各种类型伦理行为根源的研究,完成了“道德价值实体”篇,揭示了作为伦理学对象的人性的主要内涵:①伦理行为的目的、手段和原动力的三因素结构;②伦理行为目的和手段的利他、利己以及害他、害己四类型;③伦理行为目的和手段结合而形成的伦理行为之16种;④一切伦理行为——特别是无私利他——的原因、根据和原动力。这些就是人的伦理行为事实如何之主要本性,亦即伦理学所主要研究的人性:它们是一切人生而固有、永恒不变、必然的、普遍的属性,也就是人性的“体”,因而也就只能存在和表现于人们那些变化的、特殊的、偶然的属性之中。人们这些变化的、特殊的、偶然的属性,就是人性的"用":人性是内容与形式、体与用、不变与变化的统一体。

举例来说,每个人都具有利己、利他、害己、害他四种行为目的,都具有引发利己目的的自爱心(求生欲与自尊心)和引发害己目的的自恨心(内疚感、罪恶感与自卑心)以及引发利他目的的爱人之心(同情心与报恩心)和完善自我品德之心以及引发害他目的的恨人之心(复仇心与嫉妒心)。这是普遍的、必然的、不变的,因而是人性的"体"或人性之内容。然而,品德高尚者的利他目的(及其爱人之心和完善自我品德之心)多,而害他目的(及其恨人之心)少。反之,品德败坏者的害他目的多,而利他目的少。这是特殊的、偶然的、变化的,因而是人性的"用"或人性的表现形式。

人性是内容与形式、体与用、不变与变化的统一体,乃是伦理学对其进行研究的意义之所在。因为一方面,如果知道人性的哪些因素是必然的、不可改变的,便不会要求人们改变这些不可改变的人性,便不会制定违背人性的恶劣道德,而能够制定符合人性的优良道德;另一方面,如果知道哪些人性因素是偶然的、可以改变的,便可以减少、禁止其与道德相违者,而增进、发扬其与道德相合者,从而使优良道德规范得到实现。那么,在人性——人的伦理行为事实如何之本性——中,究竟哪些可变因素是与道德相合抑或相违?符合人性之不变与可变因素的优良道德究竟是怎样的?这就是下一篇"道德价值和道德规范"的研究对象:以道德最终目的、道德终极标准为尺度,来衡量这些人的伦理行为事实如何的本性之善恶,从中推导、制定出伦理行为之应该如何的优良道德规范。

## 注　释

〔1〕 江恒源:《中国先哲人性论》,商务印书馆,1922 年版,4 页。

〔2〕《荀子·性恶》。

〔3〕《孟子·告子上》。

〔4〕《春秋繁露·深察名号》。

〔5〕 韩愈:《原性》。

〔6〕《荀子·正名》。

〔7〕《孟子·告子》。

〔8〕 Charles A. Ellwood, *An Introduction to Social Psychology*, D. Appleton and Company, New York, 1920, p. 51.

〔9〕 Charles Darwin, *The Descent of Man and Selection in Relation to Sex*, John Murray, Albemarle Street, W. London, 1922, p. 151.

〔10〕 黄建中:《比较伦理学》,国立编译馆,1947 年版,78 页。
〔11〕 参阅 Tom L. Beauchamp, *Philosophical Ethics*, McGraw-Hill Book Company, New York, 1982, p. 9.
〔12〕 冯友兰:《三松堂全集》第四卷,河南人民出版社,1986 年版,535 页。
〔13〕 霍尔巴赫:《自然体系》(上卷),商务印书馆,1964 年版,247 页。
〔14〕《论语·卫灵公》。
〔15〕 同上。
〔16〕 冯友兰:《三松堂全集》第一卷,河南人民出版社,1985 年版,537 页。
〔17〕 转引自冯友兰:《三松堂全集》第一卷,河南人民出版社,1985 年版,556 页。
〔18〕 参阅 John Locke, *An Essay Concerning Human Understanding*, Oxford at The Clarendon Press, 1975, p. 230;斯宾诺莎:《伦理学》,商务印书馆,1962 年版,102 页;周辅成编:《西方伦理学名著选辑》下卷,商务印书馆,1987 年版,120 页;David Hume, *A Treatise of Human Nature*, The Clarendon Press, Oxford, 1949, p. 348;《费尔巴哈哲学著作选集》上卷,三联书店,1959 年版,430 页;Sigmund Freud, *Collected Papers*, Volume 4, Basic Books Inc., New York, 1959, pp. 78,79.
〔19〕 Erich Fromm, *The Art of Love*, Harper Colophon Books, New York, 1962, p. 41.
〔20〕 蔡元培语,转引自《人生哲学宝库》,中国广播电视出版社,1992 年版,620 页。
〔21〕 柏拉图:《柏拉图"对话"七篇·会饮篇》,辽宁教育出版社,1998 年版,198 页。
〔22〕《茅盾全集》第 14 卷"爱伦凯的母性论",转引自《人生哲学宝库》,中国广播电视出版社,1992 年版,598 页。
〔23〕 蔡元培语,转引自《人生哲学宝库》,中国广播电视出版社,1992 年版,620 页。
〔24〕《人生哲学宝库》,中国广播电视出版社,1992 年版,648 页。
〔25〕 同上书,650 页。
〔26〕《亚里士多德全集》第八卷,中国人民大学出版社,1992 年版,413 页。
〔27〕《蔡元培全集》第二卷,中华书局,1984 年版,188 页。
〔28〕《西方思想宝库》,中国广播电视出版社,1991 年版,250 页。
〔29〕 斯宾诺莎:《伦理学》,商务印书馆,1962 年版,170 页。
〔30〕 Sigmund Freud, *Collected Papers*, Volume 4, Basic Books Inc., New York, 1959, p. 80.
〔31〕 斯宾诺莎:《伦理学》,商务印书馆,1962 年版,195 页。
〔32〕 阿德勒:《自卑与超越》,作家出版社,1986 年版,42 页。
〔33〕 荷尼:《自我的挣扎》,中国民间文艺出版社,1986 年版,130 页。
〔34〕 科恩:《自我论》,三联书店,1986 年版,438 页。
〔35〕《伏尔泰随笔集》,上海三联书店,1990 年版,8 页。
〔36〕《庄子·至乐》。
〔37〕《费尔巴哈哲学著作选集》下卷,三联书店,1962 年版,775 页。

〔38〕 赫根法:《现代人格心理学历史导引》,河北人民出版社,1986 年版,1 页。
〔39〕 海德格尔:《存在与时间》,三联书店,1987 年版,288 页。
〔40〕 萨特:《存在主义是一种人道主义》,上海译文出版社,1988 年版,22 页。
〔41〕 陈仲庚、张雨新:《人格心理学》,辽宁人民出版社,1986 年版,62 页。
〔42〕 同上书,61 页。
〔43〕 冯友兰:《三松堂全集》第四卷,河南人民出版社,1986 年版,442 页。
〔44〕 《列子 · 说符》。
〔45〕 Charles Darwin, *The Descent of Man and Selection in Relation to Sex*, John Murray, Albemarle Street, W. London, 1922, p. 168.
〔46〕 斯宾诺莎:《伦理学》,商务印书馆,1962 年版,107 页。
〔47〕 同上书,130 页。
〔48〕 周辅成编:《西方伦理学名著选辑》上卷,商务印书馆,1954 年版,292 页。
〔49〕 《王阳明全集 · 一》,上海古籍出版社,1992 年版,50 页。
〔50〕 冯友兰:《三松堂全集》第四卷,河南人民出版社,1986 年版,608 页。
〔51〕 《王阳明全集 · 八》,上海古籍出版社,1992 年版,139 页。
〔52〕 同上。
〔53〕 斯宾诺莎:《伦理学》,商务印书馆,1962 年版,120 页。
〔54〕 赫 · 舍克:《嫉妒论》,社会科学文献出版社,1988 年版,25 页。

## 思考题

1. 人性是人生而固有的本性,是否意味着:人性都是人的自然本性?人性是使人与动物区别开来的人之所以为人者:这个定义能成立吗?人所固有的动物性究竟是不是人性?这些问题是两千年来人性概念争论的焦点。主流的观点当以孟子和戴震为代表,认为人所固有的动物性决非人性,人性只是人之所以为人者的特性。反之,非主流的观点则以告子和荀子为代表,认为人性就是人生而固有的本性,人生而固有的任何本性都是人性。主流观点的主要根据,乃在于这样一种明摆着的事实:人性与犬性、牛性是不同的。《孟子 · 告子上》记载了孟子与告子的辩论:“孟子曰:‘生之谓性也,犹白之谓白与?’曰:‘然。’‘白羽之白也,犹白雪之白,白雪之白犹白玉之白与?’曰:‘然。’‘然则犬之性犹牛之性,牛之性犹人之性与?’”确实,人性与犬性、牛性是不同的。但是,由此能否得出结论说,人性就是人不同于犬、牛的人之特性?
2. “爱是对快乐和利益的心理反应”是否与“母爱是无条件的”相矛盾?何谓爱有差等?《论语》等儒家典籍对此解释说:爱父母,是因为我最基本的利益是父母给的;爱他人,是因为我的利益也是他人给的。但是,父母给我的利益多、厚、大;而他人给我的利益少、薄、小。所以,爱父母与爱他人的程度便应该是不一样的,是应该有多与少、厚与薄之差等的:爱自己的父母应该多于、厚于爱他人。这种观点正确吗?那么,由此是否可以得出结论说:我对我自己的爱必最多?是否可以得出结论说:自爱必多于爱人、为己必多于为人？说到底，人为什么会无私利人？一个人究竟能在多大程度上无私利人？他若经过良好的道德教养，是否就能够恒久乃至完全无私利人而毫不利己？

3. 辨析“目的害人”与“损人利己”、“目的害己”与“害己以利己”以及“行为原动力”与“行为根本目的”之异同。
4. 一位母亲把自己的一个肾献给了患尿毒症的儿子，是无私利他吗？有人说不是，因为她救的是自己的儿子。这种观点正确吗？
5. 是否只有弱者才有妒忌心？强者没有妒忌心吗？自认卑下就是自卑心吗？为什么生理缺陷最易引起自卑心？

## 第三篇

# 道德价值与道德规范：伦理行为应该如何的优良道德

# 第七章
# 善:道德总原则

本篇是规范伦理学(关于优良道德规范制定过程的伦理学)的下篇。它将在前两篇关于道德目的、道德终极标准和人性研究的基础上,通过道德目的、道德终极标准,从人性——亦即人的伦理行事实如何的客观本性——中,推导出伦理行为应该如何的道德价值以及与其相符的优良道德规范。这些优良道德规范的推导和制定之顺序可以概括如下:

首先,以道德目的、道德终极标准为尺度,来衡量人性之善恶,从中推导出一切伦理行为应该如何的道德总原则:"善"。其次,运用道德总原则和道德终极标准,来衡量各种比较具体的人性或伦理行为事实,从中推导、制定出社会治理的道德原则"公正"与"人道"以及善待自己的道德原则"幸福"与"贵生"。最后,则运用这些道德原则和道德终极标准,来衡量更为具体的人性或伦理行为事实,从中推导、制定出一系列道德规则;其中比较复杂重要者,如"诚实"、"自尊"、"谦虚"、"智慧"、"节制"、"勇敢"、"中庸"等等。

这样,本章的研究对象便是善:道德总原则。但是,"善"极其复杂:它并非一个单纯原则,而是由若干原则构成的原则体系。这一体系包括两大方面:善恶总原则与善恶分原则。

## 一　善恶总原则

### 1. 善恶总原则:抽象人性之善恶

"善"如前所述,只是元伦理学的研究对象,而并不是规范伦理学的研究对象。规范伦理学所谓的"善"是"道德善"的简称,因为规范伦理学所研究的"善"无疑是一种行为应该如何的道德价值和道德原则:"善"与"道德善”在规范伦理学那里是同一概念。因此，只有元伦理学所谓的“善”才是“善”，只有元伦理学才研究“善”；而规范伦理学则只研究“道德善”，只不过道德善被约定俗成地简称为“善”罢了。这样，元伦理学的“善”与规范伦理学的“善”就是一般与个别的从属关系。于是，元伦理学的“善”的研究便成为规范伦理学确立道德善原则的方法。这种方法，如前所述，可以归结如下：

道德善是伦理行为事实如何对于道德目的的效用，因而只能通过道德目的、道德终极标准，从伦理行为事实如何的客观本性中产生和推导出来：道德善等于伦理行为事实与道德目的之相符；道德恶等于伦理行为事实与道德目的之相违。

这是道德善的推导方法，同时也是优良的道德善原则的推导和制定方法。根据这种方法，要制定与道德善相符的优良道德善原则，便必须弄清“道德目的、道德终极标准”和“伦理行为事实如何”：与道德目的、道德终极标准相符的一切伦理行为事实，就是一切应该如何的伦理行为，就是规范一切伦理行为应该如何的道德善原则；与道德目的、道德终极标准相违的一切伦理行为事实，就是一切不应该如何的伦理行为，就是伦理行为不应该如何的道德恶原则。因此，我们确立道德善原则之前，详尽研究了道德目的、道德终极标准与伦理行为事实如何。这种研究表明：

一方面，道德普遍目的分为直接的普遍目的与最终的普遍目的：道德最终的普遍目的，亦即道德终极目的，是增进全社会和每个人利益；而道德直接的普遍目的，则是“一总六分”：一个总目的，亦即保障人类社会和利益共同体之存在发展；六个分目的，亦即“经济”之发展、“文化产业”之繁荣、“人际交往”之自由安全、“法”和“政治”之优良以及动植物等非人类存在物的利益之增进。道德终极标准不可能是增进动植物等非人类存在物的利益，因而不可能是道德的直接的普遍目的；而只能是道德最终的普遍目的，亦即道德终极目的，说到底，亦即增进社会和每个人利益总量：它在人们利益不发生冲突时表现为“不损害一人地增进利益总量”分标准；在人们利益发生冲突时则表现为“最大利益净余额”分标准。

另一方面，伦理行为事实如何的客观本性，亦即所谓“人性”，极其复杂多样，要通过道德目的、道德终极标准，从中推导出规范一切伦理行为的善原则，显然必须进行高度的归纳、概括和抽象。那么，一切伦理行为事实究竟可以归纳、概括和抽象为几类呢？伦理行为是受利害己他（它）意识支配的行为，因而可以不分目的与手段而抽象地概括为“利他（它）”与“利己”

以及“害他(它)”与“害己”四种:这就是伦理行为最为抽象的类型,这就是伦理学所研究的最为抽象的人性类型。

当我们以道德目的、道德终极诸标准为尺度,来衡量这些最为抽象的人性类型或伦理行为类型时,便会看出:利他(它)与利己的行为性质有所不同。利己是一种单纯的行为:它只是指增进自我利益。反之,利他(它)则是一种包括三种行为的复合行为:①增进社会利益;②增进他人利益;③增进动植物等非人类存在物的利益。因此,利己与利他(它)实为4种行为:①利社会;②利他人;③利自己;④利动植物等非人类存在物。同理,害他与害己也包括4种行为:害社会、害他人、害自己和害动植物等非人类存在物。那么,这些伦理行为与道德目的、道德终极标准的关系究竟如何?

利社会、利他人和利自己的行为显然符合道德的终极目的和终极标准“增进全社会和每个人利益”,因而是善的;利动植物等非人类存在物,虽然与道德的终极目的和终极标准无关,却完全符合道德的直接目的和直接标准“增进动植物等非人类存在物的利益”,因而也是善的。反之,害社会、害他人和害自己的行为违背道德的终极目的和终极标准“增进全社会和每个人利益”,因而是恶的;害动植物等非人类存在物,虽然与道德的终极目的和终极标准无关,却完全违背道德的直接目的和直接标准“增进动植物等非人类存在物的利益”,因而也是恶的。于是,我们可以得出结论说:

所谓善,也就是一切符合道德目的、道德终极标准的伦理行为,因而也就是“增进社会、他人和自己以及动植物等非人类存在物利益”的伦理行为,简言之,亦即利他(它)与利己的伦理行为:“善”、“符合道德目的、道德终极标准的伦理行为”和“利他(它)与利己”三者是同一概念。反之,所谓恶,则是一切违背道德目的、道德终极标准的伦理行为,因而也就是“减少社会、他人和自己以及动植物等非人类存在物利益”的伦理行为,说到底,亦即害他(它)与害己的伦理行为:“恶”、“违背道德目的或道德终极标准的伦理行为”和“害他(它)与害己”三者是同一概念。这样,一方面,“利他(它)与利己”便是衡量一切伦理行为“善的总原则”:凡是利他(它)与利己的伦理行为都是善的;凡是善的伦理行为都是利他(它)与利己的。另一方面,“害他(它)与害己”则是衡量一切伦理行为“恶的总原则”:凡是害他(它)与害己的伦理行为都是恶的;凡是恶的伦理行为都是害他(它)与害己的。

**2. 善恶差等定律:善有差等与恶有差等**

利己与利他(它)都是善的,但它们的善恶的高低大小等级有所不同。因为不言而喻,增进人类利益的善无疑高且大于增进动植物等非人类存在物的善。那么,增进社会、他人和自我利益的善是否也有高低大小之不同?是的。达尔文曾这样写道:“人们通常容易区别道德标准之高低。高级的标准基于社会本能而关涉他人的福利,并为同伴的赞许和理智所支持。低级的标准则主要关涉自我本身。”[1]这就是说,利他是高级的善,是高级的道德善原则;利己是低级的善,是低级的道德善原则。推此可知,害他与害己的恶也是有差等的:害他的恶高于害己的恶。那么,善恶差等的依据究竟是什么?

原来,如前所述,孤独的个人活动不需要道德,因而不会产生道德;道德是社会需要的产儿:道德的起源和目的,真正讲来,全在于社会的需要,而并不在于自我的需要。诚然,道德最终的起源和目的是增进每个人利益、满足每个人需要。但是,每个人利益与个人利益或自我利益不同。个人利益或自我利益属于自我范畴,因而与社会利益既可能一致也可能不一致:有利社会却可能有害自我;有利自我却可能有害社会。反之,每个人利益或每个自我利益则属于社会范畴,因而与社会利益必定完全一致:凡是有利(或有害)社会的,显然必定有利(或有害)每个自我;凡是有利(或有害)每个自我的,必定有利(或有害)社会。所以,道德最终的起源和目的是增进每个人利益,也同样意味着:道德的最终的起源和目的是社会需要,而不是个人或自我需要。这样,道德终极标准,真正讲来,便是增进社会利益,而不是增进自我利益。准此观之,便不难发现利他与利己以及害他与害己的善恶价值的高低大小之分:

利害他人的善恶价值高且大于利害自己的善恶价值。因为利害自己直接说来,只是利害自己一个人,而与社会和每个人的利害无关,亦即与道德目的无关,因而是全然没有道德价值的:利害自己的直接道德价值是零。利害自己之所以具有道德价值,主要是因为利害自己间接具有利害社会和他人的效用:利己仅仅直接说来才是单纯的利己,而间接说来,同时也都是利他,都有利于社会和他人;害己仅仅直接说来,才是单纯害己,而间接说来,同时也都是害他,都有害于社会和他人。因此,利害自己是通过利害社会和他人的间接效用、间接符合或违背道德目的,从而间接具有道德价值:利害自己只具有间接道德价值。诚然,利害他人往往也是利害一个他人,因而似乎与利害自己相同。其实不然,利害一个他人与利害一个自己的道德价值根本不同。因为我若利害一个他人,必然直接有利害于社会合作,因而也就直接有利害于社会的存在发展。所以,利害他人直接关乎道德目的,因而直接具有道德价值。这样,利害他人的善恶显然便高于且大于利害自己的善恶:直接有利害于社会的效用,显然高于且大于间接有利害于社会的效用;直接关乎道德目的的效用,显然高于且大于间接关乎道德目的的效用;直接道德价值显然高于且大于间接道德价值。

利害社会的善恶又高于且大于利害他人的善恶。因为不言而喻,社会是整体,而他人与自己同样是其部分:整体的价值显然高于且大于部分的价值。另一方面,也是更重要的:道德目的不是增进他人利益,而是增进社会和每个人利益。这样,在一切伦理行为中,唯有利社会才是与道德目的完全相符的行为:利社会与道德目的是完全吻合而没有距离的。因为道德目的就是利社会,就是利每个人;利社会就是利每个人,就是道德目的。所以,利社会和道德目的是一回事,它所实现的乃是道德的全部目的:增进全社会每个人的利益。反之,利他人与道德目的是有距离的,而并不是一回事。因为利他人与道德目的只是部分吻合,它所实现的只是道德的部分目的:从量上看,利他人增进的并不是全社会每个人的利益,而仅仅是某些人的利益;从质上看,利他人主要是直接有利于社会合作,而与社会的其他利益大都并无直接关系。所以,利社会的善高于且大于利他人的善:与道德目的完全吻合的善,显然高于且大于与道德目的部分吻合的善。同理,害社会的恶高于且大于害他人的恶:与道德目的完全背离的恶,显然高于且大于与道德目的部分背离的恶。

于是,一方面,利社会的善最高且最大,是最高且最大的善;利他人的善次之;利己的善又次之;利动植物的善最低最小,是最低且最小的善。两利相权,当取其重。因此,一般说来,当人类利益与动植物等非人类存在物利益不可两全时,应该利人类而放弃利非人类存在物;当利自我与利他人不可两全时,应该利他人而放弃利自我;当利他人与利社会不可两全时,应该利社会而放弃利他人。另一方面,害社会的恶最高且最大,是最高的恶,是大恶,是至恶;害他人的恶次之;害己的恶又次之;害动植物等非人类存在物的恶最低且最小,是最低最小的恶。两害相权,当取其轻。因此,一般说来,当害人类与害动植物等非人类存在物不可两免时,应该牺牲非人类存在物利益而不应该牺牲人类利益;当害自己与害他人不可两免时,应该牺牲自我利益而不应牺牲他人利益;当害他人与害社会不可两免时,应该牺牲他人利益而不应牺牲社会利益。这就是人性的善有差等和恶有差等之定律，不妨名之为“善恶差等定律”。

“善是利他利己、恶是害他与害己”之道德总原则，无疑至关重要。但是，任何行为都是目的与手段的统一体；而利他与利己以及害他与害己之为善恶总原则，却不问目的与手段如何，抽象和超越了目的与手段之分。这固然为善恶总原则的最为广泛的普遍性所必需，却也因其极为普遍、抽象而不区分目的与手段，往往便不能使人准确衡量具体的、实际的行为之善恶。就拿损人利己和损己利人两种伦理行为来说。根据“善是利他利己、恶是害他害己”的善恶总原则，损人利己和损己利人便似乎同样既善又恶：就其利人和利己来说是善，就其损己和损人来说是恶。它似乎难以说明，为什么损己利人与损人利己的道德价值根本不同：损己利人是善，而损人利己是恶。要说明这一点，要准确评价每个人具体行为之善恶，“善是利他利己、恶是害他害己”的善恶总原则显然必须具体化而区分目的与手段，从而形成诸如“损己利人”、“损人利己”、“为己利他”、“无私利他”等等含有目的与手段之分的行为类型和善恶原则。不分目的与手段的比较笼统抽象的善恶原则，如“利他与利己”以及“害他与害己”，便是所谓“善恶总原则”或“抽象善恶原则”、“抽象道德总原则”；区分目的与手段的比较具体的善恶原则，如“损己利人”、“损人利己”、“为己利他”、“无私利他”等等，则是所谓“善恶分原则”或“具体善恶原则”、“具体道德总原则”。

## 二　善恶分原则

“善恶总原则”或“抽象善恶原则”、“抽象道德总原则”，如前所述，是以道德目的、道德终极标准衡量抽象人性——亦即不区分目的与手段的利己与利他以及害己以害他四种人性——之善恶的结果。反之，“善恶分原则”或“具体善恶原则”、“具体道德总原则”所由以推出的人性，则必须具体化而区分目的与手段，亦即所谓具体人性：善恶分原则乃是以道德目的、道德终极标准衡量这种具体人性之善恶的结果。那么，这种区分目的与手段的所谓具体人性究竟是什么呢？这种人性，如前所述，包括利己、利他、害己、害他 4 种目的或手段；目的与手段结合起来，则形成 16 种人性或 16 种伦理行为。因此，所谓具体人性之善恶，也就是这 16 种人性或 16 种伦理行为之善恶。

**1. 具体人性之善恶:16种伦理行为之道德价值**

所谓16种伦理行为——亦即全部所谓具体人性——如前所述,可以表示如下所示:

| 类型 目的<br>手段 | 利己 | 利他 | 害己 | 害他 |
|---|---|---|---|---|
| 利己 | 1. 完全利己 | 5. 为他利己 | 9. 利己以害己 | 13. 利己以害他 |
| 利他 | 2. 为己利他 | 6. 完全利他 | 10. 利他以害己 | 14. 利他以害他 |
| 害己 | 3. 害己以利己 | 7. 自我牺牲 | 11. 完全害己 | 15. 害己以害他 |
| 害他 | 4. 损人利己 | 8. 害他以利他 | 12. 害人以害己 | 16. 完全害他 |

不难看出,这16种人性或伦理行为,按其对于道德目的、道德终极标准的符合还是违背之效用,可以归结为四类:

第一类人性,是纯粹的利他和利己的行为,包括完全利他、完全利己、为己利他、为他利己4种行为。这些行为,最为简单明了,无疑都符合道德目的,都符合道德终极总标准"增加社会和每个人的利益总量"或道德终极分标准"无害一人地增进利益总量",因而都是道德的、应该的、善的。

第二类人性,是纯粹的害他和害己的行为,包括目的害他4种行为和目的害己4种行为。这8种行为,比较复杂。因为粗略看来,这些行为都属于害他与害己范畴,因而违背道德目的和违背道德终极标准,是不道德的、恶的。其实不然。因为那些出于复仇心的以牙还牙、等害交换的目的害人的行为和出于内疚感或罪恶感的自我惩罚、等害交换的目的害己的行为,都符合公正原则:等利交换与等害交换。这些属于公正范畴的行为,显然具有这样的效用:如果一个人损害社会和别人,那么,他也会受到同等的损害;这样,他便不会轻易损害社会和别人了。所以,这些行为赋予社会和人们以安全,有利社会发展和人际交往,因而符合道德终极标准"增加全社会和每个人的利益总量",是道德的、应该的、善的。除了这些,其余目的害人与目的害己行为,显然都违背道德终极标准"增加全社会和每个人的利益总量"或道德终极分标准"无害一人地增进利益总量",因而都是不道德的、不应该的、恶的。

第三类人性,是己、他内部利害混合的行为,包括害己以利己与害他以利他2种。这些行为,大都属于利己与利他各自内部发生利害冲突,因而利己同时必害己、利他同时必害他的行为。例如,吸烟饮酒,便是利己必害己、害己以利己:以损害自己健康的手段获得自己的烟酒需要满足之利益和快乐。反之,棍棒教子,则是利他同时害他:以给予儿子痛苦和损害的手段,使儿子得到出人头地之快乐和利益。在这种情况下,不论害己以利己,还是害他以利他,如果利大于害,则其差为利,符合利益发生冲突情况下的道德终极分标准"最大利益净余额",因而便是道德的、应该的、善的;反之,如果害大于利,则其差为害,违背"最大利益净余额",因而便是不道德的、不应该的、恶的。

举例来说,吃有副作用的药治病,是利大于害的害己以利己,符合"最大利益净余额"标准,因而是善;反之,吸毒则是害大于利的害己以利己,违背"最大利益净余额"标准,因而是恶。严厉批评教育子女,是利大于害的害他以利他,符合"最大利益净余额"标准,因而是善;反之,因望子成龙而毒打子女致死,则是害大于利的害他以利他,违背"最大利益净余额"标准,因而是恶。在少数人与多数人的利益发生冲突时,损害少数人以利多数人,是利大于害的害他以利他,符合"最大利益净余额"标准,因而是善;反之,损害多数人以利少数人,则是害大于利的害他以利他,违背"最大利益净余额"标准,因而是恶。

不过,利大于害的"害他以利他"和"害己以利己"之为善,完全是相对的:只有在利己必害己、利他必害他的利益发生冲突的情况下,利大于害的害他以利他和害己以利己,才因其符合"最大利益净余额"原则而是应该的、道德的、善的;反之,在利己不必害己、利他不必害他的利益一致的情况下,不论利大于害的"害他以利他"和"害己以利己"如何增进了利益净余额,也都是不道德的、不应该的、恶的,因为它们违背了在利益不发生冲突而可以两全情况下的道德终极分标准:"不损害一人地增加利益总量"。

第四类人性,是己、他外部利害混合的行为,包括自我牺牲与损人利己2种。这些行为,大都发生于利己必害他、利他必害己、利己与利他相互发生冲突而不能两全的情况。在这种情况下,利他害己、自我牺牲是善;而利己害他、损人利己是恶。因为社会和他人的利益,总体说来,高且大于自我利益。所以,害己利他、自我牺牲,其差为利,利益净余额是增加了,符合最大利益净余额原则;反之,害他利己、损人利己,其差为害,利益净余额是减少了,违背最大利益净余额原则。

诚然,在某些场合,当己他利益发生冲突时,利他之利可能小于利己之利。但是,从总体上说,当利己与利他发生冲突、不能两全之时,每个人只有牺牲自我利益,才能保障社会存在发展;而只有社会存在发展,每个自我才能生存。反之,如果每个人在己他冲突不能两全时,不是自我牺牲而是损人利己,那么,人们便会彼此损害、乱成一团,从而社会也就不可能存在发展;社会不能存在发展,每个自我便不可能生存。这样,自我牺牲而不损人利己,就某一具体场合来说,可能害大于利;但从总体上说,却既保全了社会,又保全了自我,因而利大于害。反之,损人利己而不自我牺牲,就某一具体场合来说,可能利大于害;但从总体上说,却既牺牲了社会,又牺牲了每个自我,因而害大于利。总体大于局部。所以,自我牺牲的最终净余额是利,是利益总量的增加,符合“最大利益净余额”的终极标准,因而是道德的、应该的、善的;反之,损人利己的最终净余额是害,是利益总量的减少,违背“最大利益净余额”的终极标准,因而是不道德的、不应该的、恶的。

损人利己不但是恶,而且其恶是绝对的:在任何情况下——不论人们的利益是一致还是冲突——损人利己都违背道德终极标准“增进社会和每个人利益总量”,因而都是恶的。反之,自我牺牲之为善却是相对的:只有当自我利益与社会、他人利益发生冲突、不能两全的情况下,自我牺牲才因其符合“最大利益净余额”原则而是应该的、道德的、善的。如果自我利益与社会、他人利益并未发生冲突,而是相互一致、可以两全的,那么,不论自我牺牲如何增进了利益净余额,也都是不道德的、不应该的、恶的;因为它违背了在人们利益不发生冲突而可以两全情况下的道德终极分标准:“不损害一人地增加利益总量”。

综合四类人性可知,一方面,害他目的和引发它的恨人之心与复仇心,以及害己目的和引发它的自恨心、内疚感、罪恶感,就其自身来说,因其违背道德目的和道德终极标准而都是恶的;就其结果来说,则都是善与恶的共同源泉:如果以等害交换的惩罚他人或自我惩罚的形式实现,便符合道德目的和道德终极标准,因而是善的源泉;否则,以其他任何形式实现,都违背道德目的和道德终极标准,因而都是恶的源泉。但是,嫉妒心和自卑感及其所引发的害他目的与害己目的,则不论就其自身还是就其结果来说,都因其违背道德目的和道德终极标准而都是恶的。

另一方面,利己目的和引发它的自爱心、求生欲、自尊心,就其自身来说,因其符合道德目的和道德终极标准而都是善的;就其结果来说,则都是善与恶的共同源泉:自爱心、求生欲、自尊心及其所引发的利己目的,如果以利己、利他或利大于害的害己手段实现，便符合道德目的和道德终极总标准，因而是善的源泉；如果以损人或害大于利的害己手段实现，便违背道德目的和道德终极总标准，因而是恶的源泉。同样，利他目的和引发它的爱人之心、同情心、报恩心、完善自我品德之心，就其自身来说，符合道德目的和道德终极标准，因而都是善的；就其结果来说，则都是善与恶的共同源泉：如果以害大于利的害他手段实现，或者在利益一致的情况下以害己手段实现，便是恶的源泉；如果以利己、利他或利大于害的害他手段实现，或者在利益冲突情况下以害己手段实现，便是善的源泉。于是，总而言之，可以得出结论说：

人类恶的行为主要有9种：4种"目的害他"的行为（除去源于复仇心的等害交换的惩罚他人的行为）和4种"目的害己"的行为（除去源于内疚感或罪恶感的等害交换的自我惩罚行为）以及1种"损人利己"。此外，还有2种恶的行为：害大于利的"害他以利他"和"害己以利己"。反之，人类善的行为主要有7种：4种"目的利他"行为（除去害大于利的害他以利他）、1种"为己利他"和1种"完全利己"以及1种"害己以利己（除去害大于利的害己以利己）"。此外，还有2种善的行为：等害交换而源于复仇心的惩罚他人的"目的害人"与等害交换而源于内疚感或罪恶感的自我惩罚的"目的害己"。这就是16种伦理行为之善恶，这就是人类全部伦理行为之善恶，这就是含有目的与手段之别的具体人性之善恶。

**2. 善恶六原则之确立**

弄清了人类全部具体人性或伦理行为之善恶，也就可以制定规范人类一切伦理行为的善恶道德原则了。因为道德善恶原则无疑是一种道德规范，属于伦理行为范畴，是一种伦理行为之善恶类型。所以，只要将人类的全部伦理行为按其善恶性质进行分类，就可以确立道德善恶原则：伦理行为之善恶类型与道德善恶原则是同一东西。根据16种伦理行为——亦即人类全部伦理行为——之善恶性质，不难看出，一方面，人类全部道德的、应该的、善的伦理行为可以归结为三大行为类型、三大道德境界、三大道德原则、三大善原则：

第一大行为类型包括4种目的利他行为（除去害大于利的害他以利他），可以名之为"无私利他"。第二大行为类型包括为己利他和惩罚他人的目的害人以及自我惩罚的目的害己两种等害交换行为，不妨仍名之为"为己利他"；因为为己利他的基本境界显然是等利交换，因而便大体与等害交换的道德价值相等。第三大行为类型包括完全利己和害己以利己（除去害大于利的害己以利己），可以名之为“单纯利己”。这样，人类全部的善行便不过三类：无私利他、为己利他、单纯利己。利他的道德价值，如前所述，高于利己的道德价值。所以，无私利他的正道德价值最高，是伦理行为最高境界的应该如何，是道德最高原则，是善的最高原则，是至善；单纯利己的道德价值最低，是伦理行为最低境界的应该如何，是道德最低原则，是善的最低原则，是最低的善；为己利他是利他与利己的混合境界，所以其道德价值便介于无私利他与单纯利己之间，是伦理行为基本境界的应该如何，是道德基本原则，是善的基本原则，是基本的善。[2]

另一方面，人类全部不道德的、不应该的、恶的行为也可以归结为三大行为类型、三大不道德境界、三大不道德原则、三大恶原则。第一大类型包括4种目的害他行为（除去出于复仇心的等害交换的惩罚他人的行为）和害大于利的害他以利他，可以名之为“纯粹害人”。第二大类型是“损人利己”。第三大类型包括4种目的害己行为（除去出于内疚感和罪恶感的等害交换的自我惩罚的行为）和害大于利的害己以利己，可以名之为“纯粹害己”。这样，人类的全部恶行也不过三类：纯粹害人、损人利己、纯粹害己。害他的负道德价值，如前所述，高于害己的负道德价值。所以，纯粹害他的负道德价值最高，是伦理行为最高境界的不应该如何，是不道德的最高原则，是恶的最高原则，是至恶；纯粹害己的负道德价值最低，是伦理行为最低境界的不应该如何，是不道德的最低原则，是恶的最低原则，是最低的恶；损人利己的负道德价值则介于纯粹害他与纯粹害己之间，是伦理行为基本境界的不应该如何，是不道德的基本原则，是恶的基本原则，是基本的恶。

这样，我们便通过道德目的、道德终极标准，从人类全部伦理行为事实如何的客观本性中，一方面推导出无私利他、为己利他、单纯利己三大善原则及其相互关系；另一方面则推导出纯粹害己、损人利己、纯粹害他三大恶原则及其相互关系。这善恶六大原则及其相互关系可以用一个数轴来表示：

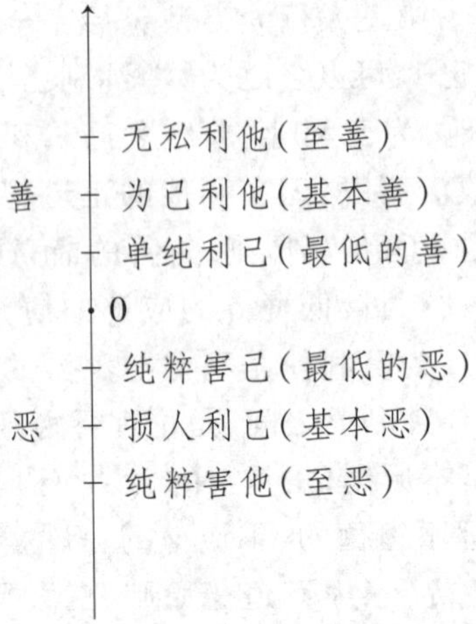


总而言之，善恶六原则——无私利他、为己利他、单纯利己以及纯粹害人、损人利己、纯粹害己——乃是规范人类全部伦理行为的道德原则，因而是道德总原则。但是，道德总原则，如上所述，由两方面构成：一方面是善恶总原则，亦即善是利他与利己和恶是害他与害己；另一方面是善恶分原则，亦即善恶六原则。善恶六原则虽然源于善恶总原则，却比善恶总原则更重要。因为善恶总原则极其普遍宽泛而不区分目的与手段，因而不能准确衡量一切行为之善恶。要准确衡量一切行为之善恶，善恶总原则必须具体化而区分为目的与手段，从而演进为含有目的与手段之分的“无私利他”、“为己利他”、“单纯利己”和“纯粹害人”、“损人利己”、“纯粹害己”善恶六原则。因此，只有善恶六原则才能够——善恶总原则不能够——准确衡量一切行为之善恶：善恶六原则是精确的道德总原则；善恶总原则是非精确道德总原则。道德总原则无疑是人类最重要的道德原则。于是，人类最重要的道德原则与其说是道德总原则毋宁说是善恶六原则。

## 三　人性善恶学说

不论是善恶六原则，还是善恶总原则，如上所述，都是人性善恶分析之结果：前者是具体人性分析之结果；后者是抽象人性分析之结果。所以，人性之善恶，乃是道德总原则理论的基本问题，也是人类思想的大问题；因而不论中外，自古以来，人们便围绕它一直争论不已。不过，这些争论能够形成各种系统的人性善恶学说并且世代相传两千多年，却是西方绝无而仅为中国哲学所特有。这些构成中国哲学一大特色的人性善恶之学说，如所周知，可以归结为四种：性无善恶论、性善论、性恶论、性有善有恶论。

### 1. 性无善恶论

性无善恶论是认为人性是不可言道德善恶的理论。告子是这种观点的代表。在告子看来，人性的具体所指，无非人的食欲和性欲："食色性也。"[3]食欲和性欲显然是人生而固有、不学而能的本性。所以，告子又说："生之谓性。"人性既然是人生而固有、不学而能的本性，是天生的、天然的、自然的、本能的东西，因而也就与一切自然物不可言善恶一样，是无所谓道德善恶的，是不可言道德善恶的："性犹湍水也，决诸东方则东流，决诸西方则西流。人性之无分于善不善也，犹水之无分于东西也。"[4]

诚然，食色与同情、嫉妒、爱恨等人性一样，都是人生而固有、不学而能的本性，是人的天生的、天然的、自然的、本能的东西。但是，食色、爱恨、同情、嫉妒等人性却不属于自然物而属于人的行为范畴：它们都属于行为心理范畴，是行为的内在动因、内在因素。这些行为的内在因素，就其量的多少来说，是每个人都能够自由支配的：可以压抑、升华而变弱变少；也可以发展、放纵而变强变多。因此，一个人的食色、爱恨、同情心、妒忌心等人性与不受他自由支配的他身上的那些自然物——如眼睛大小、鼻子高低——不同，是可以言善恶的：爱和同情心显然有利社会和每个人的生存与发展，符合道德目的、道德终极标准，因而是善的；恨和妒忌心显然有害社会和每个人的生存与发展，违背道德目的、道德终极标准，因而是恶的。告子性无善恶论的错误，就在于把人生而自然固有的人性，当做自然界之事物，因而由自然物不可言善恶而得出结论说：生而自然固有的人性无所谓善恶。

### 2. 性善论

性善论是认为人性是善的而不是恶的理论。孟子是这种理论的开创者和主要代表人物。孟子和告子一样，也认为人性是人生而固有的本性：人性"非由外铄我也，我固有之也"[5]。但是，反过来说，人生而固有的本性，在孟子看来，却并不都是人性：人性乃是人生而固有的人之所以为人者的特性。所以，张岱年写道："孟子所谓性者，正指人之所以异于禽兽之特殊性征。人之所以同于禽兽者，不可谓为人之性。"[6]可是，为什么人性是人之所以为人的特性？因为人性与犬性、牛性是不同的："孟子曰：'生之谓性也，犹白之谓白与？'曰：'然。''白羽之白也，犹白雪之白，白雪之白犹白玉之白与?'曰:'然。''然则犬之性犹牛之性,牛之性犹人之性与?'"[7]这就是说,人性与犬性、牛性是不同的;人性就是人不同于犬、牛的人之特性。

那么,人之所以为人的特性究竟是什么呢?孟子答曰:是恻隐之心、羞恶之心、辞让之心、是非之心。因为"无恻隐之心,非人也;无羞恶之心,非人也;无辞让之心,非人也;无是非之心,非人也"[8]。四心若无其一,即非人,因而四心便是人之所以为人者,便是人性。可是,人性或四心,究竟是善的还是恶的?孟子是道义论者,因而把完善每个人的品德、实现人之所以为人者——最终将无私利他——奉为评价一切伦理行为善恶的道德终极标准。准此观之,人性或四心便因其恰恰就是人之所以为人者而完全符合道德终极标准,于是也就完全是善的:"恻隐之心,仁之端也;羞恶之心,义之端也;恭敬之心,礼之端也;是非之心,智之端也。"[9]

这就是性善论的基本内容。性善论认为人性是善的而不是恶的论点之真正依据,显然不是它的道义论,而是它的人性界说:人性是人之所以异于禽兽、人之所以为人者。因为,如果人性是人之所以为人者(亦即所谓四端),那么,不论按照道义论的道德终极标准(完善每个人的品德)还是功利论的道德终极标准(增进每个人利益)来衡量,人性显然都是与其相符的,因而便都是善的,而不是恶的。人性是人之所以为人者的界说,初看起来,似能成立。因为人性显然是与犬性、牛性不同的;人性就是人不同于犬、牛的人之特性。但是,细究起来,却大谬不然。因为没有任何事物是完全不同的。人性与犬性、牛性不可能完全不同。人性与犬性、牛性既有不同的一面,亦即人之所以为人者的特性;又有与犬性、牛性相同的一面,亦即人的动物性。人的动物性与人的特性一样,都是长在人身上的东西,怎么能不是人性呢?性善论的错误,就在于只看到人性与犬性、牛性不同的一面,而抹杀人性与犬性、牛性相同的一面,将人性与人性的一部分——亦即人的特性——等同起来,因而片面断言:人性只是人性区别于犬性、牛性的人之所以为人者的特性。

### 3. 性恶论

性恶论的代表,如所周知,是荀子:"人之性恶,其善者伪也。"[10]然而,人性为什么是恶的?人们大都以为,这是由于荀子与孟子对于人性概念的界定不同:"荀子所谓性,与孟子所谓性,实截然两事。"[11]其实,孟荀对于人性的界定,根本说来,是相同的:人性是人生而固有本性。因为荀子曰:"生之所以然者谓之性"[12],孟子也认为恻隐之心等人性"非由外铄我也,我固有之也”[13]。

只是当进一步辨别人生而固有的哪些东西是人性时，孟荀才分道扬镳。孟子认为人生而固有四心，四心就是人性，人性就是四心，因而人性是善的。反之，荀子则认为孟子所谓的四心并不是人性，而是人伪。因为四心既然仅仅是四端，仅仅是一点点萌芽，尚须扩充而后才能完成，于是便不是生而固有的，而是“虑积焉，能习焉而后成，谓之伪”[14]。那么，人生而固有的人性，在荀子看来，究竟是什么呢？是利己心、妒忌心、好声、好色、好愉佚。[15]

从人性亦即自爱利己的具体内容出发，荀子进而得出人性是恶的结论：“今人之性，生而有好利焉，顺是故争夺生而辞让亡焉；生而有疾恶焉，顺是故残贼生而忠信亡焉；生而有耳目之欲，有好声色焉，顺是故淫乱生而礼义文理亡焉。然则从人之性，顺人之情，必出于争夺，合于犯分乱理而归于暴。故必将有师法之化，用此观之，然则人之性恶明矣。其善者伪也。”[16]

不难看出，性恶论是不能成立的。因为不论一个人多么坏，不论他的爱人之心、同情心和报恩心多么微弱，他也不可能完全丧失爱人之心、同情心和报恩心：他能一点都不爱他的儿女、情人和父母吗？人人皆生而固有爱人之心、同情心和报恩心，只不过有些人较多，有些人较少罢了。所以，爱人之心、同情心和报恩心便与恨人之心、妒忌心、复仇心一样，都是人性。性恶论的错误，显然在于抹煞人性的爱人利他方面，而将人性与人性的自爱利己方面等同起来。这是性恶论错误之一方面。另一方面，顺从人的生而好利的本性，既可能争夺生而辞让亡，也可能辞让生而争夺亡：个人利益的追求既可能有害于社会和他人，从而是恶的源泉；也可能有利于社会和他人，从而是善的源泉。性恶论的错误，显然在于夸大自爱利己有害社会和他人的方面，抹煞其有利于社会和他人方面，从而得出了人性——亦即自爱利己——是恶的结论。这就是性恶论的双重错误。

**4. 性有善有恶论**

性善论与性恶论看似相反，实则错误相同。因为，一方面，人性本来是多元的：既生而固有同情心而能利他，又生而固有自爱心而必利己。可是，两论对于人性的界定却都同样是片面的：性善论以为人性仅仅是同情利他；性恶论则以为人性仅仅是自爱利己。另一方面，道德终极标准本来是“增进每个人利益总量”。可是，性善论与性恶论乃儒家内部的不同流派，因而就其主流思想来说，都是道义论，于是便都将品德的完善境界“无私利他”——亦即儒家所谓的“仁”——奉为评价人性善恶的道德终极标准。性恶论者用它来衡量他所谓的人性,自然要说人性是恶的,因为自爱利己不是品德的完善境界,不符合道义论所理解的道德终极标准;反之,性善论同样用它来衡量他所谓的人性,自然要说人性是善的,因为同情利他是品德的完善境界,符合道义论所理解的道德终极标准。

性善论与性恶论都是片面的、错误的,意味着,人性既不是纯粹善的,也不是纯粹恶,而是有善有恶的:性有善有恶论是真理。但是,与性善论和性恶论一样,性有善有恶论的代表人物却仍然是儒家:世硕、董仲舒和杨雄。性有善有恶论始于战国时的儒家世硕:"周人世硕,以为人性有善有恶:举人之善性,养而致之则善长,恶性养而致之则恶长。"〔17〕董仲舒则十分详尽地论证了性有善有恶论。通过这些论述,他得出结论说:"人受命于天,有善善恶恶之性,可养而不可改,可豫而不可去,若形体之可肥瘦而不可得革也。"〔18〕杨雄则更进一步,提出"性善恶混"的著名论断:"人之性也善恶混,修其善则为善人,修其恶则为恶人。"〔19〕

性有善有恶论,正如张岱年所言,乃是性善论与性恶论之调和。但是,调和性善论与性恶论的,不只是性有善有恶论,还有性三品论。性三品论认为,人性可以分为三种:一种人的人性是善的;一种人的人性是恶的;介于二者之间的人的人性是有善有恶的。质言之,所谓性三品论,也就是认为人性并非人人一样,而是存在上中下三种人性的理论。这种理论,实为性有善有恶论之极端形式。董仲舒就认为,人性有圣人之性、斗筲之性和中民之性之三品:"圣人之性,不可名性;斗筲之性,又不可以名性。名性者,中民之性。"〔20〕不过,性三品论的真正代表人物乃是王充、荀悦和韩愈。韩愈说得最为清楚:"性之品有上中下三,上焉者,善焉而已矣;中焉者,可导而上下也;下焉者,恶焉而已矣。"〔21〕

性三品论无疑是谬论。因为如上所述,所谓人性,乃是人人生而固有的普遍本性:就其质的有无来说,是人人生而固有、完全一样的;只是就其量的多少来说,在一定限度内,才是人们后天习得、有所不同的。这就是说,任何人所具有的人性,除了量的多少有所不同之外,是完全一样的。换言之,任何人所具有的人性,只可能在量的多少方面有所不同,而在质的种类方面是完全一样的:只能有一种人性,而不可能有三种人性。绝不可能只有善性而无恶性的圣人之人性,也不存在只有恶性而无善性的斗筲之人性:任何人的人性,就其质的有无来说,都是完全一样的,都是同样有善有恶的。圣人再高尚,也不可能丝毫没有妒忌心、复仇心和恨人之心等恶的人性;斗筲之徒再败坏,也不可能丝毫没有爱人之心、同情心与报恩心等善的人性。只不过圣人的善的人性极多而恶的人性极少;斗筲之徒的恶的人性极多而善的人性极少罢了。性三品论的错误,显然在于夸大了三种人所具有的人性在量的多少方面的不同性,抹杀三种人所具有的人性在质的有无方面的共同性,从而得出错误的结论:三种人的人性是完全不同的,亦即存在三种不同人性。

那么,儒家的性有善有恶论是真理吗?粗略看来,无疑是真理。但细究起来,却不尽然。因为人性善恶之评价,从上可知,一方面取决于人性之界说,取决于人性所指称的究竟是什么;他方面则取决于人性善恶的标准之确定,取决于道德终极标准究竟是什么。如果对这两方面或其一的见地不同,那么对人性究竟是善还是恶的观点便会不同:如果对这两方面的认识皆为真理,那么,关于人性善恶的学说便是真理;只要其中之一错误,那么,关于人性善恶的学说便包含错误。对于人性的界定,儒家性有善有恶论认为人性既固有同情心而能利他,又固有自爱心而必利己,确实是比较全面的,避免了性善论和性恶论的片面性。但是,对于道德终极标准,儒家性有善有恶论却与性善论、性恶论犯了同样的错误:片面地把"仁"、"无私利他"奉为评价人性善恶之标准。这样,它便与性善论和性恶论一样,误以为自爱利己是恶而同情利他是善,只不过它把二者均看做人性罢了。

综上可知,真正堪称真理的乃是这样一种性有善有恶论:一方面,它与儒家性有善有恶论一样,认为人的一切生而固有的普遍本性——不论是同情利他还是自爱利己——都是人性;另一方面,它与儒家性有善有恶论不同,不是将"增进每个人品德完善"或"无私利他",而是将"增进每个人利益的总量"奉为衡量人性善恶之标准。这样,不但同情利他的人性是善的,而且自爱利己的人性也是善的,而只有诸如妒忌害人等人性才是恶的。

## 四　道德总原则理论

关于道德总原则的理论,无疑是伦理学最复杂艰深的理论。因为优良的道德原则,如前所述,并不是随意制定的,而只能通过道德目的、道德终极标准,从伦理行为事实如何的客观本性中推导出来。这样,道德总原则理论便包括规范伦理学三大方面内容:一是关于道德本性——亦即道德目的、道德终极标准——的理论;二是关于人性——亦即人的伦理行为事实如何之本性——的理论;三是关于人的行为应该如何的善恶原则的理论。所以,道德总原则理论乃是涵盖规范伦理学整个体系的总体理论。自古以来,伦理学家们便围绕这些难题而探求不已、论战不息。这些争论，择其要者，可以归结为利他主义与利己主义（合理与个人主义）以及己他两利主义三大流派和一种学说：集体主义。

**1. 利他主义**

利他主义（altruism）这个词，据包尔生说，是利他主义论者孔德创造的："孔德主张利他主义，这个词就是他创造的。"[22]孔德用这个词来表达他和赫起逊等思想家所倡导的伦理学说。这种学说的基本特征，被赫起逊概括为一句话："道德之追求并不出于追求者的利害计较或自爱，不出于他自己利益的任何动机。"[23]这就是说，利他主义乃是这样一种理论，在它看来，只有无私利他才是善的、道德的，而只要目的利己便是恶的、不道德的：利他主义是将无私利他奉为评价行为善恶的道德总原则的理论。所以，包尔生在界定利他主义时写道："纯粹利他主义所主张的原则是：行为只有当其动机纯粹是为了他人时，才具有道德价值。"[24]然而，如果利他主义只是孔德与赫起逊的理论，就没有多大意义了。孔德不过是利他主义名词之创造者；而利他主义理论之真正代表，乃是新老儒家的"仁学"和新老基督教伦理观。因此，利他主义在古代便已成熟，到中世纪则占据绝对统治地位，进入近代和现代仍有极大影响；其主要代表人物，当推孔子、墨子、耶稣、康德。

首先，从人性论来看，他们一致认为，每个人的行为目的都能够达到无私利他的境界。儒家的道德总原则"仁"便是无私利他。因为历代儒家都把仁界说为"爱人"：爱人显然是无私利人的心理动因，而无私利人则是爱人的行为表现。所以，郭沫若说："仁的含义是克己而为人的一种利他的行为……他要人们除掉一切自私自利的心机，而养成为大众而献身的牺牲精神。"[25]墨家的道德总原则"兼"也是无私利他："文王之兼爱天下之博大也，譬之日月，兼照天下无有私也。即此文王兼也。虽子墨子之所谓兼者，于文王取法焉。"[26]基督教的道德总原则"爱"更是无私利他："爱，是……不求自己的益处。"[27]那么，康德伦理观的道德总原则"责任"也是无私利他吗？是的。因为康德一方面说："责任就是由于尊重规律而产生的行为必要性。"[28]另一方面又说："尊重是使利己之心无地自容的价值觉察。"[29]所以，阿尔森·古留加指出，康德的"义务的公式就是为别人谋福利"[30]。

其次，从道德本性来说，康德和基督教都以为道德的起源和目的完全是自律的，全在于完善每个人的品德，实现人之所以异于禽兽、人之所以为人者。《圣经》一再说，上帝立约、创立道德的目的是使人道德完善，做道德完人、完全人:“亚伯兰年99岁的时候,耶和华向他显现,对他说:‘我是全能的神,你当在我面前做完全人,我就与你立约。’”[31]康德也这样写道:“道德法则……开始于我的无形的自我,我的人格……借我的人格,把作为一个灵物看的我的价值无限提高了。在这个人格中,道德法则就给我呈现出一个独立于动物性,甚至独立于全部感性世界以外的一种生命来。”[32]反之,墨家以为道德起源和目的完全是他律的,全在于保障社会存在发展:“天下兼相爱则治,交相恶则乱,故子墨子曰:‘不可不劝爱人者,此也。’”[33]儒家则既承认道德起源和目的在于保障社会存在发展,又认为这并非道德主要的起源和目的;道德主要的起源和目的乃是自律的:道德起源于道德自身,起源于每个人完善自我品德的需要;目的在于道德自身,在于完善每个人的品德,实现人之所以异于禽兽、人之所以为人者。这一点,孟子讲得十分透辟:“人之有道也,饱食、暖衣、逸居而无教,则近于禽兽。圣人乃忧之,使契为司徒,教以人伦——父子有亲、君臣有义、夫妇有别、长幼有序、朋友有信。”[34]

最后,从善恶原则来看,儒、墨、基督教和康德一致认为,真正讲来,凡是自爱为我、目的利己的行为,归根结底,都既有害于社会和他人,又有害于自我品德的完善,因而便都因其违背道德目的而是不义的、不道德的、恶的,都是小人的行为;只有爱人无私、目的利他的行为,才真正有利于社会和他人,有利于自我品德的完善,才符合道德目的,因而才是道德的、善的、义的,才是君子的行为。所以,孔子曰:“君子喻于义,小人喻于利。”[35]墨家说:“品行是:所干的事不图个人之名利;所干的事为个人名利,便是巧诈,犹如为盗。”[36]《圣经》说:“凡事都可行,但不都造就人。无论何人,不要求自己的益处,乃要求别人的益处。”[37]康德也这样写道:“这位全然不受限制的立法者……只从人们的大公无私,只从赋予人们以尊严的理念来评价那些有理性的东西的行为。”[38]一言以蔽之:无私利他是评价行为善恶的道德总原则。

可见,儒、墨、康德、基督教的道德总原则理论与孔德、赫起逊所倡导的利他主义的基本观点完全一致,因而称之为利他主义,是再合适不过了:利他主义是把无私利他奉为评价行为善恶唯一准则的道德总原则理论。儒、墨、康德、基督教的分歧,不过是利他主义的内部分歧。这种分歧可以归结为爱有差等与爱无差等之争:儒家是爱有差等的利他主义,主张谁离我越近,我对谁的爱便应该越多,因而爱自己的父母应该多于爱他人的父母;墨家和基督教则是爱无差等的利他主义,主张不分远近而同等地爱一切人,因而应该同等地爱自己的父母和他人的父母。

### 2. 利己主义:合理利己主义与个人主义以及心理利己主义

合理利己主义(rational egoism)是一种把"为己利他"奉为评价人们行为善恶唯一准则的道德总原则的理论。它成熟于18世纪;其公认的代表人物,当推爱尔维修、霍尔巴赫、费尔巴哈、车尔尼雪夫斯基。不过,霍布斯、洛克、曼德威尔以及我国的老子、韩非、李贽、龚自珍、梁启超、陈独秀等等,无疑也属于合理利己主义论者。

首先,从人性论来看,合理利己主义认为每个人的行为的目的都是为了利己:"每个人都是为自己的幸福以自己的方式而劳动的……承认了这一点,那么,绝没有哪个人可以够得上是无私心的人。"[39]但是,人是社会动物,每个人的利己目的只有依靠社会通过利他手段才能实现:"为了使自己幸福,就必须为自己的幸福所需要的别人的幸福而工作。"[40]一句话,每个人的行为目的只能利己,而行为手段却只应利他。其次,从道德本性来看,合理利己主义认为道德起源和目的完全是他律的,全在于保障社会存在发展。霍尔巴赫说:"公益乃是美德的目的。"[41]梁启超亦云:"道德之立,所以利群也。"[42]最后,从善恶原则来说,既然道德目的仅仅是为了保障社会的存在发展,那么,只有有利于社会和他人的行为才符合道德目的,才是道德的、善的;而只有损害社会和他人的行为才不符合道德目的,才是不道德的、恶的。所以,爱尔维修说:"公共的好处是人类行为的善的标准。"[43]梁启超说:"有益于群者为善,无益于群者为恶。此理放诸四海而皆准,行诸百世而不惑者也。"[44]于是,合理利己主义便既否定"无私利他"、"纯粹利他"原则,又否定"单纯利己"原则,而把"为己利他"奉为评价人们行为善恶唯一准则。霍尔巴赫将这一准则概括为一句名言:"德行不过是一种用别人的福利来使自己成为幸福的艺术。"[45]可见,所谓合理利己主义,说到底,便是一种将为己利他奉为评价行为善恶唯一准则的道德总原则理论

与合理利己主义相反,个人主义是一种扑朔迷离、离奇怪诞、反乎常识的道德总原则理论。或许因此,个人主义论者远远少于合理利己主义论者。这种道德总原则理论的公认的代表,当推中国古代哲学家杨朱和庄子以及现代西方哲学家尼采、海德格尔、萨特。

首先,从人性论来看,个人主义也认为每个人的行为目的只能是为了自我。杨朱说:"身者,所为也;天下者,所以为也。"[46]尼采说:"忘我的行为根本没有。"[47]那么,一个人应该通过什么手段,才能实现其为我的目的呢?

个人主义认为决不能依靠社会、集体和他人。为什么？杨朱曰：社会、集体和他人给我的不过是身外名货；而我要得到这身外名货，便须"危身伤生、刈颈断头"。这岂不是"断首以易冠、杀身以易衣？"[48]尼采、海德格尔、萨特的观点与此相同，只不过论据不是如是生动直观，而是著名的异化理论：一个人只要生活于社会和他人之中，便不能不失去自由、听任他人摆布，从而所造就的便是他人为自己选择的自我，便是没有独特个性的、非本己的、非本真的自我；而不是自己为自己选择的自我，不是具有独特个性的、本己的、本真的自我：他人和社会是自我发生异化的根源。[49]其次，从道德本性来看，个人主义认为道德起源和目的完全是他律的，全在于增进自我利益。这一点，庄子说得很明确："道之真以持身。"[50]尼采也这样写道："我迄今还没有见过这样的人，他看来是本着这个见解来信奉道德，即把道德看做是一个问题，而这个问题是他自己的个人需要、苦恼、快乐和热情所在。"[51]最后，从善恶原则来看，个人主义认为凡是以依靠社会和他人为手段——不论是损人还是利人——的行为，真正讲来，都有害自我、不符合道德目的，因而都是恶；只有以依靠自我为手段，亦即既不给予也不索取、既不利人又不损人地单纯利己，才真正有利自我，才符合道德目的，因而才是善的："单纯利己"是评价行为善恶的唯一准则。这一准则被杨朱概括为一句名言："拔一毛而利天下不为也。"庄子进而发挥说："为善无近名，为恶无近刑，缘督以为经，可以保身。"[52]到了20世纪，尼采亦如是说："我生活在自己的光里，我吸收从我爆发出来的火焰。"[53]萨特用来显示他所主张的道德原则的《厌恶》主角洛根丁也是这样的一个人："我是孤零零地活着，完全孤零零一个人。我永远也不和任何人谈话。我不收受什么，也不给予什么。"[54]于是，总而言之，个人主义便是否认无私利他与为己利他而把"单纯利己"奉为评价行为善恶唯一准则的道德总原则理论。

合理利己主义与个人主义之异同表明，二者虽然相反，但从根本上说完全一致，都同样与利他主义对立而以利己为行为的唯一目的、出发点和最终归宿，因而便都属于利己主义：利己主义便是认为人的行为目的只能利己，从而否定无私利他而把利己不损人奉为评价行为善恶的道德总原则的理论。所以，包尔生说："纯粹利己主义主张：个人利益之为行为的唯一目的，不仅是可允许的，而且在道德上是必需的。"[55]因此，合理利己主义与个人主义之分歧，是利己主义的内部分歧。这种分歧，说到底，不过在于主张究竟以什么为实现利己目的的手段。合理利己主义主张依靠社会和他人利益而以利他为手段，倡导为己利他：显然符合人的社会本性，是合乎情理、合乎理性、合乎理智的，因此叫做合理利己主义。反之，个人主义却主张既不利人又不损人地单纯利己，显然违背人的社会本性，是不合情理、不合理性、不合理智的，是不合理的利己主义。所以，二者正如梅德林(Brian Medlin)所说，实为隶属于利己主义范畴的两个矛盾的下位概念，因而便构成了利己主义的全部外延。不过，他把个人主义叫做“个人利己主义”(individual egoism)、把合理利己主义叫做“普遍利己主义”(universal egoism)：“普遍利己主义主张每个人都应该关注自己的和有利于自己的他人的利益，而不必理睬其他人。个人利己主义则主张不必理睬任何人而只应该关注自己利益。”[56]

个人主义与合理利己主义是利己主义的外在分类；反之，心理利己主义与伦理利己主义则是利己主义的内在结构。因为所谓心理利己主义，正如范伯格(Joel Feinberg)所言，乃是认为每个人的一切行为目的只能是利己的理论；而伦理利己主义则是认为每个人的行为目的都只应该是利己的理论。[57]所以，心理利己主义与伦理利己主义不过是利己主义思想体系的内在结构：心理利己主义是利己主义的行为观，是利己主义关于人的行为事实如何的客观本性的理论；伦理利己主义是基于心理利己主义的利己主义的道德观，是利己主义关于人的行为应该如何的道德原则的理论。

显然，伦理利己主义能否成立完全取决于心理利己主义能否成立：如果每个人的行为目的并非只能利己，那么，每个人的行为目的无疑也就并非只应该利己了。心理利己主义是不能成立的。因为如上所述，每个人的行为目的既可能自私利己，也可能无私利他。细察心理利己主义论著，不难看出，它的错误主要在于将行为的因果与行为的目的等同起来。这种等同，在车尔尼雪夫斯基那里十分明显。首先，他提出人皆只为自己的论题：“人们根据经验知道，每个人都是为自己设想。”[58]接着，他便对此诡辩道：“分析一下下面这种情况：为了侍候需要照顾的另一个人而放弃一切享乐、放弃支配自己时间的自由的那种人的忠诚。整整几个星期周旋在病友床前的朋友所作的牺牲，比他把自己的全部钱财都给了这位病友还要大得多。他为什么会做出这样巨大的牺牲呢？是因为什么感情他才这样做的呢？他是为了自己的友情才牺牲自己的时间和自己的自由。我们特别提出，是为了自己的感情。这种感情在他身上发展到了很强烈的程度，这种感情一旦得到满足，他便得到比从任何别的欢乐和自由中所得到的更大的快乐；如果这种感情遭到破坏，如果这种感情得不到满足，他所感到的不快将甚于其他一切需要得不到满足而招致的不快。……怎样做更愉快，人就怎样做，他的出发点是放弃较小的利益或较小的满足，以获得较大的利益或较大的满足。”[59]

这种诡辩，在当代西方伦理学家看来，乃是心理利己主义的主要依据：“心理利己主义在许多人看来是令人信服的，理由很多，比较典型的是：(1)我的每一行为都引发于我的动机或我的欲望或我的本能，而不是其他人的。这一事实可以表述为：我的行为不论何时，总是追求我自己的目的或企图满足我自己的欲望。由此我们可以得出结论说，我总是为我自己寻求什么或追求我自己的满足。(2)不言而喻，当一个人满足了自己的需要，他必会感到快乐。这便使许多人联想到，我们做的每一件事所真正欲求的，都是我们自己的快乐。”[60]

确实，每个人的一切行为目的，都是为了满足自己的需要、欲望。但是，自己的需要（欲望）包括自己的自爱利己的需要（欲望）与自己的爱人利他的需要（欲望）。于是，“为了满足自己的需要”也就相应地分为“为了满足自己的利己的需要”与“为了满足自己的利他的需要”。显然“为了满足自己的利己的需要”是为了利己，属于目的利己的行为范畴；而“为了满足自己的利他的需要”则是为了他人，属于无私利他的行为范畴。因此，“为了满足自己的需要和欲望”与“为了自己”根本不同。心理利己主义的诡辩就在于把这两个貌合神离的概念等同起来，因而由“每个人的一切行为都是为了满足自己的需要”的正确前提得出错误的结论：每个人的一切行为都是为了自己，都是为了自己得到快乐、避免痛苦，都是为了利己。

诚然，一个人为了满足自己的无私利他的需要和欲望如果得到实现，他自己便会感到快乐；如果实现不了，他便会感到痛苦。但是，他行为的目的却不是为了自己得到这快乐、避免这痛苦：这快乐和痛苦只是他行为的动因和结果——他行为的目的只是为了使他人得到快乐、避免痛苦。就拿车尔尼雪夫斯基所举的那位忠诚的朋友来说。他整整几周昼夜照顾病友，感到很愉快；如果他不这样做，便会感到很痛苦。但是，由此能说他如此辛苦地照顾病友的目的就是为了自己得到这种愉快、避免这种痛苦吗？显然不是。这种愉快或痛苦只是他如此行为的动因和结果，而并不是他的目的；他的目的只是为了病友的利益和快乐。这个道理，如果考究那些为救人而极可能自我牺牲的行为就更清楚了。例如，一个品德高尚的人，看到起火房屋中生命垂危的遇难者挣扎，听到他们凄惨呼救，便会心急如焚。如果他跳入火海救出遇难者，便会感到十分愉快；如果见死不救、溜之大吉，便会感到十分痛苦。这种愉快或痛苦显然只是他的行为的动因和结果，而并不是行为目的。

因为说一个人冒着生命危险跳入火海救人的目的就是为了自己事后得到愉快、避免痛苦的感觉,岂不荒唐？心理利己主义的错误就在于将行为的动因和结果等同于行为目的,因而由一个人无私利他的行为结果和动因是自己感到愉快,便得出结论说:一切行为的目的都是为了自己得到愉快,都是为了利己。

**3. 己他两利主义:利他主义与利己主义之统一**

利己主义与利他主义之对立,显示了二者各自的片面与错误。于是便有克服二者的片面与错误而为其统一的道德总原则理论出现。对于这种理论,我们不妨称之为"己他两利主义"。己他两利主义论者的阵营庞大,其代表便有斯宾诺莎、狄德罗、休谟、卢梭、沙甫慈伯利、斯密、边沁、穆勒、西季威克、葛德文等等。但是,己他两利主义影响最大的代表人物,当推无产阶级革命的伟大导师马克思和恩格斯;而作为一种可以与利他主义或利己主义相抗衡的成熟思想体系的创造者,则是弗洛伊德和弗洛伊德主义者弗洛姆以及达尔文和达尔文主义者赫胥黎、海克尔、道金斯、威尔逊。

首先,就人性论来说,己他两利主义与利己主义相反而与利他主义一致,认为每个人的行为目的既可能自爱利己,也可能无私利他。[61]其次,就道德本性论来看,己他两利主义与利他主义道德目的的自律论相反,而与利己主义一致,认为道德目的是他律的。不过,利己主义是片面的道德目的他律论:合理利己主义认为道德目的只在于保障社会存在发展;个人主义认为道德目的只在于增进自我利益。反之,己他两利主义则是全面的道德目的他律论,认为道德目的在于保障社会的存在发展和增进每个人的利益。[62]最后,就善恶原则论来说,己他两利主义指出,利己与利他因其符合道德目的、道德终极标准——亦即保障社会存在发展和增进每个人利益——而都是善的;害己与害他则因其违背道德目的、道德终极标准而都是恶的。[63]这样,在己他两利主义看来,否定自爱利己的利他主义与否定爱人无私的利己主义便不过是夸大各自片面真理从而滑向谬误的两极端:真理是二者之统一,是把"无私利他"和"为己不损人"共同奉为善恶原则的多元道德总原则理论。对于这一理论,马克思恩格斯曾这样概括道:"共产主义者既不拿利己主义来反对自我牺牲,也不拿自我牺牲来反对利己主义……他们清楚地知道,无论利己主义还是自我牺牲,都是一定条件下自我实现的一种必要形式。"[64]可见,己他两利主义是把无私利他与利己不损人共同奉为衡量行为善恶准则的道德总原则理论。

**4. 利他主义与利己主义以及己他两利主义的真谬之比较**

不言而喻，利他主义与利己主义以及己他两利主义的真谬取决于二者与其研究对象——行为事实如何的客观本性和道德目的、道德终极标准以及行为应该如何的道德价值——相符程度。我们关于这三大对象的研究结果已经表明：

首先，就行为事实如何之人性论来说，一切伦理行为不外无私利他、为己利他、单纯利己、纯粹害己、损人利己、纯粹害人六大类型。其次，从道德本性来看，道德起源和目的是他律的：直接目的是为了保障社会和利益共同体的存在发展；终极目的是为了增进每个人利益。最后，就行为应该如何之善恶原则来说，则无私利他、为己利他、单纯利己皆因符合道德目的而皆善：无私利他是最高善原则、为己利他是基本原则、单纯利己是最低善原则；反之，纯粹害人、损人利己、纯粹害己则皆因违背道德目的而皆恶：纯粹害人是最高恶原则、损人利己是基本恶原则、纯粹害己是最低恶原则。

准此观之，己他两利主义显然是真理；而利他主义与利己主义不过是夸大各自片面真理而堕入错误的两极端。利他主义的主要错误，一方面是道德起源和目的的自律论，以为道德起源和目的在于道德自身，是为了完善每个人品德；另一方面则夸大利己目的是恶的源泉方面，抹杀其为善的源泉方面，因而把本身是善的利己目的看成是恶，是万恶之源。这样，利他主义在善恶原则上便不能不陷入片面性：否定为己利他和单纯利己，而把无私利他奉为评价人们行为是否道德的唯一准则。反之，利己主义的主要错误，一方面是夸大人的行为目的利己方面，抹杀行为目的可能无私利他方面，因而以为人的行为目的只能利己。另一方面，利己主义主张道德目的他律论固然是真理，但合理利己主义却夸大道德的社会目的，以为道德目的仅在于保障社会存在发展；个人主义则夸大道德的个体目的，以为道德目的仅在于增进自我利益。这样，利己主义在善恶原则上也不能不陷入片面性：否定无私利他，而把利己不损人——为己利他或单纯利己——奉为评价行为善恶的唯一准则。

利他主义与利己主义是对立的两极，而己他两利主义则为二者之统一：三者似乎包括了全部的道德总原则理论。其实并非完全如此，真正讲来，还存在着一种道德总原则理论，这种理论不是利己主义与利他主义之统一，而堪称二者之超越。因为它像一根红线，贯穿于利己主义与利他主义以及己他两利主义之中;却与个人主义恰恰相反:它就是集体主义。

**5. 集体主义:利他主义与利己主义之超越**

何谓集体主义?亚马嘎旗(Susumu Yamaguchi)说:"集体主义可以定义为这样一种学说,它认为当个人与集体发生冲突时,集体的目标重于个人的目标。"[65]黑科斯(Stephen R. C. Hicks)说:"集体主义是与个人主义相反的理论,它认为社会集体比组成它们的个人更重要,个人有义务为了集体的利益而自我牺牲,不管这些集体是阶级、种族、部落、家庭还是民族。"[66]瑞蔻维斯科(Janus zReykowski)在论及集体主义的根本特征时也这样写道:"集体主义团体所赖以建立的规范原则是:集体利益优越于个人利益。"[67]李苏文(Soo-Won Lee)说:"集体主义文化强调集体的目标和需要高于个人的目标和需要。"[68]我国集体主义伦理学家罗国杰也认为:"集体主义,即把集体利益看得高于个人利益。"[69]

可见,所谓集体主义,也就是确证集体主义原则——亦即集体与个人的关系应该如何的道德原则——的理论,也就是关于每个人一切涉及集体的行为之善恶原则的理论,说到底,也就是关于伦理行为应该如何的道德总原则的一个重大问题——每个人关涉集体的行为无疑是最为重要的伦理行为之一——的理论,因而属于善恶道德总原则理论的范畴。与个人主义恰恰相反,这种理论的根本特征,不是个人价值至高无上,而是集体价值至高无上:集体价值至高无上,是集体与个人关系应该如何的道德原则,亦即所谓集体主义原则。于是,究竟言之,集体主义乃是将"集体价值至高无上"奉为解决集体与个人关系的道德原则的理论,是一种认为集体价值至高无上的关于集体与个人关系应该如何的道德原则的理论,是一种认为集体价值至高无上的关于善恶道德总原则的理论。这种理论的基本内容可以概括为一句话:集体利益高于个人利益,因而当二者发生冲突时,应该牺牲个人利益,保全集体利益。

那么,集体主义是真理吗?是的。因为不言而喻,集体或社会利益,无疑高于且大于个人或自我利益。所以,当二者发生冲突而不能两全时,遵守集体主义原则而自我牺牲,其差为利,利益净余额是增加了,符合利益冲突时的道德终极标准"最大利益净余额原则",因而是应该的、道德的、善的;反之,如果违背集体主义原则而损人利己,其差为害,利益净余额是减少了,违背最大利益净余额原则,因而是不应该的、不道德的、恶的。

诚然,在某些场合,当个人与集体发生冲突时,集体利益可能小于个人利益。但是,从总体上说,当个人与集体发生冲突时,每个人只有遵守集体主义原则而牺牲自我利益,才能保障社会的存在发展;只有社会的存在发展,每个自我才能生存。反之,在这种情况下,如果每个人违背集体主义原则,不是自我牺牲而是损人利己,那么,社会也就不可能存在发展;社会不能存在发展,每个自我便不可能生存。这样,遵守集体主义原则自我牺牲而不损人利己,就某一具体场合来说,可能害大于利;但从总体上说,却既保全了社会,又保全了自我,因而利大于害。

违背集体主义原则损人利己而不自我牺牲,就某一具体场合来说,可能利大于害;但从总体上说,却既牺牲了社会,又牺牲了每个自我,因而害大于利。总体大于局部。所以,遵守集体主义原则而自我牺牲的最终净余额是利,是利益总量的增加,符合"最大利益净余额"的道德终极标准,因而是道德的、应该的、善的;反之,违背集体主义原则而损人利己的最终净余额是害,是利益总量的减少,违背"最大利益净余额"的道德终极标准,因而是不道德的、不应该的、恶的。

可见,集体主义原则是解决集体与个人关系的符合道德终极标准的道德原则,亦即解决集体与个人关系的正确的道德原则,因而可以说,集体主义——亦即确证集体主义原则的理论——乃是真理。

## 注 释

〔1〕 Charles Darwin, *The Descent of Man and Selection in Relatiotn to Sex*, John Murray, Albemarle Street, W. London, 1922, p. 187.

〔2〕 人们往往以为,"为己利他"就是所谓的"主观为自己、客观为他人"。粗略地看,二者确实没什么差别,但细究起来,却大相径庭。主观为自己、客观为他人,亦即"主观动机为了自己、客观效果却有利他人",它可以有三种含义。一是"主观利他为己、客观有利他人",因为利他为己的主观动机显然经常能达到有利于他人的客观效果。二是"主观损人为己、客观却有利他人",因为损人为己的主观动机偶尔能歪打正着,达到有利他人的客观效果。例如,张三想毒害竞争对手李四,但不料以毒攻毒,竟治好了李四的病,岂不就是"主观损人利己客观却有利他人"?三是"主观单纯为己(既不损人又不利人),客观却有利他人",因为单纯为己的主观动机能达到间接有利他人的客观效果。比如,一个人锻炼身体是单纯为己,而自己健康岂不也有利他人?可见,"主观为自己、客观为他人"的含义是不确定的、多义的、歧义丛生而兼含善恶:它的经常的、基本的含义是"为己利他",但偶尔也可能包括"损人利己"行为。所以,它与"为己利他"貌合神离,或者说,它是"为己利他"善原则的不确切、不科学的表述。

〔3〕《孟子·告子》。

〔4〕同上。

〔5〕同上。

〔6〕张岱年:《中国哲学大纲》,中国社会科学出版社,1982 年版,5 页。

〔7〕《孟子·告子》。

〔8〕《孟子·公孙丑》。

〔9〕《孟子·告子》。

〔10〕《荀子·性恶》。

〔11〕张岱年:《中国哲学大纲》,中国社会科学出版社,1982 年版,5 页。

〔12〕《荀子·性恶》。

〔13〕《孟子·告子》。

〔14〕《荀子·正名》。

〔15〕《荀子·性恶》。

〔16〕同上。

〔17〕王充:《论衡·本性》。

〔18〕董仲舒:《春秋繁露·玉杯》。

〔19〕杨雄:《法言·修身》。

〔20〕董仲舒:《春秋繁露·实性》。

〔21〕韩愈:《原性》。

〔22〕Friedrich Paulsen, *A System of Ethics*, translated by Frank Thilly, Charles Scribner's sons, New York, 1899, p. 379.

〔23〕《西方伦理学名著选辑》上卷,商务印书馆,1954 年版,792 页。

〔24〕Friedrich Paulsen, *A System of Ethics*, translated by Frank Thilly, Charles Scribner's sons, New York, 1899, p. 379.

〔25〕郭沫若:《十批判书》,人民出版社,1959 年版,213 页。

〔26〕《墨子·兼爱下》。

〔27〕《新约·哥林多前书》第十三章。

〔28〕康德:《道德形而上学原理》,上海人民出版社,1986 年版,50 页。

〔29〕同上书,51 页。

〔30〕古留加:《康德传》,中国社会科学出版社,1981 年版,300 页。

〔31〕《旧约·创世纪》第十七章。

〔32〕康德:《实践理性批判》,商务印书馆,1960 年版,87 页。

〔33〕《墨子·兼爱上》。

〔34〕《孟子·腾文公上》。

〔35〕《论语·里仁》。

〔36〕谭戒甫:《墨经分类译注》,196 页。

〔37〕《新约·哥林多前书》第十章。
〔38〕康德:《道德形而上学原理》,上海人民出版社,1986 年版,56 页。
〔39〕霍尔巴赫:《自然体系》上卷,商务印书馆,1964 年版,271 页。
〔40〕周辅成编:《西方伦理学名著选辑》下卷,商务印书馆,1987 年版,84 页。
〔41〕北京大学编译:《十八世纪法国哲学》,商务印书馆,1957 年版,465 页。
〔42〕梁启超:《饮冰室合集》专集,第三册第 11 页。
〔43〕周辅成编:《西方伦理学名著选辑》下卷,商务印书馆,1987 年版,54 页。
〔44〕梁启超:《饮冰室合集》专集,第三册第 15 页。
〔45〕霍尔巴赫:《自然体系》上卷,商务印书馆,1964 年版,287 页。
〔46〕《吕氏春秋·审为》。
〔47〕周辅成编:《西方伦理学名著选辑》下卷,商务印书馆,1987 年版,815 页。
〔48〕《吕氏春秋·贵生》。
〔49〕参阅尼采:《朝霞》,第 491 节;海德格尔:《存在与时间》,三联书店,1987 年版,155 页;柳鸣九编选:《萨特研究》,中国社会科学出版社,1981 年版,303 页。
〔50〕《庄子·让王》。
〔51〕尼采:《快乐的科学》,中国和平出版社,1987 年版,260 页。
〔52〕《吕氏春秋·审为》。
〔53〕尼采:《查拉斯图拉如是说》,文化艺术出版社,1987 年版,29 页。
〔54〕萨特:《厌恶及其它》,上海译文出版社,1987 年版,36 页。
〔55〕Friedrich Paulsen, *A System of Ethics*, translated by Frank Thilly, Charles Scribner's sons, New York, 1899, p. 379.
〔56〕Louis P. Pojman, *Ethical Theory: Classical and Contemporary Readings*, Wadsworth Publishing Company, 1995, p. 74.
〔57〕Steven M. Cahn and Peter Markie, *Ethics: History, Theory, and Contemporary Issues*, Oxford University Press, New York: Oxford, 1998, p. 557.
〔58〕《十八—十九世纪俄国哲学》,商务印书馆,1987 年版,368—369 页。
〔59〕同上。
〔60〕Steven M. Cahn and Peter Markie, *Ethics: History, Theory, and Contemporary Issues*, Oxford University Press, New York: Oxford, 1998, p. 558.
〔61〕参阅 Sigmund Freud, *Introductory Lectures on Psycho-Analysis*, translated by James Strachey, W. W. Norton & Company, New York, 1966, p. 443; Sigmund Freud, *Civilization and Its Discontents*, W. W. Norton & Company, New York, 1961, p. 105。
〔62〕参阅赫胥黎:《进化论与伦理学》,科学出版社,1971 年版,58 页;弗洛伊德:《文明及其缺憾》,安徽文艺出版社,1987 年版,57 页; Sigmund Freud, *Collected Papers*, Volume 2, Basic Books, Inc., New York, 1959, p. 99.

〔63〕 Erich Fromm, *Man For Himself*, Routledge & Kegan Paul, Ltd., 1948, p. 13.

〔64〕 《马克思恩格斯全集》第 3 卷,人民出版社,1971 年版,275 页。

〔65〕 Uichol Kim, *Individualism and Collectivism*, Sage Publications, International Educational and Professional Publisher, 1994, p. 187.

〔66〕 John K. Roth, *International Encyclopedia of Ethics*, Fitzroy Dearborn, 1995, p. 432.

〔67〕 Uichol Kim, *Individualism and Collectivism*, Sage Publications, International Educational and Professional Publisher, 1994, p. 278.

〔68〕 Gene Yoon, *Psychology of the Korean People: Collectivism and Individualism*, Dong-A Publishing & Printing Co., Ltd., 1994, p. 63.

〔69〕 《罗国杰文集》上卷,河北大学出版社,1999 年版,106 页。

## 思考题

1. 有些学者如冯友兰和杨国荣,主张把元伦理学的“善”叫做“好”,以与规范伦理学的“善”——亦即“道德善”——相区别。(《三松堂全集》第一卷,568 页;杨荣国:《伦理与存在》,67—68 页)这种主张妥当吗?
2. 冯友兰说:“凡是求自己的利的行为,不能有道德价值。”“以得到自己的利益为目的的行为,虽可以是合乎道德的,但并不是道德的行为。”反之,斯宾诺莎则断言:“一个人愈努力并且愈能够寻求他自己的利益或保持他自己的存在,则他便愈有德性。反之,只要一个人忽略他自己的利益或忽略他自己存在的保持,则他便算是软弱无能。”谁是谁非?
3. 谈谈利害社会、利害他人、利害自己和利害动植物的善恶的大小高低之差等?
4. 20 多岁的张华为了救一个掉在粪坑中的老人而自我牺牲,这个老人生命的价值小于张华生命的价值。那么,在这种场合,张华自我牺牲符合最大利益净余额原则吗?当自我利益与他人利益发生冲突不能两全时,利他之利可能小于利己之利。那么,在这种场合,利己害人、损人利己符合最大利益净余额原则吗?在这种场合,究竟应该利己害人、损人利己还是损己利人、自我牺牲?
5. “为己利他”也就是所谓的“主观为自己、客观为他人”吗?
6. 试比较性善论、性恶论、性有善有恶论、性无善恶论,前三者的共同缺陷是什么?后者错在哪里?
7. 波吉曼(Louis P. Pojman)说:“利他主义是认为人们的行为有时能够以某种方式而将他人利益置于自己利益之前的理论。”(Louis P. Pojman, *Ethical Theory: Classical and Contemporary Readings*, p. 50)这个定义能成立吗?
8. 桑德斯(Steven M. Sanders)在界定利己主义时写道:“利己主义是认为每个人在任何时候都应该最大限度地追求自己利益而不应该牺牲他人利益的学说。”(John K. Roth, *International Encyclopedia of Ethics*, p. 250)这种观点正确吗?
9. 许多人——如哈耶克、卢克斯以及我国一些学者——否认个人主义属于利己主义范畴,而认为它是一种关于个人价值、尊严和自由的人道主义或自由主义理论。这种观点能成立吗?

10. 试析儒家和墨家利他主义之异同。

# 第八章
# 公正:社会治理根本道德原则

公正或正义既是今日世界性的热点问题,又是伦理学及其在政治学、法理学以及经济学中的应用的跨学科难题。追溯人类以往研究,可知该难题原本由三个问题合成:公正的一般问题、公正的根本问题和社会公正的根本问题。

## 一　等利害交换:公正的一般问题

### 1. 公正界说

公正、正义、公平和公道都是同一概念。只不过,正义一般用在庄严、重大的场合。例如,就战争来讲,大都说正义战争,而不说公道战争、公平战争或公正战争。但是,说公道战争、公平战争或公正战争也不算错:它们与正义战争无疑是一回事。公平与公道,一般用于社会生活的日常领域。例如,我们常说公平与效率、公平分配、待人公道,而不说正义与效率、正义分配、待人正义。但是,说正义与效率、正义分配、待人正义也不算错:这两种说法显然也是一回事。公正则介于正义与公平或公道之间:它比公平和公道更郑重一些,比正义更平常一些,因而适用于任何场合。那么,究竟何谓公正?

柏拉图答曰:"正义就是给每个人以恰如其分的报答。"[1]乌尔庇安亦说:"正义乃是使每个人获得其应得的东西的永恒不变的意志。"[2]柏拉图和乌尔庇安的定义被后来历代思想家所承认而成为公正的经典界说。按照这一界说,公正就是行为对象应得的行为,是给予人应得而不给人不应得的行为;不公正就是行为对象不应得的行为,是给人不应得而不给人应得的行为。举例说,恶人得了恶报和善人得了善报,都是公正的,因为恶人应得恶报、善人应得善报。反之,恶人若得了善报而善人却得了恶报,则都是不公正的，因为恶人不该得善报、善人不该得恶报。所以，柏拉图在进一步解释“什么是正义所给的恰如其分的报答”时这样写道：“正义就是‘把善给予友人，把恶给予敌人’。”“假使朋友真是好人，当待之以善，假如敌人真是坏人，当待之以恶，这才算是正义。”[3]

显然，公正的经典定义是不错的。但是，这个定义不够明确：究竟什么叫给人应得？所谓应得，必与应得者此前的行为相关：应得乃是一种回报或交换，是应得者此前行为之回报或交换。因此，公正是给人应得经典定义原本意味着：公正是一种回报或交换。尼采早就看破了这一点：“交换是正义的原初特征。”[4]不过，滴水之恩涌泉相报和涌泉之恩滴水相报，都是一种回报或交换：这些行为是公正吗？显然都不是。那么，公正究竟是一种怎样的回报或交换行为？

亚里士多德答道：是具有均等、相等、平等、比例性质的那种回报或交换行为。[5]确实，公正是平等（相等、同等）的利害相交换的善的行为，是等利交换和等害交换的善行，是等利（害）交换的善行；不公正则是不平等（不相等、不同等）的利害相交换的恶行，是不等利交换和不等害交换的恶行，是不等利（害）交换的恶行。举例说，救人和杀人，无所谓公正不公正。但是，若出于报恩，救的是自己昔日的救命恩人，便是等利交换，便是公正的行为；若是为父报仇，杀的是曾杀死自己父亲的仇人，便是等害交换，因而也是一种公正的行为；若是忘恩负义，见昔日恩人有难而坐视不救，便是不等利交换的恶行，便是不公正的行为；若是因对方辱骂自己而竟然杀死对方，便是不等害交换的恶行，因而也是一种不公正的行为。

这一定义可以从休谟关于公正起源和前提的理论得到印证。休谟将公正的起源和前提归结为两个条件：一个是客观条件，亦即财富的相对匮乏；另一个是主观条件，亦即人性的自私和有限的慷慨。[6]为何财富的匮乏是公正的起源和前提呢？岂不就是因为，公正的要义就是等利交换，而财富的匮乏必然要求等利交换？如果财富不是匮乏而是极大丰富，每个人需要什么就能够拥有什么，那就不需要斤斤计较的等利交换，就不需要公正了。那么，为什么自私和有限的慷慨又是公正的起源和前提呢？岂不也是因为，公正的要义就是等利交换，而自私和有限的慷慨必然要求斤斤计较的等利交换？如果每个人都爱他人胜过爱自己、为他人胜过为自己，那就不需要斤斤计较的等利交换，就不需要公正原则了。所以，休谟关于财富的匮乏和人性的自私是公正的起源和前提意味着：公正的要义就是斤斤计较的等利交换。

**2. 积极公正与消极公正**

公正是等利害交换，显然意味着，公正有正反两面：等利交换是正面的、肯定的、积极的公正；而等害交换或同等报复则是反面的、否定的、消极的公正。因此，我们可以沿用格老秀斯和叔本华的术语，将公正分为积极公正与消极公正两大类型：积极公正就是等利交换的公正；消极公正就是等害交换或同等报复的公正。[7]

然而，任何公正无疑都是一种善行，都属于道德善范畴。可是，等害交换却属于复仇、报复、目的害人的行为境界：它怎么能是一种道德善呢？确实，等害交换，就其自身来说，不是善而是恶："报复感情，就其本身来说，并不是道德的。"[8]但是，等害交换，就其结果来说，却是极其巨大的善。因为等害交换意味着：一个人损害社会和别人，他也会受到同等的损害。这样，等害交换便能够使人们避免相互损害，因而极为有利社会发展和人际交往，符合道德目的，是一种极为重要的道德善。因此，就连主张爱仇敌的《圣经》竟然也发出这样的号召："若有伤害，就要以命偿命，以眼还眼，以牙还牙，以手还手，以脚还脚，以烙还烙，以伤还伤，以打还打。"[9]

如果说等害交换是一种极为重要的道德善，那么，它是否比公正的另一类型——等利交换——更为重要、更为根本呢？等害交换的价值和意义在于避免互害；等利交换的价值和意义则在于达成互利。这样，等害交换与等利交换原则究竟何者更为根本和重要，说到底，便在于：避免互害与达成互利何者更为根本和重要？吉尔波特·哈曼认为前者更为根本和重要："在我们的道德中，避免损害他人比帮助那些需要帮助的人更为重要。"[10]这种观点是不能成立的。因为一方面，从质上看，人们结成社会和建立联系，显然完全是为了互利从而增进各自的利益，而决不是为了互害从而减少各自的利益；完全是为了"我为人人、人人为我"，而决不是为了"我害人人、人人害我"：互相损害不过是社会合作与人际联系所具有的一种不可避免的副作用罢了。另一方面，从量上看，就全社会的行为总和来说，互害的行为必然少于互利的行为。否则，每个人从社会合作与人际联系中所受到的损害，便多于所得到的利益，那么社会合作与人际联系便必然崩溃而不可能存在了。所以，不论从质上看，还是从量上看，互利都远远比互害更为根本和重要。既然如此，那么，达成互利的公正原则"等利交换"，也就比避免互害的公正原则"等害交换"更为根本和重要了：等利交换是更为根本和重要的公正类型。那么，是否可以说：等利交换都是最根本、最重要的公正？

### 3. 根本公正、社会公正和制度公正

我们不能说,等利交换都是根本、重要的公正。因为众多的等利交换,如"投之以李报之以桃"或"你给我穿靴我给你搔痒"等等,显然无关紧要。等利交换比等害交换更为根本和重要,不过意味着:最根本、最重要的公正只能是一种等利交换,而不能是一种等害交换;等害交换都属于非根本、非重要的公正范畴。那么,最根本、最重要的公正究竟是哪一种等利交换?

人的最根本、最重要的利益交换,无疑是权利与义务的交换:权利与义务的交换是公正的根本问题;非权利义务交换则是公正的非根本问题。更确切些说,所谓根本公正,就是权利与义务相交换的公正,是关于权利义务的公正;而非根本公正则是非权利义务交换的公正,是无关乎权利义务的公正。举例说,一个人赡养父母,是履行自己的义务,这义务是与他儿时享有的被父母养育的权利的平等交换,因而是一种根本公正。反之,他若送钱救助陷入困境的昔日恩人,则不能说是在履行义务,而是一种无关乎义务权利的等利交换,因而是一种非根本的公正。

等利交换与等害交换以及根本公正与非根本公正,显然都是以公正行为本身性质为根据的分类。如果不是以公正行为而是以公正行为者的性质为根据,那么,公正便可以分为个人公正与社会公正:个人公正是个人为行为主体的公正,是个人所进行的等利(害)交换行为,如张三以德报德、以怨报怨等等;社会公正则是社会为行为主体的公正,是社会所进行的等利(害)交换行为,如法院判决杀人者偿命、欠债者还钱等等。然而,社会通常是由能够代表社会意志的特殊的个人所代表的。这种能够代表社会意志的特殊的个人,无疑就是社会的领导者、管理者或统治者,如国王、总统、各种行政和司法长官以及家长、族长等等。因此,所谓社会公正,说到底,乃是社会领导者的管理活动的公正,是管理行为的公正。反之,个人公正,说到底,则是被管理的行为的公正,是被领导者的行为和领导者的非领导行为的公正。

这样,如果将社会公正与个人公正两大类型和根本公正与非根本公正两大类型联系起来,便可以看出:公正的根本原则乃是社会公正而不是个人公正。因为所谓根本公正是权利与义务相交换的公正;而权利与义务的交换,显然并不是个人行为,而是社会行为,是社会统治者的分配行为:每个人的权利与义务都是社会统治者分配的,而不是个人之间相互交换的。这就是说,权利与义务的交换,不属于个人行为范畴,而属于社会统治者的管理

行为范畴。于是，所谓根本公正——权利与义务交换的公正——乃是一种社会公正，属于社会分配公正范畴。因此，公正，主要讲来，乃是社会公正而不是个人公正；乃是约束社会统治者的道德，而不是约束被统治者的道德。这就是公正与善、节制、勇敢、诚实等道德规范的不同之处：诚实、勇敢、善等等是约束一切人的道德；公正则主要是约束统治者、领导者、管理者的道德。

不过，细究起来，管理行为的公正与社会公正并非同一概念；而且，管理行为的公正，真正讲来，也并非主要的社会公正。因为，没有规矩，不成方圆。社会管理行为，说到底，不过是各种社会行为规范的实现。因此，社会公正，归根结底，乃是社会行为规范的公正，亦即所谓制度公正。因为所谓制度，正如罗尔斯和诺斯所言，是社会制定或认可的一定的行为规范体系，亦即一定的法（包括法律、政策和纪律）和道德的体系。[11]这样，所谓制度公正，说到底，也就是法律的公正与道德的公正。举例说，主张种族平等和男女平等的法律和道德，是公正的：这种公正，就是一种法律公正和道德公正，说到底，就是一种制度公正。反之，奉行性别歧视和种族歧视的法律与道德，是不公正的：这种不公正，就是一种法律的不公正和道德的不公正，说到底，就是一种制度不公正。

综上可知，公正问题虽然纷纭复杂，但根本讲来，无非权利与义务相交换的公正，说到底，则是社会对于每个人的权利与义务的分配公正：分配制度公正是最根本、最重要、最主要的公正。因此，自亚里士多德以来，公正便被简单地归结为两大类型：分配公正与报复公正。然而，到了20世纪60年代，学者们开始关注一切公正——特别是分配公正与报复公正——的实现过程或实现手段的公正问题，关注行为的过程、手段的公正与行为的结果、目的的公正的关系。这就是亚里士多德以来的经典思想家未能问津的更为复杂难解的公正的类型：程序公正与实体公正。

**4. 程序公正与实体公正**

程序，顾名思义，就是过程的顺序，是指具有一定时空顺序的行为过程。因此，所谓程序公正，也就是一种行为过程的公正，是具有一定时空顺序的行为过程的公正。反之，这种行为过程所导致的行为结果之公正，则叫做结果公正或实体公正。举例说，“任何人不得做自己案件的法官”和“应该听取双方当事人的意见”，都是审判过程的公正原则，因而都属于程序公正范畴。反之，这种审判过程可能导致的“有罪者被定罪和无罪者免受刑事追究”的公正的审判结果，则是审判结果的公正，属于结果公正或实体公正范畴。

程序公正与结果公正是一种手段公正与目的公正、附属公正与实体公正以及形式公正与实质公正的关系。然而，由此决不能说：程序公正与结果公正是手段和目的的关系。程序公正与结果公正是手段公正与目的公正的关系，却不是手段和目的的关系。诚然，程序是为结果服务的手段。但是，程序公正却不是为结果公正服务的手段。就拿“禁止侵犯个人隐私”来说。这条程序公正原则显然不是达到结果公正的手段。因为如所周知，禁止侵犯个人隐私在很多情况下，都会成为查明真相和达到结果公正的障碍。那么，究竟为什么程序公正不是结果公正的手段呢？

原来，任何程序都具有内外双重价值：既具有能够达到某种结果和目的的手段价值、外在价值，又具有自身就能够满足人的需要、自身就是人们所欲求的目的之目的价值、内在价值。就拿禁止侵犯个人隐私的程序来说。它可能放纵罪犯从而造成结果不公正，因而是一种坏程序：这是它的手段价值和外在价值。但是，这种程序，就其自身来说，却保障了个人隐私不应该被侵犯的权利，因而是公正的，是公正的程序。这种独立于结果的程序公正，自身就能够满足人的需要，就是人们所欲求的目的：这是它的目的价值、内在价值。

不难看出，程序是否公正，与它所导致的结果是否公正无关。因为一种程序，比如侵犯个人隐私，不论它所达到的结果如何公正，它都是不公正的程序。反之，禁止侵犯个人隐私，不论它所达到的结果如何不公正，它都是公正的程序。所以，程序公正是一种独立于程序结果的价值：它不是程序对于结果的效用性，不是程序所具有的达到某种结果的手段价值、外在价值；而是程序所具有的一种自身就能够满足人的道德需要的内在价值，是程序所具有的一种自身就是人们所欲求的目的的目的价值。

这样一来，评价一种程序的好坏便具有双重价值标准：如果它能够达到结果公正或实体公正，它便具有好的手段价值和外在价值；如果它自身就是公正的，它便具有好的目的价值和内在价值。显然，一种程序，只有既能够达到结果公正从而具有好的手段价值，又能够自身就是公正的从而具有好的内在价值，它才是真正的好程序。换言之，只有能够达到结果公正的程序公正，才是真正的好程序；达不到结果公正的程序公正，并不是真正的好程序。那么，程序公正是否一定能够达到结果公正？

程序公正，如上所述，不是程序所具有的能够达到某种结果的手段价值、外在价值；而是程序所具有的一种自身就是人们所欲求的目的的目的价值、内在价值。因此，程序虽然是为结果服务的手段，但程序公正却不是为结果公正服务的手段。程序公正不但不是为结果公正服务的手段,而且是对于为结果公正服务的手段——程序——的一种道德限制:为结果公正服务的程序或手段,应该是公正的、道德的;而不应该是不公正的、不道德的。所以,程序公正的实质是:为了达到公正的、善的、道德的结果和目的,应该采用公正的、善的、道德的手段和程序,而不应该采用不公正的、恶的、不道德的手段或程序。这就是说,程序公正虽然不是结果公正的手段,却能够达到结果公正。可是,程序公正究竟能够在何种程度上达到结果公正?

总体说来,程序公正必定导致结果公正。因为总体说来,公正的、道德的过程和手段,比不公正的、不道德的过程和手段,无疑更能够导致公正的、道德的目的或结果。这就蕴涵着:总体说来,程序公正比程序不公正更能够导致结果公正。就拿刑事审判程序公正的两条最为根本的原则——“任何人不得做自己案件的法官”和“应该听取双方当事人的意见”——来说,遵循这些原则的程序公正岂不比违背这些原则的程序不公正,更加可能导致“有罪者被定罪和无罪者免受刑事追究”的结果公正吗?诚然,禁止侵犯个人隐私的程序公正比侵犯个人隐私的程序不公正,往往更能够导致结果公正。但这无疑是一种极为例外的、局部的、特殊的现象。

因此,总体讲来,程序公正与结果公正必定是一致的。换言之,程序公正,总体讲来,必定导致结果公正;说到底,公正的程序,总体说来,必定是能够导致结果公正的程序,因而必定是真正的好程序。即使在程序不公正比程序公正更能够导致结果公正的情况下,程序公正与结果公正也是可以两全的和一致的。因为用以达到结果公正的程序大都多种多样,一种公正的程序达不到结果公正,并不妨碍其他公正的程序达到结果公正。举例说,禁止侵犯个人隐私的程序公正可能达不到将罪犯绳之以法的结果公正。但是,这并不妨碍其他程序公正,如“任何人不得做自己案件的法官”和“应该听取双方当事人的意见”,可以达到将罪犯绳之以法的结果公正。所以,程序公正与结果公正发生不可调和的冲突从而不可两全,是极为罕见的例外。

当程序公正与结果公正没有冲突和可以两全时,当然应该兼顾程序公正与结果公正。但是,当二者发生冲突不能两全时,应该怎么办?无疑应该牺牲价值较小者而保全价值较大者。因此,当程序公正与结果公正发生冲突不可两全时,总体说来,便应该坚持程序公正而牺牲结果公正。因为如上所述:程序公正,总体说来,必定导致结果公正。这就意味着,程序公正总体说来蕴涵结果公正,因而其价值大于结果公正的价值:如果坚持程序公正,总体说来,便既保全了程序公正,又实现了结果公正;反之,如果牺牲程序公正，总体说来，则既牺牲了程序公正，又牺牲了结果公正。一句话，程序公正对于结果公正具有总体的优先性。这就是法律格言"程序优先于权利"（process before rights）和"公正优先于真实"（justice before truth）以及"程序是法律的心脏"之真谛。

**5. 公正总原则**

厘清了公正的定义和类型，便不难确立衡量一切伦理行为是否公正的公正总原则了。但是，公正极为复杂纷纭，它并不是一个单一的原则，而是由一系列分原则和一个总原则所构成的原则体系。因此，仅凭公正的定义和类型，还不足以确立衡量一切行为是否公正的公正总原则。试想，"公正是等利害交换的善行"，是公正的定义。从这个定义出发，显然还不足以判定：等利害交换的一切伦理行为是否都是善的行为从而是否都是公正？同样，不公正是不等利害交换的恶行，是不公正的定义。从这个定义出发，同样不能判定：不等利害交换的一切伦理行为是否都是恶的行为从而是否都是不公正？要科学地确立衡量一切伦理行为是否公正的公正总原则，显然还必须从公正的定义和类型出发，辨析人类一切伦理行为：哪些是公正的行为？哪些是不公正的行为？哪些是既非公正亦非不公正的行为？

所谓伦理行为，如前所述，亦即受利害己他（它）意识支配的行为。这就是说，人类一切伦理行为无非两类：利害自己与利害他人或动植物等非人类存在物。利害自己，正如亚里士多德所言，无所谓公正不公正；[12]公正和不公正必定完全存在于利害他人或动植物等非人类存在物的伦理行为之中。利害他人或动植物等非人类存在物的行为，说到底，亦即人际或种际利害相交换的行为。因为一切人际或种际关系，说到底，都可以归结为交换关系。人际或种际利害相交换行为显然无非为两类：等利（害）交换和不等利（害）交换。等利（害）交换的行为与公正的行为实为同一概念。因为等利交换和等害交换，如上所述，乃是公正的两大类型，因而都是道德的、善的："等利害交换的行为"与"等利害交换的善行"是同一概念。因此，公正的定义"公正是等利（害）交换的善行"也就全等于"公正是等利（害）交换的行为"。这样，"等利（害）交换"便是衡量一切行为是否公正的总原则：凡是等利（害）交换的行为都是公正的；凡是公正的行为都是等利（害）交换的。

然而，不等利害交换的行为与不公正的行为却不是同一概念。因为不等利（害）交换行为并不都是恶的，而可以分为四种类型。第一种是"无偿给予"和"得小利而报答以大利的不等利交换"；后者如滴水之恩涌泉相报，其净余额也是无偿给予。二者显然都有利社会的存在发展,符合道德目的,因而都是道德的、应该的、善的:这就是所谓的仁爱。第二种类型,是在一定的条件下的遭受损害而不报复乃至以德报怨;或者遭受大害而报复以小害,如只是要求对方道歉,其净余额无异于遭受损害而不报复。这些不等害交换显然也有利社会的存在发展,符合道德目的,因而也是道德的、应该的、善的:这就是所谓的宽恕。第三种类型是受恩不报乃至恩将仇报和得大利而回报以小利的不等利交换;后者如涌泉之恩滴水相报,其净余额无异于受恩不报,二者显然都有害社会的存在发展、不符合道德目的,因而是不道德的、不应该的、恶的。第四种类型是遭受小害而报复以大害的不等害交换,其净余额是纯粹害人,因而有害社会存在发展、不符合道德目的,也是不道德的、不应该的、恶的。这两种恶——第三和第四种——就是所谓的不公正。

这样一来,不等利(害)交换的行为便可以归结为两大种类。一类是善的、道德的、应该的不等利(害)交换的行为:这就是所谓的仁爱和宽恕。另一类是恶的、不道德的、不应该的不等利(害)交换的行为:这就是所谓的不公正。因此,不公正的定义"不公正是不等利(害)交换的恶行"与"不公正是不等利(害)交换的行为"根本不同。"不公正是不等利(害)交换的恶行"只可代换为"不公正是恶的不等利(害)交换的行为"。于是,"恶的不等利(害)交换"便是衡量一切行为是否不公正的总原则:凡是恶的不等利(害)交换的行为都是不公正的;凡是不公正的行为都是恶的不等利(害)交换。

这就是依据公正的定义与类型来衡量人类一切伦理行为的结论,这就是公正总原则的确立过程,可以将其表示如下所示:

- 伦理行为
  - 利害他(它)=利害交换
    - 等利害交换=公正总原则
    - 不等利害交换
      - 恶的不等利(害)交换=不公正总原则
      - 善的不等利(害)交换=仁爱和宽恕原则
  - 利害自己:无所谓公正不公正

显然,就道德价值的高低来说,公正远远低于仁爱和宽恕;但就道德价值的大小轻重来说,却远远大于、重要于仁爱和宽恕,也远远大于、重要于其他一切道德:公正是最重要最根本的道德。因为如前所述:道德价值就是对于道德目的的效用;道德目的就是为了保障社会和利益共同体的存在发展、最终增进每个人利益。因此，所谓公正与仁爱等道德原则的道德价值，也就是这些原则对于道德目的——保障社会和利益共同体的存在发展、最终增进每个人利益——的效用。显然，要达到道德目的，从而保障社会和利益共同体的存在发展、最终增进每个人利益，必须一方面避免人们相互间的伤害，另一方面则必须使每个人努力增进社会和他人的利益。

避免人们相互间的伤害的最重要、最有效、最根本的道德原则是什么？无疑是等害交换的公正原则。因为等害交换意味着：你损害社会和他人，就等于损害自己；你损害社会和他人多少，就等于损害自己多少。这样，每个人要使自己不受损害，就必须不损害社会和他人；每个人要使自己不受丝毫损害，就必须丝毫不损害社会和他人。另一方面，增进社会和他人利益的最重要、最有效的原则是什么？无疑是等利交换的公正原则。因为等利交换意味着：你增进社会和他人利益，就等于增进自己利益；你为社会和他人增进多少利益，就等于你为自己增进多少利益。这样，每个人要增进自己利益，就必须增进他人利益；每个人要使自己利益最大化，就必须使社会和他人利益最大化。

等害交换和等利交换是保障社会和利益共同体的存在发展、最终增进每个人利益的最根本、最重要、最有效的原则，显然意味着：公正是实现道德目的的最根本、最重要、最有效的原则，因而具有最根本、最重要的道德价值，是最根本、最重要的道德原则。所以，亚里士多德说："在各种德性中，人们认为公正是最重要的。"[13]不过，仅仅看到公正是最根本、最重要的道德，还没有真正揭示公正与仁爱等道德原则的根本区别。因为如上所述，根本的和主要的公正，乃是社会公正而不是个人公正；是社会治理活动的公正，而不是被治理活动的公正；是社会制度的公正，而不是个人行为的公正。因此，公正与仁爱、宽恕和善等道德原则根本不同：仁爱、宽恕和善是约束一切人的道德，是每个人的行为所当遵循的道德原则；而公正则主要是约束统治者、领导者、管理者的道德，是社会治理的道德原则，是社会制度的道德原则。这样，"公正是最根本最重要的道德"，不但蕴涵着"公正是社会治理的最根本、最重要道德"；而且"社会治理的最根本、最重要道德"乃是公正的本质的、根本的、主要的内容和特征：所谓公正，根本地和主要地讲，便是社会治理的最根本、最重要的道德原则，便是社会制度的最根本、最重要的道德原则。

## 二　权利与义务:公正的根本问题

公正的根本问题,如前所述,是权利与义务的交换或分配。那么,权利与义务究竟应怎样交换或分配才是公正的?或者说,权利与义务交换的公正原则是怎样的?说到底,即公正根本原则是什么?这是个极其复杂的问题。研究这一问题的起点显然是:何谓权利与义务?

### 1. 权利义务界说

权利与义务,真正讲来,是应该受到权力保障的东西。因为权力无疑是一种保障社会存在发展的根本手段;而社会,正如罗尔斯所言,不过是人们对于各自利益的合作形式。[14]这种利益合作,一方面是我为人人:我为社会和他人谋取利益,也就是所谓的"贡献"或"付出";另一方面则是人人为我:我从社会和他人那里得到利益,也就是所谓的"索取"或"要求"。因此,所谓权力,说到底,也就是保障人们利益合作的根本手段,也就是保障或强制人们相互贡献与索取、付出与要求的根本手段。应该受到权力保障的利益、索取或要求,正是所谓的权利:我从社会和他人那里得到的应该受到权力保障的利益、索取或要求,岂不就是我的权利?反之,应该受到权力保障或强制的服务、贡献或付出,正是所谓的义务:我给予社会和他人的应受权力保障的服务、贡献或付出,岂不就是我的义务?但是,权力显然并不保障所有的利益合作,并不保障所有的贡献与索取或付出与要求。细究起来,每个人的索取或要求、每个人从社会和他人那里得到的利益,共有三种类型:

第一种仅仅具有必须性而不具有应该性,是社会和他人必须而非应该给予我的利益,是社会和他人必须而非应该满足我的要求和索取:它是必须的,因为否则便会受到强制力量的惩罚;它是不应该的,因为它违反道德。例如,我持枪抢劫银行,银行职员明知不应该将钱给我,但必须给我,不给我便会遭到我的强制力量的惩罚:枪杀。我的这种类型的利益、索取或要求,显然不应为权力所保障,因而不是我的权利:我没有权利抢劫银行。

第二种类型仅仅具有应该性而不具有必须性,是社会和他人应该而非必须给予我的利益,是社会和他人应该而非必须满足我的要求和索取:它符合道德因而是应该的;但它不具有或被认为不具有重大的社会效用,因而不是必须的,不服从也不会受到强制力量的惩罚。例如,我有难时,朋友帮我渡过难关;或者他人出于对我的爱而赠我财物等等。我的这种类型的利益、索取或要求，都符合道德，因而都是应该的。但是，它们却不是必须的，因为我的朋友和他人即使不帮助、不馈赠我，也不会受到暴力惩罚或行政惩罚。我的这种类型的利益、索取或要求，显然也不应为权力所保障，因而也不是我的权利：我没有权利要求他人馈赠和朋友帮忙。

第三种类型则既具有应该性又具有必须性，是社会和他人必须且应该给予我的利益，是社会和他人必须且应该满足我的要求和索取：它符合道德因而是应该的；同时，它又具有或被认为具有重大的社会效用，因而是必须的，不服从便会受到强制力量的惩罚。例如，儿时父母对我的养育、工作时单位付给我工资、年迈时儿女对我的赡养等等。我的这种类型的利益、索取或要求，都符合道德，因而是应该的；同时也是必须的，因为否则便会受到强制力量的惩罚。显然，我的这种类型的利益、索取或要求应该受到权力保障，因而便是我的权利：我在儿时有权利要求父母的养育，我工作时有权利要求单位付给我工资，我年迈时有权利要求儿女的赡养。

可见，权利是一种具有或被认为具有重大社会效用的必须且应该的索取或要求，是一种具有或被认为具有重大社会效用的必须且应该得到的利益，是一种具有或被认为具有重大的社会效用的必当得到的利益，因而也就是应该受到权力保障的利益，是应该受到权力保障的索取或要求，也就是应该受到社会管理者依靠权力加以保护的利益、索取或要求，说到底，也就是应该受到政治和法律保障的利益。所以，耶林说："权利就是受到法律保护的一种利益。"[15]不过，耶林的定义还不够精确。因为权利并不都受到法律的保障，如人权在过去就没有受到法律保障，至今在很多国家仍然没有受到法律保障。但是，人权显然是应该受到法律保障的：权利是应该受到法律和政治保障的利益。权利概念的这一定义使与其恰相对立的义务概念的定义迎刃而解：义务是具有或被认为具有重大社会效用的必须且应该的服务、贡献或付出，因而也就是应该受到权力、法律或政治保障的服务、贡献或付出，是应该受到社会管理者依靠权力和法律加以保障的服务、贡献或付出。

**2. 权利义务类型：道德权利义务、法定权利义务和自然权利义务**

权利与义务，如所周知，可以分为法定权利义务与道德权利义务：法对于权利义务的规定，也就是法所承认、赋予的权利义务，叫做法定权利和法定义务；道德对于权利义务的规定，也就是道德所承认、所赋予的权利义务，叫做道德权利和道德义务。可是，权利与义务为什么既需要被法承认、赋予同时又需要被道德承认、赋予？原来，权利与义务的界说——具有重大社会效用的必须且应该的索取和贡献——意味着:权利与义务不但是一种道德规范,同时也是一种法律规范。因为法所规范和保障的是具有重大社会效用的行为;而道德所规范和保障的则是一切具有社会效用的行为。这样,权利与义务便因其具有重大社会效用而既被法规定同时又被道德规定,从而得到法和道德的双重保障。

因此,任何一种权利与义务,就其为权利与义务的本性来说,都应该既是法定权利义务同时又是道德权利义务。但是,有些权利义务,如所谓人权,在一定历史时期,却仅仅被道德承认而不被法律承认,因而仅仅是道德权利义务而不是法定权利义务。反之,另一些权利义务,如暴君和僭主所制定或认可的权利义务,并不被道德承认而仅仅被法律承认,因而仅仅是法定权利义务而不是道德权利义务。显然,这种只是法定的或只是道德的权利义务,都是权利义务的不完善形态,都缺乏完全的保障从而得到真正的实现:道德权利义务要真正实现,必须得到法的承认从而同时成为法定权利义务;法定权利义务要真正实现,必须得到道德的承认从而同时成为道德权利义务。

那么,除了法定权利义务和道德权利义务,还有其他社会承认的权利义务吗?没有了。因为法定权利义务的外延比法律权利义务的外延广阔得多。法,如所周知,包括法律、政策、纪律。所以,法定权利义务与法律权利义务不同:法定权利义务包括法律与纪律以及政策所赋予的权利义务;而法律权利义务则仅仅是法律所赋予的权利义务。这样一来,法定权利义务与道德权利义务显然便包括了社会所承认的全部的权利义务。

法定权利义务与道德权利义务虽然包括了社会所承认和赋予的全部权利义务,却没有包括全部权利义务。因为有些权利义务虽然并不被社会所承认——亦即并不被法和道德承认——却仍然是权利义务:只不过它们不是实有权利义务,而是应有权利义务。所谓实有权利义务,就是实际存在的权利义务,也就是被社会承认和赋予的权利义务,也就是被社会的各种规范承认和赋予的权利义务,说到底,也就是被法和道德承认和赋予的权利义务,也就是法定权利义务和道德权利义务。反之,所谓应有权利义务,则是未被社会承认和赋予却应该被社会承认和赋予的权利义务,就是未被社会规范——道德与法——承认和赋予却应该被它们承认和赋予的权利义务,说到底,就是实际上没有却应该有的权利义务。举例说,在奴隶社会,奴隶的人权是社会规范——不论是法还是道德——所不承认的,因而奴隶实际上是没有人权的。但是,奴隶同样是人。他的人权,虽然没有被社会承认却应该被社会承认,虽然没有被法和道德承认却应该被法和道德承认。奴隶的这种实际上没有却应该有的人权,就叫做"应有权利"。

然而,任何权利义务都不能不是被某种规则承认和赋予的。应有权利义务究竟是被什么承认和赋予的?自然法理论回答了这个问题:应有权利义务是被自然法承认和赋予的,因而便叫做自然权利义务。可是,何谓自然法?正如自然法理论大师霍布斯所言,自然法就是正确的理性指令,就是符合人的本性的正确的、优良的行为规范:自然法与正确的优良的行为规范是同一概念。[16]这样,自然权利义务便是被符合人的本性的正确的优良的行为规范赋予的,因而不但根本不同于法定权利义务,而且根本不同于道德权利义务:道德权利义务和法定权利义务是实有的、约定的权利义务,因而既可能是应该的、公正的,也可能是不应该、不公正的;自然权利义务则是应有的、被符合人的本性的正确的社会规范所赋予的权利义务,因而必定是应该的、公正的。

### 3. 权利义务类型:人类的权利义务与非人类存在物的权利义务

所谓人类的权利义务,是指人类之间的权利义务,也就是人与人之间的权利义务。但是,非人类存在物的权利义务,则并不是指非人类存在物之间的权利义务,而仅仅是指非人类存在物与人之间的权利义务。因为伦理学是一种关于人类行为的科学,是关于每个人应该如何对待社会、他人、自我和动植物等非人类存在物的科学。所以,只有人类与非人类存在物之间的权利义务,才因其属于人类行为范畴而成为伦理学的研究对象。反之,非人类存在物之间的权利义务,比如说,鹿王与母鹿们的权利义务或每只狼在狼群中的权利与义务,并不属于人类行为范畴,因而并非伦理学的研究对象,而是动物行为科学的研究对象。然而,问题的关键在于:在人与非人类存在物之间存在着权利与义务的关系吗?

传统伦理学,如所周知,否认人与非人类存在物之间存在着权利与义务的关系;其最有代表性的理论,正如雷根所言,乃是康德的"间接义务论"。按照这种理论,我们与动物之间并没有权利义务关系。我们对于动物的所谓义务,如法律所规定的保护熊猫的义务等等,实际上只是我们对人类利益的保护,因而只是我们对于人类的间接义务;正如我们不污染河流的义务,实际上并不是我们对于河流的义务,而只是我们对于人的间接义务一样。我们对于动物不负有义务,显然意味着,动物对于我们不享有权利:动物是没有权利的。[17]

这种否认动物拥有权利的"间接义务论"是不能成立的。就拿康德所说的那条狗来讲。它长期忠诚地服务于它的主人,给予主人巨大利益。那么,主人是否也应该回报它以巨大的利益呢?主人是否应该在它老得无法继续提供服务时,供养它直至死亡呢?是的。然而,主人为什么应该这样做呢?为什么一个有良心的主人如果不这样做而是杀死它,就会内疚而良心不安呢?是像康德所说的那样,因为这样残忍地对待狗就会使人变得残忍,因而对人不能尽到义务吗?固然可以这样看,但主要讲来并非如此。一个有良心的主人如果杀死这条狗,就会内疚而良心不安,主要是因为,杀死这条狗,对于这条狗是不公正的、恶的、缺德的,没有尽到对于它应尽的义务;而不是因为,杀死这条狗,对于人是不公正的、恶的、缺德的,没有尽到对于人应尽的义务。因为按照公正原则——等利害交换——狗给予了主人巨大的利益,主人回报狗以相应巨大的利益,乃是狗所应得的。主人只有给予它这样巨大的利益,才符合等利交换的公正原则,对于它才是公平的、善的,尽到了应尽的义务;因而当主人这样做时,他才会感到良心安宁。否则,如果主人杀死它,便违背了等利害交换的公正原则,对于它是不公正的、恶的、缺德的,没有尽到对于它应尽的义务;因而当主人这样做时,他就会感到内疚而良心不安。

主人对于这条老狗负有供养它直至死亡的义务,实已经蕴涵着:这条老狗享有被主人供养直至死亡的权利。那么,主人给予狗的巨大利益,供养它直至死亡,究竟是不是狗的权利呢?主人给予狗的巨大利益,供养它直至死亡,是狗应该得到的利益,这是毫无疑义的。因为它曾给予过主人巨大利益。如果狗的这种利益不仅是应该得到的,而且还是必须得到的,是应该受到法律保障的利益,那么狗的这种利益就是狗的权利了:权利无非是一种具有重大社会效用的应该且必须得到的利益,因而也就是应该受到法律保障的利益。显然,狗应该得到的这种利益,对于狗的生存和人的生态环境从而对于人类社会,是具有重大效用的,因而便是一种应该且必须得到的利益,便是应该受到法律保障的利益,便是狗的权利。实际上,早在 1641 年英国殖民地的《自由法典》就有这样保障动物利益的法律条例:“对那些通常对人有用的动物,任何人不得行使专制或酷刑”,“那些用牛拉车或耕种的人要定期地使它们休养生息。”[18]这样一来,狗和家畜等动物的利益便不但应该受到而且实际上已经受到法律的保护:狗和家畜等动物拥有应该受到法律保障的利益,因而也就拥有了权利。那么,是否动物乃至一切非人类存在物都拥有权利?

不言而喻,一种非人类存在物,只有具有分辨好坏利害和趋利避害的能力,才可能拥有权利。因为只有具有分辨好坏利害和趋利避害的能力的东西,才可能具有利益,因而也才可能拥有权利:权利是应该受到法律保障的利益。那么,是否只有狗和家畜等动物才具有分辨好坏利害和趋利避害的能力?否。现代生物学表明,分辨好坏利害的评价能力和趋利避害的选择能力乃是一切生物所固有的属性。不过,由此决不可以得出结论说:一切生物都拥有权利。因为具有分辨好坏利害和趋利避害的能力,只是具有利益的充分条件,而不是具有权利的充分条件。非人类存在物要拥有权利,不但必须具有趋利避害的能力从而具有利益,而且还必须对人类有利,给人类带来利益,能够与人类构成一种大体具有互惠关系的利益共同体。因为即使是人,也并不都应该拥有权利。一个人,如果是一个害人精,杀人放火、无恶不作,他就没有权利了。人尚且如此,更何况非人类存在物?试想,为什么那条老狗拥有被它的主人供养直至死亡的权利?岂不就是因为它忠诚地为它的主人服务,给它的主人带来了巨大的利益?相反地,如果它见人就咬,甚至动不动就咬它的主人,它还能拥有这种权利吗?

因此,对人类有利,能够与人类构成一种大体具有互惠关系的利益共同体,乃是非人类存在物拥有权利的依据。非人类存在物所给予人类的这种利益、贡献或服务,无疑具有重大社会效用,乃是一种应该且必须的服务、贡献或付出,因而也就是应该受到法律保障的服务、贡献或付出:它是应该的,因为非人类存在物从人类那里得到了相应的利益和权利;它是必须的,因为否则非人类存在物就将失去从人类那里所得到的这些利益和权利。狗忠诚地为它的主人服务,给它的主人带来利益,是它拥有被它的主人供养直至死亡的权利的依据。狗给予主人的这种利益、贡献或服务,是应该的,因为狗从主人那里得到了相应的利益和权利。狗给予主人的这种利益、贡献或服务也是必须的,因为狗如果不这样做,而是见人就咬,甚至咬它的主人,那么,它就将失去从主人那里所得到的利益和权利,甚至可能被法庭判为死刑。

可见,享有权利的非人类存在物所给予人类的利益、贡献或服务,乃是一种具有重大社会效用的应该且必须的服务、贡献或付出,是一种应该受到法律保障的服务、贡献或付出,说到底,也就是非人类存在物对于人类的义务。因为所谓义务,如上所述,就是一种具有重大社会效用的必须且应该的服务、贡献或付出,也就是应该受到法律保障的服务、贡献或付出。这样,对人类有利,能够与人类构成一种大体具有互惠关系的利益共同体,便是非人类存在物对于人类所负有的义务,便是它们拥有权利的依据。

然而，帕斯莫尔等人类中心主义论者与康德一样，认为只有具有自我意识的人类，才可能对自己的行为负责，从而才可能负有义务和享有权利；没有自我意识的非人类存在物，不可能对自己的行为负责，因而不可能负有义务和享有权利。[19]这是不能成立的。因为，正如动物权利拥护者们所指出：婴儿、精神病患者和痴呆症患者等不能对自己行为负责的人，同样享有权利和负有义务或责任；只不过他们的权利与义务是由其代理人帮助行使和履行罢了。举例说，精神病患者不能对自己的行为负责，却同样享有自由和生命等权利，也同样负有不剥夺他人的生命和自由的义务。不可剥夺他人的生命和自由，这是正常人的义务，也同样是精神病患者的义务。因为，如果一个精神病患者动不动就打人甚至杀人而剥夺他人的生命和自由，那么，他便与正常人一样会遭到惩罚：他的自由权会遭到剥夺而被看管起来。因此，根据动植物等非人类存在物没有自我意识、不能对自己的行为、反应或效用负责，便断言它们不可能负有义务和享有权利，是不能成立的。它们同样享有权利和负有义务，只不过它们的权利与义务是由其代理者“人类”来帮助行使和履行罢了。

总而言之，分辨好坏利害的评价能力和趋利避害的选择能力——生物具有这种能力，而非生物则不具有这种能力——是非人类存在物拥有权利的前提；而对人类有利，则是非人类存在物对于人类的义务，是非人类存在物拥有权利的依据。因此，人类与非生物以及有害于人类的生物之间，不存在权利义务关系；人类只有与有利于自己的生物之间，才存在权利义务关系：非人类存在物的权利，就是它从人类那里应该且必须得到的利益，就是它从人类那里得到的应该受到法律保障的利益，说到底，也就是人类对于非人类存在物所负有的义务；非人类存在物的义务，就是它应该且必须给予人类的利益，就是它给予人类的应该受到法律保障的利益，说到底，也就是人类对于非人类存在物所享有的权利。

#### 4. 权利与义务关系：公正根本原则

从“权利是应该受到法律保护的利益、索取或要求；义务是应该受到法律保障的服务、贡献或付出”的界说可以看出，权利与义务实为同一种利益：它对于获得者是权利，对于付出者则是义务。因此，一方有什么权利，他方相对应地便有什么义务；一方有什么义务，他方相对应地便有什么权利。雇工有得到工资的权利，雇主便有付给工资的义务。父母有抚养儿女的义务，儿女便有被父母抚养的权利。张三有自由权利，他人便有不妨碍张三自由的义务。张三有不损害他人生命财产的义务,他人便有生命财产不受损害的权利。

一个人的权利,必然是他人的义务;反之亦然:这就是一个人的权利与他人的义务的关系。这种关系,通常被叫做“权利与义务的逻辑相关性”。然而,一些人,如穆勒,却否认权利与义务的这种逻辑相关性。因为在他看来,“一切义务都赋予他人权利”的相关性原理,不符合“不完全义务不赋予权利”的事实。他这样写道:“如所周知,伦理学家把道德义务分为两类:完全义务(duties of perfect)与不完全义务(imperfect obligation)。后者是指那些行为,这些行为是义务,但履行它们的特定场合可以选择,如慈善或仁爱,确实是我们应该做的,但并不是明确针对哪个人,也不是一定得在哪个规定的时间。用法哲学家们更准确的语言来说,完全义务是别人有与它相关的权利的义务;不完全义务,是不赋予任何权利的道德义务。”[20]

确实,所谓不完全强制性义务或不完全义务不赋予他人权利。但是,这种所谓不完全义务或不完全强制性义务,如慈善或仁爱等等,实际上并非义务。因为慈善和仁爱等等显然都是不应该被权力或法律强制和保障的付出,都仅仅是应该而决非必须付给他人的利益;义务则是应该被权力或法律强制和保障的必须且应该付给他人的利益。因此,慈善和仁爱等所谓不完全义务,正如罗尔斯所说,并不是什么义务,而是分外善行。[21]因此,穆勒以所谓不完全义务不赋予他人权利的事实来否定“一切义务必赋予他人权利”的相关性原理是不能成立的。

可见,一个人享有什么权利,对方便负有什么义务,这是必然的事实。然而,一个人为什么应该享有权利而使对方承担义务?显然只能是因为他负有义务而使对方享有权利:一个人所享有的权利只应该是对他所负有的义务的交换。反过来,一个人为什么应该负有义务而使对方享有权利?显然也只能是因为他享有权利而使对方承担义务:一个人所负有的义务只应该是对他所享有的权利的交换。于是,一个人所享有的权利与他所负有的义务只应该是一种交换关系。那么,权利与义务究竟应该是一种怎样的交换关系?应该权利多于义务还是义务多于权利抑或权利义务平等?

一个人的权利与他的义务,细究起来,具有双重关系:一方面是他所享有的权利与他所负有的义务的关系;他方面则是他所行使的权利与他所履行的义务的关系。一个人所享有的权利与他所负有的义务,显然不是他自己能够自由选择的,而是社会分配给他的。所以,“一个人所享有的权利与义务”和“社会分配给一个人的权利与义务”是同一概念。不言而喻,社会分配给一个人的权利与义务只有相等才是公正的、应该的；如果不相等，则不论权利多于义务还是义务多于权利，都是不公正、不应该的。而权利与义务的公正分配，如前所述，乃是根本的社会公正。所以，社会分配给一个人的权利与义务相等（即一个人所享有的权利与所负有的义务相等），不但是一种社会公正，而且是根本的社会公正，是社会公正的根本原则。反之，社会分配给一个人的权利与义务不相等（即一个人所享有的权利与负有的义务不相等），不但是一种社会不公正，而且是根本的社会不公正，是社会不公正的根本原则。

反之，一个人所行使的权利与他所履行的义务，则是他自己能够自由选择的：他能够放弃所享有的一些权利而使所行使的权利小于所享有的权利，也能够不履行所负有的一些义务而使所履行的义务小于所负有的义务。不难看出，一个人所行使的权利应该至多等于所履行的义务。这就是说，一个人所行使的权利应该等于或小于而不应该多于他所履行的义务。因为一个人所行使的权利如果多于他所履行的义务，显然是不应该的；如果等于所履行的义务，无疑是公正的；如果小于所履行的义务，则无所谓公正不公正，而是高于公正的分外善行。而每个人行使权利、履行义务，是他自己能够自由选择的，因而是个人公正的根本问题。所以，一个人行使的权利等于所履行的义务，不但是一种个人公正，而且是根本的个人公正，是个人公正的根本原则；反之，一个人所行使的权利大于所履行的义务，不但是一种个人不公正，而且是根本的个人不公正，是个人不公正的根本原则。

综上可知，权利与义务——不论是人类之间的权利义务，还是人与非人存在物之间的权利义务；也不论是法定权利与法定义务，还是道德权利与道德义务——具有二重关系。一方面是事实、是必然性的关系，即一个人的权利与他人或非人存在物的义务必然相关：一个人的权利就是他人或非人存在物的义务，反之亦然；另一方面则是应该，是应然性关系，即一个人所享有的权利应该等于他所负有的义务，而他所行使的权利则应该至多等于他所履行的义务：一个人所享有的权利与他所负有的义务相等，是社会公正的根本原则；一个人所行使的权利与他所履行的义务相等，是个人公正的根本原则；权利与义务相等是公正的根本原则。

## 三　平等：社会公正的根本问题

不难看出，社会公正的根本原则“社会分配给每个人的权利应该与其义务相等”是不完善的。因为它显然是对公正根本原则“权利与义务相等”的直接推演、演绎，而没有与公正根本原则不同的新东西，亦即没有社会对权利与义务进行分配的源泉和依据。因此，与其说它是社会公正的根本原则，不如说它是公正的根本原则——若把它作为社会公正的根本原则，显然是有缺欠的、不完善的。完善的社会公正根本原则必须具有公正的根本原则所没有的新东西，即社会对权利义务进行分配的源泉与依据。

那么，社会对权利义务进行分配的源泉与依据究竟是什么？无疑是贡献：贡献是权利的源泉和依据。换言之，社会应该按照贡献分配权利，按照权利分配义务。因为权利与义务，如前所述，分属“索取”与“贡献”概念而同属“利益”范畴：权利是应受权力保障的应该且必须得到的利益，是应该且必须的索取；义务则是应受权力保障的应该且必须付出的利益，是应该且必须的贡献。一目了然，贡献在先，索取在后：贡献是索取的源泉。因为每个人只有先为社会贡献利益（贡献），而后社会才有利益分配给每个人（索取）：社会分配给每个人的利益，无非是每个人所贡献的利益，无非是每个人所贡献的利益之交换而已。因此，社会分配给每个人多少利益，也就只应该依据每个人贡献了多少利益：贡献是索取和权利的依据。

当我们依据贡献对每个人的权利——基本权利与非基本权利——进行分配时，便会发现，最为完善的社会公正的根本原则乃是“平等”：一方面，人人所享有的基本权利应该完全平等；另一方面，人人所享有的非基本权利应该比例平等。

### 1. 完全平等原则

何谓基本权利与非基本权利？所谓基本权利，也就是人们生存和发展的必要的、起码的、最低的权利，是满足人们政治、经济、思想等方面的基本的、起码的、最低的需要的权利；而非基本权利则是人们生存和发展的比较高级的权利，是满足人的政治、经济、思想等方面的比较高级需要的权利。举例说，一个人能否享有选举权与被选举权是个能否享有最低的、起码的、基本的政治权利问题；至于他能否当选或担任何种官职，则是个能否享有比较高级的、非基本的政治权利问题。吃饱穿暖是最低的、起码的、基本的经济权利；而精食美服则是比较高级的、非基本的经济权利。言论出版自由是最低的、起码的、基本的思想权利；但究竟能否在某学术会议上发言或在某出版社出书以及高稿酬还是低稿酬等等则都是比较高级的、非基本的思想权利了。那么，为什么每个人所享有的基本权利应该完全平等呢？

原来，正如无数先哲所论，人是社会动物。脱离社会，人便无法生存。所以，每个人的一切利益，说到底，便都是社会给予的：社会对于每个人具有最高效用、最大价值。而社会又不过是每个人的结合，不过是每个人所结成的大集体。因此，一个人不论如何，只要他生活在社会中，便为他人做了一大贡献：缔结、创建社会。任何人的其他一切贡献皆基于此！因为若没有社会，人连生存都无法维持，又谈何贡献？没有社会，贝多芬能贡献《命运交响曲》、曹雪芹能写出《红楼梦》、瓦特能发明蒸汽机吗？

所以，缔结社会在每个人所做出的一切贡献中是最基本、最重要的贡献。不仅如此，须知每个人的这一贡献还是以自己蒙受相应的损失、牺牲为代价的。因为人们结成任何一个集体，都会有得有失。比如，结婚就会失去单身汉的自由，但能生儿育女，得到家庭的温馨。人类社会是由一个个人所结成的集体，只不过这个集体并不是每个人自愿结成，而是生来就有、不可选择的罢了。也就是说，从历史上看，人类并不是先有脱离社会的自然状态，尔后这些自然状态的个人通过契约而结成社会。但是，历史上不存在的东西，并不妨其在逻辑上存在。从逻辑上看，每个人脱离自然状态而结成社会，也同样有得有失，如失去自然自由等等。这一点，社会契约论者已经说得很清楚了。那么，每个人在社会中能得到什么呢？显然，每个人不论贡献如何，最低都应该得到作为人类社会的一员、一分子、一个人所应该得到的东西。可是，作为人类社会的一员、一个人究竟应该得到什么呢？无疑至少应该得到生存和发展的必要的、起码的、最低的权利，即享有所谓的基本权利。进言之，每个人不仅应该享有基本权利，而且应该完全平等地享有基本权利。因为虽然人的才能有大小、品德有高低、贡献有多少，但在缔结、创建社会这一最基本最重要的贡献和因其所蒙受的损失上却完全相同——因为每个人并不是在成为总统或平民、文豪或文盲之后才来缔结、创建社会的，而是一生下来就自然地、不可选择地参加了社会的缔结、创建。而每个人一生下来显然完全同样地是结成社会的一分子、一股东，完全同样地参加了社会的缔结、创建。每个人之所以不论具体贡献如何都应该完全平等地分有基本权利，就是因为并且仅仅是因为每个人参与缔结社会这一最基本、最重要的贡献和因此所蒙受的损失是完全相同的。所以，分配给那目不识丁的老百姓与那名声斐然的大总统同样多的基本权利，就决不是什么恩赐，而是必须偿还的债务。潘恩说得好："社会并未白送给他什么。每个人都是社会的一个股东，从而有权支取股本。"〔22〕

可见，基本权利平等分配不但未违背而且恰恰是依据按贡献分配权利的原则:基本权利是每个人因其同样是缔结社会的一股东而应平等享有的权利;是每个人因其同样是结成人类的一个人而应平等享有的权利。正是因此,基本权利才被叫做“人权”。而且,如前所述,每个人结成人类社会与结成其他集体有所不同:每个人只要一生下来,就自然地、不可选择地参与了社会的缔结、创建而成为人类社会一股东。所以,基本权利是人人与生俱来、自然赋予的:天赋人权。一句话,基本权利、人权和天赋权利是同一概念。

不过,从上可知,所谓天赋人权,是说人权乃每个人与生俱来的天生贡献(缔结社会)所赋予的。然而,遗憾的是,几乎所有天赋人权论者均以为人权是每个人做为人所具有的共同人性天然赋予的。这是错误的。因为照此说来,一个人,只要还活着,只要还是人,他便应该享有人权:人权在任何情况下都绝对不可剥夺而为每个人无条件享有。这样,一个人不管做了多大的坏事,不论他给社会和他人造成多大的损害,他的人权也不应该被剥夺,他也应该与好人一样享有人权。因为他再坏,也与最好的人一样地是人,一样地具有那普遍的完全相同的人性。

可是,面对现实,这些天赋人权论者又不得不承认:并非一切人都应享有人权。他们说,每个人一生下来便应该享有人权。但是,如果他做坏事做到一定程度,侵犯了他人的人权,那么他的人权便应该被剥夺,他便不应该再享有人权了。一个杀人犯,夺去了他人性命,他自己的生命权也就应该被剥夺。可是这样一来,这些天赋论者便自相矛盾了:既说凡是人都应该享有人权,又说坏人不应该享有人权。摆脱之法显然只有否定其一。而凡是人都应该享有人权否定不得,于是只好否定坏人是人了。邱本先生便这样写道:“坏人只有坏到不是人的时候,才可以剥夺其人权。”[23] 坏人难道会坏到不是人的程度吗?坏人再坏,不也是坏人,不也与好人共有同样的人性,不也同样是被这些天赋人权论者作为人权依据的“人”吗?

其实,杀人犯等坏人之所以不应享有人权,并非因为他们不再是人,而是因为他们对他人和社会的损害已超过了他们参与缔结创建社会的贡献。严格说来,任何人,只要他给社会和他人的损害大于或等于其贡献,以至净余额是损害或零,那么,他就不应该再享有人权——他至多只应享有人道待遇,享有他作为人所应享有的利益而非权利。假设有一人,生下来便孤零零生活于深山老林而完全与世隔绝,因而对社会对他人毫无贡献,其净余额是零。那么,我们若是在深山与他相遇,难道我们竟会负有义务而必须使他享有政治经济思想等方面的基本权利、必须使他享有人权吗?显然,我们不应该负有这种义务;他也不应该享有这种权利。我们应该负有的只是一种对同类的博爱之心,出于这种爱心,我们只应该而非必须为他谋取利益。所以,每个人作为人,只应享有利益而不应享有权利;每个人作为缔结人类社会的一个人,才不仅应该享有利益而且应该享有权利,即享有人权。

可见,人权虽是天赋的应该人人平等享有,但每个人享有人权,也如同享有其他权利一样,是以负有一定的义务为前提的。这种义务,如前所述,一方面是积极的,即每个人必须与他人一起共同做出缔结社会的贡献,这是人人平等享有人权的源泉、依据;另一方面是消极的,即每个人不得损害他人的人权,这是人人平等享有人权的保障、条件。野人逃避了前者、坏人违反了后者,因而都不应该享有人权。

### 2. 比例平等原则

“比例平等”首创于亚里士多德。对于这个概念,他曾这样解释说:“既然公正是平等,基于比例的平等就应是公正的。这种比例至少需要有四个因素,因为‘正如 A 对 B,所以 C 对 D’。例如,拥有量多的付税多,拥有量少的付税少,这就是比例;再有,劳作多的所得多,劳作少的所得少,这也是比例。”[24]

观此可知,所谓非基本权利比例平等,不过是说,谁的贡献较大,谁便应该享有较大的非基本权利;谁的贡献较小,谁便应该享有较小的非基本权利:每个人因其贡献不平等而应享有相应不平等的非基本权利。这样,人们所享有的权利虽是不平等的,但每个人所享有的权利的大小之比例与每个人所做出的贡献的大小之比例却是完全平等的——或者说,每个人所享有的权利的大小与自己所做出的贡献的大小之比例是完全平等的。这就是非基本权利比例平等原则。举例说,张三做出一份贡献,应享有一份权利;李四做出三份贡献,便应享有三份权利。这样,张三与李四所享有的权利是不平等的。但是,张三与李四所享有的权利之比例与他们所做出的贡献之比例却是完全平等的;换言之,他们所享有的权利与自己所做出的贡献的比例是完全平等的:

$$\text{张三}\frac{\text{一份权利}}{\text{一份贡献}}\text{等于李四}\frac{\text{三份权利}}{\text{三份贡献}}\quad\text{或者}\quad\frac{\text{张三一份权利}}{\text{李四三份权利}}\text{等于}\frac{\text{张三一份贡献}}{\text{李四三份贡献}}$$

非基本权利应该比例平等原则表明,社会应该不平等地分配每个人的非基本权利。但是这种权利不平等的分配必须完全依据贡献的不平等,从而使人们所享有的权利与自己所做出的贡献的比例达到平等。为了做到这一点,在这种权利不平等的分配中,正如罗尔斯的补偿原则所主张的,获利较多者还必须给较少者以相应的补偿权利。因为获利多者比获利少者较多地利用了双方共同创造的资源:“社会”、“社会合作”。并且,获利越少者对共同资源“社会合作”的利用往往越少,因而所得的补偿权利便应该越多;获利最少者对“社会合作”的利用往往最少,因而便应该得到最多的补偿权利。

举例说,那些大歌星、大商贾、大作家,是获利较多者。他们显然比工人农民等获利较少者较多地使用了双方共同创造的资源:“社会”、“社会合作”。若是没有社会、社会合作,这些大歌星、大商贾、大作家们统统都会一事无成;若非较多地使用了社会合作,他们也绝不可能做出那些巨大贡献。这些获利较多者的贡献之中既然包含着对共同资源的较多使用,因而也就间接地包含着获利较少者的贡献。于是,他们因这些巨大贡献所取得的权利,便含有获利较少者的权利。所以,便应该通过个人所得税等方式从获利较多者的权利中,拿出相应的部分补偿、归还给获利较少者。否则,获利多者便侵吞了获利少者的权利,是不公平的。

### 3. 完全平等与比例平等的关系:人权的神圣不可侵犯性

不难看出,完全平等原则优先于比例平等原则:当二者发生冲突时,应当牺牲后者以保全前者。举例说,当一个社会的物质财富极度匮乏时,如果人人吃饱从而平等享有基本权利,那么,就几乎不会有人吃好而享有非基本权利。这样,每个人就几乎完全平等地享有经济权利,因而便违反了比例平等原则,侵犯了有大贡献者在经济上所应该享有的非基本权利。反之,如果一些有大贡献者吃好而享有非基本权利,那么,就会有人饿死而享受不到基本权利。这样,基本权利便不是人人平等享有的,因而便违反了完全平等原则,侵犯了一些人的基本权利。在这种情况下,应该怎么办?显然应该违反比例平等原则而侵犯某些有大贡献者的非基本权利“吃好”,以便遵循完全平等原则而保全每个人的基本权利“吃饱”:人权是神圣、优先、不可侵犯、不可剥夺的。严格说来,任何一个社会,如果它是公平的、正义的,那么,在这种社会里,只要有一个人不能吃饱、没有享受到人权,那么,任何人,不管他的贡献有多大,便都不应该吃好、不应该享有非基本权利。

然而,为什么一个人不论多么渺小,他的人权也优先于另一个人——不管他多么伟大——的非基本权利?因为正如罗尔斯所说,社会不过是“一个目的在于增进每个成员利益的合作体系”[25]。每个人都是这个合作体系、合作集体的一个股东。在这个大集体中，毫无疑义，贡献多者所享有的权利应该多；贡献少者所享有的权利应该少。但是，一个人的贡献再少，也与贡献最多者同等是缔结社会的一个股东，因而至少也应该享有最低的、起码的、基本的权利，即人权。反之，那些有大贡献者的贡献再大，也完全是以社会的存在为前提，因而也就完全是以每个人缔结社会这一最基本的贡献为前提。所以，有大贡献者究竟应否享有非基本权利，也就完全应该以每个人是否已享有基本权利为前提。一句话，每个人的人权、基本权利之所以是优先的、神圣不可侵犯的，就是因为赋予这一权利的每个人参加缔结社会的这一基本贡献，优先于、重要于任何其他贡献。不过，人权的神圣性、优先性、不可侵犯性、不可剥夺性并不是绝对的、无条件的，而是相对的、有条件的。因为如前所述，一个人如果完全逃离社会或侵犯了他人的人权，那么，他也就不应该享有相应的人权了。他的人权只有相对于其他人的非基本权利来说，只有在与其他人的非基本权利发生冲突的条件下，才是优先的、神圣的、不可侵犯、不可剥夺的。

完全平等与比例平等，如前所述，不过是权利分配原则的两个侧面。于是，合而言之，可以得出结论说：一方面，每个人因其最基本的贡献完全平等——每个人一生下来便都同样是缔结、创建社会的一个股东——而应该完全平等地享有基本权利、完全平等地享有人权，可以名之为“完全平等原则”；另一方面，每个人因其具体贡献的不平等而应享有相应不平等的非基本权利，也就是说，人们所享有的非基本权利的不平等与自己所做出的具体贡献的不平等比例应该完全平等，可以名之为“比例平等原则”。这就是构成最根本的社会公正——亦即分配制度公正——的两个平等原则，因而也就是最重要的公正原则：平等是最重要的公正。

确证了平等原则，也就最终完成了对于公正的研究。从公正的这些原则可以进一步看出，对于实现道德最终目的——保障社会存在发展、增进每个人利益——的效用或价值来说，公正——特别是平等——诸原则远远重要于仁爱诸原则，远远重要于其他任何道德，因而是人类最重要最根本的道德，是社会治理的最重要最根本的道德原则。但是，公正不是社会治理最高道德原则，不是社会治理最完美的道德原则；社会治理最高最完美的道德原则乃是我们下一章的研究对象：人道。

## 注　释

〔1〕 柏拉图:《理想国》,商务印书馆,1994 年版,7 页。

〔2〕 博登海墨:《法理学——法哲学及其方法》,华夏出版社,1987 年版,253 页。

〔3〕 柏拉图:《理想国》,商务印书馆,1994 年版,8 页、13 页。

〔4〕 转引自慈继伟:《正义的两面》,三联书店,2001 年版,151 页。

〔5〕《亚里士多德全集》第八卷,中国人民大学出版社,1992 年版,103 页。

〔6〕 David Hume, *A Treatise of Human Nature*, The Clarendon Press, Oxford, 1949, p. 199.

〔7〕 叔本华:《伦理学的两个基本问题》,商务印书馆,1996 年版,243—244 页。

〔8〕 Robert Maynard Hutchins, *Great Books of the Western World*, Volume 43, *Utilitarianism*, by John Stuart Mill, Encyclopaedia Britannica, Inc., 1980, p. 470.

〔9〕 莫蒂默·艾德勒等编:《西方思想宝库》,吉林人民出版社,1988 年版,940 页。

〔10〕 Louis P. Pojman, *Ethical Theory: Classical and Contemporary Readings*, Wadsworth Publishing Company, 1995, p. 43.

〔11〕 John Rawls, *A Theory of Justice* (revised edition), The Belknap Press of Harvard University Press, Cambridge: Massachusetts, 2000, p. 47.

〔12〕《亚里士多德全集》第八卷,中国人民大学出版社,1992 年版,119 页。

〔13〕 同上书,96 页。

〔14〕 John Rawls, *A Theory of Justice* (revised edition), The Belknap Press of Harvard University Press, Cambridge: Massachusetts, 2000, p. 4.

〔15〕 庞德:《通过法律的社会控制　法律的任务》,商务印书馆,1984 年版,46 页。

〔16〕 霍布斯:《论公民》,贵州人民出版社,2003 年版,15 页。

〔17〕 Steven M. Cahn and Peter Markie, *Ethics: History, Theory, and Contemporary Issues*, Oxford University Press, New York: Oxford, 1998, p. 822.

〔18〕 纳什:《大自然的权利》,青岛出版社,1999 年版,19 页。

〔19〕 John Passmore, *Man's Responsibility for Nature*, Duckworth Press, London, 1974, p. 29.

〔20〕 Robert Maynard Hutchins, *Great Books of the Western World*, Volume 43, *Utilitarianism*, by John Stuart Mill, Encyclopaedia Britannica, Inc., 1980, p. 468.

〔21〕 John Rawls, *A Theory of Justice* (revised edition), The Belknap Press of Harvard University Press, Cambridge: Massachusetts, 2000, p. 100.

〔22〕《潘恩选集》,商务印书馆,1956 年版,143 页。

〔23〕 邱本:《无偿人权和凡人主义》,《哲学研究》1996 年第 2 期,41 页。

〔24〕《亚里士多德全集》第八卷,中国人民大学出版社,1992 年版,279 页。

〔25〕 John Rawls, *A Theory of Justice* (revised edition), The Belknap Press of Harvard University Press, Cambridge: Massachusetts, 2000. p. 4.

## 思考题

1. 罗尔斯所谓“作为公平的正义”(justice as fairness)是否意味着:公平与正义是两个概念?是否意味着:存在着不是公平的正义?他的“作为公平的正当”(rightness as fairness)是什么意思(参阅 John Rawls, *A Theory of Justice*, pp. 11-15)?
2. 公正就是给人以应得,是否意味着:公正就是做应该做的事?柏拉图的回答是肯定的:“公正就是做应该做的事。”这种观点能成立吗?试析“给人应得”与“对人做应做的事”之异同。
3. 试析休谟关于公正起源和前提理论:为什么财富的匮乏和人性的自私是公正原则得以确立的两个前提?
4. 程序公正与结果公正是手段公正与目的公正的关系。这是否意味着,程序公正与结果公正是手段和目的的关系?当程序公正与实体公正发生冲突不可两全时,应该牺牲的是程序公正还是实体公正?
5. 穆勒和康德认为仁爱、慈善等是“不完全强制性义务”,并由这些义务并不赋予义务人以权利得出结论说:义务并不必定赋予义务人以权利,因而义务与权利并不必定相关。这种观点正确吗?
6. 康德否定动物拥有权利,他说:“对动物而言,我们没有直接的责任……我们对动物的责任只是对人的间接责任。”对于康德的这一理论,雷根曾这样总结道:“可以将这种理论叫做‘间接义务论’。不妨这样来解读它:假设你的邻人踢你的狗。那么,你的邻人就做了一种错误的事情。但这不是对你的狗的错误;而是对你的错误。毕竟,使人难过是错误的,而邻人踢你的狗使你难过。所以,被伤害的是你,而不是你的狗。换句话说,邻人通过踢你的狗而损害了你的财产。既然损害他人的财产是错误的,那么你的邻人就做错了事情——当然是对你而不是对你的狗。就像你的轿车的挡风玻璃弄破了,你的轿车并没有受到伤害一样,邻人并没有使你的狗受到伤害。你的邻居所牵涉到你的狗的义务,不过是对你的间接义务。广而言之,我们对于动物的所有义务,都是我们人类彼此相待的间接义务。”(Steven M. Cahn and Peter Markie, *Ethics: History, Theory, and Contemporary Issues*, p. 822)这种间接义务论是真理吗?
7. 赵汀阳以为人权依据于“不做坏人”、“做道德人”:“在道德上是人的人拥有人权,在道德上不是人的人不拥有人权。”(赵汀阳:《有偿人权和做人主义》,《哲学研究》1996年第9期,21页)邱本认为人权依据于“合法人”:“一个合法的人就应该享有人权,只有依法认为不是人而必须剥夺其人权的人,才不应享有人权。”(邱本:《无偿人权和凡人主义》,《哲学研究》1997年第2期,41页)谁是谁非?
8. 罗尔斯认为,在权利的分配过程中,那些能力较强贡献较大从而获利较多的人,应该——比如说通过个人所得税、高额累进税等等——给能力较小贡献较少从而获利较小的人以补偿权利;诺齐克则认为这样做侵犯了那些能力较强贡献较大从而获利较多的人的权利。谁是谁非?
9. 亚里士多德最早阐明了由两个原则所构成的平等总原则:“平等有两种:数目上的平

等与以价值或才德而定的平等。我所说的数目上的平等是指在数量或大小方面与人相同或相等;依据价值或才德的平等则指在比例上的平等。……既应该在某些方面实行数目上的平等,又应该在另一些方面实行依据价值或才德的平等。"(《亚里士多德全集》第九卷,163页)罗尔斯将这两个平等原则修改如下:"处在最初状态中的人们将选择两个相当不同的原则:第一个原则要求平等地分配基本的权利和义务;相反地,第二个原则主张社会和经济的不平等,如财富和权力的不平等,只要其结果能给每个人——特别是那些最少受益的社会成员——带来补偿利益,它们就是正义的。"(John Rawls, *A Theory of Justice*, p. 13)罗尔斯对亚里士多德的修正主要有两点:①将第二个原则叫做不平等原则,而不叫做比例平等原则;②因此,罗尔斯背离两个原则——基本权利完全平等和非基本权利比例平等——历来被名为"平等原则"的传统,而称其为"两个正义原则"。罗尔斯是向前推进了亚里士多德的理论吗?

10. 一种原则的自由性,是指该原则是不是个自由的原则;而一种原则的正义性,则是指该原则是不是个正义的原则。那么,怎样证明一种原则是不是自由的原则?只能看该原则是否被人人一致同意:人人一致同意的,就是自由的原则;并非人人一致同意的,就是不自由的原则。罗尔斯由正义原则的自由性的证明是人人一致同意而得出结论说,正义原则的正义性的证明是人人一致同意:"正义原则被证明,是因为它们在一种平等的原初状态中能够得到一致同意。"(John Rawls, *A Theory of Justice*, p. 19)请回答:罗尔斯对正义原则正义性的这种证明方法能否成立?

# 第九章
# 人道:社会治理最高道德原则

何谓人道?《左传》云:"天道远,人道迩。"[1]《易经》云:"'易'之为书也,广大悉备,有天道焉,有人道焉,有地道焉。"[2]"天道亏盈而益谦,地道变盈而流谦,鬼神害盈而福谦,人道恶盈而好谦。"[3]《礼记》云:"亲亲、尊尊、长长,男女之有别,人道之大者也。"[4]照此看来,所谓人道,也就是人之道,是人所当行之道,是人的一切行为规范总和,因而包括三纲五常、忠孝节义、仁礼智信、杀人偿命、欠债还钱等等一切道德和法律规范。所以,司马迁云:"人道经纬万端,规矩无所不贯,诱进以仁义,束缚以刑罚,故德厚者位尊,禄重者宠荣,所以总一海内而整万民也。"[5]

可见,我国古代的人道概念,外延十分宽泛而混合道德与法于一体。这种笼统含糊的概念,显然不适合分门别类的科学研究,不具有科学价值;因而随着科学的发展,逐渐分化为法与道德,并被二者所取代。今日中文的"人道"概念,如所周知,外延已演进得相当狭窄——它仅仅是"人道主义"概念中的"人道",因而仅仅是一种道德原则,亦即人道主义道德原则:"人道"与"人道主义道德原则"是同一概念。这样,一方面,今日中文的人道概念便适合于分门别类的科学研究,从而具有了科学价值:它已是伦理学的基本范畴;另一方面,这种人道概念与西文的人道概念是一致的。因为西文的人道(humanity)概念,并不具有"人之道"的含义,不具有法律的含义;而与人道主义(humanism)概念一样,只具有道德含义,只是一种有关某种道德原则的概念。不过,这样一来,人道概念便变得十分具体而复杂了:要界定"人道",首先必须界定歧义丛生、众说纷纭的"人道主义"。

## 一 人道主义:人道总原则

人道主义的思想渊源,正如阿森纳斯·若日所言,可以追溯到古代希腊罗马："人道主义者受到古代思想和艺术的鼓舞激励，因为后者本身就是人道主义的一种表现形式和一个历史阶段……由赫拉克利特、德谟克利特、亚里士多德、伊壁鸠鲁、菲狄亚斯、欧里庇得斯等大师所代表的希腊进步思想和艺术，就是人道主义的一个光辉的阶段。"[6]但是，作为一种系统的理论，人道主义无疑形成于文艺复兴运动而为其主导思想。就这种人道主义产生和发展的历史过程来看，如所周知，分为三大阶段。第一阶段，是 14 世纪至 16 世纪文艺复兴运动的人道主义，其代表人物，当推但丁、伐拉、皮科、庞波那齐、斐微斯、伊拉斯谟、路德、托玛斯·莫尔、蒙台涅、布鲁诺。第二阶段，是 17 世纪至 18 世纪启蒙时期的人道主义，其代表人物，主要是培根、笛卡儿、格老秀斯、帕斯卡、斯宾诺莎、洛克、沙甫慈伯利、孟德斯鸠、伏尔泰、卢梭、狄德罗、爱尔维修、霍尔巴赫、梅叶、摩莱里、马布里、斯密、边沁、葛德文。第三阶段，是 19 世纪至 20 世纪的人道主义，其代表有空想社会主义者圣西门、傅立叶、欧文；有德国启蒙思想家和古典哲学家赫尔德、康德、费尔巴哈；有俄国革命民主主义者赫尔岑、车尔尼雪夫斯基；以及其他多如繁星的自由主义论者和社会主义论者：科学社会主义的创立者马克思、恩格斯无疑是最伟大的人道主义者。

可见，人道主义恐怕是人类思想史上最庞大的流派：历代大思想家差不多都可以算作人道主义论者。那么，究竟何谓人道主义？人道主义的系统理论虽然诞生于 14 世纪兴起的文艺复兴运动，但那时并没有"人道主义"一词，而只有 *humanitas*：该词是拉丁文，本意指人的世俗教育。*Humanitas* 源于 *humanus*（人的、人性的、人道的、文明的），大约在 19 世纪初，才演化为"人道主义"一词：Humanismus（德文）和 humanism（英文）。因此，"人道主义"一词迟至 19 世纪才出现。这样，人道主义的含义，就其词源来说，就是人文主义，就是人文教育、世俗教育，就是通过古典的人文科学教育而最大限度地发展人的精神才智。因此，人道主义与人文主义的词源含义是完全相同的。这就是为什么 humanism 既可以译为人道主义，也可以译为人文主义的缘故。但是，人道主义的定义与其词源含义并不完全相同：人道主义与人文主义并非同一概念。就定义来说，人道主义并不完全像其词源那样，意指复兴古典人文教育；而是指复兴古典人文教育的那种新精神、新态度和新信念。这种新精神、新态度和新信念就在于：人本身，特别是人的创造性潜能之实现，乃是最高价值；因而应该善待一切人，特别是应该使每个人的创造性潜能得到实现。

### 1. 人道主义:关于人是最高价值的思想体系

人道主义,就其定义来说,首先是指这样一种思想体系,这种思想体系的根本观点,是认为人本身是最高的价值或尊严。对于这个道理,文艺复兴时期的人道主义思想家论述颇丰。但丁说:"人的高贵,就其许许多多的成果而言,超过了天使的高贵。"[7]皮科说:"我感到自己终于领悟了人为什么是生灵当中最幸福的,从而是值得一切赞赏的,并且领悟了人在存在的普遍链条中占据着恰恰什么样的地位——不仅畜生忌妒,甚至世界之上的星辰与精神亦都忌妒的地位。"[8]庞波那齐说:"人是万物中的上选。"[9]"人是一伟大的奇迹,因为他是整个的世界,并且能变成每一种自然状态,因为他已被赋予追随无论任何为他所喜好的东西之性质的能力。"[10]斐微斯说:"人这个演员最值得赞美。"[11]

可是,人道主义这种认为人本身是最高价值的观点能成立吗?答案是肯定的。但是,人本身之为最高价值并不是绝对的,而是相对的。因为不言而喻,只有相对于人来说,人才具有最高价值;而相对于非人类存在物——如狼豺虎豹——来说,人不但可能不具有最高价值,而且可能具有负价值:人类可能是狼豺虎豹的死敌。那么,为什么相对于人来说,人具有最高价值?这可以从两方面来看:

一方面,正如霍尔巴赫和斯宾诺莎等诸多先哲所言,对于人来说,人本身之所以是最高价值,乃是因为人最需要的东西就是人,因而人对于人具有最高效用、最高价值:"在所有的东西中间,人最需要的东西乃是人。"[12]人最需要的东西之所以是人,则是因为——正如阿德勒等无数先哲所论——每个人的一切利益,都是人类社会给予的:人类社会对于每个人具有最高效用、最高价值。人类社会又不过是每个人之和。所以,人类社会是每个人的最高价值,归根结底,便意味着,每个人对于每个人具有最高价值:人对于人具有最高价值。

另一方面,对于人来说,人本身之所以是最高价值,则是因为人本身或每个人是社会的目的;而社会则不过是为人本身或每个人服务的手段而已。这一真理最为系统而深刻的阐述,当推康德那"人本身就是目的"的著名理论:"人,实则一切有理性者,所以存在,是由于自身是个目的,并不是只供这个或那个意志任意利用的工具;因此,无论人的行为是对自己的或是对其他有理性者的,在他的一切行为上,总要把人认为是目的。"[13]人是社会的目的,因而也就是社会的价值尺度,是评价社会一切事物的价值标准而超越于社会一切事物的价值之上:人是最高的价值或尊严。因为——康德解释道——"一个有价值的东西能被其他东西所代替,这是等价;与此相反,超越于一切价值之上,没有等价物可代替,才是尊严。"[14]

既然人本身是最高价值,那么,不言而喻,对于任何人,不管他多么坏,对他的坏、他给予社会和他人的损害,固然应予以相应的惩罚,应把他当做坏人看;但首先应因其是人、是最高价值而爱他、善待他、把他当人看:这是善待他人的最高道德原则。这个道理,费尔巴哈说得很清楚:"如果人的本质就是人所以认为的至高本质,那么,在实践上,最高的和首要的基则,也必须是人对人的爱。"[15]因此,如所周知,人们大都将"博爱"或"把人当人看"与"人本身是最高价值"并列,作为人道主义根本特征,来界说人道主义。[16]

可见,人道主义堪为颠扑不灭之真理。因为一方面,人道主义是视人本身为最高价值的思想体系,这是真理,这是人道主义"事实如何"方面的根本特征;另一方面,人道主义是把"将人当人看"奉为善待他人最高原则的思想体系,这也是真理,这是人道主义"应该如何"方面的根本特征。合而言之,人道主义便是视人本身为最高价值从而将"善待一切人、爱一切人、把一切人都当做人来看待"奉为善待他人最高原则的思想体系;简言之,便是视人本身为最高价值从而将"把人当人看"奉为善待他人最高原则的思想体系。

然而,人们往往由此将人道主义与人类中心主义等同起来,以为人道主义就是一种人类中心主义。其实,人道主义与人类中心主义貌似而神非。人道主义与人类中心主义貌似,因为二者确实都可以看做是一种"以人的利益和价值为中心"的学说。这是因为,人是最高价值无疑意味着,应该以人的利益和价值为中心;反之,以人的利益和价值为中心无疑也意味着,人是最高价值:"以人的利益和价值为中心"与"人是最高价值"实为同一概念。人道主义与人类中心主义神非,因为人道主义的"人是最高价值"或"以人的利益和价值为中心",仅仅是相对人来说的,仅仅是相对人类社会来说的:人对于人具有最高价值和人是社会的目的。因此,人道主义的"人是最高价值"或"以人的利益和价值为中心"意味着:人是社会和人的一切活动的中心。既然如此,那么,对于任何人,不管他多么坏,对他的坏、他给予社会和他人的损害,固然应予相应的惩罚,应把他当做坏人看;但首先应因其是人、是最高价值而爱他、善待他、把他当人看:人道主义是一种关于人应该如何对待人的学说。反之,人类中心主义的"以人的利益和价值为中心"或"人是最高价值",则是绝对的,是对于宇宙万事万物来说的:只有人类才是目的,而一切非人类存在物都不过是为人类利益服务的手段。因此,人类中心主义的"以人的利益和价值为中心"或"人是最高价值"意味着:人类是宇宙万事万物的中心。既然如此,那么,每个人也就只有如何对待人类,才有所谓道德不道德的问题;而如何对待非人类存在物,是杀死吃掉还是供养它们,则无所谓道德不道德的问题:人类中心主义是一种关于人应该如何对待非人存在物的学说。

**2. 人道主义:关于人的自我实现是最高价值的思想体系**

细究起来,作为最高价值的"人本身"是个十分笼统含糊的概念。因为人的缺点、残忍、嫉妒、病痛、不幸等等也是"人本身"的东西。这些东西若说有价值,也只是负价值,而根本谈不上什么最高价值。因此,作为最高价值的"人本身",并非"人本身"的全部东西,而只是其中的部分东西:它究竟是什么东西呢?文艺复兴时期的人道主义大师皮科答道:是人本身的发展、完善、自我实现。这是千真万确的。因为,一方面,人本身的自我实现所满足的乃是每个人的最高需要。现代心理学特别是马斯洛心理学的成果表明:人有五种基本需要,按照从低级到高级的顺序,依次是:生理需要、安全需要、爱的需要、自尊需要、自我实现需要。人本身的自我实现所满足的既然是人的最高需要,因而也就具有最高价值:最高价值岂不就是满足最高需要的价值?

另一方面,人本身的自我实现能够最大限度地满足全社会和每个人的一切需要。因为任何社会的财富,不论是物质财富还是精神财富,统统不过是人的活动的产物,不过是人的能力之发挥、潜能之实现的结果。所以,人本身的自我实现越充分、人的潜能实现得越多,社会的物质财富和精神财富便越丰富,社会便越繁荣进步,而每个人的需要也就会越加充分地得到满足。反之,人本身的自我实现越不充分、人的潜能实现得越少,社会的物质财富和精神财富便越贫乏,社会便越萧条退步,而每个人的需要的满足也就越不充分。所以,人本身的自我实现乃是一切财富的源泉,是最根本、最重要、最伟大的财富,因而也就能够最大限度地满足全社会和每个人的需要,从而具有最高价值。

可见,说包含着诸多负价值(缺点、残忍、病痛、嫉妒、不幸等等)的人本身是最高价值,实乃浅层的、外在的、皮相的、初级的真理;而内在的、深层的、本质的、高级的真理则是:人本身的自我实现是最高价值。既然如此,那么不言而喻:应该使人自我实现,使人发展、实现自己的创造性潜能而成为可能成为的最有价值的、最完善的人——亦即所谓“使人成其为人”——这是善待他人的最高原则。因此，人道主义论者大都把“使人成其为人”与“人本身的自我实现是最高价值”并列，一起作为人道主义的根本特征来界定人道主义。[17]

可见，人道主义确为真理。因为一方面，人道主义是认为人本身的发展、完善、自我实现是最高价值的思想体系，这是真理，这是人道主义“事实如何”方面的根本特征；另一方面，人道主义是把人本身的发展、完善、自我实现奉为善待他人最高原则的思想体系，这也是真理，这是人道主义“应该如何”方面的根本特征。合而言之，人道主义便是认为人本身的发展、完善、自我实现是最高价值从而把人本身的发展、完善、自我实现奉为善待他人最高道德原则的思想体系，便是认为人本身的自我实现是最高价值从而把“使人自我实现而成为可能成为的最有价值的人”奉为善待他人最高道德原则的思想体系，简言之，便是视人本身的自我实现为最高价值从而把使人自我实现奉为善待他人最高道德原则的思想体系。

### 3. 人道总原则：将人当人看与使人成为人

从上可知，人道主义有两个定义：广义的与狭义的。广义人道主义是视人本身为最高价值从而将“善待一切人、爱一切人、把一切人都当做人来看待”当做善待他人最高原则的思想体系。所以，广义人道主义是一种博爱主义，是视人本身为最高价值的博爱主义，不妨名之为“人道博爱主义”或“博爱的人道主义”。反之，狭义人道主义则是认为人本身的自我实现是最高价值从而把“使人自我实现而成为可能成为的最有价值的人”奉为善待他人最高道德原则的思想体系。所以，狭义人道主义是一种自我实现理论，是视人本身的自我实现为最高价值的自我实现理论，不妨名之为“人道自我实现论”或“自我实现的人道主义”。人本身是最高价值，如前所述，不过是外在的、浅层的、皮相的、初级的真理；而内在的、深层的、本质的、高级的真理则是：人本身的自我实现是最高价值。因此，广义人道主义便是外在的、浅层的、皮相的、初级的人道主义；反之，狭义人道主义则是内在的、深层的、本质的、高级的人道主义。

从人道主义的广义与狭义及其关系可以看出，所谓人道，就其作为伦理学的基本范畴来说——亦即就其作为人道主义道德原则来说——也具有相应的广义与狭义：

一方面，就广义的人道来说，人道乃是视人本身为最高价值而善待一切人、爱一切人、把任何人都当人看待的行为,是基于人是最高价值的博爱行为,是把人当人看的行为:这是善待他人的最高原则。反之,不人道、非人道则是无视人本身为最高价值而虐待人的行为,是残忍待人的行为,是把人不当人看的行为。就拿对待俘虏来说。如果首先把俘虏当做人来善待,其次当做俘虏对待,从而供其衣食、不予虐待,便叫做人道。反之,若将俘虏只当做俘虏而不当做人,从而残忍加以虐待,便叫做不人道、非人道。推而广之,任何人,不管他多么坏,对他的坏,固然应予相应惩罚;但首先应该因其是人、是最高价值而善待他:这就是人道。反之,若只把他当做坏人惩罚而不当做人来善待,便是不人道、非人道。这就是广义的因而也就是浅层的、初级的、皮相的、外在的人道与非人道。

另一方面,就狭义的人道来说,人道乃是视人本身的完善为最高价值而使人成为可能成为的完善的人的行为,亦即视人的创造性潜能的实现为最高价值而使人实现自己的创造性潜能的行为,说到底,也就是视人的自我实现为最高价值而使人自我实现的行为:这是善待他人的最高原则。简言之,人道便是使人实现自己创造性潜能的行为,便是使人自我实现的行为,便是使人成其为人的行为。反之,非人道、不人道也就是使人不能实现自己创造性潜能的行为,是使人不能自我实现的行为,是使人不能成其为人的行为。这就是狭义的、深层的、内在的、本质的、高级的人道与非人道。举例说,如果一位父亲十分疼爱儿女,为了他们的前途不惜倾家荡产。然而他却不允许儿女按照他们自己的意志努力,而处处强迫他们按照他的设计奋斗,遂使儿女们不能自我选择、自我实现。这位父亲之所为便属于狭义的、深层的、高级的非人道行为。反之,另有一位父亲,虽然时时处处培育关心教导儿女,却十分尊重他们的自由,允许他们按照他们自己的意志自我选择、自我实现。那么,这位父亲之所为就是狭义的、深层的、高级的人道行为。

人道与非人道之广狭定义表明,一方面,"把人当人看(即视人本身为最高价值而把任何人都首先当做人来善待)"是衡量一切行为是否人道的广义的、浅层的、初级的总原则:凡是把人当人看的行为,都是广义的、浅层的、初级的人道行为;凡是广义的、浅层的、初级的人道行为,也都是把人当人看的行为。所以,"把人当人看"是广义人道总原则。反之,凡是"把人不当人看(无视人本身为最高价值而残忍待人)"的行为,都是广义的、浅层的、初级的非人道行为;凡是广义的、浅层的、初级的非人道行为,也都是把人不当人看的行为:"把人不当人看"是广义非人道总原则。

另一方面,"使人成为人(即视人本身的自我实现为最高价值从而使人自我实现而成为可能成为的最有价值的人)”则是衡量一切行为是否人道的狭义的、深层的、高级的总原则:凡是使人成为人的行为,都是狭义的、深层的、高级的人道行为;凡是狭义的、深层的、高级的人道行为,也都是使人成为人的行为。所以,“使人成为人”是狭义人道总原则。反之,凡是使人不能成其为人的行为,都是狭义的、深层的、高级的不人道行为;凡是狭义的、深层的、高级的不人道行为也都是使人不能成其为人的行为:“使人不能成其为人”是狭义非人道的总原则。

综观人道主义和人道总原则可知,所谓人道主义,固然是一种关于道德原则的理论;但是,就其实质来说,乃是一种关于理想社会的理论,是一种关于人道社会的理论,是一种将人道奉为社会治理最高原则的社会的理论:在这种社会中,一方面,每个人都被当做人、当做最高价值来善待;另一方面,每个人都能够实现自己的创造潜能、成为一个可能成为的最有价值的人。相应地,所谓人道,固然是一种应该如何善待他人的最高道德原则;但是,就其实质来说,乃是统治者应该如何善待被统治者的最高道德原则,是统治者应该如何治理社会的最高道德原则,是社会治理的最高道德原则。

广义人道总原则因其浅层性、初级性而早已成为家喻户晓的常识。我们日常所说的人道,不就是仁爱待人、把人当人看的行为吗?所说的非人道、不人道不就是残忍待人、把人不当人看的行为吗?我们常说善待俘虏、救死扶伤是人道,岂不就是仁爱待人的意思?反之,虐待俘虏、见死不救是不人道,岂不就是残忍待人的意思?广义人道原则既然如此简单,也就无须进一步研究。需要进一步研究的,仅仅是狭义人道总原则。因为细究起来,狭义人道总原则只是教导我们应该使人自我实现、应该使人成为人。可是,它未能指明:究竟怎样才能使人自我实现、使人成为人?那么,究竟怎样才能使人自我实现、使人成为人?根本说来,应该使人自由,因为自由乃是每个人实现自己的创造潜能、从而成为一个可能成为的最有价值的人的根本条件,是每个人自我实现的根本条件:自由原则是人道根本原则,是最根本的人道。

## 二 自由:最根本的人道

### 1. 自由概念

所谓自由,如所周知,就是能够按照自己的意志进行的行为。但是,一个人的行为之所以能够按照自己的意志进行,显然是因为不存在按照自己意志进行的障碍。于是,自由也就是因强制或障碍的不存在而能够按照自己的意志进行的行为。问题在于,按照自己的愿望或意志进行的行为之障碍,既可能存在于自身之外,是外在障碍或限制,如他人、法律、舆论和社会的压力等等;也可能存在于自身之内,是内在障碍或限制,如贫困、无知、身体不佳和自己不能驾驭的感情等等。那么,这两种障碍的存在是否都意味着不自由?

如果使一个人不能按照自己的意志进行的障碍或强制存在于自身之内,即内在限制,那么,我们不能说他不自由,而只能说他无能力:没有利用自由的能力。只有当一个人不能按照自己的意志进行的障碍或强制存在于自己身外,是外在限制,我们才可以说他不是无能力,而是不自由。举例说,在一个可以随意出国旅行的自由的国家,一个公民不能按照自己的意志出国旅行的障碍,不存在于自身之外,不是因为国家不准出国旅行;而存在于自身,是因为自己没钱。那么,我们便不能说他没有出国旅行的自由,而只能说他没有出国旅行的能力:他完全有出国旅行的自由,而只是没有利用出国旅行的自由的能力。反之,一个公民不能按照自己的意志出国旅行的障碍,不是存在于自身(他很有钱、很健康,也有闲暇和兴趣);而只是存在于自身之外,比如说,是因为国家不准出国旅行。那么,他便不是没有出国的能力,而是没有出国的自由。

因此,一个人自由与否,与他实行自己意志的自身的、内在的障碍无关,而只与他自身之外的外在障碍有关:自由亦即不存在实行自己意志的外在障碍;而不存在内在障碍并不是自由,而是利用自由的能力或条件。诚然,对于因自身内在障碍的存在而没有"利用自由的能力或条件"的人来说,自由是毫无价值毫无意义的。但是,这并不等于不自由。举例说,假如北京的玉泉山开放了,每个人都可以随意去爬这座山了。但是,不幸的是,我此时却患上严重的关节炎,它是我爬山的内在障碍,使我不能按照我的渴望去爬玉泉山了。这样,我便并不是没有爬玉泉山的自由,而是没有利用爬玉泉山的自由之能力、条件。当然,事实上,对于我来说,这与没有爬玉泉山的自由是一样的。但是,由此并不能说我没有爬玉泉山的自由,而只能说爬玉泉山的自由对我毫无用处:没有自由和有自由而毫无用处是根本不同的。试想,我有一台电脑,因为无知我不会使用它,它对我毫无用处:有没有它对于我来说事实上是完全一样的。但是,我不能因此就说我没有它。同样,对于那些目不识丁、穷困潦倒的人来说,思想自由和政治自由是毫无价值、毫无意义的:拥有这些自由与没有这些自由实际上是一样的。但是,我们不能因此就说他们没有思想自由和政治自由,就说他们思想不自由和政治不自由,就说他们遭受了思想奴役和政治奴役。

可见,自由与实行自我意志的障碍之消除,并不完全相同:自由仅仅是实行自我意志的自身之外的外在障碍之消除;实行自我意志的自身内在障碍之消除,并不是自由,而是利用自由的能力或条件。换言之,自由与否,乃是一个人的身外之事,而不是他身内之事;若是他的身内之事,则属于他的利用自由的能力范畴而无所谓自由不自由。这一"自由与利用自由的能力或条件"之辨,不仅具有极大的理论意义,而且具有莫大的现实意义。因为一个社会,如果那里的群众因为贫困和无知等自身内在障碍而没有利用自由的能力和条件,因而自由对于他们毫无用处,那么,我们当然应该努力为群众获得物质财富和教育而奋斗,应该努力实现公正与平等。但是,我们决不可以将这些使自由从无用变得有用的能力和条件,当做自由本身;更不可顾此失彼,将自由弃置一旁。因为——正如下面关于自由价值的研究所表明——自由乃是达成自我创造性潜能之实现和社会进步的最为根本的必要条件,从而是社会繁荣昌盛的最根本的必要条件。这样,长久说来,人们只有生活在一个自由的社会,才能真正摆脱贫困与无知:如果说公正与平等主要是如何分配蛋糕的问题,那么,自由则是个如何将蛋糕做大的问题。

### 2. 自由价值

"生命诚可贵,爱情价更高,若为自由故,二者皆可抛。"谁人不晓得这首诗?哪首诗能比这首流传得更广?从古到今,几乎无人不热爱、追求和颂扬自由。可是——柏林问得好——"自由有什么价值?它是不是人类的一种基本需要的反应?或只是达成其他一些基本需求的先决条件?"[18]

自由确实是人类的一种基本需要。因为,正如巴甫洛夫所说,任何形态的物质之所以能够保持自身的存在,都同样有赖于自身内部诸因素之间及其复合体与外界环境之间的平衡。而物质形态越高级复杂,它内外平衡的保持便越困难,它保持平衡的条件也就越复杂高级。[19]石头的平衡几乎在任何条件下都可以保持。植物则需要阳光、水分、营养。动物比植物更高级,那么,它所特有的保持平衡、维持生存的根本条件是什么呢?是自由运动能力:动物是能自由运动的生物;植物是不能自由运动的生物。植物不具有自由能力,是因为没有自由能力,它们也可以生存:植物不需要自由。反之,动物若不具有自由能力,便不可能维持生存。就拿那笨猪来说吧。若是它真笨得完全丧失自由能力,而像一棵树那样,固定在某个地方不动,任凭风吹日晒雨淋,它还能生存吗？所以,动物的生存需要自由:自由是动物生存的根本条件、根本需要。

动物所固有的,人无不具有。自由是动物的基本需要,也就不能不是人类的基本需要。而且人类对自由的需求程度,远比其他动物更为基本、更为重要。因为,如前所述,低级物质形态没有自由的需要和自由的能力;自由是物质形态发展到动物阶段才产生的高级需要、高级能力。推此可知,在动物进化的阶梯上,越是低级的动物,对自由的需要就越少、越不重要、越不基本;越是高级的动物,对自由的需要就越多、越重要、越基本。人是最高级的动物,所以人对自由的需要便最多、最重要、最基本:自由是最深刻的人性需要。

自由是人类的一种基本需要。而有什么需要,便会有什么欲望;有什么欲望,便会有什么目的:欲望是对需要的觉知;目的是为了实现的欲望。所以,全面地看,应该说:自由是人类的一种基本需要、基本欲望、基本目的。换言之,人类活动的基本目的之一,便是为了满足自由的需要、实现自由的欲望、达成自由的目的。这就是为什么在人类历史上,会有那么多自由的斗士,他们不惜生死搏斗,为的只是自由。这就是为什么即使自由带来灾难和痛苦,这种自由本身也是让人快乐的好事情;纵令奴役带来幸福和快乐,这奴役本身也是令人痛苦的坏东西。一句话,人们往往是为自由而求自由:自由是目的而不是手段。萨特甚至认为,人的一切活动根本说来都应该以自由为目的。[20]

萨特此论未免褊狭。自由不可能是人的一切活动的根本目的,因为人类还有其他基本需要。但是,自由的确是人类活动的基本目的之一。因此,自由有价值,根本说来,并不是因为它是达成其他有价值的可欲的事物之手段;而是因为自由本身就是目的,就是有价值的可欲的:自由具有目的价值或内在价值,是一种目的善或内在善。但是,由此不能说自由的价值和善仅仅是内在的、目的的;自由还有另一方面的价值和善,那就是,它还是手段善,还具有外在价值:自由还是达成其他有价值的事物的一种手段。

自由所能达成的有价值事物,不胜枚举;更确切地说,自由乃是获得一切有价值的事物的必要条件。因为,如前所述,自由就是没有外在障碍而能够按照自己的意志进行的行为:自由是一种能够的、可能的行为,是行为的可能性,亦即行为的机会。这就是说,自由的价值乃在于提供种种机会。所以,如果有自由,就有获得一切有价值的事物的机会,就可能获得各种有价值的事物;如果没有自由,就没有获得一切有价值的事物的机会,就不可能获得各种有价值的事物:自由乃是获得一切有价值的事物的必要条件。

自由是获得一切有价值的事物的必要条件,而其中最重要的事物,则正如人道主义论者所说,乃是自我实现。所谓自我实现,亦即自我完善、自我成就,是充分发挥、实现自己的潜能,从而使自己成为一个可能成为的最有价值的人。马斯洛说:"自我实现是指人的自我完善的渴望,也就是使自己的潜能得以实现的倾向。这种倾向也就是越来越成为一个独特的人的渴望,成为他能够成为的那个人。"[21]现代心理学发现,创造能力是每个人与生俱来的一种潜能,只不过大多数人后天逐渐丧失了它。[22]因此,每个人的自我实现,真正讲来,乃是实现自己的创造潜能。而所谓创造性,也就是独创性:创造都是独创的、独特的;否则便不是创造,而是模仿了。

这样,一个人的创造潜能的实现,实际上便以其独特个性的发挥为必要条件,二者成正相关变化:一个人的个性发挥得越充分,他的创造潜能便越能得到实现,他的自我实现的程度便越大;他的个性越是被束缚,他的创造潜能便越难于实现,他的自我实现的程度便越低。这就是为什么古今中外的大学者、大发明家、大艺术家、大文豪们,大都是些特立独行的"怪物";而越是不能容忍个性的社会,就越缺乏首创精神:"一个社会中的特立独行的数量,一般来说,总是和该社会中所拥有的天才、精神力量以及道德勇气的数量成正比。"[23]所以,马斯洛热情洋溢地写道:"自我实现的人虽然不缺乏任何一种基本需要的满足,但是,他们仍然有动力。他们奋斗,他们尝试,他们雄心勃勃,但这一切都不同寻常。他们的动机只是发展个性、实现个性,成熟、发展,一句话,就是自我实现。"[24]

那么,究竟如何才能充分发挥一个人的个性呢?不难看出,一个人个性的发挥和实现程度,取决于他所得到的自由的程度。因为,正如海德格尔所说,一个人的个性如何、他究竟成为什么人,不过是他自己的行为之结果:"人从事什么,人就是什么。"[25]于是,一个人只有拥有自由,能够按照自己的意志去行动,他所造成的自我,才能是具有自己独特个性的自我;反之,他若丧失自由、听任别人摆布,按照别人的意志去行动,那么,他所造就的便是别人替他选择的、因而也就不可能具有他自己独特个性的自我。

这样,自我实现的根本条件是个性的发挥;个性发挥的根本条件是自由。于是,说到底,自由便是自我实现的根本条件,二者成正相关变化:一个人越自由,他的个性发挥得便越充分,他的创造潜能便越能得到实现,他的自我实现的程度便越高;一个人越不自由,他的个性发挥便越不充分,他的创造潜能便越得不到实现,他的自我实现程度便越低。所以,马斯洛一再说:“自我实现的个人比普通人拥有更多的自由意志和更少的屈从他人。”[26]

然而,有些人,如柏林,却怀疑自由是每个人充分发挥潜能的必要条件。因为他们看到,在不自由社会里,并不乏才华横溢之士:“如果这一点是事实,那么穆勒认为人的创造能力的发展是以自由为必要条件的观点,就站不住脚了。”[27]确实,不自由的社会也可见到不少才华横溢之士。但是,这些人之所以能够发挥自己的才能,决不是因为他们听任他人摆布而失去自由;恰恰相反,乃是因为他们勇于反抗而争得自由。因此,柏林以不自由社会常有才华充分发挥者为根据,否定每个人才能充分发挥系以自由为必要条件,是不能成立的。任何社会,都存在才华横溢者,只是因为任何社会的人们都有可能得到自由。只不过,在自由社会,人们得到自由无须反抗和牺牲,因而人人都有自由,于是也就人人都有可能发挥自己的创造潜能而自我实现。反之,在不自由的社会,人们要得到自由,便必须反抗和牺牲,如牺牲健康、幸福、人格、爱情乃至生命。因而在这种社会,也就只有极少数人才可能争得自由而自我实现——这极少数人便是那可歌可泣的裴多菲式的自由斗士,他们能以自己的行动证明,自由乃是最高的价值。

自由是每个人自我实现、发挥创造潜能的根本条件,同时也就是社会繁荣进步的根本条件。因为社会不过是个人之总和。每个人的创造潜能实现得越多,社会岂不就越富有创造性?每个人的能力发挥得越充分,社会岂不就越繁荣昌盛?每个人的自我实现越完善,社会岂不就越进步?所以,杜威说:“自由之所以重要,是因为它是发挥个人潜力和促进社会发展的条件。”[28]诚然,自由不是社会进步的唯一要素。科学的发展、技术的发明、生产工具的改进、政治的民主化、道德的优良化等都是社会进步的要素。但是,所有社会进步的要素,统统不过是人的活动的产物,不过是人的能力发挥之结果,因而说到底,无不以自由——潜能发挥的根本条件——为根本条件。因此,自由虽不是社会进步的唯一要素,却是社会进步的最根本的要素、最根本的条件。所以,穆勒把自由精神叫做“前进精神”或“进步精神”而一再说:“进步的唯一无穷而永久的源泉就是自由。”[29]这样,社会若要进步,根本说来,便应该给人以自由;若是压抑自由,便从根本上阻碍了社会进步。换言之,自由的社会,必定繁荣进步;不自由的社会,必定停滞不前——若是它还能进步,那并不是因为它不自由,恰恰相反,乃是因为在这不自由的社会里,存在着勇于反抗而不畏牺牲的自由的斗士们。

综观自由价值可知,一方面,自由是可欲的,因为它本身就是可欲的,它是人类的一种基本需要、基本欲望、基本目的,这是自由的内在价值;另一方面,自由是可欲的,因为它是达成自我实现和社会进步的根本条件,这是自由的外在价值。自由的价值——特别是其外在价值——使其成为人道根本原则。因为自由是使人自我实现的根本条件显然意味着:使人自由是使人自我实现的根本原则。而使人自我实现,如前所述,乃是人道深层总原则。于是可以得出结论说:自由是人道的根本条件;使人自由则是人道的根本原则,简言之:自由是人道根本原则。所以,当代著名人道主义思想家保罗·库尔茨一再说:"人道主义的基本原则是保卫个人自由。"[30]

自由不但是人道根本原则,而且更重要的是,它是社会治理的最高原则。因为,一方面,人的自我实现,如前所述,乃是最高价值。所以,自由是自我实现的根本条件,便意味着:归根结底,自由是最高价值,因而也就是社会治理的最高原则。另一方面,人道,如前所述,乃是社会治理的最高原则。所以,自由是人道的根本原则,便意味着:归根结底,自由是社会治理的最高原则。人道主义大师但丁已经发现了这个至关重要的原理,他一再说:"好的国家是以自由为宗旨的。"[31]

这样,自由的价值便使自由成为一种规范人的行为应该如何的道德原则,亦即所谓"自由原则":自由原则一种极其重要的道德原则,是人道根本原则和社会治理最高原则。可是,究竟怎样才能使人自由从而使自由原则——亦即人道根本原则和社会治理的最高原则——得到实现呢?人是个社会动物;他所过的生活,乃是一种社会生活。因此,只有当每个人生活于其中的社会是个自由的社会,每个人才能真正获得自由,从而使自由原则得到实现。于是,所谓自由原则,说到底,实乃自由社会的原则,亦即自由—人道社会之原则。那么,这种道德原则究竟是怎样的?

### 3. 自由原则

任何社会都不可能没有强制而完全自由。那么,究竟怎样的社会才是自由的社会?社会不过是由无数人组成的大集体。所以,自由集体的特征也就是自由社会的特征。然而,怎样的集体才是自由的集体?不难看出,自由的集体乃是这样的集体,在这个集体中,所有的强制都是全体成员一致同意服从的。这样,该集体虽有强制,但每个人对它的服从,乃是在服从自己的意志,因而也就是自由的。举例说,打扑克、下象棋,都有种种必须服从的强制规则。可是,每个人都不感到不自由。为什么?岂不就是因为,这些强制规则是每个人都同意服从的?社会也是如此。如果一个社会的所有强制都符合该社会全体成员一致同意或认可的行为规范,那么,每个人对该社会强制的服从,同时也是在服从自己的意志,因而也就是自由的。

不过,一个社会、国家的全体成员往往数以亿计,怎样才能取得一致同意或认可?无疑只有实行民主政治,从而通过代议制和多数裁定原则而间接地取得一致同意。这样,代表们所制定的行为规范可能是很多公民不同意的;但代表既然是他们自己选举的,那么,这些他们直接不同意的规范,却间接地得到了他们的同意。多数代表所确定的规范,可能是少数代表不同意的;但他们既然同意少数服从多数的原则,那么,这些他们直接不同意的规范,也就间接地得到了他们的同意。这种直接或间接得到全社会每个成员同意的行为规范(法和道德)便是所谓的"公共意志"。所以,只要实行民主政治,那么,不管一个社会有多少成员,该社会的法和道德都可以直接或间接得到每个成员的同意而成为"公共意志";从而每个人对它的服从,也就是在服从既属于别人也属于自己的意志,因而也就是自由的。因此,卢梭写道:"人是自由的,尽管屈服于法律之下。这并不是指服从某个个人,因为在那种情况下我所服从的就是另一个人的意志了;而是指服从法律,因为这时候我们服从的就只不过是既属于我自己所有、也属于任何别人所有的公共意志。"[32]

由此可见,所谓自由社会,须具备两个条件。第一个条件是,该社会必须是法治而不能是人治。也就是说,统治者必须按照法律和道德进行管理,而不能违背法律和道德而任意管理。所以,哈耶克说:"法治意味着:政府除非执行众所周知的规则决不可以强制个人。"[33]第二个条件是,该社会的法律和道德必须由全体成员或其代表制定或认可,从而是公共意志的体现;而不能是个别人物意志的体现。理查德·普赖斯(Richard Price)说得好:"当自由被说成是'一种法的统治而非人的统治'的时候,对它的这种界定也就太不完善了。如果法律在一国中由一个人制定,或由某个小集团制定,而不是由共同同意而制定,那么,由这些人制定的法律而进行的统治实无异于奴役。"[34]

总而言之,一个自由-人道社会的任何强制,都必须符合该社会的法律和道德;该社会的所有法律和道德,都必须直接或间接得到全体成员的同意。这就是自由的法治原则,这就是衡量一个社会是否自由、是否人道的法治标准。

如果一个社会所有的强制都符合其法律和道德,并且所有的法律和道德都是公共意志的体现,那么,该社会就是自由的、人道的社会吗?还不够。

自由的、人道的社会还须具备另一个条件,那就是:人人都必须同样地、平等地服从强制,同样地、平等地享有自由。否则,如果一些人必须服从法律,另一些人却不必服从法律;一些人能够享有自由,另一些人却不能够享有自由,那么,这个社会显然不是个自由社会。所以,霍布豪斯说:"在假定法治保证全社会享有自由时,我们是假定法治是不偏不倚、大公无私的。如果一条法律是对政府的,另一条是对百姓的;一条是对贵族的,另一条是对平民的;一条是对富人的,另一条是对穷人的;那么,法律就不能保证所有的人都享有自由。就这一点来说,自由意味着平等。"[35]

自由应该为人人平等享有的依据,不仅在于自由是人道之本,是发挥人的创造性潜能从而使人成其为人的根本条件;而且还在于自由是一种人权,是每个人作为人类社会的一员、一分子、一个人所应得到的最低的、起码的、基本的权利。所以,《人权宣言》第 2 条说:"任何政治结合的目的,都在于保护人的天赋和不可侵犯的权利。这些权利就是自由、财产、安全和反抗压迫。"自由既然是一种人权,也就应该为人人平等享有:在自由面前人人平等。最早揭示这一原则的是霍布斯。他这样写道:"每个人应该享有与别人同样多的自由,恰如他允许别人相应于他自己所享有的那么多的自由一样。"[36]这一原则在当代哲学家罗尔斯那里得到系统论述,并被叫做"正义的第一原则"而表述为:"每个人对最大限度的平等的基本自由之完整体系——或与其一致的类似的自由体系——都应该享有一种平等的权利。"[37]而平等地享有自由同时也就意味着:平等地服从强制、平等地服从法律。用西方的话来说就是:在法律面前人人平等;用中国的话来说则是:王子犯法,与庶民同罪。

于是,合而言之,人人应该平等地享有自由:在自由面前人人平等;人人应该平等地服从强制:在法律面前人人平等。这就是自由的平等原则,这就是衡量一个社会是否自由、是否人道的平等标准。

一个社会,如果实现了自由的法治标准和平等标准,就是个自由的、人道的社会吗?为了弄清这个问题,让我们假设有这样一个社会,该社会全体成员都愿意像军人一样生活,从而一致同意制定并且完全平等地服从最严格的法律。如是,这个社会确实实现了自由的法治标准和平等标准,但它显然不是个自由的、人道的社会:它的强制的限度过大,而自由的限度过小。所以,自由、人道社会之为自由、人道社会,还包含着一个要素:强制和自由的限度。

毫无疑义,若是没有一定的强制,任何社会都不可能维持其存在。不过，强制有两种。一种是坏的、恶的，如杀人越货；另一种则是好的、善的、必要的，如枪杀凶手、惩罚罪犯。然而，若从自由的价值来看，所谓好的、善的、必要的强制，仅仅是就其结果来说的；若就强制自身性质来说，则同样因其使人失去自由而不能不是恶，只不过是必要的恶罢了。

必要的恶之必要性，无非有二。一是可以防止更大的恶。如阑尾炎手术，割开肚子，是害、是恶。但这种恶是必要的，因为它可以防止更大的恶：死亡。二是可以求得更大的善。如冬泳寒水刺骨，苦不堪言，是害、是恶。但这种恶是必要的，因为它可以求得更大的善：健康长寿。那么，社会必要的强制之必要性，究竟在于防止更大的恶，还是在于求得更大的善，抑或兼而有之？

社会强制这种恶的必要性，只在于防止更大的恶，而不在于求得更大的善。因为社会强制只能防止社会灭亡而保障社会的存在，却不能促进社会发展。因为自由价值的研究表明：自由是每个人创造性潜能的实现和全社会发展进步的最为根本的必要条件。这就意味着：强制、不自由是每个人创造性潜能的实现和全社会发展进步的根本障碍。于是，合而观之，可以断言：长久地看，强制只能维持人类和社会的存在；而只有自由才能促进人类和社会的发展。

这就是说，在社会能够存在的前提下，社会的强制越多、自由越少，则每个人的创造性潜能的实现便越不充分；而社会的发展进步，长久地看，便越慢；因而人们也就愈加不幸。反之，社会的强制越少、自由越多，则每个人的创造性潜能的实现便越充分；而社会的发展进步，长久地看，便越快；因而人们也就愈加幸福。

于是，我们可以得出结论说：一个社会的强制，应该保持在这个社会的存在所必需的最低限度；一个社会的自由，应该广泛到这个社会的存在所能容许的最大限度。这就是自由的限度原则，这就是衡量一个社会是否自由、是否人道的自由限度之标准。

然而，最低限度与最大限度都是相对的、不确定的概念。因此，对于一些人来说是最低限度的强制，对于另一些人来说，却可能是过高过大限度的强制；反之亦然。所以，一些人，如所谓极端自由主义论者，主张“守夜人”式的国家而认为：“管得越少的政府，就是最好的政府。”反之，另一些人，如所谓新自由主义论者，则认为这样少的强制不足以保障社会存在，社会的存在所必需的最低限度的强制要强大和广泛得多。这就要求：一方面，自由社会的强制必须有一个绝对的、确定的最低限度原则；另一方面，自由社会的自由也必须有一个绝对的、确定的最大限度原则。

最早系统阐述这一原则的,大概是洪堡。他将这一原则归结为“强制只可用来防止恶而不可用来取得善”,并将其作为国家作用的第一条原则:“第一条原则必然是:国家不要对公民正面的福利作任何关照,除了保障他们对付自身和对付外敌所需要的安全外,不要再向前迈出一步:国家不得为了其他别的最终目的而限制他们的自由。”[38]穆勒同意洪堡此见,并将其奉为他的自由主义代表作《论自由》的宗旨:“本书的目的是肯定一条相当简单的原则,使社会对于个人的任何强制和控制,不论是合法惩罚形式的物质力量,还是公众舆论的道德强制,都应该且必须绝对以它为标准。这条原则就是,人类对其成员的行动自由进行干涉——个别地或集体地——只有在其目的是自我防卫的条件下,才能被证明为正当。这就是说,对于文明群体中的任何一成员,可以实施权力反对其意志而不失为正当,唯一的目的只能是为了阻止他对他人的损害。即使是为了他本人的利益——不论是物质的还是精神的——都不能被充分证明为正当。”[39]

洪堡与穆勒关于自由与强制的限度原则——任何社会强制只应用来防止更大的恶,而不应用来求得更大的善——的理论,虽多偏颇之论;但大体说来,却是能够成立的。因为从自由的价值——自由是每个人创造性潜能的实现和全社会发展进步的最为根本的必要条件——确实可以得出结论:长久地看,强制只能维持社会的存在;而只有自由才能促进社会的发展。由此确实可以断言:长久说来,只要社会能够存在,社会的强制便应该等于零而完全自由。换言之,强制只应该用来维持社会的存在,而不应该用来促进社会的发展;只有自由才应该用来促进社会的发展。这就是自由限度的绝对原则,这就是衡量一个社会是否自由、是否人道的自由限度的绝对标准。

综上可知,自由的法治、平等与限度三大原则,乃是自由-人道社会的普遍原则,是衡量任何社会是不是自由社会、是不是人道社会的普遍标准:符合三者的社会便是自由的、人道的社会;只要违背其一,便不配享有自由、人道社会的美名。

## 三　异化:最根本的不人道

### 1. 异化概念

“异化”(alienation)一词原本源于拉丁语 *alienatio*, 意为疏远、脱离、转让、他者化，主要指某者成为他者、某者将自己推诿于他者、某者把自己的东西移让给他者。从此出发，该词逐渐作为科学术语固定下来而分裂为二：一是作为普通的、一般的科学术语；一是作为特殊的、具体的科学术语，即作为人道主义思想体系的基本概念。作为普通的、一般的科学术语的异化，也就是事物向他物的变化，就是事物自己向异己物的变化，就是事物自身向异于自身的他物的变化。这种异化之典型概念，就是生物学中相对"同化"而言的"异化"：异化与同化都是变化，只不过同化是他物向自身的变化，而异化则是自身向他物的变化。所以，作为一般科学术语的"异化"，不过是一种具体的变化概念，完全隶属、依附于变化范畴而不具有独立的科学研究价值，因而也就不能独立作为科学对象而被任何科学专门研究。具有科学研究价值而成为科学专门研究对象的"异化"，乃是作为人道主义思想体系基本概念的"异化"。那么，这种异化的含义是什么？

作为人道主义思想体系基本概念的异化，无疑是人道主义的对立面，说到底，是自由的对立面——自由是最根本的人道——因而也就是在被强制、受奴役、不自由的情况下，自己做出的而又异于自己的行为：被强制、受奴役、不自由是异化发生的原因。试想，一个人为什么会自己做出不是自己的行为而异化？岂不就是因为有外在强制存在而不自由、受奴役，因而不能按照自己的意志、却只能按照他人的意志行事？举例说，抗战期间，日本兵持枪命令一中国老人当众杀害自己的孩子，否则统统枪毙。老人只好照办。老人的这种行为是被强制、不自由的，因而它固然是老人自己做的，却不是受自己意志支配的自己的行为，而是受日本兵意志支配的日本兵的行为：是老人自己做出的异己行为。由此可见，自己做出异己行为之原因、异化之原因乃在于不自由：一切丧失自由而受他人奴役的行为，都是自己做出而又异于自己的异化行为：就行为者是自己来说，该行为是自己做出的；就行为意志不是自己的来说，该行为又不是自己的，而是非己的、异己的行为。

因此，作为人道主义思想体系基本概念的异化，也是指一种事物（某行为主体的行为）向异于自身的他物（非某行为主体的行为）的变化，因而也就隶属于作为一般科学术语的异化概念（事物向异于自身的他物的变化）；只不过，作为一般科学术语的异化，其异化者是任何事物，是任何事物的变化：异化是一物向异于自身的他物的变化；而作为人道主义思想体系基本概念的异化，其异化者则只能是人，是人的行为：异化是行为者自己做出而又异于自己的行为。

### 2. 异化价值

粗略看来，异化都是恶的、不应该的、不道德的。其实不然，因为异化究竟是应该的、道德的，还是不道德、不应该的，完全取决于被异化者意志的道德价值。如果被异化者是坏人，他要干的事是坏事，也就是说，它的意志有害于人而具有负道德价值，那么，使他放弃自己意志而屈从他人有利于人的意志而发生的异化行为，显然具有正道德价值。简言之，剥夺坏人做坏事的自由而使其异化是道德的、应该的。举例说，强制罪犯劳动改造，使其做出不受自己损人意志支配、而受他人利人意志支配的异己的、异化的行为，无疑具有正道德价值，是道德的、应该的。反之，给罪犯以损人自由从而消除其异化，则具有负道德价值，是不应该、不道德的。

然而，如果被异化者是好人，他自己的意志无害于人，那么，使其行为发生异化，是否仍可能具有正道德价值？是的，这种异化仍可能具有正道德价值。因为我们常常看到，成年人往往无法说服而只好强迫儿童放弃其不理智的意志、屈从成人的意志。我们也常常看到有识者、优秀者有时无法说服而只好强制无知者、愚蠢者放弃其错误的意志、屈从正确的意志。儿童、无知者、愚蠢者们的这些异化行为不论对自己还是对社会无疑都有很大的好处，因而具有很大的正道德价值。

但是，异化的这种好处和价值无论如何巨大，也都只可能是暂时的、局部的、非根本的；根本地、长久地、全局地看，异化只能具有负价值。因为异化是自己因受奴役、不自由而做出的不受自己意志支配而受他人意志支配的异己的、非己的行为。所以，一目了然，异化乃是自我实现——亦即实现自己的创造性潜能从而成为可能成为的最有价值的人——的根本障碍，二者成负相关变化：一个人越是异化，他受他人意志支配的异己的、非己的行为便越多，那么，他便越缺乏个性，他的独创潜能便越得不到发挥，他的自我实现程度便越低；一个人越不异化，他的受他人意志支配的异己行为便越少，那么，他便越具个性，他的独创潜能便越能得到发挥，他的自我实现程度便越高。异化是自我实现的根本障碍，便使异化对于人类具有最高和最大负价值。这可以从两方面看：

一方面，自我实现所满足的乃是每个人的最高需要。异化所阻碍满足的既然是每个人的最高需要，因而对于每个人也就具有最高负价值，是每个人的最高不幸：最高负价值岂不就是阻碍满足最高需要的负价值？最高不幸岂不就是最高需要得不到实现的不幸？

另一方面，自我实现能够最大限度地满足全社会和个人的一切需要。因为任何社会的财富，不论是物质财富还是精神财富，统统不过是人的活动的产物，不过是人的能力之发挥、创造性潜能之实现的结果。所以，自我实现越充分、人的创造性潜能实现得越多，社会的物质财富和精神财富便越丰富，社会便越繁荣进步，而每个人的需要也就会越加充分地得到满足。反之，自我实现越不充分、人的潜能实现得越少，社会的物质财富和精神财富便越贫乏，社会便越萧条退步，而每个人的需要的满足也就越不充分。所以，自我实现乃是一切财富的源泉，是最根本、最重要、最伟大的财富，因而也就能够最大限度地满足全社会和每个人的需要，从而具有最大价值。这样，作为自我实现根本障碍的异化，岂不就是对全社会和每个人利益的最大损害？岂不就是全社会和每个人的最大不幸？岂不就具有最大负价值？

异化对于人类具有最高和最大的双重负价值意味着：异化的正价值只可能是暂时的、局部的、非根本的；而负价值则必定是长远的、全局的、根本的。于是，消除异化便是人类极其重要的道德原则。那么，这一道德原则在人类道德原则体系中究竟占何位置？我们知道，"使人自我实现"是人道总原则；"使人自由"是人道根本原则：二者是社会治理的最高道德原则。准此观之，一方面，异化便因其为自我实现的根本障碍而是最为根本的不人道；另一方面，"消除异化"则与"使人自由"相当，因而也是人道根本原则：使人自由是人道正根本原则，是社会治理的正面最高原则；消除异化则是人道负根本原则，是社会治理的负面最高原则。那么，究竟如何才能消除异化呢？

### 3. 异化消除：共产主义的应然性与必然性

毋庸置疑，一切异化——亦即经济异化、政治异化、社会异化和宗教异化——的消除，均直接或间接依赖于经济异化的消除；经济异化是直接或间接造成其他异化的最根本的异化。因此，经济异化之消除乃是消除一切异化的根本途径。那么，究竟如何才能消除经济异化？

所谓经济异化，就是自己创造不属于自己的物质财富的劳动，也就是创造不属于自己而属于异于自己的他人的物质财富的劳动，也就是创造异己物质财富的劳动：经济异化、异化经济、劳动异化、异化劳动四者原本是同一概念。所以，经济异化之为经济异化，就在于把物质财富的创造者和享有者分离开来：创造者并非享有者；享有者并非创造者。于是经济异化的基本表现便是：自己创造的物质财富越多，反倒越贫穷：创造与享有成反比。因此，马克思一再说:“工人在他的对象中的异化表现在:工人生产得越多,他能够消费的越少;他创造价值越多,他自己越没有价值、越低贱。”[40] 这就是说,经济异化的根本性质就是自己劳动创造的财富——亦即剩余价值——被他人占有,亦即所谓的“被剥削”。因此,经济异化便与其他异化一样,也起因于强制,是一种被强制的行为。那么,产生经济异化的强制究竟是什么?换言之,经济异化的起因是什么?

经济异化的起因,从历史发生的顺序来看,首先是非经济强制,尔后是经济强制。原始社会前期,生产力极其低下,没有剩余产品,没有剥削,因而也没有经济异化。原始社会后期,发生第一次社会大分工,生产率显著提高,从而使人的劳动能够生产出剩余产品。于是,战争俘虏便不再被杀死,而作为奴隶被强迫劳动创造剩余产品,从而发生了劳动异化、经济异化:经济异化、劳动异化最初起因于奴隶主对奴隶的人身占有之非经济强制。到了封建社会,经济异化则主要源于农民对地主的人身依附之非经济强制。只是到了资本主义,经济异化才主要起因于经济强制。因为在资本主义制度下,工人的人身是完全自由的,只是由于没有生产资料,为了生存,才被迫为资本家劳动、创造剩余价值从而发生经济异化:资本、私有财产之经济强制是劳动者经济异化的起因。

可见,经济异化具有双重起因:人身占有、人身依附等非经济强制和私有财产、资本等经济强制。不过,资本、私有财产等经济强制在成为经济异化原因之前,先是其结果。因为正如马克思所言,一切资本、私有财产归根结底,都是劳动者自己创造的,都是劳动者的劳动之物化,都是劳动者的异化劳动之结果。这样,经济异化的起因便可以表示如下:

非经济强制(人身占有和人身依附)——→经济异化——→经济强制(私有财产、资本)——→经济异化

这样一来,经济异化的消除显然可以归结为三大原则:一是消除人身占有;二是消除人身依附;三是消除私有制。私有制、私有财产虽然根本说来是经济异化的结果,但反过来不但成为经济进一步异化的原因,而且随着社会的发展,越来越成为经济异化的主要原因。所以,要消除经济异化,不但必须消除人身占有、人身依附等非经济强制,而且更重要的、越来越重要的,是必须消灭私有制而代之以公有制,最终实现共产主义。因此,马克思一再把劳动异化或经济异化的消除归结为废除私有制和实现共产主义:共产主义是社会治理的最高理想,是消除异化的真正人道社会的最高理想。

消灭人身占有和人身依附无疑是公正的、应该的；但是，消灭私有制、剥夺资本家也是公正的、应该的吗？是的。因为“资本是异化劳动的结果”表明，废除私有制、剥夺资本家等剥削者的财产从而实现共产主义，不过是把本来属于劳动者的财富或剩余价值还给劳动者，因而是消灭剥削从而实现经济公正的唯一途径：这就是共产主义的应然性。不过，究竟应该何时消灭私有制，却是个十分复杂的问题。恩格斯早就这样写道：“能不能一下子就把私有制废除呢？不，不能……只有在废除私有制所必需的大量生产资料创造出来之后才能废除私有制。”[41]所谓“大量”的生产资料究竟要“大量”到什么程度呢？恩格斯的回答是：要达到“给社会提供足够的产品以满足它的全体成员的需要”[42]。这就是说，生产高度发达到可满足社会全体成员的物质需要的程度，是废除私有制的必要条件。可是，为什么生产的高度发展是废除私有制的必要条件？

原来，在生产不够发展、产品还不能满足全体社会成员物质需要的时候便废除私有制，那么，社会的统治者们势必会“把对社会的领导变成对群众的剥削”[43]。结果，虽然废除了私有制，却没有消除私有制的恶果：剥削、剩余价值和经济异化。所以，只要生产不够发展，那么剥削和经济异化便必然存在：只不过在私有制社会，剥削者主要是地主和资产阶级，因而剥削和经济异化是公开地、赤裸裸地存在；而在公有制社会，剥削者则主要是官僚阶级，因而剥削和经济异化是隐蔽地、变相地存在罢了。

生产高度发展是废除私有制的必要条件，还有更为重要的原因，那就是所谓的效率问题。在私有制社会，私有者所运用的资产为自己所有，其亏损或收益完全由自己承担：造成亏损，自己完全负担亏损；创造利润，自己完全占有利润。这无疑会激励人们以最小的成本去取得最大的利润。因此，私有制经济是有效率的经济。反之，公有制则不具备这种效率机制。因为在公有制中，每个人所使用的资产均不属于自己所有，他们既不负担自己造成的亏损，也不会因自己提高了效率而获得相应的收益——他们提高效率所获收益要由许多人分享，因而自己所能得到的也就微乎其微了。一句话，造成亏损自己不负担亏损；创造利润自己不占有利润。这样，在人们的思想觉悟还不够高的情况下，公有制经济便注定是低效率经济。

那么，人们的思想品德究竟如何才能普遍达到使公有制有效率的高度？无论是马克思唯物史观，还是马斯洛心理学，抑或是现实生活，都告诉我们：普遍提高人们的思想品德只有一个途径，那就是使社会生产高度发展。因为人们思想品德的高低，直接说来，取决于人们做一个好人的道德需要的程度；根本说来，则取决于人们的物质需要相对满足的程度：人们的物质需要满足得越充分，做一个好人的道德需要便越多，人们的品德便越高尚。这个道理，我们的祖宗早已知晓，故曰："衣食足则知礼仪，仓廪实则知荣辱。"所以，生产高度发展从而使每个人的物质需要得到相对满足，乃是人们思想品德普遍提高的根本条件。

总之，废除私有制的必要条件，根本地说，只有一个：生产高度发展；全面地说，则一方面是物质的，即生产高度发展，另一方面则是精神的，即品德普遍提高。如果生产还不够高度发展、品德尚未普遍提高，那么，私有制虽有剥削和经济异化之恶果，却能够使经济有效率地发展。这时如果废除私有制实行社会主义或共产主义，不但不能避免剥削和经济异化，而且必定导致效率低下。这样，被剥削者所付出的代价便更大。所以，私有制及其恶果"剥削和经济异化"，虽然就其固有性质来说，是一种极大的经济不公正，是不公正、不应该、不道德、具有负道德价值的；但在生产不够发展、品德不够高尚的社会，它们的存在和发展却能够防止更大的损害和不公，其净余额是利和善，符合"两害相权取其轻"的道德原则，因而是道德的、应该的、具有正道德价值。只有到生产高度发展、品德普遍提高的时候，私有制、剥削、经济异化才纯粹是有害无益、不公正、不道德、具有负道德价值的东西。只有在这时，才应该废除私有制实行社会主义或共产主义；只有在这时，废除私有制实行社会主义或共产主义，才既能消除剥削和经济异化，又能保障公有制经济高效率发展；只有在这时，随着经济异化的消除，其他各种异化——政治异化、社会异化和宗教异化——才可能彻底被消除：共产主义是社会治理的最高理想，是人类社会发展最高阶段。这种生产高度发展的时代无疑或迟或早必然到来：这就是为什么共产主义理想或迟或早必然会实现的缘故，这就是共产主义的必然性。

综观人道与公正诸原则可知，就其对于道德最终目的——保障社会存在发展、满足每个人的个人需要——的效用来说，人道显然不如公正重要。因为不倡导人道，不倡导自我实现，社会仍能存在发展；但若不倡导公正，不倡导等利（害）交换，社会便不可能存在发展了。然而，公正不如人道完美：谁能说以牙还牙、以眼还眼的公正原则是一种完美的道德境界？反之，人道则因其自我实现原则而具有任何道德都不可企及的完美性。因为，一方面，自我实现所满足的乃是每个人的最高需要。现代心理学的成果表明，人有五种基本需要，按照从低级到高级的顺序，依次是：生理需要、安全需要、爱的需要、自尊需要、自我实现需要。另一方面,自我实现能够最大限度地满足全社会和每个人的一切需要。因为任何社会的财富,不论是物质财富还是精神财富,统统不过是人的活动的产物,不过是人的能力之发挥、潜能之实现的结果。所以,人本身的自我实现越充分、人的潜能实现得越多,社会的物质财富和精神财富便越丰富,社会便越繁荣进步,而每个人的需要也就会愈加充分地得到满足。所以,人本身的自我实现乃是一切财富的源泉,是最根本、最重要、最伟大的财富,因而也就能够最大限度地满足全社会和每个人的需要。合而言之,人道原则便既能够满足每个人的最高的个人需要,又能够最大限度地满足社会需要,从而也就使道德目的——保障社会存在发展、满足每个人需要——得到最完美的实现:这就是人道原则具有最完美的道德价值之依据。

不过,公正与人道有一个极其重要的共同点:它们不但都是应该如何善待他人而不是应该如何善待自己的道德原则;而且,更重要地,它们都是社会的统治者应该如何治理的道德原则。诚然,被统治者也有个如何公正与人道地善待他人的问题。但是,主要讲来,它们只是约束统治者而不是约束被统治者的道德。因为公正的主要原则是社会公正,是社会对于每个人的权利与义务的分配的公正:能够对每个人的权利与义务进行分配的岂不只是社会的统治者吗?平等的全部原则不过是社会公正原则的推演,不过是社会对于每个人的比较具体的权利(基本权利与非基本权利)的分配的公正:能够对每个人的这些权利进行分配的岂不也仅仅是社会的统治者吗?人道的主要原则是应该和怎样使人自我实现,是使人自由和消除异化:这些岂不也都仅仅是统治者的行为吗?所以,公正、平等、人道、自由、异化看似任意排列,实为一有机整体:它们构成了统治者应该如何进行社会治理的道德原则的体系:公正——特别是平等——诸原则是社会治理的最根本且最重要的道德原则;人道——主要是使人自由和消除异化——诸原则是社会治理的最高且最完美的道德原则。

## 注　释

〔1〕《左传·昭公十七年》。

〔2〕《系辞下·传》第十章。

〔3〕《周易上经·谦》。

〔4〕《礼记·丧服小记》。

〔5〕《史记》卷二十三《礼书第一》。

〔6〕 沈恒炎、燕宏远主编:《国外学者论人和人道主义》第三辑,社会科学文献出版社,1991 年版,745 页。
〔7〕 北京大学西语系编:《从文艺复兴到十九世纪资产阶级文学家艺术家有关人道主义人性论言论选辑》,商务印书馆,1973 年版,3 页。
〔8〕 周辅成编:《从文艺复兴到十九世纪资产阶级哲学家政治思想家有关人道主义人性论言论选辑》,商务印书馆,1973 年版,32 页。
〔9〕 同上书,55 页。
〔10〕 同上书,61 页。
〔11〕 同上书,65 页。
〔12〕 周辅成编:《西方伦理学名著选辑》下卷,商务印书馆,1987 年版,89 页。
〔13〕 罗国杰编:《人道主义思想论库》,华夏出版社,1993 年版,449 页。
〔14〕 康德:《道德形而上学原理》,上海人民出版社,1986 年版,87 页。
〔15〕 《费尔巴哈哲学著作选集》下卷,三联出版社,1962 年版,315 页。
〔16〕 罗国杰编:《人道主义思想论库》,华夏出版社,1993 年版,425 页。
〔17〕 同上书,509 页。
〔18〕 Isaiah Berlin, *Four Essays on Liberty*, Oxford University Press, 1969, p. lix.
〔19〕 巴甫洛夫:《条件反射演讲集》,北京:人民卫生出版社,3 页。
〔20〕 萨特:《存在主义是一种人道主义》,上海译文出版社,1988 年版。
〔21〕 Abraham H. Maslow, *Motivation and Personality*, second edition, Harper & Row Publishers, New York, 1970, p. 46.
〔22〕 Ibid., p. 172.
〔23〕 Robert Maynard Hutchins, *Great Books of the Western World*, Volume 43, *On Liberty*, by John Stuart Mill, Encyclopaedia Britannica Inc., 1980, p. 299.
〔24〕 Ibid., p. 159.
〔25〕 海德格尔:《存在与时间》,三联书店,1987 年版,288 页。
〔26〕 Robert Maynard Hutchins, *Great Books of the Western World*, Volume 43, *On Liberty*, by John Stuart Mill, Encyclopaedia Britannica Inc., 1980, p. 162.
〔27〕 Isaiah Berlin, *Four Essays on Liberty*, Oxford University Press, 1969, p. 128.
〔28〕 张品兴主编:《人生哲学宝库》,中国广播电视出版社,1992 年版,237 页。
〔29〕 Robert Maynard Hutchins, *Great Books of the Western World*, Volume 43, *On Liberty*, by John Stuart Mill, Encyclopaedia Britannica Inc., 1980, p. 300.
〔30〕 保罗·库尔茨:《保卫世俗人道主义》,东方出版社,1996 年版,78 页。
〔31〕 周辅成编:《从文艺复兴到十九世纪资产阶级哲学家政治思想家有关人道主义人性论言论选辑》,商务印书馆,1973 年版,21 页。
〔32〕 卢梭:《社会契约论》,商务印书馆,1994 年版,页 24。
〔33〕 Friedrich A. Hayek, *The Constitution of Liberty*, The University of Chicago Press,

1978, p. 205.
〔34〕 转引自托克维尔:《论美国的民主》上卷,商务印书馆,1996 年版,289 页。
〔35〕 霍布豪斯:《自由主义》,商务印书馆,1996 年版,10 页。
〔36〕 霍布斯:《利维坦》,商务印书馆,1987 年版,170 页。
〔37〕 John Rawls, *A Theory of Justice* (revised edition), The Belknap Press of Harvard University Press, Cambridge: Massachusetts, 2000. p. 266.
〔38〕 洪堡:《论国家的作用》,中国社会科学出版社,1998 年版,54 页。
〔39〕 Robert Maynard Hutchins, *Great Books of the Western World*, Volume 43, *On Liberty*, by John Stuart Mill, Encyclopaedia Britannica Inc., 1980, p. 271.
〔40〕 马克思:《1848 年经济学哲学手稿》,人民出版社,1985 年版,49 页。
〔41〕《马克思恩格斯选集》第一卷,人民出版社,1972 年版,219 页。
〔42〕 同上书,222 页。
〔43〕《马克思恩格斯全集》第二十卷,人民出版社,1971 年版,306 页。

## 思考题

1. 大卫·戈伊科奇说:"罗马帝国的格利乌斯时代,曾经对两类人道主义做出重要区分:一类意指'善行',另一类意指'身心全面训练'。……善行从普罗米修斯式的人道主义中产生。身心全面训练则从智者的人道主义中产生。……而文艺复兴时期的人道主义,成为以往一切身心全面训练的人道主义范例。"请回答:儒家属于哪一种人道主义?辨析儒家的人道主义与文艺复兴的人道主义之异同。
2. 为什么说人本身的自我实现是最高价值?文艺复兴运动的"自我实现"概念是指"使人成为人",是指实现人的创造性潜能从而成为可能成为的最有价值的人。儒家、康德和基督教的"自我实现"概念是指"实现人之所以为人者",是指实现人的爱人无私的道德潜能,从而与动物区别开来。那一种定义是真理抑或都能够成立?
3. 柏林说:"有一种似乎很有理的说法:如果一个人穷得负担不起法律并不禁止他的东西——如一片面包、环球旅游或诉诸法院——他也就和法律禁止他获得这些东西一样地不自由。"(Isaiah Berlin, *Four Essays on Liberty*, p. 122)这种说法到底有没有理?柏林认为,自由是不存在实行自己意志的外在障碍;不存在实行自己意志的内在障碍并不是自由,而是利用自由的能力或条件。柏林此见能否成立?
4. 柏林指出,在不自由社会里,并不乏才华横溢之士:"如果这一点是事实,那么穆勒认为人的创造能力的发展是以自由为必要条件的观点,就站不住脚了。"究竟是谁——穆勒还是柏林——的观点站不住脚?
5. 斯宾诺莎认为,真正的自由,亦即自主,也就是理智自主,是理智支配情欲从而能做明知当做之事而不做明知不当做之事;真正的不自由则是不自主,是理智不自主,是情欲支配理智从而去做明知不当做之事而不做明知当做之事。他写道:"受情感或意见支配的人,与为理性指导的人……我称前者为奴隶,称后者为自由人。"(斯宾诺莎:《伦理学》,商务印书馆 1962 年版,205 页)这种关于自由和不自由的定义能成立吗?

6. 柏林看到,民主社会不但仍然可能是个不自由的社会,而且还可能比君主社会更不自由;人们在懒散无能、同情自由的、仁慈的专制君主国所享有的个人自由可能多于不尚宽容的民主国家。柏林由此进而断言:"个人自由和民主统治之间,并没有什么必需的联系。'谁统治我'和'政府干涉我多少'从逻辑上看,是截然不同的两个问题。"(Isaiah Berlin, *Four Essays on Liberty*, p. 130)柏林说得对吗? 如果只能二者择一,你宁愿选择民主暴政还是仁慈专制? 波普宁愿选择前者:"即使民主国家采取了坏的政策,也比屈从哪怕是明智的或仁慈的专制统治更为可取。"(波普:《开放社会及其敌人》,132 页)这是一个真正热爱自由的人的选择吗?

7. 按照国内外流行的观点,异化是自己的活动及其产物成为统治、支配、奴役自己的异己力量的变化过程。这就是说,只有被自己的活动及其产物奴役的行为才是异化;而被他人的活动及其产物所奴役的行为就不是异化了。这一点,高尔太讲得十分清楚:"异化是人的自由的丧失,但并非一切自由的丧失都是异化。战争、监狱和酷刑并不能把人变成非人,它们至多只能杀死人、虐待人,但它们所杀死所虐待的仍然是人。这不是异化。异化必须是人自己造成的对自己的否定。这种否定的力量不来自外间世界,而来自必然地颠倒了主客体关系的物结构。……主体由于自己的活动而转化为自己的对立物,这才是异化。"(《人是马克思主义的出发点》,1981 年版,165 页)照此说来,一个工人被资本家奴役的行为是不是异化,就要看奴役他的资本是怎么来的:如果是这个工人自己创造的,就是异化;如果不是这个工人自己创造的,比方说,是资本家自己积攒的或是外资或是别的什么人创造的,那就不是异化了。这种异化的定义能成立吗?

8. 人们往往以为,"自愿的不自由"和"自愿的异化"是个悖论:自愿的、自己同意的不自由便不再是不自由;自愿的、自己同意的被奴役便不再是被奴役;自愿的异化便不再是异化。对此,柏林曾有所言:"众人一致同意牺牲自由,这个事实,也不会因为它是众人所一致同意的,便奇迹似地把自由保存了下来。如果我同意被压迫,或以超然及嘲讽的态度,来默许我的处境,我是不是因此就算是被压迫得少一点? 如果我自卖为奴,我是不是就不算是个奴隶? 如果我自杀了,我是不是不算真正的死了,因为我是自动结束我的生命?"(Isaiah Berlin, *Four Essays on Liberty*, p. 164)试回答:"自愿的不自由"和"自愿的异化"能否成立?

9. 从孔子的大同社会到共产主义,从柏拉图的理想国到当代西方马克思主义,为什么古今中外,历代都有思想的巨匠、科学的泰斗、伟大的学者倡导共产主义? 为什么这些人类最优秀、最深刻、最有才华的人为共产主义的理论和实践献出了他们毕生的心血乃至生命? 原因是否可以归结为:私有制必定导致剥削或经济异化,因而造成经济不公;只有公有制、共产主义才可能消灭剥削或经济异化,从而实现经济公正? 试论共产主义的应然性与必然性。

# 第十章
# 幸福:善待自己的普遍原则

古今中外,差不多每个思想家都论述过幸福。然而,几乎可以说,关于幸福的每个问题一直到现在皆未弄清:幸福问题是个万古长新的伦理学难题。这一难题,根据人类以往的研究,包括四大方面:幸福概念、幸福性质、幸福规律和幸福原则。

## 一 幸福概念

### 1. 幸福界说

幸福是什么?穆勒答道:"幸福是指快乐与痛苦的免除;不幸福则是指痛苦和快乐的丧失。"[1]诚然,幸福与快乐都是需要、欲望和目的得到实现的心理体验。但是,二者并非同一概念。它们的区别,正如伊丽莎白·特尔弗(Elizabeth Telfer)所言,在于对人生的意义之不同。[2]苦乐据其对于人生的意义,可以分为两种。一种是不重要的苦乐,如某次饥饿之苦和某次佳肴之乐。这种苦乐显然仅仅是苦乐而不是不幸与幸福。谁能说遭受一次饥饿便是不幸而享受一次佳肴便是幸福呢?反之,另一种则是重大的苦乐,如经常遭受饥饿之苦和经常享受佳肴之乐。这种苦乐便是不幸与幸福了:经常享受佳肴之乐是享受物质幸福,经常遭受饥饿之苦是遭受物质不幸。

所以,幸福与快乐、不幸与痛苦之区别,在于它们是否具有对当事者一生的重要性。这种重要性,具体讲来,一方面表现为长短:幸福是持续的、恒久的快乐。莱布尼茨说:"幸福是一种持续的快乐。……幸福可以说是通过快乐的一条道路,而快乐只是走向幸福的一步和上升的一个梯级。"[3]另一方面则表现为大小:幸福是巨大的快乐。莱布尼茨说:"幸福就其最广范围而言,就是我们所能有的最大快乐。"[4]

合而言之，幸福是人生重大的快乐，是长久或巨大的快乐，是对人生具有重要意义的需要、欲望、目的得到实现的心理体验；不幸是人生重大的痛苦，是长久或巨大的痛苦，是对人生具有重要意义的需要、欲望、目的得不到实现的心理体验。而每个人的对人生有重大意义的需要、欲望、目的，一般说来，显然都要由理性指导、作为理想而经过较长时间的努力奋斗才能实现。所以，莱布尼茨说："理性和意志引导我们走向幸福，而感觉和欲望只是把我们引向快乐。"[5]由此观之，一般说来，幸福也就是理想实现的心理体验，是理想实现的快乐；不幸则是理想得不到实现的心理体验，是理想得不到实现的痛苦。

幸福与快乐的区别还在于：快乐未必有利于生存和发展；幸福则必定有利于生存与发展。因为快乐有正常、健康与非常、病态之分：正常、健康的需要和欲望得到满足的心理体验，便是正常、健康的快乐；病态的、反常的需要和欲望得到满足的心理体验，则是病态的、反常的快乐。例如，酗酒与吸毒的快乐便是有害自己的生存和发展的快乐，便是所谓反常的、病态的快乐，所以快乐未必有利于生存和发展。反之，幸福则不存在正常、健康与非常、病态之分：幸福必定都是正常的、健康的。因为幸福是人生理想实现的心理体验，是对人生具有重要意义的需要、欲望、目的得到实现的心理体验。所以，只可能有酗酒、吸毒的快乐，而不可能有酗酒、吸毒的幸福：任何人都绝不可能把酗酒、吸毒等有害自己生存和发展的快乐奉为自己的人生理想。所以，决不会存在有害自己的生存和发展的幸福，决不会存在病态的、反常的幸福：幸福必定有利生存和发展。

因此，幸福与快乐的区别，说到底，在于生存与发展完满与否。幸福是重大的人生快乐，是必定有利生存与发展的快乐。所以，幸福意味着生存与发展之某种完满。反之，快乐则不然。因为一方面，反常的病态的快乐恰恰意味着生存与发展之某种缺陷；另一方面，短暂的、渺小的、不重要的快乐虽然有利生存与发展，却达不到生存与发展之完满。谁能说美餐一次之快乐便达到了生存与发展之完满呢？所以，幸福，简单地说，它是人生重大的快乐；一般地说，它是人生理想实现的心理体验；精确地说，它是对人生具有重要意义的需要、欲望、目的得到实现的心理体验，是获得了对于人生具有重大意义的利益的信号和代表：它意味着机体获得了所需要和欲望的重大对象，满足了重大的需要和欲望，从而能够完满地生存和发展。

然而，人们往往把"幸福是对于一生具有重大意义的快乐"等同于"幸福是一生享有重大快乐"；或者把"幸福是对于一生具有重大意义的需要、欲望、目的得到实现的心理体验”等同于“幸福是一生重大的需要、欲望、目的得到实现的心理体验”;因而以为只有一生在重大事情上都快乐或一生的重大需要、欲望、目的都得到满足和实现才是幸福。这就把“幸福”与“幸福的人”或“幸福生活”等同起来了。一生快乐或一生在重大事情上都快乐或一生的重大需要、欲望、目的都得到满足和实现,乃是个“幸福的人”或“幸福生活”的问题;而对于一生具有重大意义的快乐或对于一生具有重大意义的需要和欲望得到满足,才是个“幸福”的问题:二者根本不同。因为一个人不论如何幸运、生活如何幸福、如何是个幸福的人,他仍然可能遭遇几次重大不幸;因为他仍然可能要承受几次对他一生具有重大意义的痛苦,如爱子夭折等等。反之,一个人,不论他生活如何不幸,如何是个不幸的人,他仍然可能享有几次幸福;因为他仍然可能享有几次对于他的一生具有重大意义的快乐,如儿孙幸福等等。所以,幸福与幸福的人和幸福生活不同。幸福是一种幸福的事,它是一件一件、一项一项的。一个人不论如何不幸,只要他有一项重大的需要得到了满足,他就得到了幸福——当然仅仅是一项幸福。一个人的一生所得到的幸福、幸福的事多到一定程度,他的生活就是幸福的,他就是个幸福的人;如果少到一定程度,他的生活就是不幸的,他就是个不幸的人。因此,所谓幸福生活或幸福的人,正如阿奎那所说,并不是一生都快乐或一生所有重大需要和欲望都得到满足的人,那样的人是不可能有的:“人不可能全然地幸福。”[6]一个人,如果他的主要的、多数的重大需要和欲望得到了满足,他的生活就是幸福的,他就是一个幸福的人;如果他的主要的、多数的重大需要和欲望得不到满足,他的生活就是不幸的,他就是个不幸的人。所以,伊格内修斯·L.戈茨(Ignacio L. Gotz)说:“所谓幸福生活,也就是快乐是主要的因而对痛苦处于支配的地位的生活。”[7]

综上可知,幸福是个深刻而复杂的多元概念:幸福,直接说来,是人生重大的快乐;根本讲来,则是人生重大需要和欲望得到满足的心理体验,是人生重大目的得到实现的心理体验,说到底,是达到生存和发展的某种完满的心理体验。反之,不幸,直接说来,是人生重大的痛苦;根本讲来,则是人生重大需要和欲望得不到满足的心理体验,是人生重大目的得不到实现的心理体验,说到底,是生存和发展受到严重损害的心理体验。这就是幸福概念的定义。但是,正如其他概念分析一样,幸福定义仅仅是幸福概念分析之一半;另一方面则是划分:幸福概念的内部划分亦即幸福结构。

## 2. 幸福结构

幸福是人生重大需要、欲望、目的得到实现的快乐的心理体验，是达到生存和发展的某种完满的快乐的心理体验，显然意味着，幸福由两方面因素构成：一方面是快乐的心理体验；另一方面是人生重大需要、欲望、目的之实现和生存发展之完满。幸福的"快乐的心理体验"因素是幸福的主观形式。说它是主观的，一方面，因为心理、意识原本由认知、感情、意志构成；心理体验亦即感情，是心理、意识之一种。所以，幸福的心理体验因素是一种感情，属于主观意识范畴。幸福的"快乐的心理体验因素"是主观的，另一方面，则是因为它依自己的主观感觉而转移：一个人只要觉得快乐和幸福，他无疑就是快乐和幸福的；只要觉得痛苦和不幸，他无疑就是痛苦和不幸的。

但是，"快乐的心理体验"只是幸福的主观形式，只是一种主观形式，因为快乐的心理体验是对于人生重大需要、欲望、目的得到满足和实现的心理反应、心理表现，是对于生存发展达到某种完满的心理反应、心理表现：人生重大需要、欲望、目的之实现和生存发展之完满乃是快乐的心理体验的客观内容。幸福的"人生重大需要、欲望、目的之实现和生存发展之完满"因素，不但是幸福的内容，而且是幸福的客观的内容、是一种客观的东西。因为，需要的满足、生存发展的完满就其自身来说，是客观的东西，属于客观事物范畴。

举例说，一棵树对阳光雨露需要之满足及其生存发展之完满，无疑是客观的东西。同样，一个人对饮食男女需要之满足及其生存发展之完满无疑也是客观的东西。诚然，欲望是主观的，但是，欲望的满足和实现却是客观的、不依人的意志而转移的。试想，一个人有了食欲，这食欲属于欲望、感情范畴，因而是主观的。但是，他的食欲的满足与否却不是主观的、依自己的意志而转移的。因为他的食欲只有经过吃喝才能满足；如果不吃不喝，那么，无论他怎样想象自己满足了，他的食欲都不会得到满足：他的食欲的满足与否是客观的、不依自己的意志而转移的。

幸福的"人生重大需要、欲望、目的之实现和生存发展之完满"因素，是一种客观的东西，还在于：虽然一个人只要自己觉得快乐和幸福，他就是快乐和幸福的；但是，他究竟觉得快乐和幸福与否，并不依他自己的意志而转移，而必然取决于他的人生重大需要、欲望、目的是否得到实现，必然取决于他的生存发展是否达到了某种完满：如果得到了实现、达到了某种完满，他必然感到幸福；如果得不到实现、达不到某种完满，他决不会感到快乐和幸福。

可见,幸福虽然是一种主观的心理体验,却是一种对于人生重大需要、欲望、目的是否得到满足和实现的客观的、必然的、不依人的意志而转移的心理体验,是一种对于是否达到生存发展的某种完满的客观的、必然的、不依人的意志而转移的心理体验。所以,快乐的心理体验因素是幸福的主观形式;而人生重大需要、欲望、目的得到实现和生存发展的某种完满因素,乃是幸福的客观内容。

但是,细究幸福的客观内容,可以看出,“人生重大需要、欲望、目的得到满足或实现”与“生存和发展之完满”有所不同:前者是幸福的客观标准;后者是幸福的客观实质。不难理解,生存和发展之完满是幸福的客观实质。因为,如上所述,一方面,需要和欲望的满足是人的生存发展的根本手段;行为的全部意义就在于满足欲望和需要,从而使人的生存和发展达到某种完满:生存发展之完满是人生重大需要、欲望、目的之实现的根本原因、原动力。另一方面,如上所述,“人生重大需要、欲望、目的得到满足或实现”与“生存和发展之完满”是决定幸福主观形式“快乐的心理体验”的客观内容。这样,合而言之,生存发展之完满便是幸福的最为深刻的客观内容,便是幸福客观内容的最为深刻的东西,便是幸福的客观实质。

那么,为什么说人生重大需要、欲望、目的得到满足或实现是幸福的客观标准?这也可以从两方面看。一方面,如上所述,虽然一个人只要自己觉得幸福,他就是幸福的;但是,他究竟觉得幸福与否,并不依他自己的意志而转移,而必然取决于他的人生重大需要、欲望、目的是否得到满足、实现:如果得到了满足和实现,他必然感到幸福;如果得不到满足和实现,他决不会感到幸福。所以,正如里查德·克劳特所言,人生重大需要、欲望、目的能否实现乃是能否产生幸福的心理体验的客观标准。[8]另一方面,生存和发展之完满完全是个相对的、不固定的概念。一个亿万富翁与一个穷光蛋的物质生活和发展之完满是根本不同的。穷光蛋只要有了几万元就达到了物质生活和发展之完满;而亿万富翁如果只有百万元,那么,他的物质生活和发展对于他来说,就可能是极不完满了。所以,生存和发展之完满是相对的、不固定的概念。那么,生存和发展之完满究竟是相对什么来说的?显然是相对每个人的重大需要、欲望、目的来说的:一个人的人生重大需要、欲望、目的得到满足或实现,他的生存和发展便达到了某种完满;否则便是不完满。各个人的人生重大需要、欲望、目的各不相同,所以他们的生存和发展的完满标准各不相同:人生重大需要、欲望、目的得到满足或实现乃是生存和发展之完满的客观标准。这就是人生重大需要、欲望、目的之实现乃是幸福的客观标准的双重含义：既是幸福的心理体验的客观标准，又是生存发展完满与否的客观标准。

总而言之，我们可以得出结论说：一方面，快乐的心理体验是幸福的主观形式；另一方面，生存和发展之完满是幸福的客观实质；介于二者之间的人生重大需要、欲望、目的得到满足或实现，则是幸福的客观标准。这就是幸福结构。然而，幸福结构只是每种幸福自身的内部划分；各种幸福相互间的外部划分则是幸福类型。

### 3. 幸福类型

幸福最为重要的类型无疑是物质性幸福、社会性幸福与精神性幸福。所谓物质性幸福，亦即物质生活幸福，是物质需要、欲望、目的得到实现的幸福，也就是生理需要、肉体欲望得到满足的幸福，主要是食欲和性欲得到满足的幸福。物质幸福的最高表现，显然是生活富裕和躯体健康。所谓社会性幸福，亦即社会生活的幸福，是人的社会性需要、欲望、目的得到实现的幸福，也就是人的人际关系方面的需要、欲望、目的得到实现的幸福，主要包括自由需要得到满足的幸福、归属和爱的需要得到满足的幸福、权力和自尊的需要得到满足的幸福。社会幸福的最高表现，恐怕是达官显贵和爱情美满。所谓精神幸福，亦即精神生活的幸福，是人的精神方面的需要、欲望、目的得到实现的幸福，主要包括认知需要得到满足的幸福和审美需要得到满足的幸福。精神幸福的最高表现当然是自我实现、自我创造潜能之实现，特别是精神领域的创造潜能之实现，亦即所谓"立言"：成一家之言。那么，这三种幸福关系如何？

不难看出，物质幸福是低级幸福，社会幸福是中级幸福，精神幸福是高级幸福。因为，人生在世，有什么幸福能比实现自己创造潜能的精神幸福更高级呢？最令人神往、最高级的幸福，岂不就是成为一个牛顿、一个爱因斯坦、一个托尔斯泰、一个曹雪芹？诚然，成为一个拿破仑、一个彼得大帝、一个唐太宗也可与之媲美而同为最高幸福。但是，成为一个拿破仑之为人生最高幸福并不是因为他当上了君主，从而获得了最高的社会性幸福；而是因为他当上了划时代的伟大君主，从而获得了实现自己成为伟大君主的创造性潜能的精神幸福。否则，成为一个阿斗也可以称之为享有最高人生幸福，因为他与拿破仑同样是君主而享有最高社会性幸福。当官、拥有权力和美誉等等社会性幸福虽然不如精神幸福高级，却无疑高于吃吃喝喝等满足自己口腹之欲的物质幸福。因为吃吃喝喝等物质幸福乃为人与一切具有心理活动的动物所共有,无疑是幸福的最低境界。

然而,无论是精神幸福还是社会性幸福抑或物质幸福,都既可能有创造性也可能没有创造性。于是,依据创造性之有无,幸福又可以分为创造性幸福与非创造性幸福两类。所谓创造性幸福,也就是具有创造性的生活的幸福,是有所创造的生活的幸福,是做出了创造性成就的幸福。反之,非创造性幸福则是不具有创造性的生活的幸福,是无所创造的生活的幸福,是未能做出创造性成就的生活之幸福,用伊格内修斯 · L. 戈茨(Ignacio L. Gotz)的术语来说,也就是消费性幸福(consumer happiness):或者是消费、使用别人的创造性成就;或者是消费物质财富和精神财富。[9]举例说,一个人潜心著书十年,终得一原创性著作问世。他得到的这种幸福便是创造性幸福。反之,他若没有著书欲,不事著述,却有幸一生优游瑕豫读书以自娱,则他的这种幸福,便是非创造或消费性幸福。

不言而喻,创造性幸福远远高于消费性幸福。后者随着消费而逝,不可留存;前者则是不朽的。这种不朽主要表现为三大方面,那就是我国古人所说的三不朽:立言、立德、立功。立言是学问方面的创造性幸福,如成为艺术家、科学家、哲学家、思想家等等的幸福。这种幸福属于创造性精神幸福。立功是事业方面的创造性幸福,如成为政治家、军事家、企业家、能工巧匠等等的幸福。这种幸福或属创造性社会幸福、或属创造性物质幸福、或兼而有之。立德是品德方面的创造性幸福,如品德完善、成圣成贤的幸福。这种幸福,属于创造性社会幸福。这三种幸福无疑是人生最大的幸福,一个人一生只要获得其一,便算得上是成功的人生了。

任何幸福——不论是创造性的、非创造性的还是物质性的、精神性的抑或是社会性的——固然都是达到了某种预期结果的心理体验,因而幸福似乎只存在于结果,而并不存在于过程:过程无所谓幸福,幸福都是结果幸福。其实不然。因为幸福虽然是达到某种结果的心理体验,但是,求得幸福的努力过程,细究起来,又由若干较小目的或预期结果组成。一个人在追求幸福的过程中,他的这些较小目的或预期结果的每一次达到,都使他经历一次快乐体验。这些快乐单独看来,无疑只是快乐而非幸福;但是,结合起来,却是一种持续的快乐,是具有重大意义的快乐,因而也就是幸福:这就是所谓的"过程幸福"。这样,幸福又可以分为过程幸福与结果幸福:前者是在追求某种幸福的过程中,每一次较小目的、较小预期结果得到实现时所体验到的快乐之和;后者则是经过一定的努力过程从而实现了重大的目的、预期结果的快乐体验。举例说,一个学生考上大学的幸福,是三年高中奋斗过程之结果,是结果幸福。他在这三年的奋斗过程中,几乎每一天、每一周、每一月、每一学期,都有其努力的较小目标,如解多少道习题、背多少单词、写多少作文等等。每当这些较小目的实现的时候,他都会有一种较小的快乐体验,这种快乐体验之和便是过程幸福。

不难看出,结果幸福与过程幸福各有利弊短长。一方面,结果幸福比过程幸福强烈巨大,不过却是一次性的,因而是短暂的;反之,过程幸福虽比结果幸福薄弱渺小,却是多次连续的,因而是漫长的。另一方面,幸福的过程大都曲折多难,虽多有成功幸福,也不乏失败不幸,所以过程幸福是一种夹杂痛苦和失败的不纯的幸福。然而,每次过程幸福之后,都是更加充实奋发的体验,因为每次幸福都更加接近强烈巨大的结果幸福,每次幸福之后都有新的幸福在呼唤。反之,结果幸福则是纯粹幸福;但是,结果幸福之后,却往往是空虚无聊的体验。因为正如叔本华所说:"占有一物便使一物失去了刺激。"[10]一旦获得结果幸福,也就失去了一直热切追求的需要、欲望、目的,失去了动力。总之,结果幸福强大而短暂、纯粹而空虚,过程幸福弱小而漫长、不纯而充实,二者利弊互补、相反相成而成为幸福人生不可偏废之两翼。

结果幸福与过程幸福不但相反互补,而且互为对方的存在条件。一方面,结果幸福往往是过程幸福的条件,没有结果幸福,往往便不会有过程幸福。因为过程幸福是一种夹杂痛苦和失败的不纯的幸福,过程幸福之为过程幸福的条件无疑是:过程中的成功快乐多于、重于、大于失败痛苦,从而其净余额是成功快乐。否则,岂不是过程不幸而非过程幸福?显然,一般说来,只有结果是成功和幸福,过程中的成功和快乐才可能多于、重于、大于失败和痛苦;否则,如果结果是失败和痛苦,那么,过程中的失败和痛苦必定多于、重于、大于成功和快乐。因此,奋斗过程之所以幸福,是因为在这个过程中,成功和快乐多于失败和痛苦,说到底,是因为最终达到了预期结果,获得了结果幸福:结果幸福是过程幸福的存在条件。另一方面,过程幸福往往也同样是结果幸福的存在条件,没有过程幸福,也不会有结果幸福。因为过程幸福意味着:过程中的成功快乐多于、重于、大于失败痛苦,从而其净余额是成功快乐;否则,便是过程不幸而非过程幸福。问题的关键正在于,如果过程中成功快乐多于、重于、大于失败痛苦,那么,一般说来,结果必定是成功和幸福:过程幸福,一般说来,必定导致结果幸福。

总之,过程幸福与结果幸福相互依存是常规,相互脱离是例外。因此,即使一个人只想享有过程幸福,而无意于结果幸福,不想用一生的奋斗去获得老来幸福,他也必须向结果的幸福和成功奋斗。否则,如果结果是失败和不幸,那么,一般说来,他求幸福的过程的净余额必是痛苦和失败,因而不论他怎样只问耕耘不管收获,他都绝不可能获得过程幸福。反之,如果一个人只想获得结果幸福,而不在乎过程是否幸福,他也必须老老实实、循序渐进地获得过程幸福。否则,如果过程的失败痛苦多于成功快乐,从而其净余额是失败和不幸,那么,一般说来,结果也绝不会是幸福和成功。

## 二　幸福性质

### 1. 幸福的主观性与客观性

幸福的概念分析表明:快乐的心理体验是幸福的主观形式;而人生重大需要、欲望、目的得到实现从而达到生存发展的某种完满,乃是幸福的客观内容。这样,幸福便既具有主观性又具有客观性,是主观和客观的统一体。

幸福的主观性显然在于:幸福就其自身来说,是一种快乐的心理体验,是一种感情,属于主观意识范畴。幸福自身是主观的,因而完全依主观感觉而转移:一个人只要觉得幸福,他确实就是幸福的;只要觉得不幸,他确实就是不幸的。一个中国北方农民,只要"三亩地、两头牛、老婆孩子热炕头",他就会觉得很幸福了。他果真得到了幸福吗?是的。因为"三亩地、两头牛、老婆孩子热炕头"就是他一生最为重大的需要、欲望、目的。他拥有"三亩地、两头牛、老婆孩子热炕头",他的最为重大的需要、欲望、目的便得到了实现,他便会发生重大的需要、欲望、目的得到实现的极度快乐的心理体验,因而他才会觉得自己很幸福:他觉得幸福,他确实就是幸福的。反之,一个贪得无厌的百万富翁,虽然拥有百万财富,却仍然会因为远远没有实现亿万富翁的目标而痛苦不已,而决不会觉得幸福。他果真没有得到幸福吗?是的。因为这个百万富翁的奋斗目的是亿万富翁:成为亿万富翁是他的重大的需要、欲望、目的。他没有成为亿万富翁,他的重大的需要、欲望、目的便没有得到实现,他便会发生重大的需要、欲望、目的得不到实现的痛苦的心理体验,因而他才会觉得自己很不幸福。他觉得不幸福,他确实就是不幸福的。

因此,幸福和不幸是主观的、依当事者自己的主观感觉而转移:一个人只要自己觉得幸福,那么,不论在别人看来他是如何的不幸,他都是真正幸福的。反之,一个人只要自己觉得不幸,那么,不论在别人看来他是如何幸福，他都是真正不幸的。所以，伊格内修斯·L. 戈茨（Ignacio L. Gotz）说："断定'我是幸福的'不会错误，正如断定'我正在想'或'我头疼'不会错误一样。"[11]那么，由此能否得出结论说：幸福和不幸完全是主观的而并不具有客观性？

否。因为每个人幸福感的有无并非主观任意，而完全决定于他的重大需要、欲望、目的是否得到实现和生存发展是否达到完满。这就是说，虽然一个人只要自己觉得幸福，他就是幸福的；但是，他究竟觉得幸福与否，并不依他自己的意志而转移，而必然取决于他的人生重大需要、欲望、目的是否得到实现和他的生存发展是否达到了某种完满：如果得到了实现，达到了某种完满，他必然感到幸福；如果得不到实现，达不到某种完满，他决不会感到幸福。

试想，一个吝啬鬼觉得自己是幸福的，他确实就是真正幸福的。但是，吝啬鬼为什么会觉得自己幸福呢？岂不只是因为他的重大目的——追求大量金钱——得到了实现，从而他的吝啬鬼的生存和发展达到了完满？否则，如果他没有得到大量的金钱，那么，不论他如何想让自己觉得快乐和幸福，他都决不会觉得快乐和幸福。

所以，幸福虽然是一种自己觉得怎样就怎样的主观的东西，却是一种对于人生重大需要、欲望、目的是否得到满足和实现的客观的、必然的、不依人的意志而转移的心理体验，是一种对于是否达到生存发展的某种完满的客观的、必然的、不依人的意志而转移的心理体验。一句话，人生重大需要、欲望、目的能否实现乃是决定能否产生幸福的心理体验的客观标准；生存和发展是否达到了某种完满则是决定能否产生幸福心理体验的客观实质。

可见，幸福是主观和客观的统一体。据此，可以将幸福划分为主观幸福与客观幸福：主观幸福是享有幸福的主观性的幸福，因而也就是极度快乐的心理体验；客观幸福则是享有幸福客观本性的幸福，因而也就是重大需求之满足和生存发展之完满。一个人如果享有客观幸福因而重大需求得到满足、生存发展达到完满，那么，他必定会极度快乐因而享有主观幸福：客观幸福必定同时享有主观幸福。反之，他如果享有主观幸福因而极度快乐，却未必会有重大需求之满足和生存发展之完满从而享有客观幸福：享有主观幸福未必享有客观幸福。那么，是否可以说客观幸福是真实的幸福，而主观幸福是虚幻幸福？

## 2. 幸福的真实性与虚幻性

一个人是否感到幸福而极度快乐取决于他的重大需要、欲望、目的是否得到实现,从而生存发展是否达到某种完满。但是,每个人的重大需要、欲望、目的之实现和生存发展之完满都有两种可能:一种是真实的实现和真实的完满;一种是虚幻的实现和虚幻的完满。如果一个人感到幸福而极度快乐,是因为他的重大的需要、欲望、目的得到了真实的实现,是因为他的生存发展达到了真实的完满,那么,他所得到的幸福便是真实的幸福。反之,如果一个人感到幸福而极度快乐,是因为他的重大的需要、欲望、目的得到了虚幻的实现,是因为他的生存发展达到了虚幻的完满,那么,他所得到的幸福便是虚幻的幸福。

举例说,我的幸福、我的重大需要欲望目的是得到一个美丽且忠贞于我的妻子。我现在感到幸福而极度快乐,因为我相信我终于得到了一个这样的妻子。但是,如果我的妻子并不忠贞,只不过成功地欺骗了我,使我误以为其忠贞,那么,我的重大的需要、欲望、目的便得到了虚幻的实现,我的婚姻生活便达到了某种虚幻的完满,我所得到的幸福便是虚幻的幸福。反之,如果我的妻子确实美丽且忠贞,那么,我的重大的需要、欲望、目的便得到了真实的实现,我的婚姻生活便达到了某种真实的完满,我所得到的幸福便是真实的幸福。

可见,所谓虚幻幸福乃是客观内容与主观形式不相符的幸福,也就是只有主观形式而没有相应客观内容的幸福,是只有真实的快乐心理体验而没有需求的真实满足的幸福,是只有真实的快乐心理体验而没有生存发展的真实完满的幸福,说到底,是只有快乐的心理体验的幸福,是纯粹的主观幸福:幸福的虚幻性是纯粹的主观幸福之本性。反之,所谓真实的幸福乃是客观内容与主观形式相符的幸福,说到底,也就是既具有主观形式又具有相应客观内容的幸福,是既具有极度快乐的真实心理体验又具有需求之真实满足的幸福,是既具有极度快乐的真实心理体验又具有生存发展之真实完满的幸福,是主客一致的幸福:幸福的真实性是主客一致幸福之本性。

这样,一方面,凡是真实幸福或者是客观幸福,或者是基于客观幸福的主观幸福;凡是客观幸福则都是真实幸福。另一方面,凡是虚幻幸福都是主观幸福,而凡是主观幸福却未必是虚幻幸福——如果主观幸福具有相应的客观内容而基于客观幸福,是重大需求得到真实满足的心理体验,那么,主观幸福便不是虚幻幸福属于真实幸福范畴;如果主观幸福不具有相应的客观内容而脱离客观幸福,是重大需求得到虚幻满足的心理体验,那么,主观幸福便是虚幻幸福。

然而,是否虚幻幸福有害而真实幸福有利呢?不能一概而论。因为对于一个人来说,一方面,有些幸福是他能够得到而有些不幸是他能够避免的;但是,另一方面,有些幸福却是他不可能得到而有些不幸则是他不可能避免的。因此,当一个人得到了一种虚幻的幸福的时候,如果他不可能得到这种真实的幸福,那么,这种虚幻幸福对他是有利无害的,因而他便不应该放弃这种虚幻的幸福。因为他如放弃这种虚幻幸福,也不可能得到真实幸福;而虚幻的幸福毕竟也是幸福,也是一种极度快乐的心理体验。而快乐的心理乃是一种极为重要的积极的心理体验,它至少可以获得一种极为根本的真实幸福:健康长寿。所以,虚幻幸福只是不如真实幸福好,却比毫无幸福好得多。这就是画饼充饥的积极意义之所在:如果不可能得到真的饼,不妨画饼以充饥;因为画饼总比无饼好。但是,如果一个人可能得到这种真实幸福,那么,他显然便应该放弃这种虚幻幸福,而追求真实幸福:真饼无疑比画饼好得多。

### 3. 幸福的相对性与绝对性

幸福就其自身来说,既然是一种心理体验、一种感情、一种主观的事物,依自己的主观感觉而转移,那么,它必然因主体不同而不同:对一主体是幸福,对于另一主体却不是幸福,甚至可能是不幸。这就是幸福的相对性。幸福的这种相对性,细究起来,表现为质和量两方面。

幸福的质的相对性,是指不同的人或者同一个人在不同时期的幸福从质上看是根本不同的。一生吃喝玩乐、衣食无忧,对于一个庸庸碌碌、穷困潦倒的人来确实是幸福;但对于一个拿破仑、一个贝多芬、一个马克思来说,无疑是不幸。反之,幸福的量的相对性,则是指不同的人或者同一个人在不同时期的幸福从量上看是根本不同的。因为所谓重大的需要、欲望、目的与生存发展的完满性都是个相对的、不固定的概念。一个亿万富翁与一个穷光蛋的重大的物质需要、欲望、目的是大相径庭的。对于一个穷光蛋来说,几万元的需要是他的人生的重大需要。他若得到几万元便满足了他的重大需要,他便会感到极度快乐,便获得了物质幸福。但是,对于一个亿万富翁来说,几万元的需要显然不是重大需要。他得到还是失去几万元当然都远远不会有极度快乐或痛苦之感,因而都远远算不上幸福或不幸。

可见,幸福不但在质上而且在量上皆因主体不同而不同:对一主体是幸福，对于另一主体却不是幸福，甚至可能是不幸。所以，幸福是相对的。那么，是否由此可以得出结论说：幸福仅仅具有相对性而并不具有绝对性？或者说幸福完全是相对的，绝对的幸福是不存在的？艾伦·帕丢斯德(Allen Parduced)的回答是肯定的："幸福完全是相对的。"[12]这种观点是不能成立的。事实上，幸福既具有相对性又具有绝对性；既有相对的幸福，又有绝对的幸福。相对的幸福，如上所述，是因主体不同而不同的幸福。反之，绝对幸福则是不因主体不同而不同的幸福，是不依主体而转移的幸福，是对于任何主体都同样是幸福的幸福。

试想，获得几万元的物质幸福，对于一个穷光蛋来说是一种幸福，但对于一个亿万富翁来说却不会是什么幸福。所以，几万元的物质幸福是相对的幸福。反之，物质幸福则不但对于穷光蛋而且对于亿万富翁乃至一切人都同样是一种幸福。所以，物质幸福是绝对幸福。读报写字的幸福对于一个原本是文盲的人来说是幸福，但对于一个江淹、一个曹雪芹来说绝不会是幸福。所以，读报写字的幸福是一种相对的幸福。反之，精神幸福对于文盲、文学家乃至一切人都同样是一种幸福。所以，精神幸福是绝对幸福。得到一个有钱人的爱情的幸福，是一个爱钱人的幸福，却未必是一个爱才人的幸福。所以，获得一个有钱人的爱情的幸福是相对幸福。反之，爱情幸福对于爱钱人、爱才人乃至一切人都是一种幸福。所以，爱情幸福是绝对幸福。

不难看出，所谓相对幸福，诸如几万元的幸福、读报写字的幸福、得到一个有钱人的爱的幸福等等，都是特殊幸福；而绝对幸福，诸如物质幸福、精神幸福、爱情幸福等等，都是普遍幸福。那么，是否可以说相对幸福与特殊幸福、绝对幸福与普遍幸福是同一概念？

原来，人的需要(以及欲望和目的)正如其他事物一样，有普遍性与特殊性之分。所谓人的特殊需要，也就是有些人的需要，是仅为一些人具有而另一些人却不具有的需要；所谓人的普遍需要，亦即一切人的需要，也就是一切人的共同需要，是任何人都同样具有的需要。举例说，一些人，如文盲，有读报写字的需要；而另一些人，如作家，则已经没有读报写字的需要。一些人，如作家，有著书立说的需要，一些人，如文盲，却没有著书立说的需要。所以，读报写字或著书立说都是仅为一些人具有而另一些人却不具有的需要，因而都是人的特殊需要。这些人——文盲和作家等等——的需要虽然不同，但"口之于味，有同嗜焉"。他们同样都有精神需要；精神需要是一切人的共同需要，是任何人都同样具有的需要，因而是人的普遍需要。

人的特殊需要——如读报写字的需要——得到满足的幸福，亦即所谓特殊幸福：特殊幸福是人的特殊需要得到满足的幸福，因而也就是仅为一些人追求的幸福，是一些人所能体验而另一些人却体验不到的幸福。所以，特殊幸福便因主体不同而不同：对一主体是幸福，对于另一主体却不是幸福。因此，特殊幸福与相对幸福是同一概念：相对性原本是特殊幸福的本性。反之，人的普遍需要——如精神需要——得到满足的幸福，亦即普遍幸福。普遍幸福是人的普遍需要得到满足的幸福，因而也就是一切人共同追求的幸福。所以，普遍幸福便不会因主体不同而不同，便是不依主体而转移的幸福，是对于任何主体都同样是幸福的幸福。因此，普遍幸福与绝对幸福是同一概念：绝对性是普遍幸福的本性。

可见，说到底，所谓相对幸福也就是人的特殊需要得到满足的幸福；这种幸福满足的是主体的特殊需要，所以便因主体的不同而不同：对于一些人是幸福，对于另一些人却不是幸福。因此，所谓幸福的相对性也就是特殊的、具体的幸福之本性：特殊幸福因其满足的是主体的特殊需要而具有相对性。所谓绝对幸福也就是人的普遍需要得到满足的幸福；这种幸福满足的是主体的普遍需要，所以对于任何主体便都是一样的，而决不会因主体的不同而不同。因此，所谓幸福的绝对性也就是普遍的、抽象的幸福之本性：普遍的、抽象的幸福因其满足的是主体的普遍需要而具有绝对性。所以，幸福既具有相对性和特殊性，又具有绝对性和普遍性；既有相对幸福和特殊幸福，又有绝对幸福和普遍幸福。

## 三　幸福规律

### 1. 事实律

毋庸置疑，需要和欲望越低级，便越强烈，满足它所引发的快乐和幸福的心理体验便越强烈；需要和欲望越高级，便越微弱，满足它所引发的快乐和幸福的心理体验便越淡泊。性欲是最低级的，满足它所带来的快乐和幸福如醉如痴，是极其强烈的。反之，思维的享受是最高级的需要和欲望，满足它所带来的读书之乐、思考之乐、审美之乐，则如行云流水、飘逸淡泊之至。所以，快乐和幸福的强弱与其等级的高低成反比：快乐和幸福越高级便越微弱而淡泊，越低级便越强烈急迫。这就是快乐和幸福之强弱律。可是，为什么快乐和幸福越高级便越淡泊、越低级便越强烈？

原来，需要越低级，便越接近生存需要：最低级的需要，如食欲和性欲，是纯粹生存需要。需要越高级,便越接近发展需要:最高级的需要,如自我实现,是纯粹发展需要。因此,低级需要的本质是生存,是生存需要;高级需要的本质则是发展,是发展需要。生存需要无疑比发展需要强烈,而发展需要则比生存需要淡泊。因为任何人,不论他是如何淡漠生存而注重发展,他也必须首先生存,然后才能发展;如果他不能生存,又谈何发展?这就是需要越低级便越强烈的原因。试想,需要之所以越低级便越强烈、越高级便越淡弱,岂不就是因为低级需要是生存需要,而高级需要是发展需要?岂不就是因为生存需要强烈而发展需要淡泊?这也就是快乐和幸福越低级便越强烈的原因:低级快乐和幸福的本质是生存需要之满足;高级快乐和幸福的本质是发展需要之满足。

但是,强烈的心理体验必不能持久,能够持久的心理体验必是淡泊的。快乐和幸福这种心理体验也不能不如此。幸福越低级便越强烈,因而也就越短暂;越高级便越淡泊,因而也就越持久。美酒佳肴之福乐是低级的,其体验可谓强烈,然而极其短暂:酒足饭饱之后便荡然无存。反之,著书立说之福乐是高级的,它比吃吃喝喝淡泊得多,但也持久得多,甚至往往可以快慰一生。

那么,为什么快乐和幸福越高级便越持久而越低级便越短暂?答案也在于:低级快乐和幸福的本质是生存需要之满足;高级快乐和幸福的本质是发展需要之满足。因为生存需要之满足的实现过程是短暂的。食欲之满足的实现过程,一般说来,只要半个小时。性欲之满足的实现过程更加短暂,自不待言。反之,发展需要之满足的实现过程则是持久的。且看求知欲这种这种最重要的发展需要。这种需要满足的实现过程,显然是不断的、渐进的、时时刻刻都在进行的。一个好学不倦的人,可以岁岁年年终日手不释卷。生存需要之满足的实现过程是短暂的,因而这种需要得到满足的心理体验——亦即低级快乐和幸福——便是短暂的;发展需要之满足的实现过程则是持久的,因而这种需要得到满足的心理体验——亦即高级快乐和幸福——便是持久的。

可见,快乐和幸福的久暂与其等级的高低成正比:快乐和幸福越低级,其心理体验便越短暂;越高级,其心理体验便越持久。这就是快乐和幸福心理体验之久暂律。合观幸福久暂律与幸福强弱律可知,幸福的等级高低与其强弱成反比,而与其久暂成正比:快乐和幸福越低级,其体验便越强烈而短暂;越高级其体验便越淡泊而持久。这就是快乐和幸福的体验律。面对这个规律,人们或许困惑:若就心理体验的强弱来说,低级的快乐和幸福似乎优先于高级的快乐和幸福；若就心理体验的久暂来说，高级的快乐和幸福的又似乎优先于低级的快乐和幸福。究竟何者优先？

马斯洛心理学的最大成就，如所周知，就是揭示不同等级需要的强弱先后之规律。按照这一规律，需要越低级便越强烈因而也就越优先；越高级便越淡泊，因而也就越后置：高级需要是低级需要相对满足的结果。那么，由此是否可以说，幸福越低级便越优先？否。因为所谓幸福乃是人生某种重大的需求得到满足的心理体验，亦即人生某种理想得到实现的心理体验。因此，低级幸福便是人生某种重大的低级需要得到满足的心理体验，是人生某种低级需要的理想满足；高级幸福则是人生某种重大高级需要得到满足的心理体验，是人生某种高级需要的理想满足。所以，一个人能否享有高级幸福的必要条件是：他必须具有高级需要。然而，如上所述，高级需要仅仅是低级需要的相对的、最低的满足的结果；而不是低级需要的理想的满足的结果，不是低级幸福得到实现的结果。所以，低级需要的相对的、最低的满足，必优先于高级幸福：没有低级需要的相对的、最低的满足，人们决不会有高级需要，从而也就不会追求、更不会享有高级幸福。

苏格拉底、斯宾诺莎、马克思、曹雪芹、鲁迅、车尔尼雪夫斯基、莱蒙托夫等等，如果衣不遮体、食不果腹，物质需要得不到最低的满足而必须终日为生存而奋斗，那么，他们就决不会有著书立说、自我实现的高级需要，从而也就不会享有成一家之言和自我实现的高级幸福了。但是，没有低级幸福的人，也可以有低级需要的相对的、最低的满足，因而也可以有高级需要，从而也就可以追求和享有高级幸福。所以，低级幸福虽然比高级幸福强烈，却并不优先于高级幸福；高级幸福以低级需要的最低满足为必要条件，却不以低级幸福为必要条件：高级幸福与低级幸福是相对独立的。这就是为什么古来圣贤能够安于贫贱的客观原因：高级幸福不必以低级幸福为必要条件而可以独立存在。

可见，需要的先后与其等级的高低成反比：需要越低级便越优先，越高级便越后置；高级需要是低级需要得到最低满足的结果。但是，低级幸福并不优先于高级幸福，高级幸福是低级需要相对的、最低的满足的结果，而不是低级需要理想满足的结果，不是低级幸福实现的结果；高级幸福后置于低级需要的最低满足，而并不后置于低级幸福：高级幸福与低级幸福是相对独立的。这就是幸福之先后律或优先律。

幸福的先后律和久暂律以及强弱律，都是关于幸福的“是”、“事实”、“事实如何”的规律，因而可以名为“事实律”，是幸福的“事实三定律”。但是，事实蕴涵价值。深思幸福的这些事实如何之规律，确实令人有“价值”、“应该”、“应该如何”之困惑：若就心理体验的强弱来说，低级幸福的价值似乎大于高级幸福；若就心理体验的久暂来说，低级幸福的价值又似乎小于高级幸福的价值；若就心理体验的先后次序和优先性来说，高级幸福和低级幸福是相对独立、可以自由选择的。那么，当高级幸福与低级幸福发生冲突而不能两全时，究竟应该选择何种幸福？何种幸福的价值更大？这是幸福的价值规律所要解决的问题。

**2. 价值律**

穆勒曾将不同等级幸福的价值大小概括为一个绝妙的选择：“做一个得不到满足的人比做一只得到满足的猪好；做一个得不到满足的苏格拉底比做一个得到满足的傻瓜好。”[13] 为什么不满足的人比满足的猪好？因为不满足的人可能享有精神幸福，而满足的猪却只能享有物质幸福：精神幸福的价值大于物质幸福的价值。为什么不满足的苏格拉底比满足的傻子好？因为不满足的苏格拉底只是没有物质幸福，却享有精神幸福；而满足的傻子却只有物质幸福而不可能享有精神幸福：精神幸福的价值大于物质幸福的价值。所以，穆勒的论证可以归结为这样一个问题：如果一个人可以随意选择，那么，他应该做一个享有物质幸福的傻瓜呢，还是做一个没有物质幸福的思想家？

他应该选择后者。因为傻瓜虽有物质幸福而无精神幸福；思想家虽无物质幸福却有精神幸福：高级快乐和幸福的价值大于低级快乐和幸福的价值。然而，对于一个衣食无着、难以生存的人，我们能说自尊比填饱肚子具有更大的价值吗？精神需要是最高级的需要。可是，它的满足果真对于一切人都具有最大价值吗？对于一个目不识丁、养家餬口的穷困农民来说，物质幸福的价值岂不远远大于精神幸福的价值吗？那么，究竟是什么地方出了毛病？

原来，需要越低级，它的满足对于每个人的生存的价值便越大，对于每个人的发展的价值便越小；需要越高级，它的满足对于每个人的生存的价值便越小，对于每个人的发展的价值便越大。物质需要或生理需要，如食欲和性欲，是最低级的。它们的满足对于生存的价值无疑是最大的——只有食欲满足，一个人才能生存；只有性欲满足，他才能够繁衍后代，继续生存。但是，食欲和性欲之满足，对于一个人的发展的价值却是最小的；因为如果他仅仅有食欲和性欲的满足，那么，他便与猪狗无异，谈何发展？反之，自我实现、实现自己创造潜能的需要是最高级的。它的满足对于一个人的生存的价值是最小的。因为无论是否自我实现,他都一样能够生存。马斯洛也看到了这一点,他说:"需要越高级,对于纯粹的生存就越不重要。"[14]但是,需要越高级,它的满足对于发展的价值却越大:自我实现需要的满足对于一个人的发展的价值是最大的。因为自我实现是一个人的创造潜能之实现;而创造潜能之实现岂不是一个人的最大发展,岂不是发展的最高境界?

因此,一个人的需要之满足,对于他生存的价值大小与其等级高低成反比;对于他发展的价值大小则与其等级高低成正比:需要越高级,它的满足对于生存的价值便越小而对于发展的价值便越大;需要越低级,它的满足对于生存的价值便越大而对于发展的价值便越小。需要的满足,如前所述,亦即快乐和幸福的客观内容。因此,我们可以得出结论说:快乐和幸福,对于生存来说,其价值大小与其等级高低成反比;对于发展来说,其价值大小与其等级高低成正比:快乐和幸福越高级,对于生存的价值便越小而对于发展的价值便越大;快乐和幸福越低级,对于生存的价值便越大而对于发展的价值便越小。这就是各种幸福因性质不同而处于不同的等级所导致的价值大小之规律,可以名之为"幸福价值律"。

根据这个规律,可知穆勒认为高级快乐和幸福的价值大于低级快乐和幸福价值的观点,是片面的。只有对于发展来说才是如此;而对于生存来说则恰恰相反。对于一个衣食无着、饥肠辘辘的人来说,对于一个终日奔忙、使尽浑身解数才能生存的人来说,低级的、物质的需要满足的价值无疑大于高级的、精神的需要满足的价值。因此,对于他来说,低级的、物质的快乐和幸福的价值大于高级的、精神的快乐和幸福的价值:他应该选择低级的物质的快乐和幸福,而不是相反。反之,对于一个生存已经不成问题而只有如何发展问题的人来说,高级的、精神的需要满足的价值确实大于低级的、物质的需要满足的价值。因此,对于他来说,高级的精神的快乐和幸福的价值,确实大于低级的物质的快乐和幸福的价值:他应该选择高级的、精神的快乐和幸福,而不是相反。

穆勒只见发展而不见生存,所以,他提出的选择是:做一个痛苦的苏格拉底,还是做一只快乐的猪?这是一种基于发展的选择,而不是基于生存的选择。因为痛苦的苏格拉底和快乐的猪都已经解决了生存的问题,他们所面临的只是发展的问题。因此,从这个选择来看,确实是高级的快乐和幸福的价值大。痛苦的苏格拉底的价值大于快乐的猪的价值,应该做痛苦的苏格拉底而不应该做快乐的猪。但是,这仅仅是一个基于发展的选择,因而应该补之以一个基于生存的选择:做一个活着的猪,还是做一个死了的苏格拉底?做一个活老鼠,还是做一个死皇帝?这是一个基于生存的选择而不是基于发展的选择。对于这种选择来说,无疑是低级的快乐和幸福的价值大:活老鼠的价值大于死皇帝的价值。因此,面对这种选择,应该做一个活老鼠,而不做死皇帝。因为正如道家所言,生命的价值是最大的价值:死王乐为生鼠,死皇帝不如活老鼠也!

可见,幸福的价值律使我们能够在各种快乐和幸福发生冲突不能两全时进行正确的选择。但是,对于某种幸福的正确选择,并不能保证这种幸福就能实现:选择幸福和实现幸福是两回事。那么,我们究竟怎样才能实现我们所选择的幸福?这是幸福的"实现律"所要研究的。

**3. 实现律**

人生在世,究竟如何才能实现幸福的梦想而避免苦难和不幸?这是个引发众多学说的难题:无欲说与禁欲说认为应该使欲望降至最低限度;反之,纵欲论主张任欲而行、不必节制;而节欲说与导欲说则倡导节制欲望,从而使欲望符合理智。究竟哪一种学说能够使人实现幸福而避免不幸?

不言而喻,一方面,没有欲望固然没有不幸,但同样也没有幸福。没有了性欲,确实不会有爱情的不幸;但同样也没有了爱情的幸福。欲望越少越小越低,可能遭受的不幸和痛苦固然越少越小越低;但可能享有的幸福也同样越少越小越低。遁入空门的人,往往是为了逃避痛苦和不幸。如果他们真能心如死灰、六欲皆尽,那么,他们确实不会再有什么痛苦和不幸;但是,他们也同样不会享有什么快乐和幸福了。另一方面,欲望越多越大越高,也就越难达到,从而幸福也就越难实现而不幸也就越易降临;欲望越少越小越低,也就越易达到,从而幸福也就越易实现而不幸也就越难降临。如果一个人欲望很低,只想平平常常庸庸碌碌过一生,那么,他的这种欲望显然是很容易达到的。所以,他所追求的这种寻常的快乐和幸福是很容易实现的,因而他的痛苦和不幸也是很容易避免的。

可见,欲望是幸福和不幸的动力因素,它与幸福或不幸的可能成正比,与幸福的实现成反比,与不幸的降临成正比。更确切些说,欲望是幸福实现的负相关动力因素,是幸福可能的正相关动力因素,它与幸福的可能成正比而与幸福的实现成反比。这就是幸福实现的负相关动力律。这个规律实在令人困惑。因为就幸福的可能来说,欲望似乎应该提高。所以,诸葛亮说:"志当存高远。"但是,就幸福的实现来说,欲望又似乎应该降低。所以,古人云:“知足常乐。”那么,欲望究竟应该高远还是低近?究竟应该高低到什么程度才恰到好处?这是由每个人的幸福实现的其他因素——才、力、命、德——决定的。

才、力、命原本是冯友兰所乐道的人生成功三要素。所谓“才”,也就是一个人的天资,亦即天赋的、潜在的才能,主要是天赋的、潜在的创造性。才无疑是幸福实现的必要条件。因为不言而喻,一个人有什么样的天资,便可能实现什么样的幸福;他的天资有多高,便可能取得多高的成就,便可能实现多高的幸福。一个人有诗才,便可以成为诗人而实现诗人之幸福。但是,他能否成为大诗人而实现成为大诗人之幸福,则取决于他的诗才的高低。如果他的诗才极高,是天才,那么,他便可能成为大诗人。如果他的诗才平平,那么,无论如何,他都成不了大诗人而只能成为末流诗人。古今中外,像贾岛那样苦苦吟诗作赋者多矣。但是,为什么只有一个李白、一个普希金?显然是因为他们不具备李白、普希金的旷世之天才。没有旷世之天才,无论如何都不可能写出旷世之杰作。这样,如果人们所追求的幸福是确定的,或者说,如果人们所追求的幸福相同,那么,幸福实现的可能显然也就与天资的高低成正比:天资越高,幸福便越易于实现;天资越低,幸福便越难于实现;没有天资,幸福则不可能实现。

于是,我们可以得出结论说:只有具有某种天资,才能实现某种幸福,天资乃是幸福实现的必要条件、必要因素,二者成正相关变化:就所实现的幸福的大小来说,所具有的天资越低下,所能实现的幸福便越渺小,所具有的天资越高厚,所能实现的幸福便越伟大;就幸福实现的难易来说,所具有的天资越低下,所追求的幸福便越难于实现;所具有的天资越高厚,所追求的幸福便越容易实现。这就是才、天资与幸福实现的内在联系,这就是幸福实现的“天资律”。

所谓“力”,也就是努力。一个人没有诗才,固然不能成为诗人,但只有诗才也不能成为诗人。宋代王安石曾撰写一文《伤仲永》。方仲永天赋极高,三岁就能写出好诗。但是,尔后十余年并不努力学诗、作诗,而是被其父当做摇钱树到处招摇。结果在他十八岁再遇王安石时,所作的诗平平常常:“泯然众人矣。”所以,仅仅具有诗才,并不能实现诗人之幸福。要实现成为诗人之幸福,还必须有后天的努力:努力是实现幸福的另一个必要条件、必要因素。这就是为什么古今中外,凡是有大成就的人,都不但具有极高的天资,而且也都是极其努力的人。那么,为什么没有努力,即使天资极高也不会有成功和幸福?

原来，所谓天资或才，如上所述，乃是潜在才能。才能由潜在到实在的转化，完全是由努力完成的：才能 = 天资 × 努力。没有努力，天资再高，也仅仅是一种潜在的才能，因而实在说来，便等于零，便是一个毫无才能的人：一个毫无才能的人，当然不会获得成功和幸福。这样，一个天资较高而努力较小的人，和一个天资较低而努力较大的人，便可能获得同等的成功和幸福。因为一个天资较高而努力较小的人的才能，可能等于一个天资较低而努力较大的人的才能。比如说，天资较高而努力较小的人的天资是100%，努力是50%；反之，天资较低而努力较大的人的天资是50%，努力是100%。这样，天资较高的人的天资便因为不够努力而仅仅实现50%，才能是50；而天资较低的人的天资则因为努力而实现了100%，才能也是50。这就是勤能补拙的道理。

因此，正如俗语所说：梅花香自苦寒来。一个人越努力，他的天资由潜在的才能转化为实在的才能便越充分，他的成功和幸福便容易实现，他便越可能取得较大的成就，便越可能实现较大的幸福：他所能实现的幸福的难易和大小的程度，是被他的努力的大小程度所决定的。但是，由此不能说，只要努力，一个人想要取得多大的成就和幸福便能够取得多大的成就和幸福。因为一个人的才能是有极限的；才能的极限是被他的天资而不是被他的努力所决定的。所以，一个人所能取得的成就和幸福也是有极限的，这种极限，直接说来，决定于他的才能；最终说来则决定于他的天资。李白为什么能够成为诗人，是因为他具有诗人的天资、才能和努力。但是，他为什么会成为大诗人而达于诗人之巅峰，则是因为他具有大诗人的天资、才能，而不是因为他的努力。一个具有二流诗才的人，无论如何努力，也只能成为一个二流的诗人，而绝不会成为一流诗人。

可见，只有努力，才能实现成功和幸福，努力乃是幸福实现的必要条件、必要因素，二者成正相关变化：就所实现的幸福的大小来说，一个人在他的天资的限度之内，越努力，便越可能取得较大的成就，越可能实现较大的幸福；就幸福实现的难易来说，一个人越努力，所追求的幸福便越易于实现。这就是力、努力与幸福实现的内在联系，这就是幸福实现的“努力律”。

所谓“命”，亦即命运，也就是人们所遭遇的自己不可能改变的环境、境遇、机会、机遇。不难看出，命或机遇是一个人取得成就和幸福的必要条件和舞台；一个人如果仅仅具有天资和努力而没有机遇，便如英雄无用武之地，不可能成就一番事业。试想，如果一个人生长在和平年代，那么，不论他具有多么伟大的军事天赋，也不论他如何努力奋斗，他都不可能成为一个能征善战的大将军。如果不是秦始皇早死、陈胜吴广起义，从而给群雄逐鹿提供了机遇，那么，项羽绝不可能成为西楚霸王，刘邦也绝不会成为汉高祖。

机遇之为幸福实现的必要条件，不仅在于机遇之有无或类型，而且在于同一种类型的机遇的好坏顺逆：有利天资发展、努力实施、幸福实现的机遇、环境，便是所谓的顺境、好命；不利天资发展、努力实施、幸福实现的机遇、环境，便是所谓的逆境、坏命。汉朝冯唐的官运不好。因为文帝时，冯唐年轻，文帝却喜欢任用老将，结果冯唐不能升官。到了武帝时，冯唐已老，但是武帝却喜欢任用年少有为之士，结果冯唐又不能升官。

可见，机遇是幸福实现的必要条件：有命才能有福；命越好，幸福便容易实现，便越可能实现较大的幸福；反之，没有命，则不会有幸福；命越坏，幸福便越难于实现，便越难于实现较大的幸福：一个人所能实现的幸福的难易和大小的程度，是被他的机遇的好坏顺逆的程度所决定的。因此，伊格内修斯·戈茨甚至说："幸福之获得与其说是由于自己的努力，不如说是由于运气，更确切些说，是机会。"[15]就幸福的词源来说也是如此。幸福一词的英文是 happiness，它的词根"hap"的意思就是机会（chance）、好运（good luck）、命运（fortune）；中文的"幸"、"幸福"也具有幸运的意思。这就是机遇与幸福实现的内在联系，这就是幸福实现的"机遇律"。

不过，逆境和坏命并没有堵塞成才和幸福之路。一个人命不好而身处逆境，在一定条件下，反倒可能取得更大的成功和幸福。所谓一定条件，主要是两个：更大的努力和转移目标。一个身处逆境的人，往往不可能实现原来的目标而失败消沉、陷入不幸。但是，逆境也可能给他的其他理想的实现开辟了道路，并且给予他一种激励和锻炼，使他更加努力奋斗，从而实现这些理想、取得也许是更加伟大的成就。冯唐官运固然不佳，然而，"诗穷而后工"，他不佳的官运却可能使他绝望于仕途，从而潜心学问、著书立说而不朽。所以，司马迁叹曰：文王拘而演《周易》，孔子厄而作《春秋》，屈原放逐，乃赋《离骚》，左丘失明，厥有《国语》，《诗》三百篇大抵圣贤发愤之作也。有鉴于此，张载写道："富贵福泽，将厚吾之生也；贫贱忧戚，庸玉汝于成也。"[16]富贵福泽有利生存，是顺境好命；贫贱忧戚不利生存，是逆境坏命。但是，贫贱忧戚却可能激励人的斗志，使人更加努力奋斗，从而取得另一种类型的、也许是更加伟大的成就：自我潜能之实现。这就是所谓逆境成才的道理。显然，逆境成才并没有否定顺境更容易成才之定理。因为逆境成才，如上所述，是以远比顺境更大的努力和转移奋斗的目标为前提的。

综观才、力、命可知，只有具有某种天资、努力、机遇，才能实现某种幸福；天资、努力、机遇都是幸福实现的必要条件、必要因素而与幸福的实现成正相关变化：一个人的天资越高、努力越大、机遇越好，他的成功和幸福便越容易得到实现，他便越可能取得较大的成就，便越可能实现较大的幸福；反之亦然。那么，天资、努力、机遇三要素是幸福实现或人生成功的全部必要条件吗？冯友兰的回答是肯定的。[17]然而，真正讲来，这三种要素仅仅是人生成功和幸福实现的非统计性正相关要素；人生成功和幸福实现还须具有统计性正相关要素：德。

所谓"德"，也就是一个人的品德、道德品质。一个人既有才又努力并且机遇好，但如果品德败坏、人人唾骂，势必处处碰壁、事事难成，也不可能获得成功和幸福。因为人是社会动物，他的生存、他的幸福、他的一切都是社会和他人给予的。显然，一个人能否从社会和他人那里谋得幸福，不但须有才、力、命，而且须有品德：如果他品德好因而造福社会与他人，那么他便会得到社会和他人的承认而获得幸福；如果他品德坏因而损害社会与他人，那么他便会遭到社会和他人的拒绝而得不到幸福。所以，品德是获得幸福的必要条件、必要因素而与其成正相关变化：越有德便越有福、越有福便越有德，德福必定一致。因此，孟子说："夫仁，天下尊爵也，人之安宅也。莫之而不仁，是不智也。"[18]

不过，品德毕竟与才、力、命不同：才、力、命是幸福的非统计性正相关要素，因而其与幸福完全一致；品德则是幸福的统计性正相关要素，其与幸福只是大体一致。就是说，不论就一个人的某一次行为来说，还是就其行为总和来说，才、力、命都是幸福的正相关要素而与其完全一致。反之，只有就一个人的行为总和来讲，才可以说越有德便越有福、德福一致而成正相关变化；如果就一个人的某一次或某一些行为来说，则可能越有德越无福、德福背离而成负相关变化。所以，品德是幸福的统计性正相关要素、必要条件，德福一致而成正相关变化是个统计性规律。也就是说，一个人就其行为总和来说，德福一致而成正相关变化的次数必定多于德福背离而成负相关变化的次数。易言之，德福一致是常规，而德福背离是例外：德福必定大体一致。这就是品德与幸福实现的内在联系，可以名之为"福德一致律"。

然而，康德却否认品德是幸福的必要条件，认为品德与幸福并无必然联系。[19]康德此见正如朱丽亚·安纳斯（Julia Annas）所指出，具有实践依据："我们看到很多缺德者兴旺发达，而有德者却不公平地身陷困境或遭受厄运。"[20]确实，很多人缺德却一生幸福，很多人有德却一生不幸。这一事实似乎证实了康德的观点：美德并非幸福的必要条件，德福并无必然联系。其实不然。因为如前所述,品德并非决定一个人幸福或不幸的唯一要素,而仅仅是要素之一;除了品德,决定一个人一生幸福或不幸的还有才、力、命三要素。这样,一个人虽然缺德而大体有祸,但他天资高、努力大、机遇好等等却给他远远超过因缺德所带来的祸的洪福,所以他虽缺德却一生幸福。反之,一个人虽有德而大体有福,但他天资低、努力小、机遇坏等等却给他以远远超过他的德所带来的福的大祸,所以他虽有德却一生不幸。

因此,缺德者的一生幸福并非是他缺德的结果,而是他非品德条件的结果;反之,有德者的一生不幸也不是其德行的结果,而是他的非品德条件的结果。如果他们只有品德不同而其余条件完全一样,那么,谁缺德便一定一生不幸,谁有德便一定一生幸福。所以,缺德而一生幸福或者有德而一生不幸仅仅表明缺德者其他条件好而有德者其他条件差,而决不意味着他们的德福大体背离,决不意味着德福没有必然联系。康德的错误显然在于:只看到幸福与才、力、命这些他所谓的受"自然法则"、"物理能力"支配的东西的必然联系,而看不到幸福与美德这种他所谓的受"自由法则"、"应然法则"支配的东西的必然联系,因而否认美德是幸福的必要条件。〔21〕

可见,无论何种幸福,其实现皆须才、力、命、德四要素的配合。那么,这四要素配合起来,幸福便必定能实现吗?未必。幸福的实现不但需要才、力、命、德的配合,且还需要这四要素与欲望的配合。因为欲望是幸福实现的负相关要素:欲望越大,幸福就越难实现。反之,才力命德则是幸福实现的正相关要素:才越高、力越大、命越好、德越优,幸福便越易实现。这样,即使一个人的才高力大命好德优,但如果他的欲望太大,也不能实现其欲望而获得幸福。反之,即使一个人才不算高、力不算大、命不算好、德不算优,但如果他的欲望很低,也能实现其欲望而获得幸福。

因此,幸福能否实现完全取决于才力命德与欲望的关系:如果欲望超过才力命德,则虽然所希求的幸福大、多、高,却不会实现而陷于大、多、高之不幸;如果欲望低于才力命德,则幸福虽会实现,但失之低、少、小;只有欲望与才力命德相称一致,幸福才会完美实现:欲望与才力命德相称一致,乃是幸福实现的充分且必要条件。无欲说与禁欲说不懂得"欲望低于才力命德,幸福虽会实现,但失之低少小"的道理,而主张人的欲望应降至最低限度。这固然把人的不幸与痛苦降到了最低限度,但也把幸福和快乐降到了最低限度:"当一个人把欲望降至最低限度后,生活的多彩多姿也将随之变得索然无味,而生命本身也将失去其原有的光辉。"〔22〕反之,纵欲论则不懂得"欲望超过才力命德只能陷于大不幸"的道理,而主张任欲而行、不必节制。这样做，不过是以一时之快乐而易永久之不幸、以微小之快乐而易巨大之痛苦罢了。唯有介于两者之间的节欲说与导欲说是正确的，因为欲望确实必须节制、指导而防止其过高或过低。遗憾的是，这两说未能找到节欲和导欲的标准：欲望与才力命德一致。

总而言之，欲、才、力、命、德是幸福实现的充足且必要的五大要素。欲是幸福实现的动力要素、负相关要素：欲望越大，幸福便越难实现；才力命德是幸福实现的非动力要素、正相关要素：才越高、力越大、命越好、德越优，幸福便越易实现；欲与才力命德一致，幸福便会完美实现。这就是幸福的实现律。幸福的实现律可以归结为一个等式：

$$\text{幸福的实现}=\frac{\text{才力命德}}{\text{欲}}$$

幸福的定义、结构、类型、性质和规律所揭示的是幸福之事实如何，它是幸福之应当如何的依据。从此出发，便不难确立人们应当如何追求幸福的道德原则了。

## 四　幸福原则

任何人，不论他取得何种成功、追求何种幸福，显然都必须经过三个阶段：认识、选择、行动。这三个阶段所应该遵循的原则，依据幸福的客观本性，可以归结为四项：(1)认识正确，即对幸福的主观认识与幸福的客观本性必须相符，这是追求幸福的“认识原则”；(2)选择适当，即对幸福的欲望、选择与自己的才、力、命、德必须一致，这是追求幸福的“选择原则”；(3)努力奋斗；(4)修养品德。努力奋斗与修养品德都是追求幸福的“行动原则”。

### 1. 认识原则：对幸福的认识与幸福的客观本性相符

不言而喻，一个人对于幸福的主观认识与幸福的客观本性既可能相符，又可能不符：如果不符，那么，在其指导下，他对幸福的选择和追求便会发生错误，他便不可能求得幸福或不可能求得他可能得到的最有价值的幸福；只有相符，在其指导下，他对幸福的选择和追求才可能是正确的，他才可能求得幸福或求得他可能得到的最有价值的幸福。

客观地看，即就幸福的客观本性来讲：需要越高级，它的满足对于生存的价值便越小而对于发展的价值便越大；需要越低级，它的满足对于生存的价值便越大而对于发展的价值便越小。一个人的主观认识只有与此相符，他才可能在高级幸福与低级幸福不能两全时进行正确选择：当他的生存问题还没有解决时，他选择低级幸福；当他的生存问题已经得到解决时，他选择高级幸福。一个人的主观认识与此不符，则可能有两种相反情形。一种是认为低级需要满足的价值总是大于高级需要的满足。例如，对于一个目不识丁、利欲熏心的人来说，发财淫乐幸福的价值大于一切。这样，他便只可能追求和享有发财淫乐幸福而不可能追求和享有更高级、更有价值的幸福，如自我创造性潜能之实现的精神幸福等等。反之，穆勒和马斯洛等思想家们则犯了另一种恰恰相反的错误：认为高级需要得到满足的价值总是大于低级需要得到满足的价值。照此说来，当一个人能否生存还成问题的时候，他也应该放弃低级的物质的需要的满足而追求高级的、精神的需要的满足。或许就是在这种错误认识的指导下，古今中外，多少盖世奇才，如曹雪芹、斯宾诺莎、别林斯基、杜勃罗留夫等等，穷困潦倒、英年早逝。原因之一，恐怕皆与他们对幸福本性的这种错误认识有关：他们都小看了低级的、物质幸福。

举例来说：客观地看，即就幸福的客观本性来讲：人生价值和人生意义，在于人生——如果它是正常的、一般的而不是反常的、例外的——所带来的快乐和幸福总是多于它所造成的痛苦和不幸，因而其净余额为快乐和幸福。然而，每个人对于他的人生苦乐祸福之主观觉知和他的人生的苦乐祸福之客观本性既可能相符一致，也可能不相符、不一致。如果他的认识发生错误，认为他的人生痛苦和不幸多于快乐和幸福，因而感到他的人生没有价值和意义，那么，他便会觉得不值得再活下去，更不可能求得什么幸福了。使他能够活下去并且求得幸福的科学的方法无疑只有一个：帮助他正确认识或找到他的人生的快乐和幸福、他的人生价值和意义。

客观地看，即就幸福的客观本性来讲：当一个人可能得到真实幸福时，追求真实幸福对于他就是应该的、好的、对的，而沉溺于虚幻幸福对于他则是不应该的、坏的、错的；但是，当一个人不可能得到真实幸福时，追求虚幻幸福对于他就是应该的、好的、对的，而追求真实幸福对于他就是不应该的、坏的、错的。一个人的主观认识只有与此相符，他才可能对真实幸福与虚幻幸福进行正确选择：当他不可能得到某种真实幸福时，他选择虚幻幸福，画饼以充饥，因为画饼总比无饼好；当他可能得到某种真实幸福时，他则放弃虚幻幸福而选择真实幸福，因为真饼无疑比画饼好得多。一个人的主观认识如果与此不符,认为虚幻幸福总是不好的,这样,在他不可能得到真实幸福时,他也拒绝虚幻幸福,因而白白丧失了至少可以使人健康的快乐的心理体验。

客观地看,即就幸福的客观本性来讲:过程幸福弱小而漫长,结果幸福强大而短暂,二者缺一便非幸福人生。一个人的主观认识只有与此相符,才能既追求结果幸福,又珍惜过程幸福,从而享有全面幸福。否则,如果他认为只有结果幸福才是幸福,那么他便会忽视而不能享有漫长的过程幸福,他便可能会有以一生的漫长苦求去获得老来幸福的悲惨体验了。

可见,一个人若要求得幸福,或求得他可能得到的最有价值的幸福,便必须使自己对幸福的主观认识与幸福的客观本性相符。这是每个人应当如何追求幸福的首要原则。不妨名之为“认识原则”。

### 2. 选择原则:对幸福的选择与自己的才、力、命、德相一致

如果一个人对幸福有了与其客观本性相符的正确认识,那么,他是否就可以求得幸福呢? 还不能。他要得到幸福,还必须有对幸福的正确选择,即对幸福的选择必须与自己的才、力、命、德一致:一个人对于幸福的选择如果与自己的才、力、命、德一致,便是正确的;如果与自己的才、力、命、德不一致,便是错误的。因为幸福的实现规律告诉我们,欲、才、力、命、德是幸福实现的充分且必要的五要素,一个人对幸福的欲望、选择只有与他的才、力、命、德相一致、相适应,他才能求得他所欲求所选择的幸福,他才能求得他可能得到的最有价值的幸福;如果对幸福的欲望、选择与自己的才、力、命、德不一致、不适应,那么,即使他对幸福本性认识正确,他也不可能求得他所欲求所选择的幸福,或者求得他可能得到的最有价值的幸福。

首先,一个人对于幸福的欲求必须与自己的才一致。举例说,一个人是否应该选择成为画家的幸福,要看他有没有画家的天资。如果没有画家的天资,他就不可能成为画家,那么他当画家的选择与自己的才便不一致,他当画家的选择就是错误的。反之,如果他有画家的天资,他就有可能成为画家,那么,他的当画家的选择与自己的才便是一致的,他当画家的选择,就“才”这个方面看,便是正确的。

其次,一个人对于幸福的欲求必须与自己的命一致。举例说,一个人是否应该选择成为骁勇善战的大将军之幸福,要看他有没有战争的机遇。如果他生逢太平盛世,就不可能成为善战将军,那么,他做骁勇善战大将军的选择与自己的命便不一致,他的选择就是错误的。反之,如果他生逢乱世,群雄逐鹿,他就有可能成为善战的将军,那么,他做骁勇善战的大将军的选

择与自己的命便是一致的，他做此次选择，就机遇来说，便是正确的。

再次，一个人对于幸福的欲求必须与自己的力一致。举例说，一个人是否应该选择成就伟业之幸福，要看他有没有巨大的恒心和毅力，有没有持之以恒、终生为之奋斗的努力。如果具有这种努力，他就有可能成就伟业，那么，他做此选择与自己的力便是一致的；他的选择，就力这方面说，便是正确的。反之，如果不具有这种努力，他就不可能成就伟业，他就有可能大事做不来，小事又不做而终生一事无成，那么，他做此选择与自己的力便不一致，他的选择就是错误的。

最后，一个人对于幸福的欲求必须与自己的德一致。举例说，一个人是否应该选择官场幸福，要看他有没有合群机敏、善与人处之德性。如果具有，他就可能如鱼得水、官场成功，他做此选择与自己的德就是一致的；他做此选择，就德这方面来说，就是正确的。反之，如果他不具有这种德行，如果他清高、孤僻、难与人处，他就很难为官，他做此选择就是错误的。

一个人对于幸福的欲求必须与自己的才、力、命、德相一致，不仅是才、力、命、德之有无的质的方面之一致，而且是才、力、命、德的高低大小的量的方面之一致。举例说，一个人有画家的天资，他选择成为画家的幸福，与他的天资是一致的，因而就天资这方面说，他的选择是正确的。但是，这种选择与天资的一致，只是质的有无之一致。对幸福正确的选择，还必须有量的大小高低之一致。从这种一致的角度看，我们还须进一步问：这个人是选择成为大画家还是平平常常的画家？如果他选择成为大画家，那么，他必须具有大画家的天资。他若具有，他的选择与他的天资，在量的大小高低方面也是一致的，因而他的选择，就天资的质和量两方面来看，都是正确的。只有这样，我们才能说，他的选择，就天资来说，是完全正确的。反之，如果他的画家的天资平平常常，而不具有大画家的天资，那么，他的选择与他的天资，便仅仅在质的方面是一致的，而在量的大小高低方面是不一致的，因而他的选择，仅仅在天资的质的方面是正确的，而在量的方面却是错误的。在这种情况下，他无论如何也只能成为一个平平常常的画家，而不可能成为一个大画家。因此，他成为大画家的选择，说到底，还是错误的。

总而言之，一个人对幸福的选择只有与自己的才、力、命、德四项要素，不仅在质上而且在量上，都必须项项一致，才能求得幸福，才能求得他可能得到的最有价值的幸福；如有一项不一致——不论在质上还是在量上——便不可能得到幸福，便不可能求得他可能得到的最有价值的幸福。因此，对幸福的选择与自己的才、力、命、德一致，便是追求幸福的第二条原则，可以名之为“选择原则”。

### 3. 行动原则:求幸福的努力与修自己的品德相结合

一个人有了对幸福的正确认识和正确选择,就可以得到幸福吗?还不能。他要得到幸福,还必须有正确的行动,即必须使追求幸福的努力和修养自己的德性相结合。因为幸福的实现律表明,要实现所欲求、所选择的幸福,必须并且只须与才、力、命、德四要素一致。才和命是非行动要素,是行动不能改变的要素;只有力和德是行动要素,是行动所能改变的要素:努力本身就是行动,德性则是行动的结果。所以,实现幸福所需要的行动,也就是努力和修德。那么,仅仅努力求幸福而不修德,能实现所选择的幸福吗?不能。例如,某大学硕士生顾光耀,从一个淘粪工考上大学又考上研究生。对幸福的追求可算十分努力了。但是,他只求福而不修德,良心泯灭而残忍杀死发妻,结果自己福未求得而命丧黄泉。古今中外,有多少个顾光耀啊!所以,仅仅努力求福而不修德,不能实现所求的幸福,因而是追求幸福的错误行动。反之,仅仅修德而不努力求福,能实现所追求的幸福吗?也不能。一个人追求成为画家的幸福,如果只修养自己的品德而不努力作画,他怎么能成为画家呢?显然,仅仅修德而不努力求福,也不能实现所追求的幸福,因而也是追求幸福的错误行动。于是,只有努力和修德结合起来才能实现所选择的幸福,才是追求幸福的正确行动:求幸福的努力和修自己的德性相结合,是追求幸福的正确的“行动原则”。

综观幸福原则,可以得出结论说,一个人要求得幸福,首先应当使自己“对幸福的认识与幸福的客观本性相符”,这是追求幸福的正确的“认识原则”;其次应该使“对幸福的选择与自己的才、力、命、德相一致”这是追求幸福的正确的“选择原则”;最后应当使“求幸福的努力与修自己的德性相结合”,这是追求幸福的正确的“行动原则”。这就是追求幸福的三大原则;这就是攀登幸福殿堂的三阶梯;这就是幸福人生的三部曲。谁能依次唱好这三部曲、顺序攀登这三阶梯、谨慎遵循这三原则,谁就能求得真正的幸福,谁就是真正幸福的人。

至此,我们既确证了道德总原则“善”,又进而一方面引申、推演出如何善待他人——主要是如何进行社会治理——的道德原则“公正”与“人道”;另一方面则引申、推演出如何善待自己的道德原则“幸福”。这样,我们便完成了科学伦理学的道德原则体系。但是,我们还没有完成它的道德规范体系。因为道德规范分二而为道德原则与道德规则:道德原则是某个领域全局的、根本的道德规范,而道德规则则是某个领域局部的、非根本的道德规范。所以,我们应该从道德原则体系出发,进一步构建隶属于它的道德规则体系。

## 注　释

〔1〕 Robert Maynard Hutchins, *Great Books of the Western World*, Volume 43, *Utilitarianism*, by John Stuart Mill, Encyclopaedia Britannica Inc., 1980, p. 448.

〔2〕 Elizabeth Telfer, *Happiness*, The MacMillan Press Ltd., 1980, p. 8.

〔3〕 莱布尼茨:《人类理智新论》上册,商务印书馆,1982 年版,188 页。

〔4〕 同上。

〔5〕 同上。

〔6〕 Ignacio L. Gotz, *Conceptions of Happiness*, University Press of America, Inc., 1995, p. 254.

〔7〕 Ibid., p. 172.

〔8〕 Louis P. Pojman, *Ethical Theory: Classical and Contemporary Readings*, Wadsworth Publishing Company, 1995, p. 151.

〔9〕 Ignacio L. Gotz, *Conceptions of Happiness*, University Press of America, Inc., 1995, p. 21.

〔10〕 叔本华:《作为意志和表象的世界》,商务印书馆,1982 年版,430 页。

〔11〕 Ignacio L. Gotz, *Conceptions of Happiness*, University Press of America, Inc., 1995, p. 7.

〔12〕 Allen Parducci, *Happiness, Pleasure, and Judgment*, Lawrence Erlbaum Associates, Publishers, 1995, Mahwah, p. vii.

〔13〕 Robert Maynard Hutchins, *Great Books of the Western World*, Volume 43, *Utilitarianism*, by John Stuart Mill, Encyclopaedia Britannica Inc., 1980, p. 4449.

〔14〕 Abraham H. Maslow, *Motivation and Personality*, second edition, Harper & Row, Publishers, 1970, p. 98.

〔15〕 Ignacio L. Gotz, *Conceptions of Happiness*, University Press of America, Inc., 1995, p. 5.

〔16〕 张载:《西铭》。

〔17〕 冯友兰:《三松堂学术文集》,北京大学出版社,1984 年版,625 页。

〔18〕 《孟子·告子上》。

〔19〕 康德:《实践理性批判》,商务印书馆,1960 年版,127、117 页。

〔20〕 Julia Annas, *The Morality of Happiness*, Oxford University Press, 1993, p. 432.

〔21〕 康德:《实践理性批判》,商务印书馆,1960 年版,127、117 页。
〔22〕 弗洛伊德:《图腾与禁忌》,中国民间文艺出版社,1986 年版,10 页。

## 思考题

1. 穆勒认为幸福只是快乐,只是一种心理体验,此外什么也不是:一个人只要自己觉得幸福,他就是幸福的。亚里士多德认为幸福亦即自我实现,一个人只有自我实现才是幸福,否则,无论他如何感到幸福,他都不是幸福的。二者谁是谁非?
2. 假设一个人在真实的、人间的世界不可能摆脱不幸、求得幸福,因而感到人生没有意义,无法再生活下去。那么,他是否应该皈依宗教,通过信仰神灵世界而得到虚幻的幸福?弗洛伊德答道:“无疑的,宗教是追求幸福的一种方法……我想利用宗教来给予人类幸福此一做法是注定要失败的。”(弗洛伊德:《图腾与禁忌》,11 页)弗洛伊德的回答对吗?试辨析虚幻幸福、主观幸福、真实幸福和客观幸福。
3. 穆勒说:“做一个不满足的人比做一只满足的猪好;做一个不满足的苏格拉底比做一个傻子好。”这种观点正确吗?如果你穷困潦倒而整天为衣食奔忙,你应该选择做一个不满足的苏格拉底,还是做一只满足的猪?如果你已经衣食无忧,应该做何选择?
4. 为什么说精神幸福比物质幸福更高级?在我们所体验过的快乐和幸福中,哪一种是最强烈的?哪一种是最恒久的?哪一种是最有价值的?
5. 天资、聪明、智慧与一个人的幸福是何关系?似乎成反比关系:越聪明便越痛苦,因而有所谓“智慧的痛苦”。犹太人的《传道书》(*Qoheleth*)甚至说:“才智和知识只不过是疯狂和愚蠢。真的,这就如同要抓住风:才智越多苦恼就越多,增加知识就是增加痛苦。”(Ignacio L. Gotz, *Conceptions of Happiness*, p. 152)然而,按照本书的观点,天资乃是幸福实现的必要条件、必要因素,二者成正相关变化:天资越低下,所追求的幸福便越难于实现;天资越高厚,所追求的幸福便越容易实现。试问,这两种观点是否矛盾?如果矛盾,谁是谁非?
6. 试比较无欲说、禁欲说、纵欲说、节欲说、导欲说,何者符合幸福的实现规律?谁是谁非?
7. 在现实生活中,我们往往看到很多人缺德却一生幸福,很多人有德却一生不幸。那么,这是否意味着美德与幸福不相关或德福大体背离?
8. 人生在世,究竟应该如何追求幸福?

# 第十一章
# 八大道德规则:道德规则体系

毋庸赘言,道德规范越普遍、越一般、越抽象,便越稀少;越特殊、越个别、越具体,便越众多。因此,人类社会的普遍道德原则,如前所述,不过三大类型七大原则:(1)道德总原则"善";(2)善待他人——主要是社会治理——道德原则"公正"与"平等"以及"人道"、"自由"和"异化";(3)善待自我道德原则"幸福"。相反地,人类社会的普遍道德规则,如所周知,是纷纭复杂、不胜枚举的。科学的伦理学的道德规范体系无疑只能够也只应该容纳那些比较重要而又颇为复杂的普遍道德规则;而其他则留给各种常识与直觉或应用伦理学。这些比较重要且复杂的普遍道德规则可以归结为八条:诚实、贵生、自尊、谦虚、智慧、节制、勇敢、中庸。不难看出,在这八大道德规则中,诚实最为重要。因为人非社会不生存;而社会之所以能存在发展或人际合作之所以能进行,显然是因为人与人的基本关系是互相信任而非互相欺骗,是因为人们相互间的诚实行为多于欺骗行为。所以,诚实居于人类社会的普遍道德规则体系之首。

## 一 诚 实

### 1. 诚实概念

粗略看来,诚实就是说真话,欺骗则是说假话。这是诚实与欺骗的通俗定义。然而,细究起来,说话、语言并非诚实和欺骗的唯一形式。试想,烽火戏诸侯,明修栈道暗渡陈仓,岂不都是欺骗?显然,沉默、点头、手势、行动等一切行为都可以是诚实或欺骗。所以,诚实或欺骗包括语言和行动两方面而属于行为范畴。由此看来,似乎应该说:诚实是传达真信息的行为,欺骗是传达假信息的行为。其实仍不尽然。因为如果一个信息是假的,但张三却以为它是真的，并把它当做真的传达给他人，这样，他便是在传达一个主观动机以为是真而客观实际却是假的信息。他的这种行为是诚实还是欺骗？当然是诚实而非欺骗。准此观之，是诚实还是欺骗并不取决于所传达的信息在客观实际上之真假，而取决于所传达的信息在传达者的主观动机中之真假。因此，诚实便是动机在于传达真信息的行为，是自己以为真的也让别人信其为真、自己以为假的也让别人信其为假的行为；欺骗则是动机在于传达假信息的行为，是自己以为真却让别人信其为假、自己以为假却让别人信以为真的行为。这是诚实和欺骗的精确定义。这个定义并未完全否定前此的通俗定义。因为不言而喻，语言毕竟是诚实和欺骗所传达的信息的主要形式。所以，诚实，主要地讲，也就是说真话，是传达真话的行为；欺骗，主要地讲，也就是说假话，是传达假话的行为。

诚实可以分为诚与信。因为“诚实是动机在于传达真信息的行为”意味着：诚实者传达的真信息之为真信息，并非因为其与客观事实相符，而是因为其与传达者自己的主观思想及其所引发的自己的实际行动相符：与自己思想相符叫做诚、真诚；与自己的行动相符叫做信、守信。反之，欺骗所传达的假信息之为假信息，并非因其与客观事实不符，而是因为其与传达者自己的主观思想及其所引发的自己的实际行动不符：与自己的思想不符叫做撒谎；与自己的行动不符叫做失信。更确切些说，诚和信是以真信息源的性质为根据而划分诚实的两大类型：诚、真诚是传达与自己的思想相符合、相一致的信息的行为，主要表现是“心口一致”；信、守信是传达与自己的实际行动相符合、相一致的信息的行为，其主要表现是“言行一致”。反之，撒谎和失信则是以假信息源的性质为根据而划分欺骗的两大类型：撒谎是传达与自己思想不一致、不相符的信息的行为，其主要表现是“心口不一”；失信是传达与自己的实际行动不一致、不相符的信息的行为，其主要表现是“言行不一”。

欺骗还可以根据其动机的利害他人的性质分为恶意欺骗和善意欺骗。恶意欺骗是欺骗之常规，是动机有害他人的欺骗，如造谣诽谤、阿谀奉承、伪善伪证等等。善意欺骗是欺骗之例外，是动机无害他人的欺骗，是动机利人或利己而不损人的欺骗，如欺瞒凶手、安慰病人、戏言取乐、客套话等等。同理，诚实也有善意与恶意之分。善意诚实是动机无害他人的诚实。这种诚实，是诚实之常规，毋庸多言。反之，恶意诚实则是诚实之例外，是动机有害他人的诚实，如传述真话以挑拨离间。恶意诚实多为故意，但也有不得已者。例如，当凶手打听被他追杀而逃到我家里的人是否在我家时，我如害怕自己被伤害或为自己做诚实人而不得已如实相告，便属于恶意诚实。因为它毕竟含有为避免自己被伤害或为自己做诚实人而出卖、伤害他人性命之动机。

**2. 诚实的道德价值**

衡量一切行为道德价值的标准，如前所述，是道德最终目的、道德终极标准：保障社会存在发展、增进每个人利益。准此观之，诚实和欺骗的道德价值便可以按其对于社会、他人、自己三方面的效用来衡量。首先，从被欺骗与被诚实对待的他人来看。试想，谁不愿意被诚实对待？谁愿意被人欺骗呢？所以，被欺骗，即使是被善意欺骗，无疑也是一种伤害；被诚实对待，即使是被恶意地诚实对待，无疑也是一种利益。其次，从欺骗者和诚实者自己来看。欺骗而不诚实，确实可以得到暂时的、局部的或某种具体的利益；但就长远、全局和总体来说，日久见人心，欺骗最终势必害己而诚实势必利己。总体大于局部，长远大于暂时。所以，即使对于欺骗者和诚实者自己来说，欺骗的净余额也是害而诚实的净余额也是利。因此，西方格言说："诚实是最好的策略。"我国先哲亦云："匹夫行忠信，可以保一身，君主行忠信，可以保一国。"[1]最后，从社会来看。人际合作之所以能进行、社会之所以能存在发展，显然是因为人与人的基本关系是互相信任而非互相欺骗，是因为人们相互间的诚实行为多于欺骗行为。否则，如果人与人的基本关系是互相欺骗而非互相信任，人们相互间的欺骗行为多于诚实行为，那么，合作必将瓦解、社会必将崩溃。所以，诚实乃是维系人际合作从而保障社会存在发展的基本纽带。

可见，一切诚实的行为，不论如何不同，不论其意善恶，就其共同的诚实本性来说，都有利于他人、有利于自己、更有利于社会的存在发展，因而便都符合道德最终目的和道德终极标准，便都是道德的、善的、应该的。反之，一切欺骗的行为，不论如何不同，不论其意善恶，就其共同的欺骗本性来说，都有害于他人、也有害于自己、更有害于社会的存在发展，因而便都不符合道德最终目的和道德终极标准、便都是不道德的、不应该的、恶的。所以，路德说："在我看来，尘世上没有什么比欺骗和背信弃义更为有害的恶习：它们会导致整个人类社会瓦解崩溃。因为欺骗和背信弃义先会使人心分裂，接着就会分开人们的合作的手；而当手也被分开的时候，我们还能做什么呢？"[2]

不过，一切欺骗虽然都有害社会、他人和自我，因而都是恶的，但其对社会、他人和自我的损害的大小或恶的大小显然与其善意成反比而与其恶意成正比：欺骗的善意越大，对被欺骗者的利益便越大，他便越可得到原谅，因而它对社会、他人和自我的损害便越小，它的恶便越小；欺骗的恶意越大，对被骗者的损害便越大，他便越不可原谅，因而它对社会、他人和自我的损害便越大，它的恶便越大。所以，阿奎那说："如果一个人说谎的意图在于损害他人，那么，谎言的罪恶就加重了，这就是恶意的谎言；相反地，如果说谎是为了达到某种善或快乐，谎言的罪恶就减轻了。"[3]"显然，谎言的善意越大，谎言罪恶的严重程度就越是减轻。"[4]同理，一切诚实，虽然都有利于社会、他人和自我，因而都是善，但其对社会、他人和自我的利益之大小或善的大小则与其善意成正比而与其恶意成反比：诚实的善意越大，对诚实接受者的利益越大，它便越可赞赏，它对社会、他人和自我的利益便越大，它的善便越大；诚实的恶意越大，对诚实接受者的损害越大，它便越不可赞赏，它对社会、他人和自我的利益便越小，它的善便越小。

总而言之，一切诚实无论如何，其自身都是道德的、应该的、善的，因而也就是人际行为应当如何的道德规范；一切欺骗，无论如何，其本身都是不道德的、不应该的、恶的，因而也就是人际行为不应该如何的道德规范。

### 3. 诚实的适用范围

诚实和欺骗的道德价值表明：诚实是应当的，欺骗是不应当的。那么，人们是否在任何情况下都应当诚实而不应当欺骗？康德的回答是肯定的："诚实是理性教义的一种神圣的绝对命令，不应受任何权宜之计限制。"[5]他举例说，即使当凶手询问被他追杀而逃到我们家里的无辜者是否在我们家里，我们也应该诚实相告而不该谎称他不在家："在不可不说的陈述中，不论给自己或别人会带来多么大的伤害，诚实都是每个人对他人的不该变通的责任。"[6]"因为谎言总是要伤害他人的，即使不伤害某个特定的人，也是对人类的普遍伤害，因为它败坏了规则之源。"[7]

康德的错误在于，他仅仅看到诚实是善、欺骗是恶，却忽略了"两善相权取其重、两恶相权取其轻"的道理。因为当凶手询问被他追杀而逃到我们家里的无辜者是否在家时，诚实这种善便与救人这种善发生了冲突：要诚实便救不了人，要救人便不能诚实；不欺骗就得害人性命，不害命便得欺骗。但是，诚实是小善、救人是大善，两善相权取其大：救人；欺骗是小恶，害命是大恶，两恶相权取其轻：欺骗。所以，当此际，便不该诚实害命，而当欺骗救人。孟子曰："大人者，言不必信，行不必果，惟义是从。"[8]此之谓也！否则，避小恶（欺骗）而就大恶（害命）、得小善（诚实）而失大善（救人），岂非小人之举:“言必信,行必果,硁硁然小人哉!”[9]

可见,只有在正常情况下,即在诚实这种善与其他的善不发生冲突时,才应该诚实而不应该欺骗;而在非常情况下,即在诚实与其他更大的善发生冲突不能两全时,则不应该诚实而应该欺骗以保全其他更大的善。因此,诚实和欺骗不论意义如何重大,却并非道德原则,而是从属于、支配于、决定于“两善相权取其重,两害相权取其轻”的善恶原则的基本道德规则。

诚实和欺骗是基本的道德规则而不是道德原则,因而也就从属于、支配于和决定于善恶原则、仁爱原则、公平原则等一切道德原则。所以,在每个人的品德结构中,诚实和欺骗便是被支配的、被决定的、从属的、次要的因素;而善良、恶毒、仁爱、公平等则是支配的、决定的、主要的、主宰的因素。这就是为什么一个仁爱而虚伪的人的品德境界高于一个恶毒而诚实的人的品德境界的缘故。甚至一个伪善者也高于一个诚实的恶人。因为伪善者还知羞耻,而诚实的恶人则厚颜无耻:厚颜无耻无疑是品德的最低境界。因此,王船山说:“小人之诚,不如无诚。”[10]“诚者,虚位也,知、仁、勇、实以行乎虚者也。故善言诚者,必曰诚仁、诚智、诚勇,而不但言诚。”[11]一个人仅仅诚实,还远不是一个品德良好的人;要品德良好,更重要的还要仁爱、善良、公平、同情、报恩等等。

准此观之,我国学术界的“品德滑坡论”与“品德爬坡论”之争便可以解决了:前者是真理,后者是谬误。因为近年来我国国民的品德状况,众所周知,虽然更加诚实却更少仁爱、无私、善良、公平;虽然更少欺骗但却更多自私、损人、不公、无耻。所以,国民的品德便不是上升爬坡而是下降滑坡了。爬坡论的错误显然在于夸大诚实美德的基本性、重要性而以其为品德的决定性因素。

诚实的本质,从上可知,是善待他人:诚实乃是如何善待他人的最为重要的道德规则。那么,善待自己最为重要的道德规则是什么?是贵生。因为正如人们所常说,不论一个人享有多么丰富、多么高级的幸福,却无不以他自己的生命为根基:自己的生命是第一位数字“1”,而那些丰富、高级的幸福,如发财致富、官运亨通、爱情美满、著书立说、自我实现等等都不过是后面众多的“0”罢了。若是失去了生命,便等于没有了“1”,而只剩下一大堆“0”,也就仍等于一个“0”。是以道家有言:死皇帝情愿为活老鼠也!所以,确立了善待他人最为重要的道德原则“诚实”之后,应该继之以“贵生”:贵生乃是善待自己最为重要的道德规则。

## 二 贵 生

善待自己最为重要的问题显然是:善待自己的生命、正确对待自己的生命和自己生命之外的东西。道家对这个问题的解决,现在看来,是不错的,亦即应该贵生:贵生是善待自己最为重要的道德规则。

### 1. 贵生概念

所谓贵生,亦即贵生贱物、重生轻物,也就是把自己分为"生"(自己的生命)和"物"(自己生命之外的东西),而认为自己的生命贵于自己生命之外的东西,因而也就是自己最宝贵、最有价值的东西。对于这个道理,道家说得很妙:"今吾生之为我有,而利我亦大矣。论其贵贱,爵为天子,不足以比焉;论其轻重,富有天下,不可以易之;论其安危,一曙失之,终身不复得。"[12]所以,"圣人深虑天下,莫贵于生"[13]。"死王乃不如生鼠","死王乐为生鼠"也![14]

与道家此见相同者不乏其人。甚至它的冤家对头墨子也承认:"今谓人曰:予子冠履而断子之手足,子为之乎?必不为,何故?则冠履不若手足之贵也。又曰:予子天下,而杀子之身,子为之乎?必不为,何故?则天下不若身之贵也。"[15]费尔巴哈也一再说:"生命就是人的最高的宝物。"[16]"人牺牲生命来祭神,只是因为神的眼睛像人的一样,也是把生命看做最高的、最有价值的、最神圣的宝物。"[17]

可见,贵生之真谛在于视自己生命为自己最宝贵东西而不仅仅是宝贵东西;贵生之为道德规范则是应该视自己生命为自己最宝贵最有价值的东西的行为。然而,为什么生命是自己最宝贵的东西?其根据何在?

价值概念的研究告诉我们,说某物对自己是有价值的宝贵的东西,意味着:某物有一种效用,这种效用能满足自己的需要、欲望、目的。准此观之,生命是自己最宝贵、最有价值的东西,便意味着:生命能满足自己的最重要的、最根本的、最大的需要、欲望、目的。那么,人们最重要、最根本、最大的需要、欲望、目的是什么呢?

无疑是求生欲,是求生的需要、欲望、目的。费尔巴哈说:"人的愿望,至少那些不以自然必然性来限制其愿望的人的愿望,首先就是那个希冀长生不死的愿望;是的,这个愿望乃是人的最后的和最高的愿望,乃是一切愿望的愿望。"[18]

一个人的生命之所以是他自己最宝贵、最有价值的东西，就是因为他的生命能满足他最重要、最根本、最大的愿望：求生欲。而如所周知，欲望得到满足便是所谓的快乐；欲望得不到满足便是所谓痛苦。所以，生命本身、活着本身便因其能满足自己最重要、最根本、最大的欲望而是自己最重要、最根本、最大的快乐。因此，费尔巴哈说："生命本身就是幸福。""生命本是一切福利的总和。"[19]庄子说得更妙："至乐活身。"[20]

可见，生命之所以是一个人最宝贵的东西，直接讲来，是因为生命的快乐是人生的最重要、最根本、最大的快乐；根本讲来，是因为生命能满足人的最重要、最根本、最大的欲望：求生欲。

**2. 贵生的价值**

从生命最宝贵可以推知，一个人究竟怎样行为对自己最有利和最有害：贵生的行为对自己最有利，因为一个人如果贵生轻物，那么即使他失去身外名货，得到的却是最宝贵、最有价值的东西：健康长寿；反之，重物轻生的行为对自己最有害，因为一个人如果重物轻生，那么即使他得到了身外名货，却失去了性命，岂非杀身以易衣、断首以易冠？

贵生最有利自己，因而也就是善待自己的首要规范；重物轻生最有害自己，因而也就是恶待自己的首要规范。可叹从古到今，多少人不懂得这个道理，而竞相危身伤生以求名利，结果是，"功虽成乎外，而生亏乎内。耳不可以听，目不可以视，口不可以食，胸中大扰，妄言想见，临死之上，颠倒惊惧，不知所为，用心如此，岂不悲哉？"[21]

然而，人们大都以为，道德不应该倡导贵生利己，而应该倡导伤生利他。这种观点是错误的。因为贵生利己和伤生利他是否应该而具有正道德价值，完全取决于二者对道德最终目的或道德终极标准的效用。道德最终目的或道德终极标准，如前所述，无非是为了保障社会存在发展、增进每个人利益。准此观之，贵生利己完全符合道德最终目的或道德终极标准；伤生害己则完全违背道德最终目的或道德终极标准。试想，如果每个自我都是健康的、强盛的，那么，社会岂不也是个健康的、强盛的社会？反之，如果每个自我都是病夫，那么社会岂不是个病夫的社会？贵生利己符合道德最终目的或道德终极标准，因而便具有正道德价值，是道德的、应该的、善的；伤生害己违背道德目的，因而便具有负道德价值，是不道德的、不应该的、恶的。

不过，贵生利己的正道德价值与伤生害己的负道德价值都是相对的、有条件的。因为不言而喻，只有在正常情况下——即在自己的生命与他人生命不发生冲突时——贵生利己才是道德的、应该的、善的,伤生害己才是不道德的、不应该的、恶的;而在非常情况下(即在自己生命与他人生命发生冲突、不自我牺牲就不能保全更重要的他人生命时),便应该自我牺牲、伤生利他,而贵生利己便是不道德、不应该、恶的了。认为应该倡导伤生利他而不该倡导贵生利己的流行观点之错误就在于:抹杀正常情况而夸大非常情况,于是便一方面由伤生利他在非常情况下是道德的,进而以为其在正常情况下也是道德的;另一方面则由贵生利己在非常情况下是不道德的,进而断言其在正常情况下也是不道德的。

可见,贵生与诚实勇敢一样,都是相对应该、相对道德、相对善的,都隶属于"增进全社会和每个人利益"、"勿害人"等道德原则的基本道德规则。那么,究竟应该如何贵生呢?应该乐生:乐生乃贵生之本。因为,如上所述,生命最宝贵只因其能满足人的最重要欲望而为人的最重要的快乐,这岂不意味着:满足最重要的欲望、得到最重要的快乐是最宝贵的?所以,所谓贵生,说到底,便是贵"达欲快乐";贵生的行为,说到底,便是乐生达欲而非苦生禁欲的行为:乐生乃贵生之本也!

因此,道家认为六欲只得到部分满足的"亏生"并非贵生、尊生;贵生、尊生乃是六欲都得到适当满足的"全生"。但是,一个人所追求的种种快乐,往往互相冲突、不可得兼。譬如,日夜淫乐,固然快活,但会危害健康,便不能久乐。那么,应该选择暂时快乐还是长久快乐?显然应该选择长久快乐。而要想长久快乐,正如道家所言,必须健康长寿:"古人得道者,生以寿长,声色滋味,能久乐之。"[22]于是,利生便是乐生的前提:贵生是以利生为前提的乐生。这样,贵生的乐生便不是纵欲的乐生,不是放纵一切欲望、追求一切快乐;而是节欲的乐生,是只满足有利生命的欲望、只追求有利生命的快乐:"是故圣人之于声色滋味也,利于性则取之,害于性则舍之,此全性之道也。"[23]那么,究竟怎样才能做到利生而乐生?应该养生:养生乃贵生之道。

### 3. 贵生之道

何谓养生?《吕氏春秋》说:"知生也者,不以害生,养生之谓也。"[24]《千金要方》说得更具体:"天地之性,惟人为贵,人之所贵,莫贵于生。唐荒无始,劫运无穷,人生其间,忽如闪电,每一思此,罔然心热,生不再来,逝不可追,何不抑性养情以自保?"[25]可见,养生是知生之贵而自觉地利生不害生,是健康长寿的唯一途径,因而也就是贵生、乐生之根本。那么,究竟应该如何养生呢？

神静形动

人的生命无非精神与形体；而精神统帅形体。所以，养生也就无非养神与养形；而养神则重于养形："太上养神，其次养形。"[26]

养神的原则是"静"。因为精神安静稳定才能正常运行，脏腑机能才会协调平衡，免疫力才能增强，从而才能健康长寿。反之，精神若躁动不安，便不能正常运行，脏腑机能便会紊乱，免疫力便会减弱而易罹患疾病。所以，《淮南子》说："夫精神气志者，静而日充者以壮，躁而日耗者以老。"[27]然而，精神是人的一切生命活动之主宰，易动而难静。怎样才能静而不躁？或者说，养神的具体方法若何？

首先，应"舒畅情怀"。《黄帝内经》说："百病生于气也：怒则气上，喜则气缓，悲则气消，恐则气下，思则气结。"[28]这就是说，七情（喜、怒、忧、思、悲、恐、惊）失常是扰乱心神从而致病的重要因素。所谓失常，有两种情况。一是过于激烈，如狂喜、盛怒、骤惊、大恐；二是过于长久，如冥思苦想、积忧久悲。那么，怎样才能精神安静、七情正常？只有精神愉快、舒畅情怀！刘默在《证治百问》中也这样写道："人之性情最喜畅快，形神最宜焕发，如此则有长寿之情，不惟去病，可以永年。"[29]可是，如何才能精神愉快、情怀舒畅？宋代养生学家陈直总结出一套办法，称为"十乐"："述齐斋十乐云：读义理书，学法帖字。澄心静坐，益友清谈。小酌半醺，浇花种竹。听琴玩鹤，焚香煎茶。登城观山，寓意弈棋。"[30]

其次，应"欲望适度"。一个人如果欲望过度，便会因其难以实现而焦躁不安、精神耗散。所以，养生家们说："欲寡精神爽，思多气血衰。"[31]可见，欲望适度、知足常乐是养神的基本方法。《道院集》将这一方法概括为"除六害"："摄生者，先除六害：一曰薄名利；二曰禁声色；三曰廉货财；四曰损滋味；五曰屏虚妄；六曰除嫉妒。六者若存，不能挽其衰朽矣。"[32]孙思邈则将其归纳为"十二少"："少思、少念、少欲、少事、少语、少笑、少愁、少乐、少喜、少怒、少好、少恶。行此十二少，养生之都契也。"[33]

最后，应"修养品德"。人是社会动物，每个人的一切欲望，都是靠社会与他人的帮助实现的。一个人能否得到社会与他人帮助从而他的心境能否愉快平和，关键在于他是否有德，在于社会与他人认为他是否有德。因为如果他有德，如果社会与他人认为他有德，他便既会得到荣誉、得到社会与他人的帮助，又会得到良心满足、得到自我奖赏，从而他的心境便会愉快平和。反之，如果他缺德，如果社会与他人认为他缺德，他便既会受到舆论谴责、被社会与他人唾弃，又会受到良心谴责、受到自我惩罚，这样他便会忧愁焦虑、惶恐不安。所以，养生家们说："古善养性者，不但饵药餐霞，其在兼于百行。百行周备，虽绝药饵，足以遐年；德行不克，纵服玉液金丹未能延寿。"[34]《长生秘诀》甚至说："善养生者，当以德行为主，而以调养为佐。"[35]可见，修养品德实乃养神长寿的基本方法。

养形的原则是"动"。庄子说："吹吁呼吸，吐故纳新，熊经鸟申，为寿而已矣。此导引之人，养形之人，彭祖寿考者之所好也。"[36]高濂说："养气以保神，气清则神爽；运体以去病，体活则病离。"[37]孙思邈说："人若劳于形，百病不能成。"[38]可是，为什么动能养形？华佗答曰："人体欲得劳动，但不当自使竭尔。体常动摇，谷气得消，血脉流通，疾则不生。卿见户枢，虽用易朽之木，朝暮开闭动摇，遂最晚朽。是以古之仙者赤松、彭祖之为导引，盖取于此也。"[39]那么，究竟应该如何运动呢？

首先，运动形式很多，如游泳、打球、打拳、跑步、散步、旅游、舞蹈、按摩、气功、体力劳动等等。究竟进行何种运动，应因人、因时、因地制宜。其次，运动时间，饭前锻炼至少要休息半小时才可用餐；饭后则至少要休息一个半小时才能进行锻炼。最后，运动量须适度。运动量太小，起不到健身作用；运动量太大，身体反而受损。所以，孙思邈说："养性之道，常欲小劳，但莫大疲及强所不能耳。"[40]目前多采用按心率的快慢来判定运动量的大小的方法，通常来说，每天运动一至二次、每次 20 至 40 分钟为宜。如果运动后，食欲增进、睡眠良好、精力充沛，说明运动量适宜；如果运动后食欲减退、精神倦怠，则说明运动量过大。

饮食有节

人的生命无非是食物的转化形态。所以，古人云："安身之本，必资于食，不知食宜不足以存生。"饮食的养生原则，如所周知，乃"饮食有节"。所谓饮食有节，一方面指饮食质的适宜，亦即各种食物的合理搭配；另一方面指饮食量的适度，亦即按时节量。

食物应该如何搭配？《黄帝内经》说："五谷为养，五果为助，五畜为益，五菜为充。气味合而服之，以补精益气。"[41]尔后历代养生家一致认为食物搭配的原则是"素食为主、荤素结合"：荤即肉类（五畜），素则包括粮食（五谷）、蔬菜（五菜）、水果（五果）等。孙思邈说："善养性者，常须少食肉，多食饭。""常宜清淡之物，大小麦曲，粳米为佳。"[42]万全说："五味稍薄，则能养人、令人神爽；稍厚随其脏腑，各有所伤。"[43]现代养生学表明，"素食为主、荤素结合"确是人类健康长寿的秘诀之一。

何谓“按时节量”？所谓“按时”，一般早餐7时左右，午餐12时左右，晚餐6时左右。每餐之间应间隔5至6小时，因为一般食物在胃中约停留4至5小时，并且消化器官需要休息一定时间才能恢复其功能。每餐后，当以手摩腹，缓行片刻。所谓“节量”，是说三餐食物分配应有一定比例：早餐占30%—35%、午餐占40%、晚餐占25%—30%。“节量”的基本精神，如孔子所说：“食无求饱。”对此，历代养生家论述甚丰：“凡食之道，无饥无饱，是谓养生之葆。”[44]“先饥而食，时不过饱；先渴而饮，饮不过多。”“体欲常劳，食欲常少；劳勿过极，少勿过饥。”[45]一些当代养生家甚至推断，依靠少食而无饥，人能延长寿命40年。

总之，“素食为主、荤素搭配”与“按时节量”是饮食养生的两大原则。从此出发，科学的饮食方法确如《长生秘诀》所论，可以扩展为“七宜”：“吃食之法，大略饭食宜多，肉蔬杂味宜少；食宜早些，不可迟晚；食宜缓些，不可粗速；食宜八九分，不可过饱；食宜清淡，不可厚味；食宜温暖，不可寒凉；食宜软烂，不可坚硬。”[46]

*起居有常*

历代养生家一致把“起居有常”作为养生的重要原则而与“饮食有节”相提并论。管子说：“起居时，饮食节，寒暑适，则身利而寿命益；起居不时，饮食不节，寒暑不适，则形体累而寿命损。”[47]所谓“起居有常”，意即根据自然和人体的客观规律、结合自己的具体情况来安排起居作息，持之以恒。这一原则，一般说来，表现为如下六个方面：

晨起。每天早晨，按时起床。春秋宜早睡早起，夏季宜晚睡早起，冬季宜早睡晚起。总而言之，起床时间以日出前后为宜：“早起不在鸡鸣前，晚起不在日出后。”[48]一般说来，早晨5—6点起床、夜晚9—10点就寝为宜。晨间锻炼，在床上可手拍心胸、叩齿、梳发、擦面等，然后下床去室外打拳或跑步等等。

劳作。上午和下午为劳作时间。连续劳作之间要有适当休息、劳逸结合。陶弘景说：“从朝至暮，常有所为，使之不息乃快，但觉极当息，息复为之。”[49]劳作负担不能过重：“神大用则竭，形大劳则毙。”[50]

晚憩。黄昏之后，不宜辛劳。晚上当以休息娱乐为主，放松身心，为睡眠做好准备。

睡眠。睡眠对生命的重要性不次于饮食。人不吃东西40天左右死亡，不睡觉则只能活半月。所以养生家很重视睡眠，认为“眠食二者为养生之要务。”半山翁云：“华山除士容相见，不觅仙方觅睡方。”[51]一般说来，每天成人应睡8小时、老年人应睡9小时左右。要避免失眠,首先应定时就寝,天天如此,形成条件反射,建立起固定的睡眠动力定型。其次,应“平居静养”:“平居静养,入寝时,将一切营为计虑,举念即除,渐除渐少,渐少渐无,自然可得安眠。若终日扰扰,七情火动,辗转牵怀,欲其一时消释得乎?”[52]最后,应入睡有方:“寐有操纵二法:操者,如贯想头顶,默数鼻息,返观丹田之类,使心有所着,乃不纷驰,庶可获寐。纵者,任其心游思于杳渺无朕之区,亦可渐入朦胧之境。最忌者,心欲求寐,则寐愈难。盖醒与寐交界关头,断非意想所及。唯忘乎寐,则心之或操或纵,皆通梦乡之路。”[53]

起居健身十四宜:面宜多擦、发宜多梳、目宜常运、耳宜常弹、齿宜常叩、舌宜舔腭、津宜常咽、浊宜常呵、便宜禁口、腹宜常摩、肛宜常提、足心宜常擦、皮肤宜常干浴、肢节宜常动摇。[54]

养生之法,历代相传,至今真可谓五花八门、千头万绪。但追本溯源,莫不衍生于“神静形动”、“饮食有节”、“起居有常”三大养生原则、养生之道。所以《黄帝内经》说,一个人若谨守此三大养生之道,便可望百岁长寿;否则势必半百而衰也:“上古之人,其知道者,法于阴阳,和于术数,食饮有节,起居有常,不妄作劳,故能形与神俱,而尽终其天年,度百岁乃去。今时之人不然也,以酒为浆,以妄为常,醉以入房,以欲竭其精,以耗散其真,不知持满,不时御神,务快其心,逆于生乐,起居无节,故半百而衰也。夫上古圣人之教下也,皆谓之虚邪贼风,避之有时,恬淡虚无,真气从之,精神内守,病安从来。是以志闲而少欲,心安而不惧,形劳而不倦,气从以顺,各从其欲,皆得所愿。故美其食,任其服,乐其俗,高下不相慕,其民故曰朴。是以嗜欲不能劳其目,淫邪不能惑其心,愚智贤不肖不惧于物,故合于道。所以能年皆度百岁而动作不衰者,以其德全不危也。”[55]

贵生虽然是善待自己最为重要的道德规则,但是,贵生并不是善待自我的最高道德规则:善待自我的最高道德规则是自尊。因为一个人的自己,无非由自己的生命和自己的人格两方面构成。贵生是自爱在自己生命方面的表现,是对自己生命的爱,是对生命自我的爱;它所能引发的,无疑仅仅是一种基本的、低级的目的利己行为:活着。反之,自尊则是自爱在自己人格方面的表现,是对自己的人格的爱,是对人格自我的爱;它所引发的则是比较高级的目的利己行为:活得有作为、有成就、有价值。所以,贵生之后,应该研究自尊。

## 三 自 尊

### 1. 自尊概念

不言而喻,自尊与尊人相对。尊人是尊敬他人,是他人受尊敬;自尊则是尊敬自己,是自己受尊敬。所以,所谓自尊,就是使自己受尊敬的心理和行为,也就是使自己受自己和他人尊敬的心理、行为:使自己得到尊敬的心理,叫做自尊心;使自己得到尊敬的行为,叫做自尊行为。

可是,一个人怎样才能得到自己和他人的尊敬呢?无疑只有有所作为、有所成就、有贡献、有价值才能得到自己和他人的尊敬:“为鸡狗禽兽矣,而欲人之尊己,不可得也。”[56]因此,自尊说到底,也就是使自己有作为、有价值从而赢得自己和他人尊敬的心理、行为:自信是自尊的根本特征。所以,冯友兰写道:“孟子说:‘舜何人也,予何人也,有为者亦若是。’有这一类底志趣者,谓之有自尊心。”[57]罗尔斯说:“我们可以从两个方面来界定自尊。首先,它包括一个人对他自己的价值的觉察……第二,自尊意味着对自己能力的自信。”[58]

因此,自尊的反面是自卑:自卑是认为自己无能使自己受尊敬的心理和行为,是认为自己没有能力有作为、有价值的心理和行为:不自信是自卑的根本特征。冯友兰说:“无自尊心的人,认为自己不足以有为,遂自居于下流,这亦可以说是自卑。”[59]因此,自卑之为自卑的根本特征,并非自认卑下,而是自认无能改变自己之卑下。所以,阿德勒在详述自卑情结之后说:“现在,我们应该给自卑情结下一个定义:当个人面对一个他无法适当应付的问题时,他表示他绝对无法解决这个问题,此时出现的便是自卑情结。”[60]这样,仅仅认为自己卑下,还不是自卑——认为自己卑下但能加以改变恰恰是自信、自尊——只有认为自己卑下且无能加以改变,才是自卑:自卑是自认无能改变自己之卑下的心理和行为。这恐怕就是为什么生理缺陷最易引起自卑的缘故:生理缺陷是自己无能、无法加以改变的。

不难看出,以尊敬给予者的性质为根据,自尊分为两类:一类是使自己得到自己尊敬的心理和行为,叫做内在自尊;一类是使自己得到他人尊敬的心理和行为,叫做外在自尊。马斯洛在谈到自尊需要的类型时也这样写道:“这些需要可以分为两个子系列:第一是追求实力、成就、富裕、权势和能力、面对一切的自信以及独立和自由的欲望(这大都是内在自尊——引者）。第二是追求名誉或威望（亦即来自他人的尊敬或尊重）、地位、名声和荣誉、优势、被承认、被关注、重要性、尊贵或被赞赏的欲望（这大都是外在自尊——引者）。”[61] 内在自尊与外在自尊显然相反而相成：一个人如果只求外在自尊、只求他人对自己的尊敬，而不求内在自尊、不求自己对自己的尊敬，其自尊便不再是自尊而蜕变为虚荣；反之，如果只求内在自尊、只求自己对自己的尊敬，而不求外在自尊、不求他人对自己的尊敬，其自尊便不再是自尊而蜕变为自傲。因此，内在自尊与外在自尊一致，乃是自尊之为自尊的根本条件。

自尊还可以根据自我成就的性质而分为三类。一是物质性自尊，是物质自我之自尊，是使自己在物质生活方面有所作为——如发财致富和健康长寿——从而赢得尊敬的自尊。二是社会性自尊，是社会自我之自尊，是使自己在社会生活方面有所作为——如品德高尚和达官显贵——从而赢得尊敬的自尊。三是精神性自尊，是精神自我之自尊，是使自己在精神方面有所作为——如著书立说、成名成家——从而赢得尊敬的自尊。如前所述，精神生活的价值高于物质生活的价值，而社会生活的价值则介于二者之间。所以，物质性自尊是低级自尊、社会性自尊是中级自尊、精神性自尊是高级自尊。对于这个道理，詹姆斯说得很好：“整个社会自我，比整个物质自我高。我们为名誉、为朋友、为然诺、为信义，应该胜过为自己体快、为自己发财。至于精神自我，更属高尚得不可以道里计、宝贵得不可以金钱数。一个人宁可抛却朋友、鄙弃名誉、丧失财产，甚至牺牲生命，也不该丢了它。”[62]

**2. 自尊的价值**

现代心理学认为，自尊是人的基本需要、基本欲望，这种需要欲望人皆有之，只不过有些人强些、有些人弱些罢了：“社会中所有的人（极少数病态者除外）都有一种追求稳定、可靠、经常被较高评价的需要或欲望，都有一种追求自尊、自重和被他人尊重的需要或欲望。”[63] 一个人的这种需要或欲望，如果得到满足，便会感到自豪的快乐：自豪是自尊心得到满足的心理反应；反之，如果得不到满足，便会感到羞耻：羞耻是自尊心受挫的心理反应。

那么，人们将进行怎样的行为以满足其自尊心呢？一个人要满足其自尊心，无疑必须得到自己和他人的尊敬；而要得到自己和他人的尊敬，则必须有所作为、有所成就：自尊者必自强、自立也。这是从质上看。从量上看，一个人得到自己和他人尊敬的程度，从而他自尊需要的满足程度，显然与他所取得的成就之大小成正比：他取得的成就越多，他得到的尊敬便越多，他自尊需要得到的满足便越充分，他便越自豪、快乐；他取得的成就越少，他得到的尊敬便越少，他自尊需要得到的满足便越不充分，他便越羞耻、痛苦。

可见，不论从量上看还是从质上看，自尊都是推动人们自强自立、有所作为、取得成就、创造价值的动力。所以，梁启超说："建丰功、扬伟烈，能留最高之名誉于历史上，皆此不肯自贼、自暴自弃之一念，驱而就之也。"[64]阿德勒甚至说："在每件人类的创作之后，都隐藏有对优越感的追求，它是所有对我们文化贡献的源泉。"[65]罗尔斯说："很清楚，为什么自尊是一种基本的善。如果没有自尊，看起来可能就没有什么事情是值得去做的，或者即使一些事情对于我们有价值，我们也缺乏为它们而奋斗的意志。那样，所有的欲望和活动就会变得毫无意义和用处，我们就会陷入冷漠和玩世不恭。"[66]总而言之，自尊极其有利于社会的存在、发展，符合道德最终目的和道德终极标准，因而是一种极为重要的善：自尊越强，其善越大；自尊越弱，其善越小。

反之，自卑则是一种基本的恶。因为一个人如果自卑，认为自己没有能力有所作为，那么，他显然就会放弃作为、自暴自弃：谁会为自认不可能的事情奋斗呢？美国心理学家卡普兰对9300名七年级学生进行十年调查的结论是：自卑和偏离规范的行为（不诚实、加入罪犯团伙、违法行为、吸毒、酗酒、挑衅以及各种心理变态等）成正比例关系。他举例说：在自卑心低、中、高的学生中，一年或更长时间以后承认有过小偷小摸的分别占8%、11%、14%；被学校开除的分别占5%、7%、9%；想过自杀或威胁要自杀的分别占9%、14%、23%。[67]

然而，阿德勒却认为自卑是人类进步的动力。他这样写道："自卑感本身并不是变态的。它们是人类地位之所以增进的原因。例如，科学的兴起就是因为人类感到他们的无知，和他们对预测未来的需要：它是人类在改进他们的整个情境、在对宇宙作更进一步的探知、在试图更妥善地控制自然时，努力奋斗的成果。事实上，依我看来，我们人类的全部文化都是以自卑感为基础的。假使我们想象一位兴味索然的观光客来访问我们人类星球，他必定会有如下的观感：'这些人类呀，看他们各种的社会和机构，看他们为求取安全所做的各种努力，看他们的屋顶以防雨，衣服以保暖，街道以使交通便利——很明显，他们都觉得自己是地球上所有居民中最弱小的一群！'"[68]

阿德勒的错误显然在于对自卑概念的误解：误以为自卑感就是自觉卑下之感。其实，如前所述，自觉卑下既可能是自卑，也可能是自尊：自觉卑下且认为无能改进者,是自卑感;自觉卑下而努力改进者,则是自尊。阿德勒这里所说的自卑感显然是后者而非前者。所以,人类进步的动力并非自觉卑下且无能加以改进的自卑感,而是自觉卑下且努力加以改进的自尊心。

### 3. 自尊原则

一个人要得到自己和他人的尊敬,必须有所成就:取得成就,是实现自尊的唯一途径。但是,一个人的成就,却可能有真假之分。真的成就,不言而喻,只有通过奋发有为才能获得。假的成就,则主要通过自欺欺人和贬低他人达到。首先,贬低他人可以使我有成就。譬如说,我没有什么成就;但是,他人如果更没有成就,那么,我岂不就显得有成就了?我长得不好;但是,他人如果长得更不好,我岂不长得好了?所以,我实际虽无成就,但通过贬低他人,我就可以有成就了。这种成就无疑是假成就。其次,自欺欺人可以使我有成就。譬如说,我很怯懦。但是,我若自我吹嘘、欺骗别人,使别人相信我是勇士,那么,在别人眼中,我不就有了勇敢的成就?我没有诗才。但是,我若自欺而使自己相信自己的诗伟大,那么,在我自己的眼中,我不就有了伟大诗人的成就?这些成就显然都是假成就。

这样,一个人实现其自尊的途径实际上便有两种。一种是善的:通过自强自立、奋发有为取得真成就,从而实现其自尊。另一种则是恶的:通过自欺欺人和贬低他人而取得假成就,从而实现其自尊。人的自尊很容易偏离自强自立、奋发有为的善行大道,而滑入自欺欺人、贬低他人的恶行泥潭。所以,马斯洛说:"我们越来越认识到基于他人评价——而不是基于真实才能、能力以及胜任工作——的自尊的危险性。最稳定因而也最健康的自尊是基于理所当然的来自他人的尊敬,而不是基于外在的名声、声誉和无根据的奉承。"〔69〕于是,总而言之,自尊不应该基于自欺欺人和贬低他人,而应该基于自己的真实成就:这就是自尊的道德原则。

自尊是尊己。然而,骄傲也是尊己;谦虚则是卑己。所以,自尊与谦虚以及骄傲不可分离,关系极为密切。因此,自尊之后,应该研究谦虚。

## 四 谦 虚

### 1. 谦虚定义

何谓谦虚?《周易》以卑释谦:"谦谦君子,卑以自牧也。"〔70〕对此,朱熹解释说:“大抵人多见得在己则高,在人则卑。谦则抑己之高而卑以下人,便是平也。”[71]可见,所谓谦虚,便是较低看待自己而较高看待别人的心理和行为,是低己高人、以人为师的心理和行为,是卑己尊人、以人为师的心理和行为。反之,骄傲则是较高看待自己而较低看待别人的心理和行为,是尊己卑人、好为人师的心理和行为。所以,斯宾诺莎说:“骄傲可以定义为‘一个人因自爱或自满而自视太高的情感’。”[72]“骄傲一词系指将别人看得太低的情感。”[73]

然而,如果自己确实高于别人,自己如实看待,也是骄傲吗?是的。“自足而见其足、过人而见其过人,是即傲矣。足而不以为不足、过人而不以为不及人,是即傲矣。”[74]反之,自己明明高于别人却以为低于别人、自己明明有成绩却以为无成绩,也是谦虚吗?是的。冯友兰说:“自己有成绩,而不认为自己有成绩,此即所谓谦虚。”[75]但是,谦虚并非弄虚作假。如果一个人尊人卑己只在言谈举止,而心里却是卑人尊己,那么,他还不是真正谦虚的人:“真正谦虚的人,自己有成绩,而不以为自己有成绩;此不以为并不是仅只对人说,而是其衷心真觉得如此。”[76]

谦虚即卑己尊人,岂不意味着谦虚即自卑吗?谦虚与自卑确很相像:二者都自认卑下。但是,二者形似神离、根本不同。因为谦虚是卑己尊人、以人为师的心理和行为,而自卑则是自认无能改变自己之卑下的心理和行为。这样,一方面,从对待自己的态度来说,自卑基于不自信而认为无能改变自己之卑下;反之,谦虚则基于自信而以人为师改变自己之卑下。另一方面,从对待他人的态度来说,谦虚必尊人,因为谦虚之为谦虚,就在于卑己尊人;反之,自卑则趋于卑人、贬低他人。因为,斯宾诺莎说:“自卑者的痛苦源于自己——通过与他人的力量或德性相比——的软弱无能,因而他若将他的心想都用在挑剔他人的短处上,他的痛苦便会减少,甚至感到快乐。这就是为什么有句格言说:‘难中得伴,不幸减半’。相反地,他若是越觉得自己不如他人,他便会愈加感到痛苦。所以,没有人比自卑者更容易嫉妒,因而他们最喜欢努力用一种非难而不是指正的眼光察看别人的行为。”[77]

骄傲即尊己卑人,岂不意味着骄傲即自尊吗?从字面上看的确很相似,实则不然。因为骄傲的尊己之“尊”,是“高”的意思:骄傲是较高地看待自己,是尊己卑人、好为人师的心理和行为;自尊的尊己之“尊”,是“敬”的意思:自尊是使自己得到尊敬,是使自己有作为、有价值从而得到尊敬的心理和行为。这样,自尊便与骄傲根本不同:一方面,自尊是自己的内在志趣,而骄傲则是自己对待他人的外在关系;另一方面,骄傲必卑人,而自尊则趋于尊人:尊人者,人恒尊之,因而欲得他人尊己,自己必须尊人。

**2. 谦虚的价值**

《尚书》云:"满招损,谦受益。"这可以从两方面看。

首先,从我对他人的态度来说。我若谦虚,便会卑己尊人,觉得自己不如别人,因而能以人为师、向别人学习。而"人必有一善,集百人之善,可以为贤人;人必有一见,集百人之见可以决大计"[78]。这样,我便会不断取得进步。反之,我若骄傲,便会卑人尊己,觉得别人不如自己,因而便会自满自足而不能向别人学习。这样我便只能退步而不会进步。所以,杨爵说:"自以为有余,必无孜孜求进心,以一善自满,而他善无可入之隙,终亦必亡而已矣。"[79]

其次,从他人对我的态度来说。我若谦虚而卑己尊人,便会满足他人的自尊心、唤起他人的同情心,他人便会承认我的长处、帮助我克服短处,从而使我获得成功。所以,老子说:"不自见,故明;不自是,故彰;不自伐,故有功;不自矜,故长。"[80]反之,我若骄傲而尊己卑人,便会伤害他人的自尊心、唤起他人的嫉妒心,他人便不但不会承认我、帮助我,而且会反对我、伤害我。试想从古到今,多少以功骄人、以才骄人、以富骄人者:哪一个有好下场呢?所以老子说:"企者不久,跨者不行,自见者不明,自是者不彰,自伐者无功,自矜者不长。"[81]

总之,骄傲极其有害自己和他人、违背道德最终目的和道德终极标准,因而是一种极其重要的恶。王阳明甚至说:"人生大病,只是一傲字。……傲者众恶之魁。"[82]相反,谦虚则极其有利于自己和他人、符合道德最终目的和道德终极标准,因而是一种极其重要的善:"善以不伐为大。"[83]《易经》甚至说:"谦,德之柄也。"[84]"天道亏盈而益谦,地道变盈而流谦,鬼神害盈而福谦,人道恶盈而好谦。谦尊而光,卑而不可逾,君子之终也。"[85]

**3. 谦虚修养**

既然谦虚是大善、骄傲是大恶,那么,一个人究竟如何才能得到谦虚不傲之品德?这种品德的取得是很难的。富兰克林甚至说:"人的一切自然情欲之中,其最难克除的恐怕要算骄傲了。无论我们怎样去掩饰它、抑制它、利导它,或消灭它,它终究还是存在着,而随时在出头以显示其一己。即在这一部自传中,你们读者也可多方见到之。因为我虽然自信已经完全克服我的骄心,但我仍不免要以我的谦虚以自傲。"[86]尤其困难的是,一个远远高于别人的人，怎样才能衷心觉得自己低于别人而谦虚呢？自欺欺人吗？当然不是。真正讲来，原本有两条途径可以使人——不论他多伟大——进入低己高人的谦虚之境界。

一个叫做“以己之短量人之长”。尺有所短，寸有所长。自己不论多么伟大，总有短处、缺点；他人不论多么渺小，总有优点、长处。所以，孔子说：“三人行，必有我师焉。”这样，即使是一个伟人，如果能以己之短量人之长，岂不就会衷心觉得自己低于别人而谦虚吗？大学问家顾炎武便是这种谦虚之楷模。他说：“探究天人之学，我不如王寅旭；读书明理、观察精微，我不如杨雪臣；独精三礼，我不如张稷若；坚苦力学、无师而成，我不如李中孚；博闻强记，我不如吴志伊；文章典雅，我不如朱锡泌；好学不倦、笃于朋友，我不如王山史；精心六书，我不如张力臣……”[87]

另一个叫做“与强者比”。天外有天，人上有人。所以每个人都是比上不足、比下有余。这样，如果自己确实高于别人，便不过是与较弱者相比；若与较强者相比，岂不就会衷心觉得自己低于别人而谦虚吗？古人云：“取法乎上，仅得乎中；取法乎中，仅得其下。”如果取法于理想美德，可以成为颜回。如果取法于颜回，则对于颜回便只有不及而不能超过。所以，有见识者，凡事均取法乎上而与较强者相比。因此，即使他有巨大的成就，也会觉得不及标准、自感不足而谦虚了。[88]

可见，谦虚并非自我贬低、自欺欺人，而是与较强者相比和以己之短量人之长的结果。然而，谦虚是卑己尊人、以人为师，以便有所成就而实现自尊。那么，这种成就和自尊的基本内容究竟是什么？是“智慧”。所以，在自尊和谦虚之后，应该研究智慧。

## 五 智 慧

### 1. 智慧概念

智慧之为人的一种能力，是毫无疑义的。问题在于，它究竟是人的哪一种能力？人的一切能力莫非脑力或脑活动能力与体力或躯体活动能力：智慧当然是前者而非后者。所谓脑力或脑活动能力，显然也就是精神活动能力、心理活动能力、思想活动能力、意识活动能力：四者是同一概念。心理，如所周知，又分为知（认知）、情（感情）、意（意志）。智慧是意志能力吗？不是。我们不能说坚强的意志力是智慧而软弱的意志力是愚昧：意志力无所谓智慧不智慧。智慧是感情能力吗？也不是。我们不能说丰富敏感的感情能力是智慧而贫乏迟钝的感情能力是愚昧：感情能力也无所谓智慧不智慧。于是，智慧只能是认知能力：只有认知能力才有智慧与愚昧之分。所以，孟子说："是非之心，智也。"[89]班固说；"智者，知也。独见前闻不惑于事，见微知著也。"[90]张岱年说："智慧即对于真理的认识。"[91]福泽谕吉说："智慧就是指思考事物、分析事物、理解事物的能力。"[92]《辞海》与《汉语大词典》也这样写道："智慧是对事物能认识、辨析、判断处理和发明创造的能力。""智慧，梵语'般若'的意译。佛教谓超越世俗虚幻的认识，达到把握真理的能力。"

那么，智慧究竟是一种怎样的认识能力？马利坦说："智慧属于完满的层次。"[93]皮亚杰也认为："智慧仅是一个种的称谓，用以标志认识结构的组织或平衡的较高形态。""从这一意义上说，智慧就不仅是一种适应，而是一种适应过程的不断扩张的完备化。"[94]这就是说，智慧是相对完善的认知能力，更通俗些说，是相对完善的精神活动能力，是相对完善的思想活动能力。

智慧是相对完善的认知能力，一方面是因为智慧总是有时间性的，总是一定时代、一定地点的人们的智慧，因而只有对于一定时代、一定地点才能成立，而不可能对于一切时代、一切地点都成立。造船、结网只有对于远古时代的人来说才是智慧而对于现代人来说则远非智慧了。古代的圣贤也只是相对古代说，才有智慧，而对于现代来说，则算不上智慧。福泽谕吉甚至说："如果单就智慧来说，古代圣贤不过等于今天的三岁儿童而已。"[95]

智慧是相对完善的认知能力，另一方面是因为任何一个人的智慧和认知总是某些方面的，而不可能是全面的。任何人都不可能具有完全的智慧，而只可能具有某些方面的智慧：完全的智慧是人类之和所具有的。所以，说一个人有智慧只是相对于某些方面的精神能力才能成立，而不可能对于一切精神能力都成立。韩信有的是军事智慧，却没有政治智慧。诸葛亮有的是军事、政治智慧，却没有养生智慧。

每个人的智慧都是相对的、不完全的，因而智慧是多种多样的。做人有做人的智慧，做学问有做学问的智慧，治国平天下有治国平天下的智慧，耕田种地、打造家具、谈情说爱、吸引异性也有智慧。一句话，只要是人的认知能力，只要它在某一方面达到了相对完善，便都是智慧。

人们常说，诸葛亮有智慧而马谡无智慧。真正讲来，马谡只是没有实际用兵的创造性智慧，却有烂熟兵法的记忆智慧；否则，诸葛亮就不会与他常谈兵法了。就智慧这种主观心理功能的性质来说，如所周知，智慧主要有五种类型：一是观察智慧，即相对完善的观察能力；二是记忆智慧，即相对完善的记忆能力；三是思维智慧，即相对完善的思维能力；四是想象智慧，即相对完善的想象能力；五是创造智慧，即相对完善的创造能力。

《智慧书》说，罪人、恶人没有智慧。[96]其实，罪人、恶人只是没有道德智慧，却可能具有其他智慧，如发明某种器械的智慧等等。以智慧这种客观心理内容的性质为依据，可以划分智慧为道德智慧与非道德智慧：道德智慧是从事道德活动的智慧，亦即从事人己利害活动的相对完善的认知能力；而非道德智慧则是无关乎道德活动的智慧，是无关乎人己利害活动的相对完善的认知能力。举例说，孟子有的便是道德智慧，因为他说出了对待人己利害活动的至理名言："夫仁，天下尊爵也，人之安宅也。莫之御而不仁，是不智也。"[97]反之，牛顿有的则是非道德智慧，因为牛顿发现的是无关乎人己利害活动的万有引力定律。

**2. 智慧的规律**

智慧属于认知能力。所以，道德智慧属于道德认知能力，因而也就是品德的一个部分，更确切些说是品德的指导因素："智者，德之帅也。"[98]道德智慧既然是品德的一个部分、一个因素，那么显然，一个人越有道德智慧，他的品德便越高；越没有道德智慧，他的品德便越低。然而，实际上，我们却看到，道德智慧较高者，品德却可能比较低；品德比较高者，道德智慧却可能比较低。原因何在？

原来，道德智慧虽然是品德的一个部分、一个因素，却是品德的指导因素，而不是品德的动力因素，因而便不是品德的决定因素。品德的动力因素、决定因素是道德感情。道德感情是品德的决定性因素，所以，道德感情高者，品德必高；品德高者，道德感情必高。道德智慧不是品德的决定因素，所以，道德智慧高者，品德却可能低；品德高者，道德智慧却可能低。由此可见，道德智慧高的人之所以品德低，完全不是因为他的道德智慧高，而仅仅是因为他的品德的其他方面低，如他的道德感情低。反之，道德智慧低的人品德之所以高，完全不是因为他的道德智慧低，而仅仅是因为他的品德的其他方面高，如他的道德感情高。如果人们的道德感情相同，如果人们的品德的其他方面相同，那么毫无疑义，道德智慧高者，品德必高；品德高者，道德智慧必高。

这样，仅仅从道德智慧与品德的关系来看，二者完全成正比例变化：一个人道德智慧越高，品德便越高，从而利人的行为便越多而害人的行为便越少;道德智慧越低,品德便越低,从而利人的行为便越少而害人的行为便越多:道德智慧与利人行为成正比而与害人行为成反比。这就是道德智慧规律。

然而,如果一个人仅有道德智慧,那么,他虽有利人的良好动机,却未必会有利人的良好效果。他要有利人的良好效果,还须具有非道德智慧。试想,一个人品德高尚、富有道德智慧。他临渊羡鱼,而有捕鱼送人的良好动机。但是,如果他没有如何结网的非道德智慧,那么,他便不可能有捕鱼送人的良好效果。所以,非道德智慧是利人的良好手段、方法、途径:一个人的非道德智慧越高,便会越大地利人;非道德智慧越低,便会越小地利人。

不过,如果一个人仅有非道德智慧而没有道德智慧,那么,他的非道德智慧越高,他就不仅可能更大地利人,也同样可能更大地害人。秦桧、希特勒、墨索里尼、严嵩、蔡京……古今中外多少祸国殃民者岂不都是只有非道德智慧而没有道德智慧吗?所以,费尔巴哈说:“一个人愈是伟大,就愈能有利于他人,固然也愈能有害于他人。”[99]

于是,一个人的非道德智慧越高,则或者会越大地利人,或者会越大地损人;非道德智慧越低,则或者会越小地利人,或者会越小地害人:非道德智慧既可能与利人行为成正比,也可能与损人行为成正比。这是非道德智慧规律。

合观道德智慧规律与非道德智慧规律可知:一个人不应该仅仅具有道德智慧,否则他便只知利人而不知如何利人;也不应该仅仅具有非道德智慧,否则他便既可能利人也可能害人;而应该既有道德智慧又有非道德智慧,这样他便不会害人而只会利人,他便不但会有良好的利人动机而且会有良好的利人效果。所以,智慧是很重要的社会的外在道德规范和个人的内在道德品质,以至古代希腊将其作为四主德之一:智慧、勇敢、节制、正义;而在我国传统道德中则被奉为三达德之首和五常之一:“知仁勇,天下之达德也。”[100]“五常,仁义礼智信是也”[101]那么,一个人怎样才能取得智慧呢?

### 3. 智慧的取得

一个人要取得智慧,如古人云,须具备两个条件:才与学。所谓才,就是天资、先天遗传;所谓学,就是学习,就是后天努力,就是有机体后天获得的、有意识的、能够形成个性的反应活动。一目了然,一个人的天资高低与其智慧的大小成正比:天资越高,便越易于取得智慧、所取得的智慧便越大;天资越低,便难于取得智慧,所取得的智慧便越小;低于常人而为低能弱智,便不可能取得智慧。试想,谁人曾见过低能弱智取得智慧而成为智者?天资在正常人以上显然是取得智慧的必要条件。这是因为,心理测验表明,天资在正常人以下的智力迟钝和缺陷者,其智力的可塑性极小。如果生活于被剥夺的环境,他们的智力将极其低下,但即使生活于丰富有利的环境,他们的智商最高也只在70—80之间。反之,具有中等以上天资的人,其智力的可塑性则极大。如果生活于被剥夺的环境,他们的智商不过50—60;如果生活于丰富有利的环境,其智商可达180以上。[102]

这样,一个人如果具有正常人以上的天资,那么,他能否取得智慧,便完全取决于学习了。不言而喻,一个人的学习的努力程度与其智慧的大小成正比:学习越努力,便越易于取得智慧、所取得的智慧便越大;越不努力,便越难于取得智慧、所取得的智慧便越小;少于一定程度的努力学习,即使天资极高也不可能取得智慧。宋代方仲永便是明证。他三岁能诗,诗人天资极高,却一直没有好好学习,结果也就没有获得诗人智慧而"泯然众人矣"。因此,孔子说:"好学近乎知。"[103]一定程度的努力学习是取得智慧的必要条件。

总而言之,仅有天资或者仅有学习都不可能取得智慧,智慧是二者联姻的产儿:智慧=天资+学习。不过,天资与学习在智慧取得过程中的作用,是因智慧类型的不同而不同的:道德智慧的取得,显然学习更重要,可以说学习占七分、天资占三分;反之,非道德智慧的取得,天资更重要,可以说天资占七分、学习占三分。这个道理,曾国藩早就说过:"古来圣贤名儒之所以彪炳宇宙者,无非由于文学事功。然文学则资质居其七分,人力不过三分。惟是尽心养性,保全天之所以赋予我者,此则人力主持,可以自占七分。"[104]

智慧是相对完善的认知能力。它的意义和价值完全在于支配和实现需要、欲望、情欲:欲望、情欲如果受智慧、理智支配,便是所谓的节制;否则便是放纵,亦即不节制。那么,一个人的智慧、理智究竟如何才能支配他的欲望、情欲呢?这就是"节制"道德规则理论的研究对象。

## 六　节　制

### 1. 节制概念

《孟子》有段名言,说人人都有"大体"和"小体"。"大体"是心,是理智;“小体”是耳目等感官,是情欲。一个人的行为若是服从理智,便是道德的、善的、大人的行为;若是服从情欲,便是不道德的、恶的、小人的行为:“公都子问:‘钧是人也,或为大人,或为小人,何也?’孟子曰:‘从其大体,为大人;从其小体为小人。’”[105]

那么,情欲服从理智的行为究竟属于哪一种善?古希腊大哲答曰:节制。首先,柏拉图也把人的灵魂分为理智与情欲两部分:“灵魂里有两个不同部分,一个是思考推理的,可以称之为灵魂的理智部分;另一个是感受性欲、饥渴和激情等欲望的,可以称之为非理智或情欲部分。”[106]其次,柏拉图也认为理智部分是较好的部分,而情欲部分是较坏的部分;一个人若从其大体而使其较坏部分服从较好部分,那么,他所具有的便是节制之美德:“人自己的灵魂里有一个较好的部分和较坏的部分。如果一个人天性较好的部分控制其较坏的部分,那么,这个人就是自制的或是自己的主人。”[107]“如果一个人的理智和情欲之间的关系友好和谐,统治者和被统治者达成共识——亦即由理智统治而情欲决不反叛——这岂不就是有节制的人吗?”[108]最后,亚里士多德进而指出,节制而受理智支配的行为之根本特征,在于不做明知不当做之事;不节制而受情欲支配的行为之根本特征,在于做明知不当做之事:“缺乏自制的人,受情欲支配而做明知不当之事;反之,自制的人则受理智支配,而拒斥明知不当之欲望。”[109]

可见,人的行为无非节制与放纵两大类型。节制的特征,是理智支配情欲;因其受理智支配,故能做明知当做之事而不做明知不当做之事。反之,放纵的特征,是情欲支配理智;因其受情欲支配,故做明知不当做之事而不做明知当做之事。举例说,甲与乙肝病初愈,皆知饮酒有害。甲受理智支配而不做明知不当做之事:不再饮酒。乙则受情欲支配而做明知不当做之事:饮酒不止。因此我们说:甲节制而乙放纵。于是,我们可以得出结论说:所谓节制,亦即自制,是受理智支配而不做明知不当做之事的行为;反之,所谓放纵,亦即不节制,是受情欲支配而做明知不当做之事的行为。

节制是理智支配、控制、统治情欲的行为,意味着:节制的对象是情欲,节制无非是对情欲的节制。所以,蔡元培说:“自制者,节制情欲之谓也。”[110]情欲显系两物合成:情与欲。欲是欲望,如发财致富的物质欲望、当官致贵的社会欲望、著书立说的精神欲望等等,我国传统文化将其归结为六欲:眼、耳、鼻、舌、身、意。情是欲望的满足与否所引发的感情,如苦乐、爱恨等等,我国传统文化将其归结为七情:喜、怒、忧、思、悲、恐、惊。

这样一来,节制便可以分为两大类型:节欲与节情。节欲是理智支配欲望的行为。换言之,无论何事,当求则求,不当求则不求,欲求与否,唯理智是从,便是节欲。节情则是理智支配感情的行为。换言之,无论何事,当怒则怒,不当怒则不怒;当喜则喜,不当喜则不喜,喜怒“发而皆中节”,便是节情。不难看出,节制的根本,在于节欲。因为情不过是欲之满足与否的心理反应:欲是源,情是流。然而,问题的关键显然在于:究竟为什么应该节制——节欲和节情——呢?究竟为什么应该理智支配欲望和感情而不是相反?这就是节制的价值问题。

**2. 节制的价值**

冯友兰曾说:“理智无力;欲无眼。”[111]反过来也成立:理智有眼,情欲有力。理智是行为的指导,情欲是行为的动力。这就是说,每个人的行为目的,都是为了满足其情欲:或是物质情欲,或是精神情欲,或是利己情欲,或是利他情欲。理智的全部作用,不过在于告诉人们应当怎样行为才能达到目的、满足情欲。所以,休谟说:“理性是并且应该仅仅是情欲的奴隶,除了服务和服从情欲,决不能觊觎任何其他职务。”[112]

既然理智是实现情欲的手段,那么二者似乎应该完全一致而不该互相冲突。然而,实际上,每个人的理智与情欲却经常发生冲突。这是因为,每个人的情欲都多种多样、极为复杂。这些情欲,依其与人己利害性质,可以分为两类。一类有利于人己,因而具有正价值,是应该的、合乎理智的,所以叫做“合理情欲”,如渴求健康、热爱生命、仁爱慷慨、感恩同情等等。另一类则有害于人己,因而具有负价值,是不应该的、不合乎理智的,所以叫做“不合理情欲”,如沉溺酒色、贪婪吝啬、浮躁易怒、嫉妒狠毒等等。不过,合理情欲与不合理情欲并非都是不同情欲,而往往倒是同一种情欲,如食色名货喜怒哀乐等等:当其适度时便是合理情欲;当其过度或不及时便是不合理情欲。

由此可见,如果一个人的情欲都是合理的,那么理智与情欲便完全一致,顺从理智与顺从情欲便是同一回事,因而也就无所谓节制与放纵了。节制与放纵显然只存在于一个人怀有不合理的情欲之时:当此际,理智与情欲便发生了冲突——若顺从理智而节制,便必得压抑情欲;若顺从情欲,便必得违背理智而放纵。所以,节制并非压抑一切情欲,而只是压抑有害人己的不合理情欲;反之,放纵也并非顺从一切情欲,而只是顺从有害人己的不合理情欲。

这样,节制便可使人不做明知不当做之事,不致害己害人,因而极其符合道德最终目的和道德终极标准,是一种极为重要的善;反之,放纵则使人做明知不当做之事,害己害人,因而极不符合道德最终目的和道德终极标准,是一种极为重要的恶。所以,节制曾是希腊四主德——正义、勇敢、智慧和节制——之一。色诺芬在回忆苏格拉底时说:“他又借着他的言论劝勉他的门人,要他们把自制看得比什么都重要。”〔113〕斯宾诺莎也说:“真正的美德就是纯粹按照理智的指导而生活。”〔114〕包尔生甚至说:“一切道德教化的主要目的,就是将理智意志塑造成为全部行为的指导原则……它是全部美德的根本条件,是人类一切价值的根本前提。”〔115〕节制如此重要,那么,一个人究竟应该怎样才能获得这种美德?

**3. 节制原则**

既然节制是压抑不合理情欲而顺从合理情欲,那么,要做到节制,显然首先必须正确认知自己的各种情欲,知道哪些是不合理的,哪些是合理的。否则,理智如果发生错误,把合理情欲当做不合理情欲,把不合理情欲当做合理情欲,便会使节制美德发生异化:压抑合理情欲而顺从不合理情欲。所以,节制首先应该正确认知情欲的价值:理智正确是节制的首要原则。对此,斯宾诺莎早有论述:“头脑里不正确的观念越多,便越受情欲的奴役;反之,头脑里正确的观念越多,便越拥有自由。”〔116〕“因此,我们应当特别努力对各种情感尽可能获得清楚而独特的知识。”〔117〕“对我们情感的有效矫正,没有比关于情感的正确知识更好的了。”〔118〕

然而,正如费尔巴哈所说,一个人的理智是极其有限的,并且往往是不可靠的;人类的理智则是无限的、可靠的。因此,一个人要使自己的理智正确可靠,便必须继承人类理智成果。而人类对于情欲的利与害、合理与不合理的认知成果,如所周知,主要是人类伦理和法律思想,并凝结于道德和法律规范。于是,可以说,理智正确是节制的首要原则;道德法律是节制的具体标准。这一点,荀子早就看到了:礼是节制情欲的标准。他这样写道:“人生而有欲,欲而不得,则不能无求,求而无度量分界,则不能不争。争则乱,乱则穷。先王恶其乱也,故制礼义以分之,以养人之欲、给人之求。”〔119〕

如果一个人理智正确、对情欲的认知是正确的,他是否就能够压抑不合理情欲从而达于节制境界呢?举例说,一个酒鬼是否只要正确知道嗜酒有害,就能压抑酒瘾而不再饮酒?显然还不能。对此,斯宾诺莎曾援引阿维德的诗句感叹道:“我目望正道兮,心知其善,每择恶而行兮,无以自辩。”可是,为什么对情欲的正确认知,还不能克制情欲呢?梁启超答曰:“理性只能叫人知某件事该做,某件事该怎样做法,却不能叫人去做事;能叫人去做事的只有情感。”[120]理智本身没有压抑克制情欲的力量;情欲只能被情欲所压抑克制。这个道理,斯宾诺莎论述甚明:“理智不能控制情感。”[121]“一种情感只有通过另一种与其相反的较强的情感才能被控制或消灭。”[122]这就是说,不合理情欲只能被较强的合理情欲所控制或消灭。

因此,一个人有了正确理智,知道何种情欲合理、何种情欲不合理之后,要节制而克制不合理情欲,便必须培养理智所昭示的合理情欲,通过反复行动,使之从无到有、从弱到强、从不习惯到习惯:待到成为习惯或强于不合理情欲之日,便是克制、消灭不合理情欲而获得节制美德之时。举例说,一个人沉溺打牌不喜读书,那么,他仅仅知道打牌有害而读书有利,还不会去读书而不再打牌。怎样才能做到读书而不再打牌呢?一开始必须尝试一次又一次地去读书,逐渐培养读书之欲,使之不断增强,待到强于打牌之欲时,便会读书而不打牌了。所以,洛克说:“好事或者较大的好事,即使被认识和得到承认,也不会使我们有追求它的意志;除非我们对好事的欲望达到一定程度,以致没有它我们就会感到痛苦不安。”[123]

可见,正确认知情欲确是节制的首要原则,而培养合理情欲则是节制的根本原则。这些原则表明,节制与其说是减少情欲,毋宁说是增加情欲;与其说是给人以压抑,毋宁说是给人以自由。因为一个人越是具有节制美德,则他的合理情欲便越多,他的不合理情欲便越少,他便越不感到压抑而自由;反之,他越放纵,则他的不合理情欲便越多,他的合理情欲便越少,他便越感到压抑而不自由。当一个人的节制美德达到完善境界时,他的所有情欲便都是合理的,他便毫无压抑而获得了完全自由。达到这种境界,无疑是很难的。孔子说他七十岁时才达到这种境界:“吾十有五而志于学,三十而立,四十而不惑,五十而知天命,六十而耳顺,七十而从心所欲不逾矩。”[124]但不论是谁,只要他遵循这些节制原则不断修养,便都会逐渐接近和达到这种境界。

节制是智慧、理智对于欲望、情感的支配。人生在世,最重要的节制,恐怕莫过于智慧对于勇敢的指导和支配。因为一个人要想有所作为,则不论是做学问还是干事业抑或求德行,其一生便注定充满艰难困苦伤害危险,如果没有勇敢精神,是决不会成功的。所以,在智慧和节制之后,应该研究勇敢。

# 七　勇　敢

## 1. 勇敢定义

不难看出，给勇敢下定义是很难的。不过，谁都知道，勇敢与可怕的事物相关。柏拉图说："勇敢就是一种保持，就是保持住通过法律和教育所灌输的关于什么事情可怕的信念。"[125] 亚里士多德说："勇敢的人品就是不怕对于人是可怕的或人们害怕的东西。"[126] 所谓可怕事物，也不难理解，无非是危险、伤害、痛苦、艰难、孤独、耻辱、贫穷、疾病、死亡等等。亚里士多德说："我们所怕的对象显然是那些可怕的东西，总而言之，就是灾祸。……我们无疑害怕一切灾祸，如失宠、贫穷、疾病、孤独和死亡。"[127]

可见，勇敢就是对可怕事物的一种心理态度和行为表现，这种心理态度和行为表现显然就是：不怕。所以，孔子说："勇者不惧。"[128] 亚里士多德说："勇敢就是不怕可敬的光荣的死亡或突发的生命危险。"[129] 西季威克说："为了明白起见，看来'勇敢'一词适于表达面对任何危险都不退缩的品质。"[130] 包尔生说："勇敢是依靠理智意志抗拒痛苦、危险和可怕事物的能力。"[131] 蔡元培说："勇敢者，所以使人耐艰难者也。"[132] 总而言之，可以得出结论：勇敢是不畏惧可怕事物的行为，怯懦则是畏惧可怕事物的行为。

## 2. 勇敢的分类

《左传》说："率义之谓勇。"[133]"死而不义，非勇也。"[134] 其实，不率义、死而不义也可以是勇敢，只不过不是义勇，而是不义之勇罢了。何谓义勇？蔡元培说："勇敢而协于义，谓之义勇。"[135] 义勇就是合乎道义的勇敢，是符合道德原则的勇敢，主要是有利社会和他人的勇敢，如董存瑞托炸药、黄继光堵枪眼、刘英俊拦惊马等等。荀子称之为"士君子之勇"："义之所在，不倾于权，不顾其利，举国而与之不为改视，重死持义而不挠，是士君子之勇也。"[136] 反之，不义之勇，则是违背道德原则的勇敢，主要是损害社会和他人的勇敢，如月黑风高杀人越货的强盗之勇、拔剑而起挺身而出的市井流氓之勇等等。荀子称之为"狗彘之勇"："争饮食，无廉耻，不知是非，不辟死伤，不畏众强，恈恈然唯利饮食之见，是狗彘之勇也。"[137]

义勇与不义之勇是以勇敢是否合乎道义的性质为根据而对勇敢的分类。勇敢还以是否合乎智慧的性质为根据而分为英勇与鲁莽。亚里士多德认为,勇敢是一种中庸,过度则为鲁莽,不及则为怯懦:“怯懦的、鲁莽的和勇敢的人所面对的恰恰是同一件事情,但对待它的关系却各不相同:前两者分别是过度和不及;后者则为一种中庸状态。”[138]确实,三者都与同一对象——即可怕事物——相关:勇敢是不怕,怯懦是没有达到“不怕”的程度,是不怕的不及,是勇敢的不及。但鲁莽是不怕的过度吗?是勇敢的过度吗?是勇敢过了头吗?决不是。鲁莽与勇敢的程度无关,而与勇敢是否含有智慧有关:鲁莽是不智之勇,是违反智慧不受智慧指导的勇敢,是得不偿失的勇敢。例如,“暴虎冯河”(空手与虎搏斗,徒足涉水过河)的蛮干之勇、拍案而起不计后果的血气之勇、初生牛犊不怕虎的无知无识之勇等等都是鲁莽;而其为鲁莽,显然并不是因其勇敢过了头,而是因其不智、不受智慧之指导。与鲁莽相反的勇敢则可以叫做英勇:“夫聪明者,英之分也……不得英之智,则事不立。”[139]英勇是智慧之勇,是合乎智慧而在其指导下的勇敢,是得胜于失的勇敢。以此观之,不但诸葛亮空城计、关羽单刀赴会是英勇,而且董存瑞托炸药包和黄继光堵枪眼也是英勇,因为他们牺牲了自己而保全了众生:得胜于失。

### 3. 勇敢的价值

从勇敢的定义和分类可以理解,为什么儒家把勇敢与智慧、仁义并列称之为三达德:“智、仁、勇三者,天下之达德也。”[140]勇敢如果背离道义和智慧,便是鲁莽和不义之勇,便有害于社会和他人以及自我而具有负道德价值,因而是不应该的、不道德的、恶的;勇敢只有与道义和智慧结合,才是义勇和英勇,才有利于社会和他人以及自我而具有正道德价值,因而才是应该的、道德的、善的。这就是说,勇敢只是在一定条件下才是应该的、道德的、善的。这个条件,一般地说,如上所述,是符合道义与智慧;具体地讲,则如下所述,是不怕不该害怕的可怕事物、害怕应该害怕的可怕事物。

人们若以道义和智慧为指导,便可以划分可怕事物为应该害怕和不应该害怕两类。举例说,月黑风高去救人是件可怕的事情,但它符合道义,因而是不该害怕的;反之,若是去偷盗,也是件可怕的事情,然而它不符合道义,因而是应该害怕的。排雷是可怕的事,但若是工兵去排雷,便符合智慧,因而是不该害怕的;反之,若是外行去排雷,便不合智慧,因而是应该害怕的。

不难看出,在可怕事物是不该害怕的条件下,勇敢是应该的、道德的、善的，而怯懦则是不应该的、不道德的、恶的。月黑风高勇于救人是应该的，怯而不救是不应该的。工兵勇于排雷是应该的，怯而不前是不应该的。反之，在可怕事物是应该害怕的条件下，勇敢则是不应该的、不道德的、恶的，而怯懦则是应该的、道德的、善的。怯于偷盗是应该的，而勇于偷盗是不应该的。外行怯于排雷是应该的，而勇于排雷是不应该的。因此，孔子说："丘能仁且忍、辩且讷、勇且怯。"〔141〕"暴虎冯河，死而无悔者，吾不与也；必也临事而惧，好谋而成者也。"〔142〕曹操也说："为将当有怯弱时，不可但持勇也。"〔143〕

勇敢规则虽然是相对的而以其合于道义和智慧为前提，但其为人生应当如何的道德规范确是极为重要的、基本的。因为一个人要想有所作为，则不论是做学问还是干事业抑或求美德，其一生便注定充满艰难困苦、伤害危险，如果没有勇敢精神，是决不会成功的。因此，蔡元培认为勇敢是人生成功的必要条件："人生学业，无一可以轻易得之者。当艰难之境而不屈不沮，必达而后已，则勇敢之效也。"〔144〕勇敢如此重要，所以被古代希腊列为"四主德"（智慧、勇敢、节制、正义）；而我国古代则视之为"三达德"（智、仁、勇）之一。

规范伦理学研究至此，即将完成它漫长而浩繁的行程。因为我们既详尽分析了人类社会全部普遍道德原则（亦即善、公正、平等、人道、自由、异化和幸福等道德原则），又研究了人类社会近乎全部的重要且复杂的道德规则（亦即勇敢、节制、智慧、谦虚、自尊、贵生和诚实等道德规则）；而规范伦理学岂不就是关于人类社会普遍道德规范——普遍道德原则和普遍道德规则——的科学体系？然而，问题还在于：每个人对于这些道德规范的遵守，是否越严格、越绝对、越极端、越不变，便越好？究竟应该怎样遵守道德规范？这就是规范伦理学体系的最后一个道德规范——中庸——所要研究的问题：只有适当遵守道德规范（中庸），才是道德的善的；而过于遵守道德规范（过）与不遵守道德规范（不及）殊途同归，同样是恶的、不道德的。

## 八　中　庸

### 1. 中庸概念

不言而喻，无限事物，如宇宙，无所谓"中"。反之，凡有限事物，则都有其"中"。如一条六尺长的线,三尺处是"中";一个圆,圆心是"中";冷与热,温是"中"等等。"中"虽多种多样,但大体说来,确如严群所见,无非两大类型。一是自然界之"中",一是人事界之"中":"人事界之中,名为中庸。"[145]不过,严格说来,人的一切活动之"中",也并不都是中庸。比如走步,六步是一步和十二步之"中",便不能名之为"中庸"。

那么,中庸是人的什么活动之"中"?孔子说:"中庸之为德也。"[146]朱熹对此解释道:"中以德行言之,则曰中庸。"[147]这就是说,中庸是一种品德,是一种伦理行为:中庸是人的伦理行为之"中"。然而,反过来,伦理行为之"中"并不都是中庸。例如,我们不能因为不大不小的谎言是大谎和小谎之"中",便美其名曰"中庸"。

许多人不懂得这一点,误以为伦理行为之"中"即中庸。罗素反对中庸论,正是基于这一误解:"中道学说并不是完全成功的。例如,我们怎么界定诚实呢?诚实被看做是一种德性;但是我们简直不能说它是撒弥天大谎和不撒谎之间的中道,尽管人们觉得这种观念在某些方面不是不受欢迎的。不管怎么说,这种定义不适用于理智的德性。"[148]

对于中庸的这种理解是大错特错的。亚里士多德早就说过:不论是恶行与善行之"中",还是大小恶行之"中",都不是中庸。[149]我们可以补充说:大小善行之"中",显然也非中庸。那么,中庸究竟是一种什么样的伦理行为之"中"?

原来,人的一切伦理行为,说到底,无非两类三种:一类是不遵守道德的行为,亦即所谓"不及";另一类是遵守道德的行为:过当遵守道德的行为,即所谓"过";适当遵守道德的行为,即所谓"中庸"。举例说,一个人若言不信、行不果,未遵守信德,是"不及"。但他若在任何情况下都言必信、行必果,便是"尾生之信",便是"过"了。他若当信则信,不当信则不信,守信与否,唯义是从,便是适当遵守信德,便是中庸。由此可以理解,为什么吴宓在解析中庸与执一(即过与不及)时曾作图如下:

执一{必左;必右;必中}

中庸{唯义是从;知利害而不顾;步步均正路;随时因应而得宜}[150]

可见,中庸既不是大小恶行之"中",也不是大小善行之"中",更不是恶行与善行之"中";而是两种特殊的恶行——即"不遵守道德"与"过当遵守道德”——之“中”:中庸是适当遵守道德的善行;“过”是过当遵守道德的恶行;“不及”是不遵守道德的恶行;过与不及合为“偏至”而与“中庸”相对立。

**2. 中庸的价值**

“不及”或不遵守道德是恶,乃不言而喻之理。可是,为什么只有“中庸”、只有适当遵守道德才是善,而“过”、过于遵守道德却是恶呢?过于遵守道德岂不是更加道德、更加善吗?否。因为物极必反。任何事物都有保持其质的稳定不变的量变范围。事物如在这个范围内变化,便不会改变事物的质;如超出这个范围,便会改变事物的质,走向自己的反面,变成另一事物。道德也不能不如此。遵守某种道德,也是在一定范围内才是道德的、善的;超过这个范围,就会走向自己的反面,变成恶的、不道德的。试想,过于自尊,岂不就成了骄傲?过于谦虚,岂不就成了自卑?过于节制,岂不就成了禁欲?过于仁爱,岂不就成了姑息养奸?过于贵生,岂不就成了苟且偷生?

显然,只有适当遵守道德的行为(中庸),才是道德的、善的;而过于遵守道德(过)与不遵守道德(不及)殊途同归:都是恶的、不道德的。因此,孔子说:“过犹不及。”[151]亚里士多德说:“过度与不及都属于恶,而唯有中庸状态才是美德。”[152]进言之,则如前所述,不遵守道德的行为与过当遵守道德的行为以及适当遵守道德的行为包括人类全部伦理行为。所以,一方面,不但一切中庸的行为都是善的,而且一切善的行为也都是中庸的:中庸与善的外延相等;另一方面,不但一切过与不及的行为都是恶的,而且一切恶的行为也都是过或不及的:过加不及与恶外延相等。因此,亚里士多德说:“美德是中庸状态的本性……唯有中庸状态才是美德。”[153]孔子说:“君子中庸,小人反中庸。”[154]荀子说:“曷谓中?曰:礼义是也。”[155]王夫之说:“天下之理统于一中:合仁、义、礼、知而一中也,析仁、义、礼、知而一中也。”[156]

一言以蔽之,中庸乃贯穿一切善行和美德的极其普遍、极其根本、极其重要的道德规范、道德品质:“中庸之为德也,其至矣乎!”[157]那么,怎样才能做到中庸而无过与不及呢?

**3. 中庸的方法**

怎样才能做到中庸而无过与不及?儒家答曰:“时中而达权。”何谓“时中而达权”？朱熹说：“盖中无定体，随时而在。”[158]“权，称锤也，所以称物之轻重而取中也。”[159]“道之所贵者中，中之所贵者权。”[160]冯友兰说：“‘中’是相对于事及情形说者，所以‘中’是随时变易，不可执定的。‘中’是随时变易的，所以儒家说‘时中’。时中者，即随时变易之中也。孟子说：‘执中无权，犹执一也。’所谓执一者，即执定一办法以之应用于各情形中之各事也。”[161]

这就是说，一个人遵守某道德是否中庸、适当，并非一成不变，而是因时、因事而异的。具体讲来，当遵守一种道德与遵守他种道德不发生冲突而可以两全时，则遵守此种道德便是适当的，便是中庸；而不遵守此种道德便是不及。当遵守一种道德与遵守他种道德发生冲突而不能两全时，如果此种道德的价值小于他种道德的价值，那么遵守此种道德便是过，不遵守此种道德而遵守他种道德便是中庸；如果此种道德的价值大于他种道德的价值，那么遵守此种道德便是中庸，而不遵守此种道德则是不及：两善相权取其重，两恶相权取其轻。

举例来说。在正常情况下，我们应该诚实，诚实是中庸，说谎是不及。但是，如果出现像康德所说的那种情况，当凶手打听被他追杀而逃到我们家的人是否在我们家时，诚实之善便与救人之善发生了冲突：要诚实便救不了人，要救人便不能诚实；不说谎就得害人性命，不害人性命就得说谎。但是，诚实是小善，救人是大善，两善相权当取其大：救人。说谎是小恶，害命是大恶，两恶相权当取其轻：说谎。所以，当此际，便不应该诚实害命，而应该不诚实救人：诚实为过，而不诚实为中庸。

可见，儒家说得很对：时中而达权、具体情况具体权衡，是实现中庸之道的基本方法。吴必将这一方法很恰当地概括为“守经达权”：“守经而达权等于中庸。经等于原则或标准。权等于这一原则之正确运用。”[162]

现在，我们终于完成了道德规范——道德原则和道德规则——体系的研究，确证了人类社会所当普遍奉行的优良道德规范。这些普遍道德规范是优良的，因为它们并非主观任意，而都是通过社会创造道德的最终目的和道德终极标准——增进每个人利益——从行为事实中推导、制定出来的：一方面，它们符合行为事实如何的客观规律；另一方面，它们符合社会创造道德的最终目的、亦即道德终极标准。那么，我们将通过怎样的方法和途径使人们遵守这些道德规范，从而使之得到实现？通过良心、名誉、品德：良心与名誉的道德评价是道德规范实现的途径；美德则是道德规范的真正实现。

对于二者的研究，便构成了本书的下卷“美德伦理学”。

## 注 释

〔1〕 司马光：《资治通鉴·周纪二·显王十年》。

〔2〕 Friedrich Paulsen, *A System of Ethics*, translated by Frank Thilly, Charles Scribner's sons, New York, 1908, p. 668.

〔3〕 Sissela Bok, *Lying: Moral Choice in Public and Private Life*, New York: Vintage Books, 1989, p. 256.

〔4〕 Ibid., p. 257.

〔5〕 Ibid., p. 269.

〔6〕 Ibid., p. 268.

〔7〕 Ibid., p. 269.

〔8〕 《孟子·离娄下》。

〔9〕 《论语·为政》。

〔10〕 王夫之：《读通鉴论·东汉“平帝三”》，中华书局，1975 年版，12 页。

〔11〕 同上。

〔12〕 《吕氏春秋·重己》。

〔13〕 《吕氏春秋·贵生》。

〔14〕 姜生：《道教伦理论稿》，四川大学出版社，1995 年版，87 页。

〔15〕 《墨子·贵义》。

〔16〕 《费尔巴哈哲学著作选集》下卷，三联书店，1962 年版，554—569 页。

〔17〕 同上书，775 页。

〔18〕 同上。

〔19〕 《费尔巴哈哲学著作选集》上卷，三联书店，1959 年版，545 页。

〔20〕 《庄子·至乐》。

〔21〕 《吕氏春秋·情欲》。

〔22〕 同上。

〔23〕 《吕氏春秋·本生》。

〔24〕 施杞主编：《实用中国养生全书》，学林出版社，1990 年版，3 页。

〔25〕 同上书，121 页。

〔26〕 同上。

〔27〕 同上书，97 页。

〔28〕 张奇文主编：《实用中医保健学》，人民卫生出版社，1989 年版，5 页。

〔29〕 蔡景峰：《养生智慧》，中国青年出版社，1995 年版，35 页。

〔30〕 张奇文主编：《实用中医保健学》，人民卫生出版社，1989 年版，8 页。

〔31〕 吕兵：《颐养天年》，知识出版社，1991 年版，342 页。

〔32〕 吕兵:《颐养天年》,知识出版社,1991 年版,35 页。
〔33〕 张奇文主编:《实用中医保健学》,人民卫生出版社,1989 年版,8 页。
〔34〕 吕兵:《颐养天年》,知识出版社,1991 年版,297 页。
〔35〕 同上书,292 页。
〔36〕 同上书,297 页。
〔37〕 张奇文主编:《实用中医保健学》,人民卫生出版社,1989 年版,156 页。
〔38〕 吕兵:《颐养天年》,知识出版社,1991 年版,197 页。
〔39〕 同上书,195 页。
〔40〕 同上书,202 页。
〔41〕 同上书,209 页。
〔42〕 张奇文主编:《实用中医保健学》,人民卫生出版社,1989 年版,81 页。
〔43〕 吕兵:《颐养天年》,知识出版社,1991 年版,226 页。
〔44〕 同上书,214 页。
〔45〕 同上书,219 页。
〔46〕 同上书,208 页。
〔47〕 张奇文主编:《实用中医保健学》,人民卫生出版社,1989 年版,156 页。
〔48〕 同上书,109 页。
〔49〕 同上书,108 页。
〔50〕 同上书,109 页。
〔51〕 吕兵:《颐养天年》,知识出版社,1991 年版,276 页。
〔52〕 施杞主编:《实用中国养生全书》,学林出版社,1990 年版,169 页。
〔53〕 同上书,102 页。
〔54〕 详见张奇文主编:《实用中医保健学》,人民卫生出版社,1989 年版,18—120 页。
〔55〕 施杞主编:《实用中国养生全书》,学林出版社,1990 年版,102 页。
〔56〕 《孟子·尽心章句上》。
〔57〕 冯友兰:《三松堂全集》第四卷,河南人民出版社,1986 年版,442 页。
〔58〕 John Rawls, *A Theory of Justice* (revised edition), The Belknap Press of Harvard University Press, Cambridge: Massachusetts, 2000. p. 386.
〔59〕 冯友兰:《三松堂全集》第四卷,河南人民出版社,1986 年版,442 页。
〔60〕 阿德勒:《自卑与超越》,作家出版社,1986 年版,42 页。
〔61〕 Abraham H. Maslow, *Motivation and Personality*, second edition, Harper & Row Publishers, New York, 1970, p. 45.
〔62〕 詹姆斯:《心理学简编》,商务印书馆,1933 年版,23 页。
〔63〕 Abraham H. Maslow, *Motivation and Personality*, second edition, Harper & Row Publishers, New York, 1970, p. 45.
〔64〕 梁启超:《新民说·论自尊》,中州古籍出版社,1998 年版。

〔65〕 阿德勒:《自卑与超越》,作家出版社,1986 年版,62 页。

〔66〕 John Rawls, *A Theory of Justice* (revised edition), The Belknap Press of Harvard University Press, Cambridge: Massachusetts, 2000. p. 386.

〔67〕 科恩:《自我论》,三联书店,1986 年版,438 页。

〔68〕 阿德勒:《自卑与超越》,作家出版社,1986 年版,50 页。

〔69〕 Abraham H. Maslow, *Motivation and Personality*, second edition, Harper & Row Publishers, New York, 1970, p. 46.

〔70〕 《周易 · 谦》。

〔71〕 朱熹:《朱子语类》卷七十。

〔72〕 Baruch Spinoza, *The Ethics and Selected Letters*, translated by Samuel Shirley, edited with introduction by Seymour Feldman, Indianapolis: Hackett Pub. Co., c1982, p. 147.

〔73〕 Ibid., p. 186.

〔74〕 唐甄:《潜书 · 虚受》。

〔75〕 冯友兰:《三松堂全集》第四卷,河南人民出版社,1986 年版,441 页。

〔76〕 同上。

〔77〕 Baruch Spinoza, *The Ethics and Selected Letters*, translated by Samuel Shirley, edited with introduction by Seymour Feldman, Indianapolis: Hackett Pub. Co., c1982, pp. 186-187.

〔78〕 吕坤:《呻吟语 · 修身》。

〔79〕 杨爵:《漫录》,《明儒学案》卷九。

〔80〕 《老子》第 22 章。

〔81〕 《老子》第 24 章。

〔82〕 《王阳明全集》卷三《传习录下》,上海古籍出版社,1992 年版。

〔83〕 刘劭:《人物志 · 释争》。

〔84〕 《周易 · 系辞传下》。

〔85〕 《周易 · 谦》。

〔86〕 转引自阿德勒:《儿童教育》,商务印书馆,1937 年版,234 页。

〔87〕 顾炎武:《广师篇》。

〔88〕 参阅冯友兰:《三松堂全集》第四卷,河南人民出版社,1986 年版,450—451 页。

〔89〕 《孟子 · 告子上》。

〔90〕 班固:《白虎通 · 情性》。

〔91〕 张岱年:《中华的智慧》,上海人民出版社,1989 年版,1 页。

〔92〕 福泽渝吉:《文明概略》,商务印书馆,1995 年版,73 页。

〔93〕 马利坦:《科学与智慧》,商务印书馆,1995 年版,20 页。

〔94〕 皮亚杰:《皮亚杰发生认识论文集》,华东师范大学出版社,1991 年版,38 页。

〔95〕 福泽渝吉:《文明概略》,商务印书馆,1995 年版,81 页。
〔96〕《智慧书》,527 页。
〔97〕《孟子·告子上》。
〔98〕刘劭:《人物志·八观》。
〔99〕费尔巴哈:《费尔巴哈哲学著作选集》(下),三联书店,1962 年版,559 页。
〔100〕《中庸》。
〔101〕《荀子·非十二子》。
〔102〕参阅孟昭兰:《普通心理学》,北京大学出版社,1994 年版,458 页。
〔103〕《论语·为政》。
〔104〕转引自冯友兰:《三松堂全集》第四卷,河南人民出版社,1986 年版,681 页。
〔105〕《孟子·告子上》。
〔106〕Plato, *Plato's Republic*, translated by G. M. A. Grube, Indianapolis: Hackett, 1974, p. 103.
〔107〕Ibid., p. 96.
〔108〕Ibid., p. 106.
〔109〕Aristotle, *Aristotle's Nicomachean Ethics*, translated with commentaries and glossary by Hippocrates G. Apostle, Grinnell, Iowa: Peripatetic Press, 1984, p. 117.
〔110〕《蔡元培全集》第二卷,中华书局,1984 年版,176 页。
〔111〕冯友兰:《三松堂全集》第四卷,河南人民出版社,1986 年版,518 页。
〔112〕David Hume, *A Treatise of Human Nature*, edited with an introduction by Ernest C. Mossner, Harmondsworth, Middlesex, England, New York: Penguin Books c1969, p. 462.
〔113〕色诺芬:《回忆苏格拉底》,商务印书馆,1988 年版,171 页。
〔114〕Baruch Spinoza, *The Ethics and Selected Letters*, translated by Samuel Shirley, edited with introduction by Seymour Feldman, Indianapolis: Hackett Pub. Co., c1982, p. 175.
〔115〕Friedrich Paulsen, *A System of Ethics*, translated by Frank Thilly, Charles Scribner's sons, New York, 1908, p. 483.
〔116〕Baruch Spinoza, *The Ethics and Selected Letters*, translated by Samuel Shirley, edited with introduction by Seymour Feldman, Indianapolis: Hackett Pub. Co., c1982, p. 105.
〔117〕Ibid., p. 206.
〔118〕Ibid., p. 207.
〔119〕《荀子·礼论》。
〔120〕转引自冯友兰:《三松堂全集》第一卷,河南人民出版社,1987 年版,556 页。
〔121〕Baruch Spinoza, *The Ethics and Selected Letters*, translated by Samuel Shirley, edi-

ted with introduction by Seymour Feldman, Indianapolis: Hackett Pub. Co., c1982, p.176.
〔122〕 Ibid., p.159.
〔123〕 John Locke, *An Essay Concerning Human Understanding*, abridged and edited with an introduction by A. D. Woozley, New York, New American Library, 1974, c1964, p.173.
〔124〕《论语 · 为政》。
〔125〕 Plato, *Plato's Republic*, translated by G. M. A. Grube, Indianapolis: Hackett, 1974, p.94.
〔126〕 Aristotle, *Aristotle's Nicomachean ethics*, translated with commentaries and glossary by Hippocrates G. Apostle, Grinnell, Iowa: Peripatetic Press, 1984, p.51.
〔127〕 Ibid., p.46.
〔128〕《论语 · 宪问》。
〔129〕 Aristotle, *Aristotle's Nicomachean Ethics*, translated with commentaries and glossary by Hippocrates G. Apostle, Grinnell, Iowa: Peripatetic Press, 1984, p.47.
〔130〕 Henry Sidgwick, *The Methods of Ethics*, MacMillan and Co. Limited, London, 1922, p.309.
〔131〕 Friedrich Paulsen, *A System of Ethics*, translated by Frank Thilly, Charles Scribner's sons, New York, 1908, p.495.
〔132〕《蔡元培全集》第二卷,中华书局,1980 年版,180 页。
〔133〕《左传 · 哀公十六年》。
〔134〕《左传 · 文公二年》。
〔135〕《蔡元培全集》第二卷,中华书局,1980 年版,182 页。
〔136〕《荀子 · 荣辱》。
〔137〕 同上。
〔138〕 Aristotle, *Aristotle's Nicomachean Ethics*, translated with commentaries and glossary by Hippocrates G. Apostle, Grinnell, Iowa: Peripatetic Press, 1984, p.48.
〔139〕 潘菽、高觉敷主编:《中国古代心理学思想研究》,江西人民出版社,1983 年版,221 页。
〔140〕《礼记 · 中庸》。
〔141〕《论语 · 宪问》。
〔142〕《论语 · 述而》。
〔143〕《三国志 · 魏书 · 夏侯渊传》。
〔144〕《蔡元培全集》第二卷,中华书局,1980 年版,181 页。
〔145〕 严群:《亚里士多德之伦理思想》,商务印书馆,1933 年版,26 页。
〔146〕《论语 · 雍也》。

〔147〕 朱熹:《四书章句·中庸》。

〔148〕 罗素:《西方的智慧》,上海人民出版社,1992 年版,114 页。

〔149〕 Aristotle, *Aristotle's Nicomachean Ethics*, translated with commentaries and glossary by Hippocrates G. Apostle, Grinnell, Iowa: Peripatetic Press, 1984, pp. 22, 29.

〔150〕 吴宓:《文学与人生》,清华大学出版社,1996 年版,120 页。

〔151〕 《论语·雍也》。

〔152〕 Aristotle, *Aristotle's Nicomachean Ethics*, translated with commentaries and glossary by Hippocrates G. Apostle, Grinnell, Iowa: Peripatetic Press, 1984, p. 29.

〔153〕 Ibid.

〔154〕 《中庸》第二章。

〔155〕 《荀子·儒效》。

〔156〕 王夫之:《读四书大全说》上册,中华书局,1975 年版,59 页。

〔157〕 《论语·雍也》。

〔158〕 朱熹:《四书章句·中庸》。

〔159〕 朱熹:《四书章句·孟子》。

〔160〕 同上。

〔161〕 冯友兰:《三松堂全集》第四卷,河南人民出版社,1986 年版,435 页。

〔162〕 吴宓:《文学与人生》,清华大学出版社,1996 年版,121 页。

# 下　卷

# 美德伦理学原理

# 第十二章
# 良心与名誉:优良道德的实现途径

良心与名誉无疑属于道德评价范畴。不过,更确切些说,良心与名誉并不属于抽象道德评价范畴,而只属于具体道德评价范畴:良心与名誉是划分具体道德评价的两大类型。因为所谓抽象道德评价,就是以抽象的、普遍的、一般的行为为对象的道德评价,是以抽去了行为者、没有行为者的普遍的、一般行为为对象的道德评价;反之,所谓具体道德评价,则是以具体的、特殊的、个别的行为为对象的道德评价,也就是以实际生活中特定行为者的具体的、特殊的、个别的行为为对象的道德评价,是以具体的、特殊的、个别的行为及其所表现的行为者的品德为对象的道德评价。举例来说:

谁都知道,岳飞品德高尚,因为他行所当行之事:精忠报国;反之,秦桧品德败坏,因为他行所不当行之事:陷害忠良。这些都是以特定的行为者——岳飞和秦桧——的行为及其品德为对象的道德评价,因而都是具体道德评价。反之,如果我们笼统地说,精忠报国、无私奉献是应该的,而陷害忠良、损人利己是不应该的,那么,我们所进行的就是抽象道德评价。因为这些道德评价的对象都是抽象的、普遍的、一般的行为,都是脱离了具体行为者的一般的、普遍的行为。

抽象道德评价与具体道德评价之分,对于伦理学研究具有重大意义。因为所谓伦理学,如前所述,就是关于优良道德的科学,就是关于优良道德规范的制定方法、制定过程和实现途径的科学:关于优良道德规范制定方法的伦理学叫做元伦理学;关于优良道德规范制定过程的伦理学叫做规范伦理学;关于优良道德规范实现途径的伦理学叫做美德伦理学。不难看出,抽象道德评价的功能或价值,在于制定或确立优良的道德规范。因为任何道德规范——不论是道德原则还是道德规则——都是抽象的、普遍的、一般的行为应该如何的规范,都是脱离了具体的、特定的行为者的行为应该如何的规范。因此,优良道德规范的制定或确立的过程,也就是对抽象的、普遍的、一般的行为进行道德评价的过程，也就是所谓抽象道德评价过程。这样一来，所谓规范伦理学，说到底，也就是抽象道德评价体系。这一体系的上篇，是普遍的、抽象的、一般的行为之事实如何，亦即所谓道德价值实体；中篇是道德评价标准，亦即道德目的和道德终极标准；下篇是普遍的、抽象的、一般的行为之应该如何的道德价值以及与其相符的优良道德规范：善、公正、平等、人道、自由、异化、幸福、贵生、诚实、自尊、节制、谦虚、勇敢、中庸、智慧等等。因此，抽象道德评价乃是规范伦理学的全部研究对象。

反之，所谓具体道德评价，则是对抽象道德评价所制定的优良道德规范是否被特定的具体的行为者——他人和自己——遵守的反应：如果他人和自己的行为遵守这些道德规范，便会得到赞许，便会得到肯定的道德评价；反之，则会遭到谴责，遭到否定的道德评价。不言而喻，肯定的道德评价会推动自己和他人继续遵守这些道德规范；否定的道德评价则会阻止自己和他人违背道德规范：具体道德评价是优良道德规范的实现途径。因此，具体道德评价的功能或价值，便在于使人遵守优良道德规范，从而实现优良道德规范。这样，具体道德评价便是美德伦理学——美德伦理学就是关于优良道德规范实现途径的伦理学——的研究对象。所以，道德评价并不是哪一门伦理学学科的研究对象，而是整个伦理学的研究对象：抽象道德评价是规范伦理学的研究对象；具体道德评价是美德伦理学的研究对象。这就是为什么说"伦理学是评价性而非描述性的科学"的缘故，这就是为什么说"伦理学就是道德评价知识体系"的缘故。

然而，人们往往忽略抽象道德评价，而以为道德评价的对象仅仅是特定行为者——他人和自己——的行为。这就是为什么今日伦理学家仅仅将道德评价作为美德伦理学研究对象的缘故。殊不知，道德评价还有一个更为重要的类型，亦即作为规范伦理学对象的抽象道德评价；而美德伦理学则仅仅研究具体的道德评价，亦即仅仅研究对于特定的行为者的具体的、特殊的、单一的行为的道德评价。这种为美德伦理学研究的具体道德评价，不是别的，正是所谓的良心与名誉：良心与名誉是具体道德评价的分类，是优良道德规范的实现途径，因而是美德伦理学——美德伦理学就是关于优良道德实现途径的科学——研究对象。所以，真正讲来，美德伦理学并不研究道德评价，而只是研究具体道德评价的两大类型：良心与名誉。那么，为什么良心与名誉是划分具体道德评价的两大类型？良心与名誉究竟是什么？

## 一　良心与名誉概念

### 1. 良心:界说、结构与类型

良心是个十分复杂难解的概念。在汉语中,“良”义为善、好:“良,善也。”[1]“心”义为思维器官及其心理、思想或意识:“古人以为心是思维器官,故把思想的器官和思想情况、感情等都说做心。”[2]因此,“良”与“心”合为一个词“良心”,也就是关于好、善或价值的心理、思想、意识,亦即关于道德价值的意识,说到底,也就是道德评价。在西方语言中,良心是“conscience”(英语)、“conscience morale”(法语)、“Gewissen”(德语)、“*conscientia*”(拉丁语)。它们的前缀con-、Ge-都是“共同”、“一起”的意思;而后半部分的词干“-science、-wissen、-scientia”都是“知”、“知识”的意思;合起来就是“共识”、“共同知晓”之意;进而引申为一种特殊的共识:道德价值意识或道德评价。

可见,从词源上看,不论中西,良心都是道德价值意识、道德评价的意思。那么,能否说这就是良心概念的定义?否。因为良心固然都是个人道德价值意识或个人道德评价;但个人道德价值意识或个人道德评价却不都是良心。例如,一个人知道偷盗是恶,并且谴责、痛恨某人偷盗。这是一种个人道德评价、道德价值意识。但是,我们却不能说这是他的良心发现,说他有良心;只有当他知道他自己的偷盗是恶并且谴责自己、痛恨自己时,我们才能说这是他的良心发现,说他有良心。所以,佩斯塔那(Mark Stephen Pestana)将良心定义为“依据自己所认同的道德规范对于自己的行为的道德性质的自我意识”;并解释道:“良心的命令仅仅针对一个人自己的行为:良心不涉及对其他人行为的道德评价。”[3]因此,良心是一种个人的、特殊的、具体的道德评价,它的种差、它区别于其他道德评价的根本特征乃是自我评价、自我意识:良心是每个人自身内部的道德评价,是自我道德评价,是自己对自己行为的道德评价,是自己对自己行为道德价值的反应。这就是良心的定义。

良心是一种自我道德评价,属于评价范畴。因此,评价的主客体结构乃是良心的最为基本的结构:良心最基本的成分或因素是良心主体与良心客体。良心主体就是良心的评价主体,就是良心进行道德评价的主体,说到底,就是自我。良心客体就是良心的评价客体,就是良心的评价对象,就是良心进行道德评价的对象，说到底，就是自我的行为及其所表现的自我的品德。那么，良心主体与良心客体结合起来就能构成良心吗？否。还必须有良心标准，亦即良心主体用来对良心客体进行道德评价的标准，说到底，也就是任何道德规范：道德原则与道德规则。因为正如孟子所言：没有规矩，不成方圆。只有借助这些道德规范，良心的主体才能对良心客体进行道德评价，才能构成良心：良心显然是由良心主体、良心客体与良心标准三因素构成的。

不过，细究起来，这仍然不是良心的完整结构。因为问题还在于：当自我运用道德评价标准对自我的行为及其品德进行评价时，究竟是依据行为的动机还是依据行为效果？如果我是好心办坏事，那么，我究竟是好人还是坏人？显然，如果评价的依据是动机，我就是好人，因为我的心、动机是好的；反之，如果评价的依据是效果，我就是坏人了，因为我的好心所导致的事情、效果是坏的。可见，评价的依据不同将导致根本不同的自我道德评价，将构成根本不同的良心。所以，自我道德评价的依据——亦即良心的依据——乃是自我道德评价或良心得以构成的必要因素、必要成分。这样一来，良心便由四大因素构成：良心主体、良心客体、良心标准和良心依据。这就是良心的完整结构。

良心的结构只是每种良心自身内部的划分；而各种良心相互间的划分则是良心的类型：良心类型是比良心结构更为重要也更为复杂的问题。但是，不难看出，如果以良心的正负性质为根据，良心便可以分为“良心满足”与“良心谴责”两大类型；如果以良心的知行性质为根据，良心则分为认知良心、情感良心、意志良心和行为良心四大类型。因为良心是自己对自己行为的道德评价，是自己对自己行为道德价值的反应，因而也就无非是自己对自己行为道德价值的意识反应和行为反应，说到底，也就是自己对自己行为道德价值的认知反应、情感反应、意志反应和行为反应，亦即认知良心、情感良心、意志良心和行为良心：这些良心如果是对自己行为所具有的正道德价值的肯定性反应，便是正面的良心，叫做“良心满足”；如果是对自己行为所具有的负道德价值的否定性反应，便是负面的良心，叫做“良心谴责”。我们不妨举两个例子来说明：

例1. 我好说实话。每思及此，总觉得自己这样做是正确的（对自己好说实话的认知反应），并且不免为自己是个诚实坦荡、堂堂正正的人而自豪不已（对自己好说实话的情感反应）。于是，即使说实话于己有害，我也总是决定说实话（对自己好说实话的意志反应），我也总是说实话（对自己好说实话的行为反应）。

例2. 我好说假话取悦于人。半夜醒来，扪心自问，觉得自己这样做是很不对的（对自己好说假话的认知反应），并且为自己是个奉迎献媚的小人而惭愧不已（对自己好说假话的情感反应）。于是，我决心不再说假话（对自己好说假话的意志反应），我从此也确实做到不再说假话了（对自己好说假话的行为反应）。

例1是对于自己好说实话行为道德价值的肯定性反应，是肯定性的自我道德评价，因而是正面的良心，亦即所谓良心满足；例2是对于自己好说假话行为道德价值的否定性反应，是否定性的自我道德评价，因而是负面的良心，亦即所谓良心谴责。这两种类型的良心又都有知、情、意、行之分，因而又都可以进而分为认知良心、情感良心、意志良心和行为良心四类。首先，"认为自己说实话正确而说假话错误"，是良心的认知评价，是对于自己行为道德价值的认知、认识，是对于自己行为道德价值的认知反应，因而可以称之为"认知良心"。其次，"因自己说实话而自豪、说假话而惭愧"，是良心的感情评价，是对于自己行为道德价值的情感体验，是对于自己行为道德价值的情感反应，因而可以称之为"情感良心"。再次，"决心说实话而不说假话"，是良心的意志评价，是对于自己行为道德价值的行为选择反应从确定到执行的心理过程，是对于自己行为道德价值的意志反应，可以称之为"意志良心"。最后，"总是说实话而不再说假话"，是良心的行为评价，是对于自己行为道德价值的行为选择反应，是对于自己行为道德价值的行为反应，因而可以称之为"行为良心"。

这样一来，良心岂不就分为良心满足与良心谴责以及认知良心、情感良心、意志良心和行为良心？认知良心属于"知"的范畴，行为良心属于"行"的范畴，因而尤为中国历代哲学家关注。孟子称二者为"良知"和"良能"："人之不学而能者，其良能也；所不虑而知者，其良知也。"[4]孟子所谓的"良知"，正如王阳明所说，就是自己对于自己行为的是非善恶的认知、认识："良知者，孟子所谓'是非之心，人皆有之'者也。"[5]"良知只是个是非之心。"[6]"知善知恶是良知。"[7]所以，良知就是自己对于自己行为道德价值的认知、认识，因而也就是认知良心。那么，孟子所谓的"良能"是什么？王阳明答曰："知行本体，即是良知良能。"[8]张岱年进而解释说："不曾被私欲隔断之本来的知行，就是良知良能。良知属知，良能属行。"[9]这岂不讲得一清二楚：良能就是行为良心，就是自己对于自己行为道德价值的行为选择、行为反应。

**2. 名誉:界说、结构与类型**

良心是每个人的自我道德评价。那么,人们相互间的道德评价——亦即自己对他人和他人对自己的道德评价——是什么?显然就是所谓的"名誉"。名誉的英文是 fame 或 reputation,义为其他人或公众的评价、估价、报道、意见、判断,说到底,也就是舆论评价。汉语的名誉也是此意。"名"的基本词义是名称或说出。《说文解字》曰:"名,自命也,从口从夕。""誉"的基本词义是称扬、赞美、声名。《说文解字》曰:"誉,称也,从言与声。"因此,"名"与"誉"合为一个词"名誉",也是其他人或公众的评价之意,说到底,也就是舆论评价。那么,名誉是否可以定义为其他人或公众的评价?是否可以定义为舆论评价?答案是肯定的。因为不言而喻,一个人或寥寥几个人的评价,算不上名誉;只有众人的评价才是名誉。试想,如果只是一个人或几个人说我坏话,岂不是不能说我名誉不好?岂不只有众人都说我坏话,才能说我名誉不好?所以,名誉的本质就是舆论:名誉就是舆论评价,就是众人评价,说到底,就是社会评价:名誉与社会评价是同一概念。

诚然,所谓社会,不过是两个以上的人因一定的联系而结成的共同体。所以,社会和众人一样,都是由个人构成的。因此,一个人的评价虽然不是名誉,却是名誉的一分子,是名誉的成分或因素。更何况,一个人的评价并非绝对不是名誉;相反地,一个人的评价,在一定条件下,也可以是名誉。这个条件就是:他是领导人。一个老百姓的评价不是名誉;但一个领导人——如村长、乡长、县长等等——以领导人的身份所进行的评价却是名誉。一个老百姓说我坏话,并不意味着我的名誉坏;但一个县长以县长的身份说我坏话,我的名誉可能就坏了。这是为什么?原因很简单:领导是众人和社会的代表、代言人。因此,领导如果以领导的身份说我坏话,就代表了众人和社会说我坏话了。于是,总而言之,名誉就是人们的相互评价,就是自己对他人和他人对自己的评价,就是舆论评价,就是社会评价,就是众人的评价和领导人的评价。那么,这些评价是否都是道德评价?名誉是否属于道德评价范畴?

答案是肯定的。因为名誉亦即社会评价、众人评价和领导人以领导人身份所进行评价。这种评价的对象,当然不可能是与社会、众人或他人利益无关的价值,而必定是与社会、众人或他人具有利害关系的价值,因而必定都是可以言善恶的道德价值:名誉的对象是道德价值,因而属于道德评价范畴。这就是为什么名誉必定有褒贬善恶之分的缘故。于是,精确言之,名誉就是人们相互的道德评价,是自己对他人和他人对自己的道德评价,是舆论的道德评价,是社会的道德评价,是众人的道德评价和领导人的道德评价。因此,一方面,名誉与良心便是对立的,是划分具体道德评价的两种相反类型:名誉是外在呼声,是人们相互的、外部的道德评价,是自己对他人和他人对自己的行为的道德评价;反之,良心是内在心声,是每个人自身内部的道德评价,是自己对自己的行为的道德评价。另一方面,良心与名誉又是同一的,每一方中都潜在着对方,每一方潜在地就是对方。因为当自己像自己评价他人那样——或者像他人评价自己那样——来评价自己时,名誉便变成了良心:良心是名誉的内化;当自己像评价自己那样来评价他人时,良心便变成了名誉:名誉是良心的外化。

因此,名誉也就与良心一样,由评价主体、评价客体、评价标准与评价依据四因素构成。名誉的评价主体,亦即名誉主体,就是进行名誉评价的主体,因而包括自己和他人,但主要是社会、众人和领导人;因为真正讲来,名誉乃是社会、众人和领导人所进行的道德评价。名誉的评价客体,亦即名誉客体,就是名誉的评价对象,因而也就是任何个人、任何群体以及任何社会;因为任何个人、任何群体以及任何社会,无疑都可以成为名誉的评价对象,都可以对其进行道德评价。名誉的评价标准,亦即名誉标准,显然与良心标准完全相同,都是道德规范:道德原则与道德规则。名誉的评价依据,亦即名誉依据,当然也与良心依据一样,关涉行为的动机与效果。因为与良心一样,名誉也存在同样的问题:名誉评价究竟依据对象的行为动机还是效果抑或既依据动机又依据效果?于是,名誉原本由四大因素构成:名誉主体、名誉客体、名誉标准和名誉依据。这就是名誉结构。

名誉的类型也与良心的类型相似,分为肯定性的名誉(荣誉或光荣)与否定性的名誉(耻辱)以及认知名誉、情感名誉、意志名誉和行为名誉。我们不妨再用两个例子来说明:

例 1. 我对穷人和弱者有一种深切的同情,常常救济、帮助他们。别人都说我做得对(认知名誉、认知荣誉);钦佩之情溢于言表(情感名誉、情感荣誉);皆有与我结交之意(意志名誉、意志荣誉);结果多人与我结交(行为名誉、行为荣誉)。

例 2. 我妒忌张三,造谣以中伤。同行们都说我心术不正(认知名誉、认知耻辱),人人义愤填膺(情感名誉、情感耻辱),个个有让我公开道歉之意(意志名誉、意志耻辱);最终迫使我公开道歉(行为名誉、行为耻辱)。

例 1 是众人对我行为的道德价值的肯定性反应，是众人对我行为肯定性的道德评价，是正面的名誉，因而叫做荣誉：荣誉就是肯定性的名誉，就是肯定性的社会道德评价，就是社会、众人或领导人所进行的肯定性的道德评价。例 2 是众人对我的行为的道德价值的否定性反应，是众人对我行为否定性的道德评价，是反面的名誉，因而叫做耻辱：耻辱就是否定性的名誉，就是否定性的社会道德评价，就是社会、众人或领导人所进行的否定性的道德评价。这两种类型的名誉又都有知、情、意、行之分，因而又都可以进而分为认知名誉、情感名誉、意志名誉和行为名誉四类：

首先，"认为我的同情是对的和妒忌是错的"，便是认知荣誉和认知耻辱，便是认知名誉：认知名誉就是名誉的认知评价，是社会、众人和领导人对于行为者的行为的道德价值的认知、认识，是社会、众人和领导人对于行为者的行为的道德价值的认知反应。其次，"对我的深切的同情心的钦佩之情和对我的造谣中伤的义愤填膺"，便是情感荣誉和情感耻辱，便是情感名誉，是名誉的情感评价，是社会、众人和领导人对于行为者行为的道德价值的情感反应、情感体验。再次，"与我结交之意和让我公开道歉之意"，便是意志荣誉和意志耻辱，便是意志名誉，是名誉的意志评价，是社会、众人和领导人对于行为者行为的道德价值的意志反应；最后，"多人与我结交和迫使我公开道歉"便是行为荣誉和行为耻辱，便是行为名誉，是名誉的行为评价，是社会、众人和领导人对于行为者行为的道德价值的行为反应。

## 二　良心和名誉的客观本性

### 1. 良心起源：良心的目的与原动力

良心的起源，直接说来，源于人是个道德动物。人是道德动物，因为每个人或多或少都有道德需要：或多或少都有自己遵守道德规范，从而做一个合乎道德的人、做一个好人、做一个有美德的人的需要。试问，有谁不想做一个好人？有谁愿意做一个坏人？没有。每个人都想做一个好人，这是最深刻的人性。坏人也是人，也与好人同样具有人性，也与好人同样具有做一个好人的道德需要。即使是那些十恶不赦的道德败类，也并非没有做一个好人的道德需要。他们也是人，怎么会没有做一个好人的人性呢？他们同样想做好人而不想做坏人。只不过，他们做一个好人的道德需要比较弱小，而他们所怀有的那些欺诈拐骗、偷盗抢劫、杀人越货的欲望却比较强大，以致远远超过和压抑了他们想做一个好人的道德需要。

那么,一个人究竟怎样才能成为一个好人、有道德的人、有美德的人,从而满足其道德需要?无疑只有去遵守道德、去做好事。这样,每个人做一个好人的道德需要,便会推动他去做遵守道德的好事,推动他对自己行为是否符合道德规范进行判断、评价,从而因自己做一个好人的道德需要是否被自己的行为所满足而发生种种心理与行为反应,亦即良心的知情意行之反应:

如果看到自己的行为符合道德规范,便会认为自己是一个好人(良知、认知良心),便会因自己做一个好人的道德需要得到实现而沉浸于良心满足的快乐(情感良心),便会有继续行善而遵守道德规范之意(意志良心),便会继续行善而遵守道德规范(行为良心);如果看到自己的行为不符合道德规范,便会认为自己不是一个好人(良知、认知良心),便会因自己做一个好人的道德需要得不到实现而陷入良心谴责的痛苦(情感良心),便会有改过迁善而遵守道德规范之意(意志良心),便会改过迁善而遵守道德规范(行为良心)。

可见,良心这种自我道德评价源于每个人希望自己做一个好人、做一个有美德的人的道德需要,目的在于满足自己做一个好人、做一个有美德的人的道德需要。然而,一个人为什么会有自己做一个好人的道德需要?良心的最终源头、原动力是什么?

原来,人是个社会动物,每个人的生活都完全依靠社会和他人:他的一切利益都是社会和他人给的。所以,能否得到社会和他人的赞许,便是他一切利益中最根本最重大的利益:得到赞许,便意味着得到一切;遭到谴责,便意味着丧失一切。不言而喻,能否得到社会和他人的赞许之关键,在于他的品德如何:如果社会和他人认为他品德好,那么,他便会得到社会和他人的赞许和给予;反之,则会受到社会和他人的谴责和惩罚。所以,正如孟子所言,一个人是否有美德,乃是他一切利益中最根本的利益:"夫仁,天下之尊爵也,人之安宅也;莫之御而不仁,是不智也。"[10]

这恐怕就是一个人最初为什么会有美德需要的缘故:他需要美德,因为美德就其自身来说,虽然是对他的某些欲望和自由的压抑、侵犯,因而是一种害和恶;但就其结果和目的来说,却能够防止更大的害或恶(社会和他人的唾弃、惩罚)和求得更大的利或善(社会和他人的赞许、赏誉),因而是净余额为善的恶,是必要的恶。因此,美德是他利己的最根本、最重要的手段:他对美德的需要是一种手段的需要。但是,逐渐地,他便会因美德不断给他莫大利益而日趋爱好美德、欲求美德,从而便为了美德而求美德,使美德由手段变成目的；就像他会爱金钱、欲求金钱、使金钱由手段变成目的一样。这时，他对美德的需要便不再是把它们作为一种手段的需要，而是把它们作为一种目的的需要了。

这样，每个人的做一个有美德的人、做一个好人的道德需要——不论是以美德为目的的需要，还是以美德为手段的需要——说到底，都源于利己，源于社会和别人因他品德的好坏所给予他的赏罚。对于良心的这一终极源头、原动力，弗洛伊德曾有大量论述。通过这些论述，他得出结论说，良心起源于自己对于父母、养育者、教师、领导、党团、国家、舆论等外在权威的赏罚的恐惧。[11]那么，对于这些外在权威赏罚恐惧究竟是怎样形成良心的？

这一形成过程并不难理解。因为每个人最为恐惧的，既然是这些——父母、养育者、教师、领导、党团、国家和舆论等等——外在权威的赏罚，那么，他自然便会常常以这些外部权威自居，亦即从这些外在权威的立场来评价自己行为。逐渐地，这些外在权威便成了他自己内心世界的一部分，成了他自己的另一个自我："我自己仿佛分成两个人；一个我是审查者和评判者，扮演和另一个我——亦即被审查和被评判者——不同的角色。"[12]这个作为评判者的自我对于另一个自我——亦即作为行为者的自我——的道德评价正是所谓的良心：良心就是自我道德评价。这样，在一个人的内心世界，作为评判者的自我的形成，也就是良心的形成。因此，良心是自己以父母或其养育者以及教师、领导、党团、国家、舆论等外在权威的立场来看待自己行为的结果，是以这些外部权威自居的结果，是这些外部权威的内化。

比较良心的直接起源（良心的目的）与良心的最终起源（良心的原动力）可知，良心直接源于每个人做一个好人的道德需要，目的在于满足自己做一个好人的道德需要；而最终则源于利己，源于自我利益，源于社会和他人因自己品德好坏所给予自己的赏罚。因此，一方面，每个人，不论他如何高尚还是如何卑鄙，便都因其不能不是个社会动物而不能不具有做一个好人的道德需要，不能不具有良心；只不过其强弱有所不同罢了。另一方面，每个人良心的强弱，固然与他自己的道德修养等偶然因素有关；但就其必然性因素来看，则直接说来，取决于他希望自己做一个好人的道德需要的多少，根本说来，则取决于他因自己品德好坏而得到的赏罚利害之多少：他因品德好而得到的赏誉越多，他因品德坏而遭到的惩罚和损失越多，他做好人而不做坏人的道德需要便越强，他的良心便越强；反之，他因品德好而得到的赏誉越少，他因品德坏而遭到的惩罚和损失越少，他做好人而不做坏人的道德需要便越少，他的良心便越弱。换言之，每个人良心的强弱，他要做一个好人的道德需要的多少，固然与他自己的道德修养等偶然因素有关；但是，就其必然性因素来看，根本说来，却取决于他生活于其中的社会，取决于对他品德好坏的赏罚者，亦即童年时代的父母或养育者、长大以后的学校的老师和同学、工作单位的领导和同事、国家的管理和教育等等：赏罚公正，人们的良心就强；赏罚不公，人们的良心就弱。

### 2. 名誉起源：外在根源与内在根源

名誉的起源有内外或供求之分，即名誉的内在根源或追求名誉的根源和名誉的外在根源或给予、供给名誉的根源。名誉的内在根源是追求名誉的根源，是每个人追求自己的名誉的根源，是每个人自己的名誉心、求名心、好名心的根源，说到底，也就是每个人追求荣誉、光荣而避免耻辱或舆论谴责的根源。反之，名誉的外在根源则是给予名誉的根源，是自己给予他人和他人给予自己名誉——荣誉或耻辱——的根源，是人们相互给予名誉——荣誉或耻辱——的根源，说到底，也就是社会、众人和领导人给予每个人名誉——荣誉或耻辱——的根源。

名誉的外在根源，原本在于每个人都具有希望他人做一个好人的道德需要，特别是社会、众人和领导人具有希望每个人做一个好人的道德需要。因为每个人——特别是社会、众人和领导人——的道德需要都是双重的：他不仅有自己遵守道德规范、做一个合乎道德的人、做一个好人的道德需要；而且还有希望他人遵守道德规范、做一个合乎道德的人、做一个好人的道德需要。试想，有谁不希望他周围的人是好人？有谁愿意他周围的人是坏人？就是盗贼也是如此。他也不希望他的同伙是一些坏盗贼，而同样希望同伙们是好盗贼："盗亦有道"此之谓也！

这是由道德之为社会契约的深刻本性所决定的。道德无疑是一种社会制定或认可的关于每个人的行为应该如何的社会契约。而任何契约的每一位缔结者必定都是：一方面，自己要遵守契约；另一方面，则要他人遵守契约。因此，每个人作为道德契约的缔结者，便不但自己有遵守道德规范从而做一个好人的道德需要，而且必定还有希望他人遵守道德规范从而也做一个好人的道德需要：他自己遵守道德做一个好人的道德需要越强烈，他希望别人遵守道德做一个好人的道德需要也就越强烈；他自己遵守道德做一个好人的道德需要越淡漠，他希望别人遵守道德做一个好人的道德需要也就越淡漠。这就是为什么古今中外那些志士仁人皆疾恶如仇的缘故。

这样，名誉外在的直接源头便与良心的直接源头一样，源于每个人的道德需要:他不仅有自己做一个好人的道德需要(良心的直接源头);而且还有希望他人做一个好人的道德需要(名誉外在的直接源头)。那么,一个人究竟怎样才能满足他希望别人做一个好人的道德需要呢?他满足自己做一个好人的道德需要的唯一途径,如前所述,是自己遵守道德做好事。同理,他满足自己希望别人做一个好人的道德需要的唯一途径,当然是看到别人遵守道德做好事。这样一来,每个人希望别人做好人的道德需要,便会推动他对别人的行为是否符合道德进行判断、评价,从而因自己希望别人做好事的道德需要是否被别人的行为所满足而发生种种心理和行为反应,亦即名誉(荣誉与耻辱)的知情意行之反应:

如果看到他人的行为符合道德规范,便会认为他人堪称好人(名誉或荣誉的认知评价、认知名誉或认知荣誉);便会因自己希望他人遵守道德的需要得到实现而快乐,进而对他人心存敬爱之忱(名誉或荣誉的情感评价、情感名誉或情感荣誉);便会产生向他人学习之意(名誉或荣誉的意志评价、意志名誉或意志荣誉);便会向他人学习(名誉或荣誉的行为评价、行为名誉或行为荣誉)。反之,如果看到他人的行为不符合道德规范,便会认为他人不是什么好人(名誉或耻辱的认知评价、认知名誉或认知耻辱);便会因自己希望他人遵守道德的需要得不到实现而痛苦,进而对他人怀有厌恶之心(名誉或耻辱的情感评价、情感名誉或情感耻辱);便会产生批评、谴责他人之意(名誉或耻辱的意志评价、意志名誉或意志耻辱);便会批评、谴责他人(名誉或耻辱的行为评价、行为名誉或行为耻辱)。

可见,从名誉的外部或名誉的相互给予来看,名誉源于每个人自己希望他人做一个好人的道德需要,目的在于满足这种道德需要。然而,每个人为什么会有希望别人也做一个好人的道德需要呢?名誉最终的外部源头是什么?不难看出,这个问题可以转换为如下正反两方面问题:一方面,如果一个人与之打交道的人都是损人利己的坏人,他会得到什么?他无疑会处处遭受损害与不利。另一方面,如果一个人与之打交道的人都是仁爱公正的好人,他会得到什么?他无疑会处处得到帮助与利益。这就是说,每个人希望别人做一个好人,说到底,无非是因为别人是好人对自己有利,而别人是坏人对自己有害:利己、自我利益、他人品德的好坏对自己的利害关系,是引发每个人自己希望别人是好人的道德需要产生的原因,从而也就是最终引发名誉的外部的原因、根源、原动力。那么,名誉的内在根源是什么?

不难看出,名誉的内在根源——亦即每个人自己的求名心的根源——在于名誉攸关自己最为根本的利害。因为人是个社会动物,每个人的生活都完全依靠社会和他人:他的一切利益都是社会和他人给的。但是,他究竟能从社会和他人那里得到多少利益,无疑取决于社会和他人对他的毁誉:荣誉、光荣意味着他将能从社会和他人那里得到他所能够得到一切利益;耻辱、恶誉则意味着社会和他人将拒绝可能拒绝给予他的一切利益。于是,名誉便是他的一切利益之本,便是他的最为根本、最为重大的利益:荣誉、光荣是每个人求得自己利益的根本手段。因此,斯密说:"就能够立即和直接影响一个无辜者的全部的外在不幸来说,最大的不幸无疑是名誉的不应有的损失。"[13]这恐怕就是"名"与"利"为什么会合为"名利"一词的缘故。因此,人只要生活于社会和他人之中,便无不有极为深重的名誉心。

诚然,古往今来,确实有些伟大的智者蔑视名誉、蔑视荣誉。然而,这并不是因为他们没有名誉心、没有对荣誉的渴求;而只能表明他们压抑自己名誉心而不去追求荣誉。他们不但同样具有名誉心,而且同样具有极为深重的名誉心;否则,他们就不会因为遭到舆论谴责而极为痛苦了。西赛罗说:"许多人蔑视荣誉,却又因遭受不公正的谴责而感到莫大的羞辱和痛心:这岂不极为矛盾?"[14]其实,这并不矛盾。他们蔑视荣誉,并不是因为他们没有追求好名誉、避免坏名誉的极为深重的欲望;而是因为他们为了其他在他们看来更为重大的欲望——如追求自由和自我实现——而不得不压抑、放弃与其冲突的追求荣誉的欲望。他们为了实现更为重大、更为强烈的追求自由和实现创造性潜能的欲望,而压抑、放弃了对荣誉的渴求,因而能够蔑视荣誉,不为荣誉所动。但是,他们并没有压抑、放弃避免耻辱或坏名誉的欲望。这是因为:

一方面,避免耻辱或坏名誉的欲望远比追求荣誉的欲望更为根本、更为重大:有没有荣誉,有没有好名誉,是一个人在社会中生活得好不好的问题,是一个人在社会中能否发展的问题;而有没有坏名誉,则是一个人能否在社会中生存的问题:坏名誉意味着社会生活的终结和死亡。所以,任何一个智者,任何一个人,只要他生活在社会中,他便只可能为了自由和自我实现等等而压抑、放弃追求好名誉的渴求,但是,他不可能为了自由和自我实现等等而压抑、放弃避免耻辱或坏名誉的欲望。另一方面,避免耻辱或坏名誉的欲望是每个人的社会生活的最为根本、最低级的欲望,因而只有在这种欲望得到相对满足的条件下,每个人才可能产生追求自由和自我实现等等比较高级的欲望。这样,一般说来,避免耻辱或坏名誉的欲望并不会与追求自由和自我实现等等比较高级欲望发生冲突、不可两全。因此,避免耻辱或坏名誉的欲望在这些伟大智者的心中同样极为深重地存在着。所以,他们固然因为压抑求名心或荣誉的追求而能够不为荣誉所动;却不能不为坏名誉而感到莫大的痛苦。

可见,每个人必定因名誉攸关自己最为根本的利害而无不具有极为深重的名誉心,无不极为深重地渴求荣誉、光荣,无不极为深重地怀有避免耻辱或坏名誉的欲望;正如无不深重地好利恶害、趋利避害一样;只不过人们各自所求的荣誉和所避的耻辱往往大不相同,亦如他们所求的利和所避的害往往大不相同罢了。一言以蔽之,每个人的求名心源于求利心:求名是求利的手段。

但是,手段与目的是互相转化的。当一个人的好名誉、荣誉不断给他带来利益和快乐时,他便会逐渐爱上名誉——爱是自我对其快乐和利益之因的心理反应——从而能够为荣誉而求荣誉、为名誉而求名誉、为名而求名。这时,荣誉和名誉便不再是求利的手段,而是目的本身;求利则不再是求名的目的,而只是产生求名目的之原因、原动力:为名而求名是因利而求名,而不是为利而求名。这是不难理解的。因为我们到处都能够看到,那些极为珍爱自己名誉的人,他们某些行为的目的岂不往往是为名誉而求名誉?他们这些行为目的只是名誉、荣誉而不是利益;不但不是为利益,而且往往为了名誉而牺牲利益乃至牺牲性命。因此,利己决不是这些行为的目的,而只是最终引发这些行为目的之原因、原动力:为名而求名不是为利而求名,而是因利而求名。这样,求利心(为求利而求名)和求名心(为求名而求名)便是名誉的内在的双重直接根源,是名誉内在的双重目的;而利己心则是最终产生这些目的的名誉内在之终极根源、原动力。

纵观名誉的内外起源可知,一方面,每个人之所以都有对他人进行道德评价而给他人以毁誉的深重欲望,直接说来,是因为每个人都有希望他人做一个好人的道德需要;说到底,是因为别人是好人对自己有利,而别人是坏人对自己有害:利己是名誉外在的终极根源、原动力。另一方面,每个人之所以渴求光荣、避免耻辱而怀有深重的名誉心,直接说来,是因为名誉攸关自己最为根本的利害,因而每个人是为求利而求名,进而为求名而求名;说到底,每个人必定是因利而求名:利己是名誉内在的终极原因、原动力。

### 3. 良心的作用

良心起源的研究表明,良心直接源于每个人做一个好人的道德需要,目的在于满足自己做一个好人的道德需要;而最终则源于社会和他人因自己品德好坏所给予自己的赏罚:赏罚越公正,自己做一个好人的道德需要便越强，自己的良心便越强。那么，是否人们的良心越强，他们的品德便越高尚，社会的道德风气便越良好？

答案是肯定的。因为良心就其本性来说，乃是一种为做好人而做好人的行为及其心理，是一种为美德而求美德的行为及其心理，说到底，是完善自我品德之心所引发的行为及其心理。因此，良心具有使人达到最高道德境界——无私利人——的作用。因为一个人要成为好人、道德的人、高尚的人，实现其完善自我品德之心，只有去做好事、道德的事、高尚的事。那么，一个人究竟要做什么样的好事才能完善自我品德？最重要的，无疑是无私利人。因为无私利人，如所周知，是最高尚的事，是品德的完善境界。所以，一个人受良心的驱使，便会无私利人，便会使人达到最崇高的道德境界。

因此，人们的良心越强，他们的品德便越高尚，社会的道德风气便越良好；人们的良心越弱，他们的品德便越恶劣，社会的道德风气便越败坏。每个人良心的强弱，如上所述，又取决于社会和他人因自己品德好坏所给予自己的赏罚是否公正。于是可以说：社会对于人们品德好坏的赏罚越公正，人们做一个好人的道德需要便越强，人们的良心便越强，人们的品德便越高尚，社会的道德风气便越良好；社会对于人们品德好坏的赏罚越不公正，人们做一个好人的道德需要便越弱，人们的良心便越弱，人们的品德便越恶劣，社会的道德风气便越败坏。这就是被良心的起源所决定的良心之作用。

然而，这还不是良心的主要作用。从良心的直接起源和目的——良心直接起源于做一个好人的道德需要，目的是为了做一个好人、有道德的人、有美德的人——还可以得出一个更为重要的结论：良心具有使人遵守道德规范的价值或作用。因为美德是长期遵守道德的结果："德者，得也，行道而有得于心者也。"[15]所以，一个人只有遵守道德规范做好事，才可能成为一个好人、有道德的人、有美德的人，从而才能实现良心的目的。反之，如果他不遵守道德做坏事，便不可能成为一个好人、有道德的人、有美德的人，便不可能满足自己做一个好人、有道德的人、有美德的人的道德需要，便不可能实现良心的目的。

这样，每个人的良心便会推动他去做遵守道德规范的好事、有道德的事、有美德的事，推动他对自己行为是否符合道德规范进行评价，从而因自己做一个好人的需要和目的是否被自己的行为所实现而发生种种情感反应：如果自己的行为符合道德规范、具有正道德价值，他便会因做一个好人的需要和目的得到实现而体验到自豪的快乐，沉浸于良心满足的喜悦；反之，如果他的行为不符合道德规范、具有负道德价值，那么，他做一个好人的需要和目的便得不到实现而归于失败,他便会陷入内疚感和罪恶感,便会遭受良心谴责的痛苦。快乐与痛苦,如所周知,不仅是需要和目的是否得到实现的心理体验,而且是引发一切行为的原动力。因此,良心便一方面通过产生自豪感和良心满足的快乐,推动行为者遵守道德,以便再度享受这种快乐;另一方面,则通过产生内疚感、罪恶感和良心谴责的痛苦,阻止行为者违背道德,以便从这种痛苦中解脱出来。

良心使人遵守道德规范的力量,当然与良心的强弱成正比:良心越弱,使人遵守道德规范的力量便越弱;良心越强,使人遵守道德规范的力量便越大。人人皆有良心,只不过强弱不同;但良心不论强弱,毕竟都具有使人遵守道德的作用。那么,为什么人们还会不遵守道德呢?原来,每个人的行为都产生和决定于他的需要、欲望、目的;而任何人都绝不仅仅有"做一个好人、一个有良心的人"这样一种需要、欲望、目的:每个人的需要、欲望和目的都是多种多样的。富切斯说得好:"现在我们比过去更明白,良心并不是支配生活的唯一权威。决定我们生活中的行为、制约人类自由的权威是很多的。行为研究表明,人和动物的某些行为只是基于生理因素而并无伦理动机,然而却或多或少被当做是来自伦理的命令。……可以说,人们的善的、应该的行为往往同时源于伦理的和非伦理动机。"[16]

这种所谓"伦理的"和"非伦理的"动机相一致从而共同引发善行的情况,确实存在。但二者也往往会发生冲突而不能两全。在这种情况下,若顺从和满足良心的欲望而遵守道德做一个好人,便不能顺从和满足与其冲突的需要和欲望。就拿小偷来说,他并不是没有良心。但他的良心与其贼心互相冲突而不能两全:若顺从良心的欲望、遵守道德而做一个好人,便不能顺从、满足其偷盗的需要和欲望。斗争的结果,正如达尔文所言,无疑是顺从、满足比较强大的起决定作用的需要和欲望:"人在行动的时候,无疑倾向于顺从更为强有力的那个冲动。"[17]

这样,当一个人的良心与其他欲望发生冲突时,如果他的良心比较强大,而与之冲突的欲望比较弱小,那么,他便会顺从良心的指令,遵守道德;而由此产生的自豪感和良心满足的快乐,又会推动他继续遵守道德。反之,如果他的良心比较弱小,而与之冲突的欲望比较强大,那么,他便会顺从这些比较强大的欲望而违背良心的指令,不遵守道德。但事后他会或多或少——多还是少取决于其良心强还是弱——感受到不遵守道德所产生的内疚感、罪恶感和良心谴责的痛苦,从而或多或少会阻止他继续违背道德,以便从这种痛苦中解脱出来。坏人不断干坏事而不断违背道德,并不是因为他事后感受不到违背道德所产生的内疚感、罪恶感和良心谴责的痛苦，也并不是因为这些痛苦不阻止他继续违背道德；而是因为他的良心比较弱，因而他违背道德所产生的内疚感、罪恶感和良心谴责的痛苦比较小，这些痛苦比起他干坏事所得到的快乐和满足是微不足道的，因而不足以阻止他继续违背道德干坏事。

一个人的良心具有使他遵守道德规范和达到无私利人的崇高境界之作用，因而便有极其有利于社会和他人。那么，它是否也有利于自己呢？是的。因为，一方面，良心能够使自己遵守道德，显然意味着，良心能够使自己具有美德：美德是经常遵守道德的结果；另一方面，良心能够使自己达到无私利人的崇高境界，显然意味着，良心能够使自己具有最崇高的美德。这样，良心对自己的作用，与美德对自己的作用便是一样的：良心就其直接作用来说，无疑是对自己的某些欲望和自由的压抑、侵犯，因而是一种害和恶；但就其间接的、最终的作用来说，却能够防止更大的害或恶（社会和他人的唾弃、惩罚）和求得更大的利或善（社会和他人的赞许、赏誉），因而是净余额为利的害，是净余额为善的恶，是必要的害和恶。所以，根本地、长远地看，良心对自己是极其有利的，是自己在社会中安身立命之本，是自己的最根本、最重大的利益。这一点早为达尔文说破："人在他的良心的激励下，通过长期的习惯，将取得一种完善的自我克制能力……这对于他自己是最有利的。"[18]

于是，总而言之，我们便可以得出一条良心强弱与遵守道德以及利害人己的关系的正比例定律：社会对于每个人品德好坏的赏罚越公正，他做一个好人的道德需要便越强，他的良心便越强，他遵守道德所带来的自豪感和良心满足的快乐便越强大，他违背道德所产生的内疚感、罪恶感和良心谴责的痛苦便越深重，他便越能够克服违背道德的欲望而遵守道德，他的品德便越高尚，他便越有利于社会和他人，他自己——长远地看——从中所得到的利益也就越多，最终社会的道德风气便越良好；反之，社会对于一个人品德好坏的赏罚越不公正，他做一个好人的道德需要便越弱，他的良心越弱，他遵守道德所带来的自豪感和良心满足的快乐便越弱小，他违背道德所产生的内疚感、罪恶感和良心谴责的痛苦便越浅薄，他便越容易顺从不道德的欲望而违背道德，他的品德便越卑鄙，他便越可能有害于社会和他人，他自己——长远地看——从中所遭受的损害也就越多，最终社会的道德风气便越败坏。这就是被良心的起源和本性所决定的良心作用之定律。

### 4. 名誉的作用:名誉与良心作用之比较

名誉起源的研究表明,一方面,每个人都有希望他人做一个好人的道德需要,因而便会对他人的行为是否符合道德进行评价,从而因自己希望他人做好人的道德需要是否被他人的行为所满足而赋予他人以荣誉或耻辱;另一方面,名誉攸关自己最为根本的利害,因而每个人无不具有极为深重的名誉心:最初是为求利而求名,进而必定为求名而求名。

这样一来,当一个人的行为符合道德规范、具有正道德价值,那么,他便会从社会和他人那里得到好名誉、荣誉、得到荣誉所带来的巨大利益,他极为深重的名誉心便会得到满足而体验到巨大的快乐;反之,如果他的行为违背道德规范、具有负道德价值,那么,他便会从社会和他人那里得到坏名誉、遭受耻辱和舆论谴责及其所造成的巨大利益损失,他极为深重的名誉心便得不到满足而体验到巨大的痛苦。[19] 于是,荣誉、好名誉便通过给予行为者以巨大的快乐、利益,而极有成效地推动他遵守道德;而耻辱、坏名誉则通过使行为者遭受巨大的痛苦、损害,而极有成效地阻止他违背道德。这就是被名誉的起源所决定的名誉的基本作用。

"众人所指,无病而死"与"众口铄金"两句格言,十分生动、准确地道出了名誉——荣誉和耻辱——使人遵守道德的巨大力量。名誉这种使人遵守道德的力量之巨大,确实往往强大于良心。但是,就良心与名誉的本性来说,良心是一种使人遵守道德的无负作用的力量;而名誉则是一种使人遵守道德的有负作用的力量。这可以从两方面来看:

一方面,良心是自我道德评价,是每个人自身的内在的力量,因而是无可逃避的:它总是使人真诚地遵守道德。反之,名誉却是人们相互的道德评价,是作用于每个人的外部力量,是可以逃避的:它既可能使人真诚地遵守道德,也可能使人假装遵守道德。更确切些说,面对名誉这种使人遵守道德的巨大力量,每个人却可能有两种相反的选择。一种是,名誉的巨大力量使他产生了与自己的良心相一致的名誉心,亦即对光荣的渴求。他凭着自己的良心追求光荣,真诚对待社会和他人:老老实实遵守而不违背道德,从而赢得荣誉、避免耻辱和舆论谴责。另一种则是,名誉的巨大力量使他产生了与自己的良心相反的名誉心,亦即虚荣心。他昧着良心追求虚荣,欺骗社会和他人:自己并不遵守道德,却设法使社会和他人相信自己遵守道德,从而赢得荣誉、避免舆论谴责。[20]

另一方面,良心是自己对自己行为的意识,因而总是与自己行为事实如何相符;而名誉是对别人行为的认识,因而很容易发生错误。也就是说,一个人所得到的名誉与他的行为事实往往不符:或者徒有虚名;或者枉受诋毁。在这些错误中,最为普遍也最为重大的是:屈己从众、丧失自我的人总是得到荣誉;而热爱自由、富有创新精神的人却总是遭受耻辱和舆论谴责。这种错误的普遍性使它几乎成为名誉的必然负产品,从而使名誉几乎必然具有这样的负作用,亦即使人们发生自我异化,不得不放弃自由、违背自我意志而屈从社会和他人意志,从而赢得社会和他人的赞誉。

如果一个人的名誉心使他追求的是虚荣,是名不副实的、与自己的良心相违的荣誉,那么,他不但会陷入卑鄙的说谎、欺骗、无耻,最终被社会和他人所蔑视和唾弃;而且会成为一个无所成就的浅薄轻浮之徒。因为一个人要满足其虚荣心、得到社会和他人的赞扬,不必有所作为、有所贡献、有所成就;而只要练就一套装模作样、厚颜无耻的本事就可以了。反之,如果他追求的是光荣,是真正的、名副其实的、与自己的良心一致的荣誉,避免的是真正的、名副其实的、与自己的良心一致的耻辱和舆论谴责,那么,他不但会因为真诚遵守道德而成为一个有道德的人;而且会成为一个卓有成就的人。因为一个人要满足其真正的荣誉心,必须得到社会和他人的赞扬;而要得到社会和他人的赞扬,根本说来,必须有所作为、有所贡献、有所成就。这是从质上看。从量上看,一个人得到社会和他人的赞扬的程度、他真正的荣誉心的满足程度,根本说来,显然与他所作出的贡献、所取得的成就之大小成正比:他的贡献越大、取得的成就越多,他得到的赞扬便越多,他荣誉心得到的满足便越充分,他便越自豪、快乐;他的贡献越少、取得的成就越少,他得到社会和他人的赞扬便越少,他荣誉心得到的满足便越不充分,他便越羞耻、痛苦。所以,不论从量上看还是从质上看,真正的荣誉心都是推动每个人自强自立、有所作为、取得成就、创造价值的动力。历史印证了这一真理。试数历代伟大人物,不论是大政治家还是大学问家抑或大艺术家,有哪一个不怀抱强烈的荣誉的渴求?当人们询问似乎十分淡泊名利的列夫·托尔斯泰,究竟是什么在推动他写出一部部著作时,托尔斯泰出人意料地答道:是对于荣誉的渴望。所以,包尔生说:“追求最高的名望和荣誉是大多数造成历史伟大转折的人们——如亚历山大、恺撒、弗雷德里希、拿破仑——的最强有力的动机。而且,如果在人的心灵中没有对卓越、名望和不朽的渴求,伟大的精神和艺术成就也将是不可想象的。”[21]

可见,一个人不应该昧着良心、追求虚荣;而应该凭着良心、追求真正的光荣。但是,细究起来,追求真正的光荣、追求名副其实的荣誉,也有两种相反方式:自我异化和自我实现。自我异化方式的特点是:为了求得荣誉,便放弃自由、违背自我意志而屈从社会和他人意志,从而赢得社会和他人的赞誉。选择这种方式的人,与其说是按照良心不如说是按照名誉行事。反之,自我实现方式的特点是:虽然是为了得到荣誉,却仍然坚持自由、按照自己的意志,从而实现自己的潜能,成为一个可能成为的最有价值的人,最终赢得社会和他人的赞誉。选择这种方式的人,与其说是按照名誉不如说是按照良心行事。自我实现的方式,不但能够使人真诚地遵守道德,而且还能使人实现自己的创造潜能,成为一个可能成为的最有价值的人。所以,这种方式既极其有利于自己,最终说来,又极其有利于社会和他人。但是,以这种方式追求荣誉者——不论从名誉的本性来看,还是就历史和现实来说——往往要在他死后才能得到荣誉。而在他有生之年,却大都得不到社会和他人的理解而备受耻辱与舆论谴责之苦。反之,自我异化的方式,固然能够使人真诚地循规蹈矩、遵守道德;但是,最终说来,却因其使人发生异化、丧失创造性而既不利于自己,又有不利于社会和他人。但是,以这种方式追求荣誉者,却必定能够如愿以偿,得到社会和他人的理解和盛赞;在他有生之年,便可望享尽荣华富贵。这就是为什么古往今来那些圣贤往往蔑视荣誉的缘故。显然,这种蔑视只意味着荣誉往往导致自我异化,而并不意味着不应该追求荣誉。人无疑应该追逐荣誉。但是,他不应该以自我异化的方式追求荣誉,而应该以自我实现的方式追求荣誉。

比较良心和名誉的作用,可以理解为什么先哲们无不盛赞良心却很少盛赞名誉。诚然,良心和名誉都是使人遵守道德的极其巨大的力量:名誉是人的外在名声,因而是使人遵守道德的外在力量;良心是人的内心信念,因而是使人遵守道德的内在力量。但是,良心使人遵守道德的力量是纯粹的、无负作用的:它只会使人遵守道德而不会使人背离道德。反之,名誉使人遵守道德的力量是不纯粹的、有负作用的:它使人遵守道德往往以使人陷于恶德——假仁假义和自我异化——为代价。名誉的负作用几乎是不可避免的,因而只有依靠良心来消解:如果一个人遭受了不该得的谴责,如果他因为追求自由、创新、自我实现而遭受轻蔑,他的良心便应该自豪,从而化解这种错误评价的压力;如果他得到了不该得的荣誉,如果他因为屈己从众、追赶时髦而赢得赞誉,他的良心便应该惭愧,从而改弦易辙而追求自由、创新、自我实现。[22]

可见,当每个人的名誉心与良心发生冲突时,应该牺牲名誉而服从良心:他若服从名誉便必定陷入虚荣而背离道德;他若服从良心便必定抛弃虚荣而遵守道德。不过,良心与名誉一样,对善恶的判断有时是错误的,因而如所周知,有所谓正确的良心与错误的良心之分;正如有正确的名誉与错误的名誉之分一样。可是,错误的良心难道与正确的良心一样使人不差不错地遵守道德吗?究竟何谓正确与错误的良心或名誉?怎样才能避免良心与名誉的错误而使之正确?这无疑是一些极为复杂的难题,它们关涉到良心与名誉的评价标准和评价依据,说到底,它们是"应该怎样"进行良心与名誉的评价问题,是良心与名誉的主观评价问题;反之,良心与名誉的起源和作用,说到底,则是"为什么应该"进行良心与名誉的评价的问题,是良心与名誉的客观本性问题。良心与名誉的起源及其作用的研究,已使我们完成了"为什么应该"进行良心与名誉的道德评价问题;那么,究竟"应该怎样"进行良心与名誉的道德评价?

## 三 良心与名誉的主观评价

究竟应该怎样进行良心与名誉的道德评价?不言而喻,良心与名誉的评价过程,无非是运用一定的评价标准来评价自己的行为和他人的行为的过程。这两种评价的标准完全相同,区别只在于评价对象:良心是评价自己的行为而名誉是评价他人的行为。因为不论是评价自己的行为还是评价他人的行为,都同样是评价这些行为的道德价值,因而也就只能同样以道德规范作为评价标准:道德规范是良心与名誉的标准。然而,问题是:行为由动机与效果构成,二者有时并不一致。那么,当我们运用良心与名誉的标准对行为进行评价时,究竟是依据行为动机还是行为效果?这就是从古到今一直争论不休的道德评价依据——亦即良心与名誉的依据——之难题。解决这个难题的起点显然是:何谓动机与效果?

### 1. 动机与效果概念

行为的研究表明,行为是有机体受意识支配的实际活动:行为是主观因素"意识"和客观因素"实际活动"的主客统一体。行为的主观因素就是所谓的"动机";行为的客观因素则叫做"效果":动机与效果是构成行为的两要素。对此,马克思在分析建筑师的行为时曾有十分精辟的论述:"最蹩脚的建筑师从一开始就比最灵巧的蜜蜂高明的地方,是他在用蜂蜡建筑蜂房以前,已经在自己的头脑中把它建成了。劳动过程结束时得到的结果,在这个过程开始时就已经在劳动者的表象中存在着,即已经观念地存在着。"[23]

这就是说,建筑师的筑房行为由两要素构成。一是筑房的观念,是头脑中、观念中的筑房行为;二是观念中的筑房行为所引发的筑房的实际,是实际的筑房行为:前者便叫做筑房行为之动机,后者则叫做筑房行为之效果。更确切些说,动机是行为的思想意识、心理因素,是行为者对于所从事的行为的思想,也就是对行为目的和行为手段的思想,亦即对行为结果和行为过程的预想。它是行为的意识、思想、心理、观念、主观的方面,是意识中、思想中、观念中的行为。反之,效果则是动机的实际结果,是动机所引发的实际行为,是实际出现的行为目的与行为手段,是实际出现的行为结果与行为过程,是行为之实际,是行为的客观的、实际的方面。举例来说:

夏菲的母亲看到夏菲的学习成绩不良,认为痛打夏菲(这是对行为手段的思想,是思想中的行为过程)就可以使夏菲畏打而努力读书,从而提高成绩(这是对行为目的的思想,是预期的行为结果)。这些都是动机:动机就是对所从事的行为目的和行为手段的思想。在这种动机支配下,夏菲母亲便用铁棍痛打夏菲(动机所引发的实际行为过程),但不料打死(动机所引发的实际行为结果)。这些都是效果:效果就是动机的实际结果,就是实际出现的行为结果与行为过程。然而,人们大都一方面把行为效果与行为结果等同起来,以为行为效果就是行为结果;另一方面则把行为动机与行为目的等同起来,以为行为动机就是行为目的。这是个双重错误:

一方面,行为效果与行为结果,从词义上看,确实没有什么区别;但从概念上看,却根本不同。因为从概念上看,行为结果与行为过程(而不是行为动机)是构成行为的两因素。所以,行为结果是相对行为过程来说的,与行为过程是对立面:行为结果不是行为过程,而是行为过程的结果;行为过程也不是行为结果,而是导致行为结果的过程。与此不同,行为效果则与行为动机(而不是行为过程)是构成行为的两因素。因此,行为效果是相对行为动机来说的,与行为动机是对立面;行为效果不是行为动机,而是行为动机的效果:行为动机也不是行为效果,而是导致行为效果的动机。这样,行为动机就既包括行为过程,又包括行为结果:行为动机是观念中的行为过程和行为结果。相应地,行为效果也就既包括行为结果又包括行为过程:行为效果是行为动机的实际结果,是动机所引发的实际存在的行为过程和行为结果。所以,行为效果与行为结果根本不同:行为效果不是行为或行为过程的效果、结果,而是动机的效果、结果,因而既可能是行为结果,也可能是行为过程。

另一方面,动机与目的也根本不同。因为目的与手段(而不是效果)是构成行为的两因素。因此，目的是相对手段来说的，与手段是对立面：目的是构成行为的一部分，是为了达到的行为结果；行为的另一部分是手段，是用来达到目的的行为过程。所以，目的属于“行为”范畴。反之，动机则属于“行为思想”范畴：动机与效果（而不是手段）是构成行为的两因素。因此，动机是相对效果来说的，与效果是对立面；动机是行为的思想意识因素，是行为者对于所从事的行为的思想，也就是对行为目的和行为手段的思想；效果则是动机的实际结果，是动机所引发的实际行为，是实际出现的行为目的与行为手段。因此，动机与目的根本不同：动机不仅包括预想的目的，而且包括预想手段；反过来，只有存在于思想中的目的才属于动机范畴，而已经实现了的目的则属于效果范畴。

可见，一方面，行为效果与行为结果根本不同：行为效果是行为动机的实际结果，因而不仅是实际存在的行为结果，而且包括实际存在的行为过程；另一方面，动机与目的根本不同：动机是对行为目的和行为手段的思想，因而不仅包括预想的目的，而且包括预想手段。这样，动机与效果便是基于并包含目的与手段以及行为过程与行为结果的行为之最为复杂的结构；把握了这一结构，便不难发现良心与名誉的评价依据：对行为本身的评价依据效果；而对行为者品德的评价则依据动机。

**2. 行为本身与行为者品德**

不论良心评价还是名誉评价，无疑都包括两个方面：一方面是对行为自身进行评价；他方面是对表现于行为的行为者的品德进行评价。这一点，包尔生已经大略讲过：“每一行为都引起两种判断：一种是对这个人的品德的主观的、形式的判断；一种是对这一行为本身的客观的、内容的判断。”[24]显然，他所谓“这个行为本身的客观的、内容的判断”，就是对行为本身的评价：行为本身是一种实际的、客观的活动；他所谓“这个人的品德的、主观的、形式的判断”，就是对行为者的品德的评价：品德是一种主观的、心理的东西。那么，对行为本身和行为者品德进行道德评价的依据是否相同？

所谓行为，如所周知，是有机体受意识支配的实际活动：行为本身虽受意识支配，却不是意识的、主观的、观念的活动，而是实际的、客观的、物质的活动。因此，行为本身的道德价值也就不是一种意识的、主观的、观念的活动的道德价值；而是一种实际的、客观的、物质的活动的道德价值。所以，判断行为本身的道德价值、对行为本身进行道德评价，便不应该依据行为之观念，看行为之观念如何；而只应该依据行为之实际，看行为之实际如何；便不应该依据思想中的行为,看思想中的行为如何;而只应该依据实际发生的行为,看实际发生的行为如何。一句话,良心与名誉对行为本身的评价不应该依据行为的动机,看动机如何;而只应该依据行为的效果,看效果如何。

我们不是常说好心办坏事吗?事是行为,心是动机。好心办坏事岂不意味着:对事、行为本身的好坏之评价是不依据动机、不看动机的?否则,如果对事、行为本身的好坏之评价依据动机,岂不就不会有好心办坏事,而只能有好心办好事吗?那么,当我们说好心办坏事时,我们是依据什么断定事是坏的?显然是依据事、行为之实际效果。试想,夏非母亲痛打夏非至死的行为是坏的,是依据什么说的?是依据动机吗?不是。因为其动机是为了夏非学习好,是为了夏非好,是好动机。那么,是依据什么呢?显然只是依据她痛打夏非至死之实际效果:评价行为本身的好坏只应该依据行为效果。

但是,行为者的品德与行为相反,乃是一种主观的、观念的、意识的东西,而不是客观的、实际的、物质的东西。品德是一个人长期的伦理行为所表现和形成的稳定的、恒久的、整体的心理状态。所以,对行为者的品德进行评价,便不应该依据行为之实际,不应该看行为之实际如何;而只应该依据行为之观念,只应该看行为之观念如何;不应该依据实际发生的行为,看实际发生的行为如何;而只应该依据思想中、观念中的行为,看思想中、观念中的行为如何。一句话,良心与名誉对行为者品德的评价,只应该依据行为的动机、看动机如何;而不应该依据行为的效果、看效果如何。

我们都知道,好心办坏事的人是好人,而坏心办好事的人是坏人。为什么?岂不就是因为评价行为者的品德好坏只应该看行为者的心、动机,而不应该看事或行为之效果?否则,如果评价行为者的品德好坏看效果,那么,好心办坏事的人岂不就不是好人而是坏人?而坏心办好事的人岂不就不是坏人而是好人了?试想,一个孝子服侍病母,恨不能以自己性命换回母亲健康。可是,他过于劳累,因而给母亲吃错了药,使母亲死亡。对此,我们仍说他的品德是好的,是好人。为什么?岂不就是因为他给病母服药的效果虽是坏的,但动机却是好的:评价品德只看动机不看效果。反之,一个人以毒药害人,却不料以毒攻毒,竟医好被害人多年的老病。对此,我们仍说他的品德坏,是坏人。为什么?岂不就是因为他给别人服药的效果虽好,但动机却是坏的:评价品德好坏只看动机而不看效果。

可见,良心与名誉的评价依据应该分别论:对行为本身的评价只应该看效果;对行为者品德的评价只应该看动机。换言之,对行为者品德的评价只应看其预想的行为目的或行为结果与预想的行为手段或行为过程;对行为本身的评价则只应看实际出现的行为目的或行为结果与实际出现的行为手段或行为过程。这就是“动机效果分别论”。最早提出这一理论的,似乎是穆勒。他这样写道:“几乎所有功利主义道德论者都坚持,动机虽与行为者的品德关系很大,但与行为的道德价值无关。”[25]所以,“好行为并不一定表示品德好,坏行为也常常引发于好品德。这种情况不论出现于何种场合,都不影响对于行为本身的评价,而只影响对于行为者品德的评价”[26]。然而,良心与名誉评价究竟依据动机还是效果,毕竟是一个十分复杂而歧义丛生的难题。围绕这个难题,自古以来,伦理学家们便一直争论不休。不考察这些争论,无疑算不上真正解决了这个难题。那么,人们争论的究竟是什么呢?

### 3. 良心与名誉评价依据的理论:动机论、效果论和动机效果统一论

古今中外,伦理学家们围绕道德评价依据——亦即良心与名誉评价依据——的争论,可以归结为四派:“效果论”、“动机论”、“动机效果统一论”以及“动机效果分别论”。

**效果论**　所谓效果论,如所周知,就是认为道德评价只应该以行为效果为依据的理论,说到底,也就是认为良心与名誉的评价只应该以行为效果为依据的理论。以往的功利主义论者几乎都主张效果论;其代表当推边沁、穆勒、包尔生和梯利。他们准确无误地看到,一方面,价值是客体对主体目的的效用,行为的道德价值是行为对道德目的的效用:“道德是实现目的的一个手段,它存在的理由要归之于它的功用。”[27]另一方面,道德目的是保障社会的存在发展,最终增进每个人的利益,实现每个人的幸福:“幸福是道德的终极目的。”[28]因此,行为的道德价值,说到底,也就是行为对于社会和每个人利益的效用。这样一来,所谓道德评价,也就是评价行为对于社会和每个人利益的效用。因此,道德评价只应该依据行为对社会和每个人利益的效用,只应该看行为对社会和每个人利益的效用如何:增进社会和每个人利益的行为,便是道德的、善的行为;减少社会和每个人利益的行为,便是不道德的、恶的行为:“将功利或最大幸福原则作为道德终极标准的学说,主张行为的正当性与其增进幸福的程度成比例;行为的不正当性与其减少幸福的程度成比例。”[29]

这些观点无疑是真理。然而,遗憾的是,效果论却进而把“效用”与“效果”以及“行为效用”与“行为效果”等同起来,于是得出结论说:道德评价只应该看行为效果,只应该以行为效果为依据。包尔生在论及他的效果论的

观点时便这样写道："目的论根据行为方式和过程对行为者及周围人的生活自然产生的效果来判断其善恶，将倾向于保全和增进人的福利的行为称作善的，而将倾向于扰乱和毁灭人的福利的行为称作恶的。"[30] 诚然，包尔生和穆勒都认为客观的判断或对行为自身的评价看效果；主观的判断或对行为者品德的评价看动机。但是，他们并没有固守这一真理；相反地，却由这一真理错误地推论道：评价行为者品德虽然依据其动机好坏，但评价动机好坏还是依据动机的效用（这是对的），因而也就是依据动机的效果（这是错的）；于是，归根结底，道德评价只应该依据效果："道德评价的最终根据在于行为的效果。"[31]

这种推论是不能成立的。因为行为效用与行为效果根本不同。行为效果，如上所述，是一个特定的伦理学术语，不可望文生义：行为效果与行为动机是构成行为的两因素。因此，行为效果是相对行为动机来说的，与行为动机是对立面；行为效果是行为动机的效果、结果，而不是行为的效果、结果。反之，行为效用则不是特定的概念，可以顾名思义：行为效用就是行为的效用，而不仅仅是行为动机的效用。因为行为效用是行为自身（动机与效果的统一体）与非行为的他物（这里是道德目的）的外部关系，是相对非行为的他物来说的，而不是相对行为动机来说的。所以，行为效用与行为动机不是对立面：行为效用是行为的效用，因而既包括行为动机的效用，又包括行为效果的效用。

因此，"道德评价只看行为效果"与"道德评价只看行为效用"根本不同。"道德评价只看行为效果"是片面的、错误的，因为它意味着道德评价只看行为效果（对道德目的）的效用，不看行为动机（对道德目的）的效用。照此说来，坏心办好事的人就是好人：岂不荒谬？因为道德评价只看行为效果（好事）对道德目的的效用；而不看行为动机（好心）对道德目的的效用。反之，"道德评价只看行为效用"则是全面的、正确的，因为它意味着道德评价既看行为效果（对道德目的）的效用，又看行为动机（对道德目的）的效用：对行为本身的评价看效果（对道德目的）的效用；对行为者品德的评价看动机（对道德目的）的效用。照此说来，坏心办好事的人就是坏人办好事：这显然是真理。因为道德评价既看行为效果（好事）对道德目的的效用，又看行为动机（坏心）对道德目的的效用：对行为本身（事）的评价看效果（好事）对道德目的的效用；对行为者品德（坏人）的评价看动机（坏心）对道德目的的效用。效果论的错误显然就在于把行为效果与行为效用等同起来，从而由"道德评价只应该看行为的效用"的正确前提，得出"道德评价只应该看行为效果”的错误结论。

**动机论** 所谓动机论,如所周知,就是认为道德评价只应该以行为动机为依据的理论,说到底,也就是认为良心与名誉的评价只应该以行为动机为依据的理论。动机论的代表,主要是义务论者,如康德、布拉德雷、儒家以及基督教伦理学家们。细察他们的著作,可知动机论的论据乃是“道德起源和目的自律论”。

我们知道,康德、布拉德雷、儒家以及基督教伦理学家们都是道德起源和目的自律论者。在他们看来,道德自身就是道德的目的;道德并非他物的手段。人创造道德的目的,便是为了道德自身,便是为了完善人的道德品质,使人与动物区别开来,实现人之所以为人者。[32]若果真如此,道德目的果真是为了完善行为者品德,那么显然,也就只有行为所表现的行为者品德才与道德目的有关,才有道德不道德之分,才有道德价值;而行为本身便与道德目的无关,便无所谓道德不道德,便没有道德价值了。因此,康德说,对行为进行道德评价,不是评价行为本身,而只是评价行为所表现的行为者品德:“关于道德价值的问题,我们要考究的不是我们能看见的行为,乃是我们看不见的那些发生行为的内心原则。”[33]而行为者品德,如上所述,完全取决于行为动机,而与行为效果无关。所以,康德认为,行为的道德价值完全存在于动机中,而与行为效果无关:“行为的道德价值不在于所期望于这个行为的结果……这样,我们行为的价值,假如不在于追求某种对象的意志,还能够在于什么呢?”[34]于是,康德得出结论说,对行为的道德评价便只能看动机、只能依据动机,而不能看效果、不能依据效果:“行为之所以是道德上的善,有赖于动机,与结果无关。”[35]

可见,道德目的自律论是动机论的前提,因而动机论能否成立,完全取决于道德目的自律论能否成立:如果道德目的自律论是真理,动机论也就是真理;如果道德目的自律论是谬误,动机论也就难以成立了。那么,道德目的自律论是真理吗? 道德目的自律论,如前所述,是根本不能成立的。

因为道德与美德,就其自身来说,不过是对人的某些欲望和自由的某种限制、压抑、侵犯,因而是一种害和恶;就其结果和目的来说,却能够防止更大的害或恶(道德能够防止社会崩溃;美德能够防止自己被社会和他人唾弃)和求得更大的利或善(道德能够保障社会的存在发展;美德能够使自己赢得社会和他人的赞许),因而是净余额为善的恶,是必要的恶。这样,如果说道德目的是自律的,是为了道德自身,是为了完善人的品德,那就等于说:道德的目的就是为了压抑人的欲望、侵犯人的自由,就是为了压抑人的欲望而压抑人的欲望,就是为了侵犯人的自由而侵犯人的自由,就是为了害人而害人,就是为了作恶而作恶。这些说法岂不荒唐?所以,道德的目的不可能是自律的,而只能是他律的,只能在于保障道德之外的他物:社会的存在发展、每个人利益的增进。

道德目的自律论不能成立,动机论也就不能成立了。因为道德目的既然不是自律的而是他律的,不是以完善人的品德为目的,而是以保障社会存在发展、增进每个人利益为目的,那么显然,不但行为所表现的行为者品德与道德目的(保障社会存在发展、增进每个人利益)有关,具有道德价值,而且行为本身也与道德目的(保障社会存在发展、增进每个人利益)有关,具有道德价值。这样,对行为进行道德评价也就不仅仅应该评价行为所表现的行为者品德,而且也应该评价行为本身。于是,对行为进行道德评价便不仅应该依据动机,而且也应该依据效果:对行为者品德的评价依据动机;对行为本身的评价依据效果。

综上可知,动机论的错误,直接说来,是其道德评价对象的片面化:绝对化对行为者品德的评价,而抹杀对行为本身的评价;根本说来,则是其以为道德起源和目的在于完善行为者品德的道德目的自律论。这样一来,动机论与效果论的直接分歧,固然在于道德评价的依据是动机还是效果;而根本分歧,则基于道德目的是为了道德自身,还是为了道德之外的他物?是为了完善每个人的品德,还是为了增进每个人的幸福?从直接分歧来说,双方都是片面的、错误的;就根本分歧来说,动机论是谬论,而效果论是真理。

**动机效果统一论** 半个多世纪以来,"动机效果统一论"一直是我国理论界占据统治地位的理论。它似乎已经成了绝对权威,因为直到今日,竟无一人提出异议。确实,认为道德评价只依据动机的"动机论"和只依据效果的"效果论",既然都是片面的、错误的,那么,岂不只有既依据动机又依据效果的"动机效果统一论"才是全面的真理?

其实不然。细察动机效果统一论著作,不难发现,统一论根本不能成立:它把认识论问题与价值论问题混为一谈。它在认识论上,十分强调效果;但在价值论上,却倾向于动机论,默认道德评价只是对行为所表现的行为者品德的评价,而不是对行为本身的评价。由此出发,统一论便由"动机是什么,只有通过效果才能表现出来而加以检验和判断,因而对行为者品德的评价不能不看效果"的正确认识论前提,得出了错误的价值论结论:对行为者品德的评价既应看动机、依据动机,又应看效果、依据效果。

殊不知,对行为者品德的评价要看效果,仅仅因为动机只有通过效果才能检验和判断,仅仅为了弄清楚动机究竟是什么,而与对行为者品德的评价毫无关系:不管效果怎样好,只要动机是坏的,那么行为者品德便是坏的;不管效果怎样坏,只要动机是好的,那么行为者品德便是好的。所以,对行为者品德的评价虽然既看动机又看效果,却不依据效果而只依据动机。这就是说,对行为者品德评价的看效果的"看",是个认识论概念,是分析、研究、弄清楚的意思;而不是个价值论概念,不是依据的意思。

可见,动机效果统一论的错误,一方面与动机论一样,片面地以为对行为进行道德评价,仅仅是对行为者品德的评价而不是对行为本身的评价;另一方面则在于把"看效果"的认识论意义的"看"偷换成价值论意义的"看";于是便由对行为者品德的评价既看动机又看效果(这个看效果的"看"是认识论概念,是分析研究的意思)的正确前提出发,得出了错误结论:对行为者品德进行评价应既看动机、依据动机,又看效果、依据效果(这个看效果的"看"是价值论概念,是依据的意思)。

统一论在理论上不能成立,在实践上也行不通。试想,如果对行为者品德进行评价既依据动机又依据效果,那么,我们就既不能说好心办坏事者是道德的,也不能说他是不道德的,而只能说他既是道德的,又是不道德的:依据动机是道德的,依据效果是不道德的。这岂不荒唐之极!

总观良心与名誉的评价依据理论,可知动机论和效果论以及动机效果统一论都是片面的、错误的。真理只能是"动机效果分别论":评价行为者品德依据其动机;评价行为本身依据其效果。然而,"动机效果分别论"仅仅科学地说明了良心与名誉的评价依据问题,它同良心与名誉的标准问题一起,仅仅科学地说明了人们究竟是怎样进行良心与名誉的道德评价的;而并没有说明人们究竟怎样才能做出正确而非错误的良心与名誉之评价,并没有解决良心与名誉之真假对错的问题。不过,弄清了良心与名誉的评价标准及依据,也就不难解析良心与名誉的真假对错难题了。

## 四　良心与名誉的真假对错

### 1. 良心与名誉的真假对错之概念

何谓良心与名誉之真假对错?佩斯塔那答道:"一个错的或假的良心乃是一个人的这样一种心理状态:他相信一种行为具有而实际上却不具有某种道德品质。"[36]确实,错的或假的良心与名誉的根本特征,是与所评价的行为之实际道德价值不相符；反之，真的或对的良心与名誉的根本特征，是与所评价的行为之实际道德价值相符。举例说，我当年渴望成名成家而刻苦读书，领导和同事们却认为我走“白专”道路是不道德的（这是我的名誉）；我自己最终也觉得自己成名成家的思想是不道德的（这是我的良心）。我的这种良心和领导同事们赋予我的这种名誉都是假的，因为它们不符合成名成家的实际道德价值：成名成家事实上具有正道德价值。

然而，这仅仅是良心与名誉认知评价之真假的特征，而不是其对错的特征；更不是良心与名誉的感情评价、意志评价和行为评价之对错的特征。因为只有良心与名誉之认知评价才具有真理性，才具有是否与所评价的行为之实际道德价值相符的问题；而良心与名誉之感情评价和意志评价以及行为评价却只具有效用性，亦即只具有是否满足主体的需要或达到主体的目的的问题：主体的需要或目的是衡量良心与名誉之感情评价、意志评价和行为评价以及认知评价之对错的标准。可是，衡量良心与名誉的认知评价、感情评价、意志评价和行为评价之对错的标准，究竟是什么主体的需要或目的？

良心与名誉属于道德评价范畴。因此，衡量良心与名誉的认知评价、感情评价、意志评价和行为评价之对错的标准，说到底，乃是道德终极标准，亦即社会创造道德的终极目的，亦即所谓道德终极目的：增进社会和每个人利益。这样一来，所谓对的、好的、应该的或正确的良心与名誉的认知评价、感情评价、意志评价和行为评价之根本特征，说到底，便是增进社会和每个人利益、符合道德终极目的；而错的、坏的、不应该或不正确的良心与名誉的认知评价、感情评价、意志评价和行为评价之根本特征，则是减少社会和每个人利益、不符合道德终极目的：增进全社会和每个人利益因而符合道德终极目的的良心与名誉，就是对的、好的、应该的或正确的良心与名誉；减少全社会和每个人利益因而违背道德终极目的的良心与名誉，就是错的、坏的、不应该或不正确的良心与名誉。

我们还是接着上面的例子说：想当年，我渴望成名成家而刻苦读书。于是，领导和同事们认为我走“白专”道路是不道德的，并且鄙视我，打算批判我，终于开会批判了我。这些都是我的名誉。“认为我走‘白专’道路是不道德的”，是名誉的认知评价，是认知名誉，是认知耻辱，它既是假的、是谬误（因其与成名成家的实际具有的正道德价值不符），又是错的、坏的、不应该的（因为否定成名成家有害社会存在发展、不符合道德终极目的）。“鄙视我”是名誉的感情评价，是情感名誉，是情感耻辱；“打算整我”是名誉的意志评价，是意志名誉，是意志耻辱；“开会批判我”是名誉的行为评价，是行为名誉，是行为耻辱。三者都仅仅是错的、坏的、不应该或不正确的（它们有害于社会存在发展、不符合道德终极目的）；而无所谓真假：谁能说鄙视之情和整人之意以及整人的行为是真理或谬误呢？

但是，当时我渴望成名成家而刻苦读书引来的坏名誉却使我夜不能寐，扪心自问，也觉得自己成名成家的思想是不道德的，因而悔恨不已，于是决心悬崖勒马而不再努力成名成家，结果从那以后就不再为追求成名成家而努力奋斗了。这些都是我的良心。“觉得自己成名成家的思想是不道德的”是认知良心，也就是所谓的“良知”，是良心的认知评价，是良心的认知谴责，它既是假的、是谬误（因其与成名成家的实际具有的正道德价值不符），又是错的、坏的、不应该的（因为它有害社会发展、不符合道德终极目的）。“悔恨不已”是情感良心，是良心的感情评价，是良心的情感谴责；“决心不再成名成家”是意志良心，是良心的意志评价，是良心的意志谴责；“不再追求成名成家而努力奋斗了”是行为良心，也就是所谓的“良能”，是良心的行为评价，是良心的行为谴责。三者都既不是真理也不是谬论，无所谓真假而仅仅是错的、坏的、不应该或不正确的：三者有害于社会存在发展、不符合道德终极目的。

可见，良心与名誉同样有真假、对错、好坏之分。首先，所谓真的良心或良心真理，也就是与自己行为的道德价值相符的良知，是与自己行为的道德价值相符的认知良心，是与自己行为的道德价值相符的良心之认知评价；所谓假的良心或良心谬误，也就是与自己行为的道德价值不相符的良知，是与自己行为的道德价值不相符的认知良心，是与自己行为的道德价值不相符的良心之认知评价。其次，所谓真的名誉或名誉真理，也就是与他人或自己的行为道德价值相符的名誉，是与他人或自己的行为道德价值相符的认知名誉，是与他人或自己的行为道德价值相符的名誉之认知评价；所谓假的名誉或名誉谬误，也就是与他人或自己的行为道德价值不相符的名誉，是与他人或自己的行为道德价值不相符的认知名誉，是与他人或自己的行为道德价值不相符的名誉的认知评价。最后，所谓对的、好的、应该的或正确的良心，则与对的、好的、应该的或正确的名誉一样，以是否符合道德终极目的为准：对的、好的、应该的或正确的良心就是符合道德终极目的的良心，就是增进全社会和每个人利益的良心；错的、坏的、不应该或不正确的良心就是违背道德终极目的的良心，就是减少全社会和每个人利益的良心；对的、好的、应该的或正确的名誉就是符合道德终极目的的名誉，就是增进全社会和每个人利益的名誉；错的、坏的、不应该或不正确的良心就是违背道德终极目的的名誉,就是减少全社会和每个人利益的名誉。这就是良心与名誉的真假对错之概念。那么,良心与名誉究竟如何才能是真的、对的、好的、正确的,而不是假的、错的、坏的、不正确的?或者说,如何才能证明良心与名誉之真假对错?

### 2. 良心与名誉的真假对错之证明

良心与名誉之真假对错,直接说来,无疑取决于良心或名誉与其所评价的行为之实际道德价值是否相符;但是,根本说来,一方面,取决于所信奉的道德规范之对错;另一方面,取决于对自己和他人行为(动机和效果)的事实判断之真假:如果二者是对的和真的,那么,良心与名誉的评价必定是真的和对的;如果良心与名誉的评价是假的和错的,那么,或者所信奉的道德规范是恶劣的、不正确的,或者对自己和他人行为(动机和效果)的事实判断是假的,或者二者兼而有之。这就是良心与名誉真假对错的推导过程,这就是良心与名誉真假对错的证明方法。

因此,首先,如果不但对评价对象的事实判断是真的、是真理,而且用做评价标准的道德规范是优良的、正确的,那么,良心与名誉的认知评价必是真理,而感情评价、意志评价和行为评价必定正确。试想,如果张三努力工作的动机确实是一种无私奉献(对于评价对象的事实判断是真理),并且人们将"无私奉献"作为最高道德原则是正确的(评价标准是正确的);那么,人们认为"张三努力工作的动机符合最高道德原则,因而具有最高道德价值(名誉的认知评价)"显然便是真理(亦即与张三努力工作的实际道德价值相符);由此而来的"对于张三努力工作的钦佩之情(名誉的情感评价)"和"学习之意(名誉的意志评价)"以及"向张三学习的行为(名誉的行为评价)"也就都是正确的(亦即符合道德终极目的:增进全社会和每个人利益)。

其次,如果良心与名誉的认知评价是假的,情感评价、意志评价和行为评价是错的,那么,这往往是因为所信奉的道德规范是恶劣的、不正确的。我之所以觉得自己成名成家的思想是不道德的(良心的认知评价是假的),因而为自己有这种不道德的思想而悔恨不已(良心的情感评价是错的),于是决心悬崖勒马而不再努力成名成家(良心的意志评价是错的),结果从那以后我就不再为追求成名成家而努力奋斗了(良心的行为评价是错的),主要讲来,岂不就是因为我所信奉的道德原则是恶劣的、不正确的?岂不就是因为我错误地否定为己利他而片面地认为无私利他是评价行为是否道德的唯一准则?

再次，如果良心与名誉的认知评价是假的、情感评价和意志评价以及行为评价是错的，并不是因为所信奉的道德规范是恶劣的、不正确的，那一定是因为对于评价对象的事实判断是假的：对于名誉来说尤其如此。试举一例。张三在自选商场实际上并没有偷商品。可是，不知为何，防盗警报却响了起来。保安人员赶来，把张三带走了。于是，他的一些熟人和朋友便认为张三偷了东西（对评价对象事实如何的判断是假的）。因此，他们便都认为张三缺德（名誉的认知评价是假的）；不免露出鄙视之情（名誉的感情评价是错的）；并且皆有疏远他之意（名誉的意志评价是错的）；熟人和朋友纷纷疏远张三（名誉的行为评价是错的）。所以，人们之所以对于张三名誉的认知评价是假的、情感评价和意志评价以及行为评价是错的，完全是因为他们误以为张三偷了东西：对评价对象事实如何的判断是假的。

最后，良心与名誉的认知评价是假的、情感评价和意志评价以及行为评价是错的，有时既因为所信奉的道德规范是不正确的，又因为对于评价对象的事实判断是假的。多年来我们之所以误以为成名成家是不道德的（名誉的认知评价是假的），鄙视成名成家（名誉的情感评价是错的），动辄决定开会批判成名成家（名誉的意志评价是错的），动辄开会批判成名成家（名誉的行为评价是错的），如果全面地究其原因，岂不既因为我们误以为成名成家势必损人利己（事实判断是假的），又因为我们错误地否定为己利他而片面地认为无私利他是评价行为是否道德的唯一准则（道德规范是不正确的）？

于是，证明良心与名誉之真假对错，便一方面在于证明良心与名誉对自己和他人的行为（动机和效果）的事实判断之真假；另一方面在于证明良心与名誉所信奉的道德规范之优劣：如果二者都是对的和真的，那么，良心与名誉的评价便必定与其所评价的行为之实际道德价值相符，便必定是真的和对的；如果良心与名誉的评价是假的和错的，那么，或者所信奉的道德规范是恶劣的、不正确的，或者对自己和他人行为（动机和效果）的事实判断是假的，或者二者兼而有之。这就是良心与名誉真假对错的推导过程和证明方法，我们不妨将其归结为一个公式：

前提 1：良心与名誉所信奉的道德规范之对错
前提 2：良心与名誉对自己和他人行为（动机和效果）的事实判断之真假

---

结论 1：良心与名誉认知评价之真假
结论 2：良心与名誉情感评价和意志评价以及行为评价之对错

可是,我们究竟为什么力求良心与名誉的真与对而避免其假与错？换言之,良心与名誉的真假对错究竟有什么作用、效用或意义？进言之,正确的良心或名誉是否与不正确的良心或名誉一样使人不差不错地遵守道德？这就是“应该怎样”进行良心与名誉的道德评价的最后问题,这就是良心与名誉的最为复杂也最为令人困惑的难题:良心与名誉真假对错之意义或价值。

### 3. 良心与名誉的真假对错之意义

信奉优良道德规范导致的正确的名誉和良心,与信奉恶劣道德规范导致的错误的名誉和良心,所具有使人遵守道德的巨大效用是根本不同的。诚然,良心与名誉具有使每个人遵守道德的巨大作用,意味着:“正确的良心与名誉”和“不正确的良心与名誉”一样具有使人遵守道德的巨大作用。因为根据“遍有遍无”的演绎公理,一般的事物所具有的属性,个别的事物无不具有。这样,“正确的良心与名誉”和“不正确的良心与名誉”便必定无不具有“良心与名誉”所具有的使每个人遵守道德的巨大作用。但是,细究起来,二者使每个人遵守道德的巨大作用毕竟具有根本不同之处。

这种根本不同之处,粗略看来,显然在于:正确的良心和名誉的根本的特征在于信奉优良道德,因而它们使人遵守的是优良道德;错误的良心和名誉的根本的特征在于信奉恶劣道德,因而它们使人遵守的是恶劣道德。但是,究竟言之,并不尽然。我们固然可以由正确的良心和名誉的根本的特征在于信奉优良道德,而得出结论说:它们能够使人真正遵守优良道德。但是,我们却不能由不正确的良心和名誉的根本的特征在于信奉恶劣道德,而得出结论说:它们能够使人真正遵守恶劣道德。因为不正确的良心与名誉,就其所信奉的恶劣道德规范、道德要求来说,可以分为两种:“违背人的行为本性因而是人做不到的”和“不违背人的行为本性因而是人能够做到的”。不正确的良心与名誉的道德要求,如果违背人的行为本性因而是人做不到的,结果究竟会怎样呢?

违背人性的道德,如前所述,最普遍者当推儒家、墨家、康德和基督教所倡导的“利他主义”;该派的基本特征是,否定为己利他而把无私利他奉为评价行为是否道德的唯一准则。一个人的良心如果与名誉评价、社会舆论的道德要求一致,真诚信奉利他主义,从而他的良心是利他主义的良心,那么,按照利他主义道德标准,他必须压抑自己的一切目的在于利己的欲望和自由,他便会因自己的任何目的在于利己的行为而遭受背离道德的内疚感的折磨。这样,他便遭受到比信奉优良道德——己他两利主义——多得多的损害和痛苦。因为按照优良道德,按照己他两利主义,他只须压抑以损人手段实现利己目的的欲望和自由,他只会因自己的损人利己的行为而遭受背离道德的内疚感的折磨。并且,问题的真正关键在于:他不但在个人幸福方面遭受损害,而且在自我品德上遭受损失:他注定要成为伪君子。因为毫不利己、专门利人的利他主义道德原则违背人的行为本性,是谁都做不到的。于是,他必定要自欺欺人,把目的为自己的行为当做是为他人的;因而实际上,他不但没有遵守利他主义的道德,而且不自觉地成了一个伪君子。反之,如果一个人的良心并不是真诚地信奉利他主义,利他主义仅仅是名誉评价、社会舆论的要求,那么,他对利他主义的道德便会阳奉阴违,自觉地变成伪君子。所以,错误的良心与名誉的道德要求,如果违背人的行为本性因而是人做不到的,那么,它们并不能使人遵守它们那种违背人性的道德要求;它们那种使人遵守道德的巨大力量必定发生异化:使人无可逃脱地——自觉或不自觉——变成伪君子。

错误的良心与名誉所信奉的道德规范,如果不违背人性,因而与正确的良心与名誉所信奉的道德规范一样是人们能够做到的,那么,错误的良心与名誉便与正确的良心与名誉同样能够使人遵守道德,不论这种道德是多么荒唐。恐怕再也没有比"女人应该裹小脚"的道德规范更为荒唐的了!但是,这种道德规范并不违背行为的客观本性,是每个女人都能做到的。所以——问一下我们上一辈的人就可以知道——信奉这种道德规范的错误的良心与名誉,与那些正确的良心与名誉同样能够使人遵守它们所信奉的道德规范。因此,达尔文说:"极为离奇怪诞的风俗和迷信,尽管与人类的真正福利与幸福完全背道而驰,却变得比什么都强大有力地通行于全世界。"[37]

可见,错误的良心与名誉,在其不违背人性的条件下,并不影响使人遵守道德的巨大力量。然而,唯有正确的良心与名誉才能使人遵守优良道德,从而才能够做出真正的善行;而错误的良心与名誉则只可能使人遵守恶劣道德,从而便可能使人陷入真正的罪恶。想想看,当年纳粹分子受着诸如"应该灭绝犹太人"的错误的良心与名誉的鼓舞,曾做出了多少惨绝人寰的真正罪恶:短短的几年间就有600万犹太人丧生!所以,只有按照正确的良心与名誉的道德指令而行,行为者才能因其遵守优良道德而做出真正的善行;错误的良心与名誉或者只可能使行为者的行为遵守恶劣道德,从而便可能使行为者的行为陷入真正的罪恶;或者不可能使行为者的行为真正遵守这种恶劣道德——在这种恶劣道德违背人性的条件下——从而也就只能造就伪君子。这就是良心与名誉的真假对错之效用、作用、价值或意义之所在。

良心与名誉的真假对错之价值或意义表明,与其说良心与名誉,不如说正确的良心与名誉,是实现道德的真正途径,至少是实现优良道德的唯一途径:正确的良心是使人遵守道德的内在途径,是实现优良道德的唯一的内在途径;正确的名誉是使人遵守道德的外在途径,是实现优良道德的唯一的外在途径。如果人们不是一两次、偶尔的行为遵守道德,而是一系列的、长期的、恒久的行为遵守道德,那么,道德便会由社会的外在规范而转化为人们的内在品德。道德只有由社会外在规范转化为人们的内在品德,才算真正得到了实现。因为,一方面,如果一种道德没有由社会外在规范转化为人们的内在品德,那么,人们遵守这种道德便是被迫的、偶尔的、不可靠的;如果一种道德已经由社会外在规范转化为人们的内在品德,那么,人们遵守这种道德便是自愿的、恒久的、可靠的。另一方面,人们对道德的遵守,归根结底,取决于人们的品德如何:品德越高,行为越能遵守道德;品德越低,行为越不能遵守道德。那么,人们的品德究竟是如何形成与发展的?究竟应该如何培养人们的品德?这是下一章"品德"的研究对象。

## 注 释

〔1〕 许慎:《说文解字》。

〔2〕《辞海》,上海人民出版社,1997 年版,1688 页。

〔3〕 John K. Roth, *International Encyclopedia of Ethics*, Fitzroy Dearborn, London, 1995, pp. 187-188.

〔4〕《孟子·尽心上》。

〔5〕 王阳明:《大学问》。

〔6〕 王阳明:《传习录》下。

〔7〕 同上。

〔8〕 王阳明:《答陆原静》。

〔9〕 张岱年:《中国哲学大纲》,中国社会科学出版社,1982 年版,362 页。

〔10〕《孟子·告子下》。

〔11〕《弗洛伊德后期著作选》,上海译文出版社,1986 年版,18 页。

〔12〕 Adam Smith, *The Theory of Moral Sentiments*, edited by D. D. Raphael and A. L. Macfie, Clarendon Press, Oxford, 1976, p. 113.

〔13〕 Ibid., p. 144.

〔14〕 Adam Smith, *The Theory of Moral Sentiments*, edited by D. D. Raphael and A. L. Macfie, Clarendon Press, Oxford, 1976, p. 128.

〔15〕 朱熹:《四书集注·论语·学而》。

〔16〕 Gerhard Zecha and Paul Weingartner, *Conscience*: *An Interdisciplinary*, by D. Reidel Publishing Company, Dordrecht, Holland, 1987, p. 28.

〔17〕 Charles Darwin, *The Descent of Man and Selection in Relation to Sex*, John Murray, Albemarle Street, W. London, 1922, p. 174.

〔18〕 Ibid., p. 177.

〔19〕 Adam Smith, *The Theory of Moral Sentiments*, edited by D. D. Raphael and A. L. Macfie, Clarendon Press, Oxford, 1976, p. 116.

〔20〕 Ibid., p. 17.

〔21〕 Friedrich Paulsen, *A System of Ethics*, translated by Frank Thilly, Charles Scribner's sons, New York, 1908, p. 572.

〔22〕 Adam Smith, *The Theory of Moral Sentiments*, edited by D. D. Raphael and A. L. Macfie, Clarendon Press, Oxford, 1976, p. 131.

〔23〕 《马克思恩格斯全集》,人民出版社,1971 年版,202 页。

〔24〕 Friedrich Paulsen, *A System of Ethics*, translated by Frank Thilly, Charles Scribner's sons, New York, 1908, p. 227.

〔25〕 Robert Maynard Hutchins, *Great Books of the Western World*, Volume 43, *American State Papers the Federalist*, by J. S. Mill, Encyclopaedia Britannica Inc., Chicago, 1952, p. 453.

〔26〕 Ibid., p. 454.

〔27〕 梯利:《伦理学概论》,中国人民大学出版社,1987 年版,100 页。

〔28〕 Robert Maynard Hutchins, *Great Books of the Western World*, Volume 43, *American State Papers the Federalist*, by J. S. Mill, Encyclopaedia Britannica Inc., Chicago, 1952, p. 456.

〔29〕 Ibid., p. 448.

〔30〕 Friedrich Paulsen, *A System of Ethics*, translated by Frank Thilly, Charles Scribner's sons, New York, 1908, p. 222.

〔31〕 梯利:《伦理学概论》,中国人民大学出版社,1987 年版,103 页。

〔32〕 康德:《实践理性批判》,商务印书馆,1960 年版,164 页;另见布拉德雷:《伦理学研究》上册,商务印书馆,1944 年版,76 页。

〔33〕 康德:《道德形而上学原理》,上海人民出版社,1986 年版,57 页。

〔34〕 同上书,49 页。

〔35〕 周辅成:《西方伦理学名著选辑》下卷,商务印书馆,1967 年版,365 页。

〔36〕 John K. Roth, *International Encyclopedia of Ethics*, Fitzroy Dearborn, London, 1995,

p. 188.

〔37〕 Charles Darwin, *The Descent of Man and Selection in Relation to Sex*, John Murray, Albemarle Street, W. London, 1922, p. 186.

## 思考题

1. 人们往往以为,一个人越有良心,或者说,他的良心越强,他便越吃亏;反之,他越没有良心,或者说,他的良心越弱,他便越占便宜。然而,达尔文却认为良心强对自己是极其有利的:“人在他的良心的激励下,通过长期的习惯,将取得一种完善的自我克制能力……这对于他自己是最有利的。”达尔文的观点能成立吗?一个人良心的强弱与他自己的利益关系究竟如何?怎样才能使一个人有良心或良心强?
2. 孟子曰:“人之不学而能者,其良能也;所不虑而知者,其良知也。”弗洛伊德却说:“良心无疑是我们身内的某种东西,但是,人之初并无良心。”辨析二者之是非?良能、良知和良心是同一概念吗?
3. 西赛罗说:“许多人蔑视荣誉,却又因遭受不公正的谴责而感到莫大的羞辱和痛心:这岂不极为矛盾?”果真矛盾吗?那么,为什么大智慧者往往蔑视荣誉?是因为他们没有名誉心,还是因为不应该追求荣誉?
4. 一个人不应该昧着良心追求虚荣;而应该凭着良心追求名副其实的光荣。然而,是否只要凭着良心追求名副其实的光荣就都是应该的?
5. 以自我实现——亦即坚持自由和个性从而实现自己的创造性潜能——的方式追求荣誉者,往往要在他死后才能得到荣誉;而在他有生之年,大都得不到社会和他人的理解而备受耻辱与舆论谴责之苦。反之,以自我异化——亦即放弃自由和个性而屈己从众——的方式追求荣誉者,大都能够如愿以偿,得到社会和他人的理解和盛赞;在他有生之年,便可望享尽荣华富贵。请扪心自问:你以往究竟是以哪一种方式追求着荣誉?今后自己将以何种方式追求荣誉?回答你的选择和选择的理由。
6. 试比较“行为效果”、“行为结果”与“行为效用”之异同以及“行为动机”与“行为目的”之异同。动机论与效果论的分歧究竟何在?动机效果统一论是克服了动机论与效果论的片面性的真理吗?
7. 卢梭说:良心“不差不错地判断善恶”。斯密亦有此见。他们的观点能成立吗?如果答案是肯定的,那么,应该如何理解所谓“坏良心”、“怀疑的良心”之说?如果答案是否定的,那么,良心如何才能是真的、对的,而不是假的、错的?名誉的真假对错问题也是如此吗?

# 第十三章
# 品德:优良道德之实现

## 一　品德概念

### 1. 品德定义

品德与"德"、"德性"、"道德品质"、"道德自我"、"道德人格"、"道德个性"无疑是同一个概念。从词源来看,中文的"德"字,在古汉语中是指一个人的心理特征。这种心理的特征,可以用"得"字来概括:心有所得。德就是获得、占有某种好东西的意思。这就是为什么《广雅·释诂》和《释名·释言语》皆训"德"为"得"的缘故。《说文解字》也这样写道:"得即德也。"英文中的"德性"一词是 virtue,源于拉丁文 *vir*,本义为"力量"、"勇气"或"能力",也有获得、占有某种好东西的意思。希腊文中的"德性"一词是 *arete*,本义亦然,进而引申为事物之完善的、良好的、优秀的状态。

可见,就词源来说,不论中西,"德"与"得"都是相通的,德性或品德都有获得、占有某种好东西的意思;只不过中文略胜一筹,进而指明了这种好东西属于心理范畴,是一种心理品质、心理特征、心理状态。当然,这还不是德性或品德的定义。因为正如黑格尔所言:一个人一两次行为所表现的偶尔的、不稳定的内心状态和心理特征还不是品德。[1] 我们不能因为一个人做了一两次好事便说他品德好,也不能因为他做了一两次坏事便说他品德坏。品德是一个人在长期的、一系列的行为中所表现出来的习惯的、稳定的、恒久的、整体的心理状态:品德是个人的一种心理自我、一种人格、一种个性。那么,品德这种人格或个性究竟是一种什么样的人格或个性?

品德与人格或个性的区别,粗略看来,乃在于品德是人格或个性的两大类型之一。因为人格或个性无疑可以分为两类:一类人格或个性,如思维型还是艺术型、急性还是慢性等等,显然是不能进行道德评价、无所谓善恶的;反之,另一类人格或个性,如诚实还是虚伪、勇敢还是懦弱等等,则可以进行道德评价、有所谓善恶。这些可以进行道德评价而有所谓善恶的人格或个性,便是一个人的道德人格、道德个性,便是所谓的"品德"。但是,品德与人格或个性的区别,说到底,乃在于人格或个性可以形成于任何行为;品德——一种特殊的人格或个性——则只能形成于一种特殊的行为。这种特殊的行为显然就是遵守或违背道德的行为,是受具有一定的道德价值、可以进行道德评价的意识支配的行为,也就是受利害人己意识支配的行为,说到底,亦即所谓伦理行为或道德行为。一个人的品德,就是他这种遵守或违背道德的伦理行为积累到一定程度的结果。

对此,亚里士多德讲得很清楚:"德性的获得,不过是先于它的行为之结果;这与技艺的获得相似。因为我们学一种技艺就必须照着去做,在做的过程中才学成了这种技艺。我们通过从事建筑而变成建筑师,通过演奏竖琴而变成竖琴手。同样,我们通过做公正的事情而成为公正的人,通过节制的行为而成为节制的人,通过勇敢的行为而成为勇敢的人。"[2] 这就是说,一个人的品德不但表现于、而且形成于他长期遵守或违背道德的行为;不但表现于而且形成于他长期的道德行为。所以,一个人的品德水平与其长期道德行为水平必定完全一致:长期道德行为高尚者,品德必定高尚;长期道德行为恶劣者,品德必定恶劣。反之,品德高尚者,长期行为必定高尚;品德恶劣者,长期道德行为必定恶劣。

可见,一个人的品德是他的行为长期遵守或违背道德所得到的结果。因此,"德"的词源确实表达了"德"的概念:"德"就是"得",就是按照道德规范去行事而心有所得。所以,焦弘说:"无乎不在之谓道,自其所得之谓德。道者,人之所共由,德者,人之所自得也。"[3] 于是,说到底,品德也就是道德由社会外在规范向个人内在心理的转化,是已经转化为个人人格和个性的道德规范,是道德规范在个人伦理行为中的实现,是道德规范在个人的人格和个性中的实现,说到底,也就是所谓的道德人格或道德个性:品德与道德人格、道德个性是同一概念。

但是,德性或品德并非尽如其词源所示:品德并非都是好东西,并非都是良好的、优秀的品质。因为德性或品德显然有优良的品德或美德与恶劣的品德或恶德之分。优良品德、美德,如节制、谦虚、诚实、勇敢等等,乃是一个人的行为长期遵守道德所得到的结果,是已转化为一个人的人格和个性的应该如何的道德规范;而恶劣品德、恶德,如放纵、骄傲、欺骗、懦弱等等,则是一个人的行为长期违背道德所得到的结果,是已转化为人格和个性的不应该如何的道德规范。[4]因此,任何规范或品德,如"节制"、"放纵"、"谦虚"、"骄傲"、"勇敢"、"懦弱"等等,究竟是"道德"还是"品德",只能看它们存在于何处——如果存在于个体心中,已转化为个人的人格和个性,它们就是"品德";如果存在于个体心外而并没有转化为个人的人格和个性,因而仅仅是外在于个人的人格和个性的社会规范,它们就是"道德":品德与道德不过是存在于不同场合的同一东西罢了。

**2. 品德结构**

界定了品德概念,也就不难解析它的结构了。因为心理学表明,一切心理活动都是由"知(认识)"、"情(感情)"、"意(意志)"三种成分构成。品德是一个人长期的伦理行为所形成和表现出来的稳定的心理自我,是一个人长期遵守或违背道德的行为所形成和表现出来的道德人格和道德个性,属于心理、人格和个性范畴,因而也不能不由知、情、意三者构成:品德的"知"即其个人道德认识或个人道德认知;品德的"情"即个人道德感情或道德情感;品德的"意"即个人道德意志。

所谓个人道德认识,当然与道德认识有所不同:"个人道德认识"乃是作为一个人的品德结构一种成分的"道德认识",是一个人所得到的人类道德认识,是一个人对于人类道德认识的"得"。因此,个人道德认识极为复杂多样,包括一个人所获得的有关道德的一切科学知识、个人经验和理论思辨;然而其核心无疑是对一个人为什么应该做和究竟如何做一个有道德、有美德的人的认识:它是品德的最重要的认知成分。那么,一个人究竟是怎样获得和形成这些道德认识的呢?

不言而喻,一个人的道德认识,与其他认识一样,说到底,只能来源于他的社会生活,来源于他所遭遇和所进行的道德实践活动。就拿核心的个人道德认识——为什么应该做一个有美德的人——来说。一个人对于这一认识的获得,说到底,显然源于社会和别人因他品德的好坏所给予他的赏罚:如果他品德好,那么,他便会得到社会和他人的赞许和给予,便会获得一切;反之,则会受到社会和他人的谴责和惩罚,则会失去一切。他所遭遇的这种赏罚实践活动逐渐地便会使他认识到,一个人是否有美德乃是他一切利益中最根本的利益,因而应该做一个有美德的人:"莫之御而不仁,是不智也。"[5]

个人道德认识是个人道德行为的指导,因而一个人没有一定的道德认识,便不会有相应的道德行为及其品德。试想,一个人如果认为救助遇难者极可能被讹诈,因而不应该救助遇难者,那么,当他见到一个躺在马路上的时候,他会去救助这个人吗?显然不会。那么,一个人有了道德认识,便会有相应的道德行为及其品德吗?不一定。因为任何认识都只是行为的指导,而不是行为的动力;行为的动力乃是欲望和需要。这样,一个人有了道德认识,知道什么是道德的和不道德的,懂得一个人为什么应该做和究竟如何做一个有道德、有美德的人;却未必想做、愿做、欲做符合道德的行为和不做违背道德的行为,于是也就未必会发生相应的道德行为,因而也就未必会有相应的品德。试想,某些一辈子研究伦理学的专家,为什么竟然干了那么多缺德的勾当?为什么他们远非品德高尚的人?岂不就是因为他们虽然深知为什么应该做一个品德高尚的人,却并没有做一个品德高尚的人的强烈欲望?

可见,一个人没有一定的道德认识,固然不会有相应的道德行为,不会有相应的品德;但他有了一定的道德认识,却不一定会有相应的道德行为,不一定会有相应的品德。因此,个人道德认识只是道德行为的必要条件而非充分条件,从而也就只是品德的必要条件而非充分条件。那么,当一个人不但有了应该做一个好人的道德认识,而且有了做一个好人的欲望的时候,他就一定会进行相应的伦理行为从而逐渐具有相应的品德吗?或者说,个人道德欲望、个人道德感情是品德形成的充分条件吗?

欲望等一切感情,如所周知,是主体对其需要是否被客体满足的心理体验,是引发每个人行为的原动力。因此,所谓个人道德感情,说到底,也就是一个人所具有的引发自己道德行为或伦理行为的感情。引发一个人伦理行为的感情,主要讲来,无疑可以归结为四类(爱人之心和自爱心以及恨人之心和自恨心)九种(同情心和报恩心、求生欲和自尊心、妒忌心和复仇心、内疚感和罪恶感以及自卑心):爱人之心(同情心和报恩心)和自爱心(求生欲和自尊心),就其自身来说,显然符合道德终极目的、道德终极标准——增进全社会和每个人的利益——因而是善的个人道德感情;恨人之心(妒忌心和复仇心)和自恨心(内疚感、罪恶感和自卑心),就其自身来说,显然违背道德终极目的、道德终极标准,因而是恶的个人道德感情。然而,这就是个人全部的道德感情吗?否。因为这些个人道德感情显然仅仅是人与其他社会性动物,如猩猩、猴子、猪鸡、猫狗和驴马等等,所共有的感情。谁能否认,这些动物同样具有爱恨、同情、妒忌等感情呢?所以,每个人必定还具有人所特有而不同于其他动物的道德感情。这种道德感情，正如达尔文所言，乃是良心和名誉的情感评价及其所由以产生的做具有美德的人之个人道德需要、个人道德欲望、个人道德愿望和个人道德理想。[6]可是，个人道德感情究竟是怎样形成和获得的呢？

不难看出，个人道德感情直接源于、形成于个人道德认识，最终则源于、形成于个人道德实践。就拿一个人对他父母的爱来说。他的这种道德感情无疑产生和形成于他所承受的父母长期给予他的快乐和利益；因为所谓爱，如前所述，就是自我对其快乐和利益之因的心理反应。然而，我们看到那么多不孝儿女，他们虽然从父母那里得到了巨大的快乐和利益，却并不深爱他们的父母。原因之一，岂不就是因为不养儿不知父母恩？岂不就是因为他们没有真正理解和认识父母的深恩大德？及至他们自己有了儿女，他们才理解了父母的养育之不易，才真正懂得了父母之深恩大德，从而心中才充满了对父母的深情挚爱。所以，只有对父母的给予怀有正确的道德认识，一个人才能够真正深爱给予他莫大利益和快乐的父母：一个人对父母的爱直接源于、形成于诸如"父母之恩无与伦比"的道德认识；最终则源于、形成于他长期从父母那里得到的快乐和利益的道德实践。

那么，当一个人的道德认识与道德实践结合起来，因而使他有了相应的道德感情，就会引发相应的伦理行为吗？是否一个人有爱人之心，就会引发利人之行为？未必。因为任何人都绝不会孤立地、孤零零地只有一种道德感情，只有一种爱人之心；而必定具有多种道德感情，必定还有自爱心、妒忌心、复仇心等众多道德感情。这样一来，如果一个人有了某种道德感情，他一定想做、愿做、欲做相应的伦理行为；可是他却未必会实际做出这种伦理行为。只有当他的这种道德感情达到一定的强度，能够克服与其冲突的其他感情从而处于决定的和支配的地位，他的这种道德感情才会使他进行相应的伦理行为，才会使他具有相应的品德；否则，他便徒有某种道德感情而不会引发相应的伦理行为，不会有相应的品德。所以，虽然没有某种道德感情，必定不会有相应的伦理行为，必定不会有相应的品德；但是，有了某种道德感情，却未必会有相应的伦理行为，未必会有相应的品德。因此，道德感情虽然是伦理行为的原因和动力，却仅仅是引发伦理行为的必要条件而非充分条件，因而也就仅仅是品德形成的必要条件而非充分条件。那么，品德形成的充分条件究竟是什么？既非个人道德认识，亦非个人道德感情，因而只能是个人道德意志吗？

个人道德感情引发其伦理行为的整个心理过程，也就是所谓的个人道德意志：个人道德意志就是个人道德愿望转化为实际伦理行为的整个心理过程，就是一个人的伦理行为从思想确定到实际实现的整个心理过程，就是个人伦理行为目的与手段从思想确定到实际实现的整个心理过程，就是个人的伦理行为动机从确定到执行的整个心理过程。举例说，我买保健食品（伦理行为手段）以便使父母健康长寿（伦理行为目的）的伦理行为从思想打算（伦理行为动机）到实际实现（伦理行为效果）的整个心理过程，就是我的个人道德意志。

这样，个人道德意志显然便包括两个阶段。第一阶段是伦理行为动机确定的心理过程阶段，亦即伦理行为目的与手段的思想确定阶段，可以称之为“做出伦理行为决定”阶段。第二阶段则是伦理行为动机的执行的心理过程阶段，亦即关于伦理行为目的与手段的思想之付诸实现的心理过程阶段，可以称之为“执行伦理行为决定”阶段。我给父母买保健食品（伦理行为手段）以便使父母健康长寿（伦理行为目的）的想法和打算，属于伦理行为动机的确定阶段，亦即“做出伦理行为决定”阶段；我去药店买保健食品、并将这些食品给我父母送去的心理过程，属于伦理行为动机付诸实现阶段，亦即“执行伦理行为决定”阶段。

这两个阶段的完成，无疑都需要克服困难，都需要个人道德意志之努力。做出伦理行为决定阶段所要克服的困难，主要是解决动机冲突。如果一个人善的欲望和动机克服了恶的欲望和动机，或者层次较高、价值较大的善的欲望和动机克服了较低较小的善的欲望和动机，那么，我们便说他有道德意志，或者说他的道德意志强。反之，我们便说他没有道德意志，或者说他的道德意志弱。执行伦理行为决定阶段所要克服的困难可以分为外部困难和内部困难：前者如环境的复杂、条件的恶劣和他人的阻挠等；后者如实现执行伦理行为决定的过程和道路之漫长、曲折以及妨碍决定执行的习惯、懒惰、疲劳等等。一个人在执行善的、道德的伦理行为决定阶段时，如果克服了这些困难，实现了所选择的道德动机，那么，他便具有道德意志，或者说他的道德意志强；否则，即使他选择和做出了善的、道德的伦理行为决定，他仍然缺乏足够的道德意志，或者说他的道德意志仍然是较弱的、不够强大的。

个人道德意志之强弱，显然取决于个人道德感情、道德欲望之强弱而与其成正比例变化：如果一个人的道德欲望、道德感情比较强，那么，他的善的欲望和动机就能够克服恶的欲望和动机，他就能够克服执行道德决定所遭遇的内外困难，因而他的道德意志便比较强；反之，如果一个人的道德欲望、道德感情比较弱,那么,他的善的欲望和动机就不能够克服恶的欲望和动机,他就不能够克服执行道德决定所遭遇的内外困难,因而他的道德意志便比较弱。试看古今中外那些百折不挠的铮铮硬汉,他们之所以具有钢铁般的坚强意志,岂不就是因为他们怀抱成就丰功伟业的极其强烈的愿望?

因此,一个人即使有了做一个好人的道德认识和道德感情,因而懂得和欲做相应的伦理行为;但是,如果他的道德欲望、道德感情不够强烈,因而没有道德意志,或者说,他的道德意志比较弱,不能使道德动机克服不道德动机,不能克服执行道德决定的内外困难,那么,他实际上便不会做出相应的伦理行为,从而也就不会成为一个好人而具有相应的品德:个人道德意志与道德认识和道德感情一样,也是品德形成的必要条件。反之,一个人如果具有做一个好人的道德意志,或者说,他做一个好人的道德意志比较强,那么,他便不但一定具有相应的比较强烈的道德认识和道德感情,因而懂得和愿做相应的伦理行为,而且能够使道德动机克服不道德动机,能够克服执行道德动机的内外困难,从而做出相应的伦理行为,最终成为一个好人而具有相应的品德:个人道德意志与道德认识和道德感情不同,乃是品德形成的充分条件。于是,合而言之,个人道德意志乃是伦理行为的充分且必要条件,从而也就是品德形成的充分且必要条件。

综观品德结构三因素——个人道德认识、个人道德情感和个人道德意志——可以得出结论说,一个人的品德形成于他的长期的伦理行为;他的伦理行为形成于他的道德意志;他的道德意志形成于他的道德认识和道德感情;他的道德感情形成于他的道德认识:个人道德认识是伦理行为的心理指导、必要条件,是品德的指导因素、首要环节和必要条件;个人道德情感是伦理行为的心理动因、必要条件,是品德的动力因素、决定性因素、基本环节和必要条件;个人道德意志是伦理行为的心理过程、充分且必要条件,是品德的过程因素、最终环节和充分且必要条件。

### 3. 品德类型

品德的定义——品德是一个人长期遵守或违背道德的伦理行为所形成和表现出来的稳定的心理自我、道德人格或道德个性——显然蕴涵着,品德分为美德与恶德两大类型:美德是一个人的行为长期遵守道德所得到的结果,是已转化为一个人的人格和个性的应该如何的道德规范;而恶德是一个人的行为长期违背道德所得到的结果,是已转化为人格和个性的不应该如何的道德规范。这意味着,品德与道德不过是存在于不同场合的同一东西:

任何道德或品德,如"节制"、"放纵"、"谦虚"、"骄傲"、"勇敢"、"懦弱"等等,究竟是"道德"还是"品德",只能看它们存在于何处:如果存在于个体心中已转化为个人的人格和个性,它们就是"品德";如果存在于个体心外而并没有转化为个人的人格和个性,因而仅仅是外在于个人的人格和个性的社会规范,它们就是"道德"。因此,品德——美德与恶德——的类型便与道德的类型便完全一致:品德的类型就是道德的类型。

众所周知,道德分为道德原则和道德规则,二者又都有普遍与特殊之分。特殊道德原则和特殊道德规则皆因社会不同而不同,因而多种多样、不胜枚举;它们都推导于普遍道德原则和普遍道德规则而仅仅适用于特定社会;它们在每个人的个性和人格中的实现显然算不上是人类的主要品德。人类的主要品德无疑是适用于一切社会的普遍道德原则和普遍道德规则在每个人的个性和人格中之实现。普遍道德原则分为道德总原则"善"与善待自我的道德原则"幸福"以及社会治理道德原则"公正"、"平等"、"人道"和"自由"等六大原则;普遍道德规则主要是"诚实"、"贵生"、"自尊"、"谦虚"、"勇敢"、"节制"、"智慧"、"中庸"等八大规则:这十四种道德规范的内化便构成了人类的主要品德。

道德总原则"善"在一个人的人格和个性中的内化或实现,无疑是一切美德的总汇,是一种完全的美德,我们不妨借用中国道家和西哲亚里士多德的用语,而称之为"全德"。但是,道家所谓的"全德"是指隐士的美德,亚里士多德的"全德"是指公正的美德,因而我们是用其词而异其指也。相应地,不道德总原则"恶"在一个人的人格和个性中的内化或实现,则是一切恶德的总汇,是一种完全的恶德。

普遍道德原则——"公正"、"平等"、"人道"、"自由"和"幸福"——在一个人的人格和个性中的内化或实现,可以借用古希腊和基督教的用语而称之为"主德"。古希腊所谓"四主德"是"公正"、"节制"、"智慧"和"勇敢";基督教的"三主德"是"信"、"望"、"爱":两者结合起来被称作"七德"。所以,我们虽用其词而并不完全同其所指。"公正"、"平等"、"人道"与"自由"是善待他人的四大道德原则,主要是社会治理的道德原则,因而四者在一个人的人格和个性中的内化或实现,乃是善待他人的美德,主要是社会治理的美德,是社会治理者的四大美德,可以称之为"社会治理四大主德"。反之,"不公正"、"不平等"、"不人道"和"异化"四大不道德原则在一个人的人格和个性中的内化或实现,则是对待他人的恶德,主要是社会治理的恶德,是社会治理者的四大恶德,不妨称之为"社会治理四大恶德"。反之,

“幸福”则是善待自我的道德原则。这一道德原则当然不是指一个人事实上是否幸福:幸福之为道德原则显然是指一个人应该如何追求幸福。应该如何追求幸福的道德原则在一个人的人格和个性中的内化或实现,就是善待自我的主要美德,就是善待自我的主德。反之,违背这些幸福道德原则的人格和个性,则是对待自我的主要恶德。

普遍道德规则——“诚实”、“贵生”、“自尊”、“谦虚”、“勇敢”、“节制”、“智慧”和“中庸”——在一个人的人格和个性中的内化或实现,可以借用儒家用语而称之为“达德”。《礼记·中庸》曰:“知、仁、勇三者,天下之达德也。”所以,我们这里也是用其词而并不完全同其指。“诚实”、“贵生”、“自尊”、“谦虚”、“勇敢”、“节制”、“智慧”和“中庸”八种道德规则在一个人的人格和个性中的内化或实现,是八种普通而重要的美德,可以称之为“八达德”。反之,“欺骗”、“轻生”、“自卑”、“骄傲”、“怯懦”、“放纵”、“愚蠢”和“偏执”在一个人的人格和个性中的内化或实现,则是八种普通而重要的恶德,可以称之为“八恶德”。

显然,有多少道德,就有多少美德:道德无穷无尽,美德也无穷无尽。但是,要言之,这些美德——恶德是美德的反面——可以归结为一全德(善)、五主德(公正、平等、人道、自由和幸福)和八达德(诚实、贵生、自尊、谦虚、勇敢、节制、智慧和中庸)。然而,问题的关键无疑在于:究竟为什么一些人会长期遵守道德从而具有美德?反之,另一些人为什么会长期违背道德从而具有恶德?一个人究竟为什么应该具有美德而不应该具有恶德?这就是品德本性之难题,亦即今日西方美德伦理学的根本问题:一个人究竟为什么是道德的?

## 二 品德本性

### 1. 品德的价值

当我们深入探究一个人为什么长期遵守或违背道德从而具有美德或恶德时,将会发现,这是由美德和恶德的价值——美德和恶德对于其拥有者都既是一种“善”同时又是一种“恶”——所决定的:“善”与“好”和“正价值”是同一概念,就是客体有利于主体的需要、欲望和目的效用性;“恶”与“坏”和“负价值”是同一概念,就是客体有害于主体的需要、欲望和目的的效用性。所以,罗素说:“当一个事物满足了愿望时,它就是善的。或者更确切些说,我们可以把善定义为愿望的满足。"[7]不过,罗素这一真知灼见早在两千年前就已经被孟子极为精辟地概括为五个字:"可欲之谓善。"[8]

准此观之,美德和恶德对于它们的拥有者便同样既是善又是恶。因为道德与法律一样,就其自身来说,不过是一种行为规范,是对人的某些欲望和自由的限制、约束、压抑、侵犯,因而是一种害和恶;但就其结果和目的来说,却能够防止更大的恶(社会崩溃)和求得更大的善(社会的存在发展),因而是净余额为善的恶,是必要恶。但是,美德也是如此吗?是的。因为"美德"与"道德",都是一种应该如何的行为规范:"道德"是外在规范,是未转化为个体内在心理和道德人格的社会规范;而"美德"则是内在规范,是已经转化为个体内在心理和道德人格的社会规范。所以,美德与道德一样,就其自身来说,都是对人的某些欲望的限制、约束、压抑,因而都是一种害和恶。那么,究竟有没有不压抑欲望的道德和美德?没有。

因为道德和美德无非两类:高级的或善待他人的与低级的或善待自己的。善待他人的道德和美德,如"大公无私"、"自我牺牲"、"报恩"、"同情"、"爱人"、"公正"、"诚实"、"慷慨"等等,压抑的是利己的欲望而实现利他的欲望;反之,善待自己的道德和美德,如"节制"、"贵生"、"幸福"、"谨慎"、"豁达"、"平和"等等,压抑的则是某些利己欲望(如,不理智的欲望),而实现另一些利己欲望(如,理智的欲望)。于是,道德和美德,就其自身来说,无不压抑欲望,因而无不是一种害和恶。相反地,恶德就其自身来说,必定是对于拥有这种恶德的人的欲望的解放、实现,因而是一种利和善。只不过,美德对于每个拥有美德的人,不仅仅是害和恶,而且必定能够导致更大的利和善,因而是一种净余额为善的恶,是一种必要恶,说到底,也就是一种真正的利和善。反之,恶德对于每个拥有恶德的人,不仅仅是利和善,而且必定导致更大的害和恶,因而是一种净余额为恶的善,说到底,也就是一种真正的害和恶。

不难理解,"节制"、"贵生"、"谨慎"、"刚毅"、"自尊"、"智慧"等善待自我的美德,就其自身来说,固然压抑、侵犯了自我的某些欲望和自由;但是,这种压抑和侵犯却能够,一方面,防止自我的更大的欲望和自由的被压抑、被损害;另一方面,则可以求得自我更大的欲望和自由之实现;因而其净余额是利和善,是一种必要的害和恶,是一种真正的利和善。反之,"放纵"、"轻生"、"任性"、"自暴自弃"等对待自我的恶德,就其自身来说,固然解放、实现了自我的自由和欲望;但是,这种解放和实现,一方面会导致自我的更大的欲望和自由的被压抑、被损害;另一方面则会阻碍自我的更大的欲望和自由的实现;因而其净余额是害和恶,是一种得不偿失的利和善,说到底,是一种真正的害和恶。

至于善待他人的美德,如"无私利他"、"公正"、"报恩"、"同情"、"爱人"、"诚实"、"慷慨"等等,对自己的欲望等利益的压抑无疑更为严重:它们压抑的是利己的欲望而实现利他的欲望。但是,它们却能够求得更大的利或善(社会和他人的赞许、赏誉),和防止更大的害或恶(社会和他人的唾弃、惩罚),因而净余额是更大的善和利,是更加必要的恶和害,说到底,便是一种更大的、真正的利和善而非害和恶。反之,对待他人的恶德,如"忘恩负义"、"临阵脱逃"、"损人利己"、"贪污受贿"、"敲诈勒索"、"杀人越货"、"不公正"、"欺骗"等等,对自己的自由和欲望等利益的解放和实现,比起对待自己的恶德来说,无疑更为重大:它们不但不压抑自己的任何自由和欲望,而且侵犯他人的利益以实现自己的自由和欲望。但是,不言而喻,它们却会导致更大的害或恶(社会和他人的唾弃、惩罚)和丧失更大的利或善(社会和他人的赞许、赏誉),因而净余额是更为巨大的害和恶,说到底,便是一种真正的、更大的害和恶而决不是什么利和善。[9]

可见,美德就其自身来说,是对于拥有美德的人的欲望的压抑,因而是一种害和恶;但这种害和恶却能够避免更大的害和恶或求得更大的利和善,因而是一种净余额为善的恶,是一种必要恶,说到底,也就是一种真正的利和善。反之,恶德就其自身来说,则是对于拥有这种恶德的人的欲望的解放、实现,因而是一种利和善;但是,这种利和善却必定导致更大的害或恶,因而是一种净余额为恶的善,说到底,是一种真正的害和恶。这就是品德——美德与恶德——对于它的拥有者的效用或价值,这是品德最深刻的本性。

### 2. 品德的原因

美德与恶德的价值研究表明,一方面,一个人之所以追求美德而避免恶德,就是因为美德就其结果来说是善和利,而恶德就其结果来说是恶和害。试想,一个人追求"节制"的美德,说到底,岂不就是因为节制的结果可以实现自己的符合理智的欲望和自由,从而是一种利和善?他避免"放纵"的恶德,说到底,岂不就是因为放纵的结果必定会阻碍实现自己符合理智的欲望和自由,从而是一种害和恶?一个人追求"利人"的美德,说到底,岂不就是因为利人的结果会得到社会和他人的赞许、赏誉,从而是一种利和善?他避免"损人"的恶德,说到底,岂不就是因为损人的结果会受到社会和他人的谴责、惩罚,从而是一种害和恶?

另一方面,一个人之所以陷入恶德而背弃美德,就是因为恶德就其自身来说是利和善,而美德就其自身来说是恶和害。试想,一个人陷入"放纵"的恶德,说到底,岂不就是因为"放纵"就其自身来说是对自己不理智的欲望和自由——如吸毒、淫荡、吃喝嫖赌等等——的实现和解放,从而是一种利和善?他背弃"节制"的美德,说到底,岂不就是因为"节制"就其自身来说是对自己的不理智的欲望和自由的压抑,从而是一种害和恶?一个人陷入"损人"的恶德,说到底,岂不就是因为"损人"就其自身来说是对自己损人利己的欲望和自由的实现,从而是一种利和善?他背弃"利人"美德,说到底,岂不就是因为这种美德就其自身来说是对自己损人利己的欲望和自由的压抑,从而是一种害和恶?

那么,一个人究竟应该追求和避免什么:美德还是恶德?答案无疑是:应该追求美德而避免恶德。因为恶德就其自身来说,固然是对欲望和自由的实现因而是一种利和善,但这种利和善却必定导致更大的害和恶,因而其净余额是恶和害,从而也就是一种真正的恶和害;反之,美德就其自身来说,固然是对欲望和自由的压抑因而是一种害和恶,但这种害和恶却能够避免更大的害和恶或求得更大的利和善,因而其净余额是利和善,从而也就是一种真正的利和善。因此,一个人应该追求美德而不应该陷入恶德:恶德是一个人害己的最根本、最主要的原因,而美德则是一个人利己的最根本、最主要的手段。[10]这样,我们就找到了今日西方美德伦理学难题——一个人究竟为什么是道德的——的答案:一个人之所以追求美德,正如巴姆所言,乃是因为美德是一个人所有的最好的东西。[11]那么,究竟为什么还会有那么多人陷入恶德而背弃美德?

原来,恶德的净余额虽然是恶和害;但这种恶和害,只是恶德的结果而不是恶德自身:恶德自身乃是利和善。恶德自身是利和善,意味着:恶德只要存在便是一种利和善,恶德的存在过程——而不必等到结果出现——便是一种利和善,因而恶德的利和善是当下的、眼前的、近的、确实的。反之,恶德的结果是恶和害,则意味着:恶德的恶和害是事后的、远的、不确实的。因为结果不但必定要经过一定的过程才能够达到,并且还会受多种因素影响,因而是不确实的。试想,"放纵"恶德的净余额固然是恶和害;但这种恶和害并不存在于放纵自身:放纵自身乃是自己的某些欲望——如吃喝嫖赌等——的实现,因而是利和善。放纵的恶和害只存在于其结果:放纵会导致身败名裂等恶果。放纵所导致的身败名裂等恶和害之结果,既然是结果,当然是要经过一定的过程才能出现,因而是事后的、远的、不确实的。反之,放纵自身所实现的吃喝嫖赌等欲望之利和善,则显然是当下的、眼前的、近的、确实的。

这就是一个人陷入恶德的真正原因!他陷入恶德,是因为恶德虽然就其结果来说,会给自己带来更大的恶和害,但就其本身来说,却是对自己眼前的欲望和自由的解放和实现。这样,恶德对他虽然害多利少、恶多善少,但其利和善是眼前的、近的、确实的;而害和恶却是事后的、远的、不确实的。一句话,为了当前的、近的、确实的利和善而不顾虽然更大但毕竟是事后的、远的、不确实的恶和害:这就是一个人为什么陷入恶德的原因和目的。试想,一个人为什么会去偷窃而陷入恶德?他知道,若被发现,便会身败名裂,便吃了大亏;但是,究竟能否被发现,是不确实的、事后的、远的。可是,他偷窃所能够得到的利益,却是确实的、当下的、近的。所以,偷窃恶德之目的和原因,就在于为了享有偷窃所给予的眼前的、近的、确实的利益和快乐,而不顾偷窃所带来的虽然更大但毕竟是事后的、远的、不确实的恶和害。

可见,一个人陷入恶德的目的和原因,说到底,可以概括为七个字"占小便宜吃大亏":为了占有当前的、近的、确实的小利小善,而不顾事后的、远的、不确实的大恶大害,为了眼前小利而不顾日后长远大害。相反地,一个人追求美德的目的和原因,说到底,也可以归结为七个字"吃小亏占大便宜":为了占有事后的、远的、不确实的大利大善,而宁愿承受当前的、近的、确实的小恶小害,为了日后长远大利而忍受眼前小害。因此,一个人追求美德还是陷入恶德,说到底,乃是他有无智慧的结果和标志:陷入恶德是"占小便宜吃大亏",得不偿失,显然是一种真正的愚蠢和不智,是愚蠢和不智的结果;反之,追求美德是"吃小亏占大便宜",得大于失,无疑是一种真正的智慧,是智慧的结果。所以,孟子曰:"夫仁,天下尊爵也,人之安宅也。莫之御而不仁,是不智也。"

这样一来,美德的追求便因其是智慧使然而最终是学习的结果;反之,恶德的陷入则因其是不智使然而最终是不学的结果。因此,恶德便比美德更接近人的本能:美德的形成是困难的,它是学习的结果,它需要一定的学习,需要一定的教育、经验和训练;反之,恶德的形成则是容易的,它是不学而能的,是人的自然倾向。因此,每个人一生下来,最初总是因其尚无智慧而自愿接受恶德,他接受美德而遵守道德实出于被社会和他人所迫:道德最初总是他律的,总是作为一种外在的东西强加于每个人。只有随着学习和经验的积累以及道德教育训练,一个人才会因具有一定的智慧而逐渐懂得美德的利益和恶德的不利,他才克服恶德而自愿追求美德:首先将美德作为利己的根本手段而处于美德他律境界,最终则为美德而求美德,使美德由手段而转化为目的,因而处于美德自律境界。[12]

### 3. 品德的境界

当美德或恶德的价值推动一个人追逐美德或陷入恶德达到一定程度时,他就进入了美德境界或陷入了恶德境界。所谓恶德境界,也就是一个人长期、恒久地违背道德总原则"善"的伦理行为所形成和表现出来的一种不道德的人格境界,是不应该如何的道德总原则"恶"已经转化为自己的人格和个性的品德境界。这就是说,一个陷入恶德境界的人,并非完全违背道德而全干坏事;而必定也会遵守道德干好事。不过,他的行为违背道德干坏事必定是恒久的;而遵守道德干好事则只能是偶尔的。否则,如果他的行为恒久遵守道德和偶尔违背道德,他就处于美德境界而不是处于恶德境界了。

反之,所谓美德境界,也就是一个人长期、恒久地遵守道德总原则"善"的伦理行为所形成和表现出来的一种善的、道德的人格境界,是道德总原则"善"已经转化为一个人的人格和个性的品德境界。这就是说,一个即使达到了美德最高境界的人,也绝不可能完全遵守道德而全干好事;而必定也会违背道德干坏事。只不过,他的行为违背道德干坏事只能是偶尔的;而遵守道德干好事则必定是恒久的。否则,如果他的行为偶尔遵守道德而恒久违背道德,他就不是处于美德境界而是处于恶德境界了。

美德境界比恶德境界复杂得多,因而进一步分为美德自律与美德他律两大境界。美德他律境界是为了美德之外的他物——自己的利益和幸福——而追求和获得美德的美德境界,是为了利己而求得美德的美德境界,说到底,也就是一个人长期的为了利己而求得美德的遵守道德的行为所形成和表现出来的美德境界。相反地,美德自律境界则是以美德为目的的美德境界,是受完善自我品德之心所驱动从而为了美德而求美德的美德境界,说到底,也就是一个人为了完善自己的品德而遵守道德的长期的行为所形成和表现出来的美德境界。

一个处于美德他律境界的人,既然是一种为了美德之外的他物——自己的利益、幸福——而求美德,那么,他必不以拥有美德而快乐和幸福,而仅仅以拥有美德给自己所带来的利益而快乐和幸福:在他那里,美德与幸福、快乐是两回事。因此,他遵守道德、追求美德是有条件的:只有美德能够给自己带来利益和幸福,他才会遵守道德、追求美德;否则,如果美德不能够给自己带来利益和幸福,他就不会遵守道德、追求美德了。

反之,如果一个人达到了美德自律境界,则会以拥有美德而快乐和幸福:在他那里,美德与幸福、快乐原本是一回事。因为幸福无非是重大的快乐,无非是人生重大的需要、欲望和目的得到实现的心理体验。处于美德自律境界的人,其人生既然以美德为重大目的,那么,他求得了美德岂不就得到了快乐和幸福?当然,他得到的只是内在的"德性幸福"而不是外在的"非德性幸福"。[13]因此,一个处于美德自律境界的人,他遵守道德和追求美德,并不以道德和美德能否带来外在的"非德性幸福"为条件:不论道德和美德能否带来这些快乐和幸福,他都会遵守道德、追求美德。

在美德境界与恶德境界之间,还存在一个过渡境界:无德境界。所谓无德境界,就是尚未形成品德、道德人格或道德个性的不稳定的心理状态,就是一个人遵守或违背道德总原则"善"的伦理行为还没有形成一种品德、道德人格和道德个性的不稳定心理状态。在这种状态中,善和恶两大道德总原则还都没有转化为一个人的个性和人格。因此,一个处于无德境界的人,必定断断续续交错地、半斤八两地遵守道德总原则和不遵守道德总原则,以致道德和不道德互相中和、抵消而皆未能内化为其人格或个性,从而他既不是一个具有恶德的坏人,也不是一个具有美德的好人,而摇摆于美德与恶德、好人和坏人之间,处于美德与恶德的中间状态。这样,他的道德境界便是不定的,他没有确定的品德:他是个名副其实的"无德者"。

显然,一个人最初既不会处于美德境界,也不会处于恶德境界,而只能处于无德境界。因为恶德与美德一样,都只能形成于一个人的长期的行为。所以,任何人都不可能一生下来就是个具有恶德的坏人或具有美德的好人。他最初必定因缺乏道德智慧而处于自愿逃避道德而接受恶德、同时又被迫遵守道德而接受美德的无德境界。从此出发,他既可能长期地、稳定地、恒久地不遵守道德,从而形成恶德、成为坏人而堕入恶德境界;也可能长期地、稳定地、恒久地遵守道德,从而形成美德、成为好人而进入美德境界:首先进入以美德为手段的美德他律境界,最终达到以美德为目的的美德自律境界。

总之,品德境界分为三类四种:恶德境界、无德境界和美德境界——美德他律境界与美德自律境界。恶德境界是坏人的品德境界;处于这一境界的人,恒久说来,是不遵守道德的。无德境界是品德的中立境界,是无恶德亦无美德的境界,主要是儿童的品德境界;处于这一境界的人,必定半斤八两交错地遵守道德和不遵守道德。美德境界是好人的品德境界,处于这一境界的人,必定恒久遵守道德:处于美德他律境界者大多数的行为必定遵守道德;而处于美德自律境界者的行为则近乎百分之百地遵守道德。因此,不论处于恶德境界,还是处于无德境界,道德都不会真正被遵守从而得到实现;只有处于美德境界,特别是美德自律境界,道德才能真正被遵守,从而得到实现。那么,究竟怎样才能提高人的品德,使人从无德境界进入美德境界而不堕入恶德境界?怎样才能使人从恶德境界皈依美德境界?怎样才能使人从美德他律境界达于美德自律境界?这些无疑是美德伦理学——关于道德实现途径的伦理学——的核心问题。要科学地解决这些问题,显然必须厘清和遵循品德的发展变化规律。

## 三　品德规律

考究历史和现实,往往令人困惑:为什么某个国家在一个历史阶段道德风尚良好淳美,而在另一历史阶段却腐败堕落而出现所谓“道德滑坡”现象?为什么一些国家的国民品德高尚,而另一些国家的国民品德败坏?在这些道德现象的深处是否有规律可循?是的,任何现象都是某种规律或本质的表现,绝对不存在不表现规律或本质的现象。隐藏在这些国民品德高低变化现象背后的规律,就是我们所谓的品德规律,亦即品德高低变化规律,亦即一个社会或国家的国民、人们的品德高低发展变化规律。这些规律可以归结为四条:“德富律:品德与经济的内在联系”;“德福律:品德与政治的内在联系”;“德识律:品德与科教的内在联系”;“德道律:品德与道德的内在联系”。

### 1. 德富律:国民品德与经济的内在联系

德福律是关于国民品德的个人道德感情方面发展变化的规律。我们说过,个人道德感情分为两大类型:一类是人所特有的,它依赖于道德的存在,是每个人或多或少都具有的遵守道德从而做一个好人的道德需要、道德欲望、道德愿望和道德理想;另一类是人与其他一些动物所共有的,它不依赖于道德的存在,是每个人自然具有的爱恨心理反应,包括爱人之心(同情心和报恩心)和自爱心(求生欲和自尊心)以及恨人之心(妒忌心和复仇心)和自恨心(内疚感、罪恶感和自卑心)。不难看出,每个人所具有的做一个好人的道德需要和道德欲望,是决定性的个人道德感情,因而也就是品德发展变化的最根本的决定性因素。因为,如果一个人做一个好人的道德需要、欲望强大,那么,他自然具有的爱恨心理反应便会向善的方向发展,他个人道德感情便趋于善良,这些道德感情所引发的伦理行为便趋于善良,从而他的品德便趋于高尚;反之,如果一个人做一个好人的道德需要、欲望弱小,那么,他自然具有的爱恨心理反应便会向恶的方向变化,他个人道德感情便趋于恶毒,这些道德感情所引发的伦理行为便趋于邪恶,从而他的品德便趋于恶劣。一言以蔽之,人们的品德高低发展变化取决于他们做一个好人的道德需要、欲望的强弱多少,二者成正比例关系。

那么,每个人做一个好人的道德需要和欲望的强弱、多少又取决于什么?现代心理学的回答是:取决于人的物质需要或生理需要——二者显然是同一个概念——的相对满足是否充分。如前所述,马斯洛认为,人的一切需要和欲望最终都是在生理需要基础上产生的,都是生理需要相对满足的产物。[14]

因此,每个人做一个好人的道德需要、欲望便是在他的生理需要、物质需要基础上产生的,是他的生理需要、物质需要相对满足的结果:他的生理需要、物质需要满足越充分,他做一个好人的道德需要欲望便越多;他的生理需要、物质需要满足越不充分,他做一个好人的道德需要欲望便越少;他的生理需要如果得不到满足,他便不会有做一个好人的道德需要和道德欲望;只有他的物质需要得到了相对的满足,他才会有做一个好人的道德需要和道德欲望。这个道理,我们的祖宗早已知晓,故曰:"仓廪实则知礼节,衣食足则知荣辱。"

可是,一个人的生理需要、物质需要相对满足的充分不充分又取决于什么?显然,一个人的生理需要、物质需要相对满足的充分不充分,不仅取决于他所拥有的物质财富的多少,而且取决于他的物质需要的多少:他的物质需要越少、物质财富越多,他的物质需要的相对满足便越充分;反之,他的物质需要越多、物质财富越少,他的物质需要的相对满足便越不充分。换言之,一个人的生理需要、物质需要相对满足的充分不充分,取决于物质财富和物质需要双重因素:一方面取决于他所拥有的物质财富的多少而与之成正比;另一方面则取决于他的物质需要的多少而与之成反比。

准此观之,也就并非只有在物质财富极大丰富的社会,人们的物质需要才会得到相对的满足。在任何社会,人们的物质需要都可能得到相对的满足,也都可能得不到相对的满足。因为社会发展的较高阶段,物质财富固然较多;但是,人们的物质需要也较多,因而他们的物质需要也可能得不到相对的满足。反之,社会发展的较低阶段,物质财富固然较少;但人们的物质需要也较少,因而他们的物质需要也可能得到相对的满足。

那么,人们的物质需要能否得到相对满足究竟取决于什么?取决于人们所生活于其中的社会的经济发展速度:经济发展慢,财富的增加便慢,因而便不能适应和人们物质需要的不断增长,不能满足人们不断增长的物质需要;经济发展快,财富的增加便快,因而便能够适应人们物质需要的不断增长,便能够满足人们不断增长的物质需要。那么,人们物质需要的相对满足,是否仅仅取决于经济发展速度呢?

否!人们的物质需要是否得到满足,还取决于物质财富的分配是否公平。因为,一个社会的经济发展迅速、物质财富增加得快,但是,如果该社会对于这些财富的分配却不公平,那么,人们也决不会感到满足,即使他们拥有的财富并不算少;只有不仅经济发展迅速和社会财富增加得快,而且分配公平,那么,人们才会感到满足,即使他们拥有的财富并不算多。因此,我们往往看到,一个社会虽然经济发展比以往快得多,物质财富增加比以往多得多,但人们还是不满足,虽然他们的所得比以前翻了几番。究其原因,岂不就在于分配不公?岂不就在于应该多得者得的却少,应该少得者得的却多?

因此,人们的生理需要、物质需要满足与否,一方面取决于经济发展、物质财富增加的速度而与之成正比,他方面则取决于这些物质财富分配的公平性而与之成正比:社会的经济发展越快、物质财富增加的速度越快,对于这些物质财富的分配越公平,人们的生理需要、物质需要的相对满足的程度便越充分;社会的经济发展越慢、物质财富增加的速度越慢,对于这些物质财富的分配越不公平,人们生理需要、物质需要的相对满足便越不充分。

于是,总而言之,可以得出结论说:一个社会的经济发展越快,物质财富增加的越多,对于这些物质财富的分配越公平,人们的生理需要、物质需要的相对满足的程度便越充分,因而人们做一个好人的道德需要和欲望便越多,人们的品德便越高尚;反之,经济发展越慢,物质财富的增加越少,对于这些物质财富的分配越不公平,人们生理需要、物质需要的相对满足便越不充分,因而人们做一个好人的道德需要和欲望便越少,人们的品德便越恶劣。这个品德高低发展变化的规律,关乎人们的道德需要、道德欲望与经济以及财富的关系,属于品德的道德感情因素高低变化的前提和基础之规律,因而可以名之为“德富律:品德与经济的内在联系”。

**2. 德福律:国民品德与政治的内在联系**

按照“德富律”,人们物质需要的相对满足,只是一个人做一个好人的道德需要得以产生和发展的必要条件,二者成正比例关系发展变化。这就是说,没有物质需要的相对满足,一个人便不会有——或不会较多地具有——做一个好人的道德需要;但有了物质需要的相对满足,一个人未必会有——或未必会较多地具有——做一个好人的道德需要。确实,我们经常看到,那些丰衣足食、生活富裕的人们,不但没有做一个好人的强烈的道德需要,而且竟是些地地道道的坏人! 所以,使人们具有做一个好人的强烈的道德需要,除了必须使他们的物质需要得到相对满足,还必须具备一些其他条件。那么,这些条件究竟是什么? 主要是德福一致:越有美德便越有幸福。

原来,物质需要的相对满足只是做一个有美德的好人的道德需要产生、发展的前提和基础;而获得幸福则是做一个有美德的好人的道德需要产生、发展的目的和动力:幸福是美德的唯一动力。因为一个人所具有的做一个有美德的好人的道德需要,具体表现为两个方面:一方面是把美德作为利己的手段的需要,他方面是把美德作为目的的需要。美德自身是对自我的欲望和自由的一种限制、约束、侵害,因而一个人最初决不会以美德为目的,为美德而美德;相反,他最初只可能把美德作为求得利益和幸福的手段,为了利己而求美德。美德之所以会成为一个人利己的手段,无非因为人是个社会动物,每个人的生活都完全依靠社会和他人:他的一切利益都是社会和他人给的。所以,能否得到社会和他人的赞许,便是他一切利益中最根本最重大的利益:得到赞许,便意味着得到一切;遭到谴责,便意味着丧失一切。不言而喻,能否得到社会和他人的赞许之关键,在于他的品德如何:如果社会和他人认为他品德好,那么,他便会得到社会和他人的赞许和给予;反之,则会受到社会和他人的谴责和惩罚。

这就是一个人最初为什么会有做一个有美德的人的道德需要的缘故:他需要美德,因为美德就其自身来说,虽然是对他的某些欲望和自由的压抑、侵犯,因而是一种害和恶;但就其结果和目的来说,却能够防止更大的害或恶(社会和他人的唾弃、惩罚)和求得更大的利或善(社会和他人的赞许、赏誉),因而是净余额为善的恶,是必要的恶。因此,美德乃是他求得幸福的最根本、最重要的手段:他对美德的需要是一种手段的需要。但是,逐渐地,他便会因美德不断给他莫大利益而日趋爱好美德、欲求美德,从而便为了美德而求美德,使美德由手段变成目的;就像他会爱金钱、欲求金钱,使金钱由手段变成目的一样。这时,他对美德的需要便不再是把它们作为一种手段的需要,而是把它们作为一种目的的需要了。

可见,一个人以美德为目的的道德需要,源于以美德为手段的道德需要；而以美德为手段的道德需要又源于个人的利益和幸福，源于社会和别人因他品德的好坏所给予他的赏罚。因此，说到底，一个人做一个有美德的好人的道德需要，不论是以美德为手段的需要，还是以美德为目的的需要，均以个人的利益和幸福为动因、动力。[15]换言之，个人利益和幸福虽然不是一切美德的目的，却必定是一切美德的动因、动力。

这意味着：如果德福背离，有德无福、无德有福，那么，美德便失去了动因、动力，人们便不会追求美德了；如果德福一致，有德有福、无德无福，那么美德便有了动因、动力，人们便必定会追求美德了。因此，德福越一致——越有德便越有福、越无德便越无福——那么，人们追求美德的动力便越强大，他们做一个有美德的好人的道德愿望便越强大，他们善的动机便越强大以致能够克服恶的动机和实现善的动机的内外困难，他们的道德意志便越强大，他们的品德便越高尚；反之，德福越背离——越有德便越无福，越无德便越有福——那么，人们追求美德的动力便越弱小，他们做一个有美德的好人的道德愿望便越弱小，他们善的动机便越弱小以致难以克服恶的动机和实现善的动机的内外困难，他们的道德意志便越弱小，他们的品德便越低劣。

各个社会人们德福一致的程度，如所周知，主要取决于各个社会的政治状况：社会的政治越清明，人们的德福一致程度便越高，便越接近德福完全一致，以致每个人越有德便越有福，越无德便越无福：社会的政治越腐败，人们的德福一致程度便越低，便越接近德福背离。于是，综上所述，可以得出结论说，人们的品德高尚与否，归根结底，取决于社会的政治清明与否。

一个国家的政治越清明，人们的德福便越一致，人们做一个有美德的人的动力便越强大，他们做一个有美德的好人的道德愿望便越强大，他们善的动机便越强大以致能够克服恶的动机和实现善的动机的内外困难，他们的道德意志便越强大，他们的品德便越高尚；一个国家的政治越腐败，人们的德福便越背离，人们追求美德的动力便越弱小，他们做一个有美德的好人的道德愿望便越弱小，他们善的动机便越弱小以致难以克服恶的动机和实现善的动机的内外困难，他们的道德意志便越弱小，他们的品德便越低劣。

这个品德高低发展变化的规律，关乎人们做一个好人的道德需要、道德欲望、道德意志与政治以及幸福的关系，属于品德的道德感情和道德意志因素高低变化之规律，主要属于品德的道德感情因素高低变化的目的和动力之规律——德富律则是关于国民品德的道德感情因素发展变化的前提和基础规律——因而可以名之为“德福律：品德与政治的内在联系”。

### 3. 德识律:国民品德与科教的内在联系

一个国家国民品德高低变化,不仅取决于该国经济发展的快慢和财富分配的公平不公平以及政治的清明与否,而且取决于该国科教文化事业的发达程度:科教文化事业越发达,国民品德便越高尚;科教文化事业越不发达,国民品德便越沦丧。因为品德原本由个人道德认识、个人道德感情和个人道德意志三因素构成。品德的个人道德认识成分极为复杂多样,包括每个人所获得的有关道德的一切科学知识、个人经验和理论思辨。它的核心问题是:一个人为什么应该做和究竟如何做一个有道德、有美德的人的认识? 显然,一个人只有具有为什么应该做一个有道德、有美德的人的道德认识,才可能具有相应的做一个有道德、有美德的人的道德愿望和道德感情,才可能进行相应的做一个有道德、有美德的人的道德行为,从而才可能具有相应的品德。一句话,个人道德认识是品德和道德愿望形成的必要条件、必要因素。因此,品德必定与个人道德认识成正相关变化:一个人的个人道德认识越提高,他的品德便必定会越提高;反之,他的个人道德认识越降低,他的品德便必定会越降低。

其实,就理论的推导来说,仅凭个人道德认识是品德的一个因素,显然就可以得出结论说:品德必定与个人道德认识成正相关变化。然而,实际上,我们却经常可以看到似乎恰恰相反的现象:个人道德认识比较高者,品德却比较低;品德比较高者,个人道德认识却比较低。一个终生都在研究伦理学的专家,道德认识可谓高且深矣! 但他却明明是个嫉贤妒能、忘恩负义的卑鄙小人。反之,一个目不识丁的农民,个人道德认识可谓低且浅矣! 但他却极地地道道是个忠厚善良的好人。那么,由此岂不可以否定品德与个人道德认识成正相关变化? 造成这种理论与实际的"悖论"的原因究竟何在?

不难看出,这种所谓"悖论"现象的成因在于:个人道德认识并不是构成品德的唯一因素,而仅仅是其一个因素;除了个人道德认识,构成品德的还有个人道德感情和个人道德意志两因素。更何况,个人道德认识虽然是品德的一个部分、因素和环节,却只是品德的必要条件、指导因素和首要环节,而不是品德的动力因素、决定性因素;品德的动力因素、决定性因素是个人道德欲望、个人道德感情。这样一来,虽然一个人个人道德认识高因而品德必定相应的高;但是,如果他的个人道德感情低,那么,他的品德必定也相应的低。那么,如果一个人的道德认识很高而道德感情却很低——或者恰好相反——他的品德究竟是高还是低?

问题的关键在于,品德的决定因素是个人道德感情,而不是个人道德认识。品德的决定因素是个人道德感情,意味着,一个人的品德的总体水平必定与其道德感情水平一致:个人道德感情高者,品德必高;品德高者,道德感情必高。反之,品德的决定因素不是个人道德认识,则意味着,一个人的品德的总体水平与其道德认识水平未必一致:个人道德认识水平高者,品德未必高;品德高者,个人道德认识未必高。合而言之,品德的决定因素是个人道德感情而不是个人道德认识。所以,一个人的品德的总体水平必定与其道德感情水平一致,而未必与其道德认识一致:个人道德感情高者,即使其道德认识低,品德必高;个人道德认识水平高者,如其道德感情低,其品德必低。

因此,个人道德认识高的人之所以品德低,完全不是因为他的道德认识高,而仅仅是因为他的品德的其他方面低,如道德感情。反之,个人道德认识低的人所以品德高,完全不是因为他的道德认识低,而仅仅是因为他的品德的其他方面高,如道德感情。如果人们的道德感情相同,如果人们的品德的其他方面相同,如果人们只有个人道德认识不同而其余条件完全一样,那么毫无疑义,个人道德认识高者,品德必高;品德高者,个人道德认识必高。换言之,仅仅从个人道德认识与品德的关系来看,二者完全成正比例变化:个人道德认识越高,品德便越高;个人道德认识越低,品德便越低。

可见,个人道德认识越高,其品德必定越高;但是,个人道德认识高的人,其品德未必高。他的品德低,并不是因为他的道德认识高,而是因为他的品德的其他因素低。反之,个人道德认识越低,其品德必定越低;但是,个人道德认识低的人,其品德未必低,却可能很高。他的品德高,并不是因为他的道德认识低,而是因为他的品德的其他因素高。这样,个人道德认识高者品德反倒很低——或个人道德认识低者品德反倒很高——的现象,并没有否定品德高低与个人道德认识高低成正相关变化:二者决非悖论。

既然人们的品德高低必定与其个人道德认识高低成正相关变化,那么,人们的个人道德认识高低究竟又决定于什么呢?就一个国家国民普遍的个人道德认识水平来说,显然与该国的科教文化水平有必然联系。因为个人道德认识极为复杂多样,包括每个人所获得的有关道德的一切科学知识、个人经验和理论思辨。一个国家国民的这种个人道德认识水平,普遍讲来,无疑取决于该国国民普遍的认识水平。我们很难想象,一个国民普遍愚昧无知的国家,他们的道德认识和道德知识水平,普遍说来,却会很高:国民道德认识和知识水平普遍高的国家，岂不必定是那些认识和知识水平高的国家？而一个国家认识和知识水平当然取决于该国科教文化发展水平：一个国家的科教文化越发达，该国国民普遍的认识水平便越高，国民普遍的道德认识水平便越高；反之，一个国家的科教文化越不发达，该国国民普遍的认识水平便越低，国民普遍的道德认识水平便越低。

于是，总而言之，可以得出结论说，一个国家国民品德高低变化，不仅取决于该国经济发展的快慢和财富分配的公平程度以及政治的清明与否，而且取决于该国科教文化事业的发达程度：一个国家的科教文化越发达，该国国民普遍的认识水平便越高，国民普遍的道德认识水平便越高，国民的品德便越高尚；一个国家的科教文化越不发达，该国国民普遍的认识水平便越低，国民普遍的道德认识水平便越低，国民的品德便越败坏。这个规律，关乎国民的个人道德认识与其科教文化事业的关系，属于品德的个人道德认识方面的规律，因而可以名之为"德识律：品德与科教文化的内在联系"。

**4. 德道律：国民品德与道德的内在联系**

一个国家国民品德的高低变化，不仅取决于该国经济发展的快慢、财富分配的公平程度和政治的清明以及科教文化发达与否，而且，最为直接地取决于该国所奉行的道德之优劣。因为品德亦即长期遵守或违背道德的行为所形成的道德人格，完全是遵守或违背道德的结果；而每个人究竟遵守还是违背道德，无疑直接取决于道德本身的性质，取决于道德本身之优劣：道德越优良，便越易于被人们遵守，人们的品德便越优良；道德越恶劣，便越难以被人们遵守，人们的品德便越败坏。那么，究竟为什么道德越优良就越易于被遵守？

原来，如前所述，道德终极标准是衡量一切行为之善恶和一切道德之优劣的唯一标准；而道德终极标准不过是道德最终目的之量化。道德最终目的的研究表明，道德与法律一样，就其自身来说，不过是对人的某些欲望和自由的压抑、侵犯，因而是一种害或恶；就其结果和目的来说，却能够防止更大的害或恶（社会的崩溃和每个人的死亡）和求得更大的利或善（社会的存在发展和每个人利益的增进），因而是净余额为利的害，是净余额为善的恶，是必要的害和恶：道德手段是压抑、限制每个人的某些欲望和自由；道德最终目的是保障社会——亦即经济、文化产业、人际交往、法、政治——的存在发展，增进每个人个人利益。

因此，保障经济、文化产业、人际交往、法、政治的存在发展，增进全社会和每个人的利益总量——亦即道德给予每个人的利与害之比值——便是评价一切道德优劣之标准:哪种道德对人的欲望和自由侵犯得最少、促进经济和文化产业发展的速度最快、保障人际交往的自由和安全的系数最大、使法和政治最优良、最终增进每个人的利益最多、给予每个人的利与害的比值最大,哪种道德便最优良;反之,则最恶劣。这就是说,不管是哪种道德,不管它如何不理想、不漂亮,只要它对人的欲望和自由侵犯得较少,又能够把经济搞上去、能够让文化产业繁荣起来、能够保障人际交往之自由和安全、能够造就优良的法和政治、能够较大限度地增进每个人利益,从而给予每个人的利与害的比值较大,那么,它就是比较优良的道德。反之,不管它如何理想漂亮,只要它对于人的欲望和自由侵犯得较重,使经济停滞、文化产业萧条、人际交往得不到自由和安全、法和政治恶劣,最终使每个人利益增进得较少、从而给予每个人的利与害的比值较小,那么,它就是比较恶劣的道德。

于是,道德越优良,它给予一个人的压抑和损害便越少,而给予一个人的利益和快乐便越多;因而人们遵守道德、做一个有美德的人的动力便越强大,他们做一个有美德的人的道德愿望便越强大,他们善的动机便越强大、以致能够克服恶的动机和实现善的动机的内外困难,从而他们的道德意志便越强大,他们的品德便越高尚。反之,道德越恶劣,它给予每个人的压抑和损害便越多,而给予他的利益和快乐便越少;因而人们遵守道德、做一个有美德的人的动力便越弱小,他们做一个有美德的好人的道德愿望便越弱小,他们善的动机便越弱小、以致难以克服恶的动机和实现善的动机的内外困难,从而他们的道德意志便越弱小,他们的品德便越低劣。

国民品德之高低,取决于该国所奉行的道德之优劣,其根据不仅如此。因为道德之优劣不仅取决于是否符合道德最终目的、道德终极标准,而且,更为根本地还取决于是否符合人性,亦即是否符合人的行为事实如何之本性。因为人的行为应该如何的优良的道德规范,显然基于人的行为事实如何的客观本性:行为应该如何的优良的道德规范,只是直接通过道德最终目的、道德终极标准,而最终从行为事实如何的客观本性中推导、制定出来的。因此,所制定的行为应该如何的道德规范之优劣,最终便取决于是否与行为事实如何的客观本性相符:优良道德必定符合行为事实如何的客观本性;违背行为事实如何客观本性的道德必定恶劣。

这是不难理解的。因为人的一切活动能否达到目的之根本原因,显然在于与事物的客观本性是否相符。道德是人所制定的行为规范,所以,它能否达到目的的根本原因,便在于它与行为的客观本性是否相符:道德符合其目的从而是优良的，最终说来，岂不是因其与行为客观本性相符？道德不符合其目的从而是恶劣的，最终说来，岂不是因其与行为客观本性不符？合而言之：优良的道德必定与道德目的和行为的客观本性相符；而恶劣的道德必定与道德目的或行为的客观本性不符。

于是，道德越优良，与人们行为客观本性便越相符；道德越恶劣，与人们行为的客观本性便越背离。而只有与行为客观本性相符的道德，才是人们能够遵守和实行的；背离行为客观本性的道德，必定是人们不能遵守和实行的。所以，与人们行为客观本性越是相符的道德，便越易于被人们遵守和实行，从而人们遵守和实行道德的行为便越多，人们的品德便越高尚；反之，与人们行为客观本性越是背离的道德，便越难于被人们遵守和实行，从而人们遵守和实行道德的行为便越少，人们的品德便越低下。

总而言之，道德越优良，它给予一个人的压抑和损害便越少，而给予他的利益和快乐便越多，于是，人们遵守道德从而做一个有美德的人的动力、道德欲望和动机以及道德意志便越强大，因而他们的品德便越高尚；道德越优良，与人们行为的客观本性便越相符，便越易于被人们实行，从而人们实行道德的行为便越多，人们的品德便越高尚。反之，道德越恶劣，那么，它给予每个人的压抑和损害便越多，而给予他的利益和快乐便越少，那么，人们遵守道德从而做一个有美德的人的动力、道德欲望和动机以及道德意志便越弱小，因而他们的品德便越低下；道德越恶劣，它与人们行为的客观本性便越背离，便越难于被人们实行，从而人们实行道德的行为便越少，人们的品德便越恶劣。这个规律，是关于每个人的道德感情以及道德行为或道德意志与社会所奉行的道德之优劣的关系之规律，因而也属于国民品德的个人道德感情和道德意志两方面的复合规律，不妨名之为“德道律：品德与道德的内在联系”。

综观“德富律”、“德福律”、“德识律”和“德道律”，可知四者都是国民总体、群体品德高低变化规律，而不是国民个体、个人品德高低变化规律；都是一个国家国民群体品德高低变化的统计性规律，而不是个人品德高低变化的非统计性规律。这就是说，一个人的品德高低变化并不或未必遵循这些规律；而只有一个国家或社会的国民群体、社会群体的品德高低变化才必定遵循这些规律。一个人的品德并不或未必遵循这些国民品德发展变化规律，所以，一个国家或社会，不论如何腐败，总有一个或一些品德极其高尚的人；反之，不论如何清明，总有一个或一些品德极其败坏的人。只有一个国家或社会的国民群体、社会群体的品德高低变化才必定遵循这些国民品德发展变化规律,所以,一个国家或社会,只要政治腐败,不论诞生了多么伟大的道德楷模,该国国民总体来说必定品德败坏;反之,只要政治清明,不论出现了多么十恶不赦的坏人,该国国民总体必定品德高尚。

品德的定义、结构、类型及其本性和规律的研究表明,每个人的个人道德认识都是可以提高的、个人道德感情都是可以陶冶的、个人道德意志都是可以锻炼的,因而完全由它们所构成的品德也就是可以提高、可以陶冶、可以锻炼的:品德是可以培养的。不言而喻,品德的培养如果遵循品德的客观本性和规律,便能够提高人的品德,从而既可以使人使人从无德境界进入美德境界而不堕入恶德境界;也可以使人由恶德境界归依美德境界。那么,遵循品德本性和规律的品德培养究竟是怎样的?这就是品德培养的研究对象:品德培养目标与品德培养方法。

## 四　品德培养

### 1. 品德培养的目标

君子:品德培养的基本目标

君子与小人自春秋战国时代就明确作为两种对立人格而沿用至今。但是,这对范畴最初既指两种道德人格,又指两种社会阶层:君子指王侯、公卿和大夫等统治阶层;小人指庶民和奴隶等被统治阶层。从汉代以来,君子与小人才逐渐只有一种含义:君子就是善人、好人、合乎道德的人、处于美德境界的人;小人就是恶人、坏人、不道德的人、处于恶德境界的人。进言之,君子就是长期遵守道德总原则“善”从而使之内化为自己的人格和个性的人,就是长期遵守“无私利他”、“为己利他”和“单纯利己(不损人己)”三大善原则从而使之内化为自己的人格和个性的人,就是具有“无私利他”、“为己利他”和“单纯利己(不损人己)”三大美德的人:“无私利他”是君子的最高美德;“为己利他”是君子的基本美德;“单纯利己(不损人己)”是君子的最低美德。反之,小人就是长期违背道德总原则“善”从而使不道德总原则“恶”内化为自己的人格和个性的人,就是使“纯粹害人”、“损人利己”和“单纯害己”三大恶原则内化为自己的人格和个性的人,就是具有“纯粹害人”、“损人利己”和“单纯害己”三大恶德的人:“纯粹害人”是小人最重恶德;“损人利己”是小人的基本恶德;“单纯害己”是小人最轻恶德。

于是，君子就是善人、好人、合乎道德的人：他可以是最善、最好、最道德的人，因而可以是具有无私利他人格的人；而不必是最善、最好、最道德的人，不必是具有无私利他人格的人。一个人的行为不论如何自私利己而罕见无私利他，不论他的行为目的是如何为自己，但是，只要他不损人，只要他是为己利他而不是损人利己，那么，他就是一个合乎道德的人，他就是一个君子而不是小人。即使他损人，即使他损人利己，只要这些不道德的行为还没有使他形成和具有损人利己的品德或人格，那么，他就仍然是君子而不是小人。只有当他损人利己的行为越来越多而终于使他形成和具有了损人利己的品德或人格时，他才是小人而不是君子了。显然，君子是品德培养的基本目标，而不是品德培养的最高目标。那么，品德培养的最高目标是什么？是仁人。

仁人：品德培养的最高目标

仁是什么？冯友兰答道："仁之事，即是爱人，即是利他。"[16]不过，利他有为己利他与无私利他之分。从孔子对仁是"爱人"的解释来看，仁是无私利他，而不是为己利他。因为，为己利人显然决非爱他人而是爱自己；只有无私利他才是爱他人：爱人是无私利人行为的心理动因。从孟子的"仁也者，人也"[17]的解释来说，仁也是无私利他而非为己利他。因为孟子的这一定义意味着，仁是实现人之所以为人者的原则；而在孟子和儒家看来，一个人只有无私利他，才能使自己的品德达到完善境界，从而实现自己的人之所以为人者。这一点冯友兰讲得很清楚："求自己的利，可以说是出于人的动物倾向，与人之所以为人者无干……为实现人之所以为人者，我们可以说，人应该求别人的利。"[18]所以，郭沫若说："仁的含义是克己而为人的一种利他的行为……他要人们除掉一切自私自利的心机，而养成为大众而献身的牺牲精神。"[19]

这样一来，所谓仁人，便是君子的最高境界，是最高尚的君子，是达到了君子最高境界——无私利人——的人，是具有最高美德或至善美德——无私利人——的人，也就是无私利人的道德楷模，是长期遵守至善原则"无私利人"从而使之内化为自己的人格和个性的人，是使"无私利人"至善原则在自己的人格或个性中得到实现的人，是具有无私利他人格的人，因而是品德培养的最高目标。

圣人：品德培养的终极目标

圣人无疑是其词源含义——富有智慧——进一步升华、拔高和全面化的结果。因为圣人之为圣人，不仅具有"智慧"的美德，而且还必须具有其他美德,比如说,至少还必须具有"善"和"仁"的美德:圣人不仅是智者,还必须是一个道德的人,必须是君子和仁人。然而,一个人是否只要具有了"仁"和"智"的美德,只要是君子、仁人和智者,他就是圣人?否!圣人是几乎将全部道德都内化为自己的人格的人,是几乎具有全部美德的人,是全德之人,是道德完人。所以,荀子说:"圣人备道全美者也。"[20]这就是说,圣人必定具有智慧的美德,而不必是天下最高智慧者。更何况,只是就词源含义来说,圣人才以智慧为本;而就概念定义来说,圣人则以善或仁为本。因为圣人是道德完人而不是智慧完人;并且圣人的美德并不高于仁人,而只不过多于、全面于仁人:圣人不过是具有多方面美德的君子,不过是在美德诸方面得到全面发展的人罢了。因此,正如荀子所言,只要通过学习和实践的积累,人皆可以为圣人:"涂之人百姓,积善而全尽,谓之圣人。"[21]

人皆可以为圣人,蕴涵着一个贯穿儒家哲学的伟大的命题:学为圣人。确实,既然人皆可以为圣人,那岂不应该人皆学为圣人?程颐曰:"人皆可以至圣人,而君子之学必至于圣人而后已。不至于圣人而后已者,皆自弃也。"[22]因此,跟君子和仁人一样,圣人也是适用于每个人的品德培养的普遍目标。只不过,君子是长期遵守"善"原则而使之内化为自己的人格的人,是善人、好人、合乎道德的人,因而是品德培养基本目标;仁人是长期遵守无私利人的"至善"原则而使之内化为自己的人格的人,是最善、最好、最道德的人,是品德培养的最高目标;圣人则是长期遵守所有道德规范而使之内化为自己的人格的人,是几乎具有全部美德的人,是道德完人,因而是品德培养的终极目标。这就是品德培养的全部目标。那么,达到这些目标的方法是怎样的?达到这些目标的方法可以分为"制度建设"与"教育修养"两大系列:制度建设是国民总体品德的培养方法;教育修养是国民个体品德的培养方法。

### 2. 制度建设:国民总体品德培养的方法

市场经济:提高国民品德道德感情因素的基本方法"德富律"的研究业已表明,一个国家的经济发展越快,物质财富增加的越多,对于这些物质财富的分配越公平,国民物质需要的相对满足的程度便越充分,因而做一个好人的道德需要和欲望便越多,他们的品德便越高尚。可是,一个国家的经济发展速度和财富分配的公平程度又取决于什么?

不难看出,任何社会的经济发展速度和财富分配的公平程度,固然取决于劳动者和管理者的个人品质,但是,根本说来,则取决于国家的经济体制。

因为很显然,劳动者和管理者的个人品质不过是经济发展快慢和财富分配是否公平的偶然的、特殊的根源;而国家的经济体制则是经济发展快慢和财富分配是否公平的普遍的、必然的根源。

那么,能够保障经济迅速发展和财富公平分配的经济体制究竟是怎样的呢?是市场经济。因为市场经济是一种没有外在强制的自发的、自愿的经济,因而在这种经济体制下,每个人都享有经济自由;而经济自由无疑是经济繁荣昌盛的必要的、根本的条件。这就是为什么我们到处看到,哪个国家实行市场经济而经济自由,哪个国家的经济便繁荣昌盛的缘故。不过,如果没有政府干预,仅凭市场经济自身不但不能完全实现经济公正,不能完全实现公正的收入分配;而且不能够完全实现经济自由:市场经济自身无法自动消除垄断。因此,为了实现自由而公正的市场经济,需要政府干预市场经济活动。但是,政府的干预应该只限于确立和实现市场经济自由且公正地运行的规范,而不应该指挥市场经济活动:政府应该是经济活动规范的制定者与仲裁者,而不应该是经济活动的指挥者。

因此,如果一个国家实行了市场经济,并且政府对市场经济的干预只限于对经济自由与经济公正等市场经济规范的制定和执行,因而只是充当市场经济的仲裁人而不是市场经济的指挥者,那么,该国便建立了自由而公正的市场经济体制。这样一来,该国的经济便必定迅速发展、物质财富必定迅猛增加,对于这些财富的分配必定公正,从而国民的物质需要必定得到相对充分的满足,因而做一个好人——君子、仁人乃至圣人——的道德需要和欲望必定强烈,最终势必导致国民品德的普遍提高,势必导致好人——君子、仁人乃至圣人——普遍增多。因此,建立自由且公正的市场经济体制是形成国民做一个好人——君子、仁人乃至圣人——的道德愿望的前提和基础之方法,是培养国民品德的道德感情因素的基本方法,是提高国民品德的基本方法。

宪政民主:提高国民品德道德感情因素的主要方法

"德福律"的研究表明,一个国家的政治越清明,国民的德福便越一致,他们做一个有美德的好人的动力便越强大,他们做一个有美德的好人的道德愿望便越强大,他们善的动机便越强大以致能够克服恶的动机和实现善的动机的内外困难,他们的道德意志便越强大,他们的品德便越高尚:政治清明和德福一致是形成国民品德的道德感情因素之目的和动力。那么,一个国家的政治清明抑或腐败以及德福一致与否又取决于什么?

不难理解,只有民主的政治体制才可能保障政治清明和德福一致而防止政治腐败和德福背离。这可以从两方面看。一方面,只有民主政体才符合政治自由和政治平等两大社会治理道德原则。因为只有在民主政体中,每个人才能完全平等地共同执掌国家最高权力,从而完全平等地享有政治自由,亦即完全平等地使国家的政治按照自己意志进行。这就是为什么民主政体能够保障政治清明的缘故:政治平等和政治自由——每个人完全平等地共同执掌国家最高权力——无疑是政治清明和德福一致的普遍的必然的根源。另一方面,民主政体意味着国家最高权力完全平等地共同掌握在每个公民手中,因而造成最高权力最大限度的分散和分立,使立法、行政和司法等政治权力互相分立、牵制、监督和抗衡,从而能够有效防止各级官员的腐败和德福背离而保障其清廉和德福一致。

不过,民主只是保障政治清明和德福一致而防止政治腐败和德福背离的必要条件,而不是其充分条件。因为民主的政权仍然可能被滥用而成为无限的(unlimited democracy),因而违背了自由与平等以及人道和公正等社会治理道德原则,从而导致民主的暴政。如果民主政权能够得到限制,亦即遵循自由与平等以及人道和公正等社会治理道德原则,那么,民主便不会沦为暴政,因而也就能够保障政治清明和德福一致而防止政治腐败和德福背离:受到自由等社会治理道德原则有效限制的民主,是保障政治清明和德福一致而防止政治腐败和德福背离的充分且必要条件。这种民主就是所谓"宪政民主"(constitutional democracy):宪政民主就是被自由与平等以及人道和公正等社会治理道德原则有效限制的民主,就是将这些原则作为宪法的指导原则和基本精神的民主,就是遵循这种宪法而受其限制的民主。

因此,遵循宪法而受其限制的所谓"宪政民主",真正讲来,也就是遵循名副其实的宪法之指导原则——自由与平等以及人道与公正诸社会治理道德原则——而受其限制的民主,因而也就是保障政治清明和德福一致而防止政治腐败和德福背离的充分且必要条件,是政治清明和德福一致的普遍的必然的根源。这样一来,如果一个国家实现了宪政民主,那么,该国的政治必定清明,国民的德福必定一致,他们做一个有美德的好人——君子、仁人乃至圣人——的动力必定强大,他们做一个有美德的好人——君子、仁人乃至圣人——的道德愿望必定强大,他们善的动机必定强大以致能够克服恶的动机和实现善的动机的内外困难,他们的道德意志必定强大,最终势必导致国民品德的普遍提高,势必导致君子、仁人乃至圣人之普遍增多:宪政民主是形成国民做一个好人——君子、仁人乃至圣人——的道德愿望的目的和动力之方法,因而是培养国民品德道德感情因素的主要方法,是提高国民品德的主要方法。

培养国民品德道德感情和道德意志两因素的复合方法“德道律”的研究表明，一方面，道德越优良，它给予每个人的压抑、限制和损害便越少，而给予他的利益和快乐便越多；于是，人们遵守道德从而做一个有美德的人的动力、欲望、动机和意志便越强大，因而他们的品德便越高尚。另一方面，道德越优良，与行为的客观本性便越相符，便越易于被每个人实行；从而人们实行道德的行为便越多，人们的品德便越高尚。然而，问题是，一个国家究竟奉行怎样的道德才算得上优良呢？

任何国家所奉行的道德无疑都是不胜枚举的，因而必定既有一些是优良的，又有一些是恶劣的，而不可能全部优良或全部恶劣。所以，我们说一个国家所奉行的道德是恶劣的或是优良的，只能是就其处于基础与核心地位的——亦即具有决定意义——的道德来说的：如果一个国家处于基础与核心地位的道德是优良的，我们就说该国奉行优良道德；反之，如果一个国家处于基础与核心地位的道德是恶劣的，我们就说该国奉行恶劣道德。

在一个国家所奉行的道德规范体系中，处于基础与核心地位的无疑是普遍的道德原则，而不是推导于普遍道德原则的特殊道德原则和道德规则。人类社会普遍的道德原则无非四类。第一类是道德终极标准，亦即道德最终目的之量化：“增进每个人利益总量”；第二类是一切伦理行为应该如何的道德总原则，亦即所谓“善”；第三类是善待他人的道德原则，主要是社会治理的道德原则，亦即“公正（平等是最重要的公正）”和“人道（自由是最根本的人道）”；第四类是善待自我的道德原则，亦即所谓“幸福”。善待自我的道德原则在一个国家所奉行的道德规范体系中显然不可能处于基础与核心地位。因此，判断一个国家所奉行的道德是否优良，说到底，全在于该国所奉行的道德终极标准和道德总原则以及社会治理道德原则是否优良。那么，一个国家究竟奉行怎样的道德终极标准、道德总原则和社会治理道德原则才堪称优良？规范伦理学的研究表明：

首先，极端义务论道德终极标准和极端利他主义的道德总原则最恶劣。因为二者虽然坚持了无私利他，鼓舞了人们无私奉献的至善热忱；却反对一切个人利益的追求，抛弃为己利他和自我实现原则，而以无私利他要求人的一切行为。这样，一方面，它们对每个人的欲望和自由压抑、限制便最为严重：它们压抑、否定每个人的一切目的利己的欲望和自由，而妄图使人的一切行为都达到无私利他的至善峰峦；另一方面，它们增进社会和每个人利益最为缓慢，因为它们否定目的利己、反对一切个人利益的追求，也就堵塞了人们增进社会和他人利益的最有力的源泉。于是,合而言之,极端利他主义和极端义务论道德便是给予每个人的害与利的比值最大的道德,因而也就是最为恶劣的道德。相反地,马克思主义的功利主义道德终极标准和马克思主义的己他两利主义道德总原则最优良,因其将无私利他和利己不损人(为己利他与单纯利己)一起奉为评价行为是否道德的多元准则。这样,一方面,马克思主义道德对每个人的欲望和自由的压抑和限制便最为轻微:它们仅仅压抑、否定每个人的损人的欲望和自由,因而只有在利益冲突时才要求无私利他、自我牺牲。另一方面,马克思主义道德增进全社会和每个人利益又最为迅速。因为它们不但提倡无私利他、自我牺牲,激励人们在利益冲突时无私利他、自我牺牲而不致损人利己,从而增进了社会利益总量;而且倡导为己利他与自我实现,肯定一切利己不损人的行为,鼓励一切有利社会和他人的个人利益的追求,也就开放了增进社会和每个人利益的最有力的源泉。于是,合而言之,马克思主义道德终极标准和道德总原则便是给予每个人的利与害的比值最大的道德,因而也就是最为优良的道德。

其次,专制主义社会治理道德原则最恶劣。因为,一方面,它维护一个人独掌国家最高权力,而违背政治平等、经济平等和机会平等原则,从而剥夺所有人应该享有的各种平等权利,使所有人生活于一个极端不平等、不公正和无人权的等级社会;另一方面,它维护一个人独掌国家最高权力,而违背政治自由、经济自由和思想自由原则,剥夺所有人应该享有的各种自由权利,使所有人都生活于一个遭受全面的奴役、异化和不自由的社会,完全丧失个性而不可能实现自己的创造性潜能,因而必定极端阻碍社会发展进步,造成社会停滞不前。合而言之,专制主义道德对每个人的欲望和自由的压抑、限制和侵犯最大,而增进全社会和每个人利益却最少:它是给予每个人的害与利的比值最大的道德,因而是最为恶劣的社会治理道德。相反地,人道与自由以及公正与平等的社会治理道德原则最优良。因为,一方面,它们对每个人的欲望和自由的压抑无疑最为轻微——它们甚至倡导每个人的自由应该广泛到社会的存在所能容许的最大限度;另一方面,它们增进全社会和每个人利益必定最为迅速,因为人道与自由以及公正与平等无疑是实现每个人创造潜能、调动每个人劳动积极性和保障社会繁荣进步的根本条件。于是,合而言之,人道与自由以及公正与平等的道德原则便是给予每个人的利与害的比值最大的道德,因而是最为优良的社会治理道德。

这样一来,如果一个国家奉行极端义务论和极端利他主义以及专制主义道德,那么,该国所奉行的道德,就其基础或核心来说,便是最恶劣的道德,因而不论其余道德如何,该国所奉行的都是最恶劣的道德:一方面,它对于国民的压抑、限制和损害必定极大,而给国民的利益和快乐必定极少;另一方面,它势必背离行为的客观本性而难以被每个人实行。于是,人们遵守这种道德从而做一个有美德的人的动力、欲望、动机和意志便必定极其弱小,因而他们的品德必定极其恶劣。反之,如果一个国家奉行马克思主义的功利主义、己他两利主义以及人道、自由、公正和平等的道德,那么,该国所奉行的道德,就其基础或核心来说,便是最优良的道德,因而不论其余道德如何,该国所奉行的都是最优良的道德:一方面,它对国民的压抑、限制和损害必定极少,而给予国民的利益和快乐必定极多;另一方面,它必定符合行为的客观本性因而易于被每个人实行。于是,人们遵守这种道德从而做一个有美德的人的动力、欲望、动机和意志必定极其强大,因而他们的品德必定高尚。

可见,马克思主义的功利主义、己他两利主义以及人道、自由、公正和平等之优良道德,乃是形成国民做一个有美德的人——君子、仁人乃至圣人——的强大的动力、动机、欲望和意志之方法,因而是培养国民品德道德感情和道德意志两因素的复合方法,是提高国民品德的基本方法。

思想自由:培养国民品德道德认识因素的基本方法

"德识律:国民品德道德认识规律"的研究表明,一个国家的科教文化越发达,该国国民普遍的认识水平便越高,国民普遍的道德认识水平便越高,国民的品德便越高尚。那么,一个国家的科教文化发达与否又取决于什么?

一个国家的科教文化发达与否,根本说来,无疑取决于该国是否有思想自由,亦即是否有获得与传达思想之自由,说到底,是否有言论与出版——言论与出版是思想获得与传达的主要途径——之自由:思想自由是科教文化迅速发展的根本条件,是精神财富繁荣兴盛的根本条件,是真理得以诞生的根本条件。因为不言而喻,任何人的思想,都不可能在强制和奴役的条件下得到发展。思想自由,确如无数先哲所论,是思想和真理发展的根本条件而与其成正相关变化:一个社会的言论和出版越自由,它所能得到的真理便越多,它的科学与艺术便越繁荣兴旺,它所获得的精神财富便越先进发达;一个社会的言论和出版越不自由,它所能得到的真理便越少,它的科学与艺术便越萧条荒芜,它所创获的精神财富便越低劣落后。

诚然,言论与出版自由往往会产生一些有害后果,如种种谬论流传而引人误入歧途。反对言论与出版自由的理由,说来说去,亦莫过于此:禁止错误思想。然而,这个理由是不能成立的。因为,一方面,禁者未必正确,被禁者未必错误,我们今天禁止的所谓错误,往往便是明天的真理;另一方面,就算被禁者是错误,也不应禁止,因为真理只有在同错误的斗争中才能发展起来,没有这种斗争,真理便会丧失生命力而成为僵死的教条。[23]因此,正如诺兰所指出,如果因言论和出版完全自由的危害而限制其自由,那么,这种限制所带来的危害,便远远大于言论与出版完全自由所带来的危害。[24]

那么,是否有不通过限制言论和出版自由的方法来防止其危害呢?有的。一种方法是提高听众和读者的鉴别力。诺兰说:"一种信息通畅的具有批判精神的社会,乃是免除言论自由危害的最好武器。"[25]而这样的社会显然只有通过思想完全自由才能建立起来。所以,思想完全自由的有害后果,通过思想自由本身便可逐渐防止。另一种方法是追究言论者和出版者的责任:每个人都必须对自己的言论和出版的有害后果承担责任。对自己言论和出版的危害性后果承担责任的恐惧,无疑既能有效防止自己言论和出版的危害性,同时又没有限制言论和出版自由。

可见,应该坚持思想自由原则:一个国家的思想、言论和出版越不自由,该国的科教文化便越不发达,该国国民普遍的认识水平便越低,国民普遍的道德认识水平便越低,国民的品德便越败坏,国中君子、仁人乃至圣人便越稀少;一个国家的思想、言论和出版越自由,该国的科教文化便越发达,该国国民普遍的认识水平便越高,国民普遍的道德认识水平便越高,国民的品德便越高尚,国中君子、仁人乃至圣人便越多。这岂不意味着:思想自由是培养国民品德道德认识因素的方法,是提高国民品德的首要方法?

综观国民总体品德培养方法可知,宪政民主、市场经济、思想自由和优良道德四大制度建设均为国民总体品德或群体品德培养方法,而不是国民个体品德、个人品德培养方法;都是一个国家国民群体品德的统计性培养方法,而不是个人品德非统计性培养方法。因此,这些方法并不能保证具体提高某一个个人的品德境界,并不能保证提高一个具体的、特殊的个人的品德境界;而只能保证提高一个国家的国民总体的品德境界,只能保证提高一个社会的社会群体的品德境界。那么,一个人究竟怎样才能具有良好和高尚的品德?究竟怎样才能使一个人具有良好和高尚的品德?换言之,能够保证具体提高某一个个人的品德境界的品德培养方法究竟如何?说到底,国民个体品德培养方法究竟是什么?是道德教养,亦即道德教育与道德修养:道德教育是国民个体品德培养的外在方法;道德修养是国民个体品德培养的内在方法。

### 3. 道德教育:国民个体品德培养的外在方法

道德教育无疑是社会对每个人品德的培养方法,是国家对国民个体品德的培养方法,是社会或国家将外在的道德规范转化为每个人的内在品德从而使每个人遵守道德规范的品德方法。不过,社会或国家原本一方面由个人构成,他方面由个人——亦即社会或国家的领导者如父母、教师、各级行政长官乃至大总统等——代表。因此,所谓道德教育,所谓社会或国家对国民个人品德的培养,直接说来,便是社会和国家的代表或领导者对被领导者的品德培养;说到底,则是人们相互间的品德培养,是他人对自己和自己对他人的品德培养,因而是国民个体品德培养的外在方法。反之,道德修养则是个人的自我品德培养,是自己对自己的品德培养,是个人将社会道德规范转化为自己内在品德从而自觉遵守道德规范的方法,因而是国民个体品德培养的内在方法。道德教育的主要方法是言教、奖惩、身教和榜样;道德修养主要方法则可以归结为学习、立志、躬行和自省。

*言教:提高个人道德认识的道德教育方法*

教育者究竟应该如何对受教育者进行道德教育?首先应该进行言教。因为个人道德认识乃是品德的指导因素和首要成分,受教育者之所以背离美德而陷入恶德,正如孟子所言,首要原因便在于他缺乏道德智慧,便在于对美德的利益和恶德的不利之愚蠢无知:“夫仁,天下尊爵也,人之安宅也。莫之御而不仁,是不智也。”[26]所以,教育者的首要任务就是提高受教育者的个人道德认识、道德知识和道德智慧,从而使受教育者懂得为什么应该做和究竟怎样做一个有美德的人。道德认识、道德知识和道德智慧当然主要是通过语言表达、传授的。所以,教育者的首要任务就是通过语言向受教育者传授道德知识、道德认识和道德智慧。这就是所谓的言教:言教就是教育者通过语言向受教育者传授道德认识、道德知识和道德智慧以提高其个人道德认识的道德教育方法。

然而,几乎无人不说:言教不如身教。岂不有轻视言教之意?他们竟然忘记,言教乃是最高级的教育形式!难道不是唯有人类才拥有第二信号系统语言因而才拥有言教?而身教岂不是人类与其他动物所共有的教育方法?言教不如身教,只是就某一方面——如道德践履、实行道德或确定和执行道德行为动机——来说才能成立;而就另一方面——如传授道德认识和道德智慧——来说则是不能成立的。因为,道德认识和道德智慧岂不主要是通过语言而不是通过行动传授的?

诚然,品德的决定性因素是个人道德感情而不是个人道德认识或道德智慧。但是,一个人如果没有一定的个人道德认识和道德智慧,他决不会有相应的个人道德感情:个人道德认识和道德智慧是个人道德感情的必要条件。因为个人道德感情固然最终源于和形成于个人道德实践,却直接源于和形成于个人道德认识、道德智慧。

就拿一个人对他父母的爱来说。他的这种道德感情无疑产生和形成于他所承受的父母长期给予他的快乐和利益:爱是自我对快乐和利益的心理反应。然而,我们看到那么多不孝儿女,他们虽然从父母那里得到了巨大的快乐和利益,却并不深爱他们的父母。原因之一,岂不就是因为不养儿不知父母恩?岂不就是因为他们没有真正理解和认识父母的深恩大德?及至他们自己有了儿女,他们才理解了父母养育之不易,才真正懂得了父母之深恩大德,从而心中才充满了对父母的深情挚爱。所以,只有对于父母的给予怀有正确的道德认识,一个人才能够真正深爱给予他莫大利益和快乐的父母:一个人对父母的爱直接源于、形成于诸如"父母之恩无与伦比"的道德认识;最终则源于、形成于他长期从父母那里得到的快乐和利益的道德实践。

可见,个人道德认识不仅是品德的指导因素、首要成分,而且是个人道德感情——从而也就是个人道德意志——形成的必要条件。这样一来,言教岂不就因其是提高受教育者个人道德认识的主要途径而既是个人道德认识的主要的、首要的教育方法,同时又是品德其他因素的首要教育方法?这就是言教为什么是道德教育首要方法的缘故。但是,言教充其量只能使受教育者知道为什么应该做和究竟应该怎样做一个有美德的人;却不能使受教育者真正想做、愿做、欲做一个有美德的人。使受教育者想做、愿做、欲做一个有美德的人的教育方法是奖惩。

奖惩:形成个人道德感情的道德教育方法

奖惩作为一种道德教育方法,顾名思义,就是使受教育者的美德得到奖励和恶德受到惩罚的道德教育方法,就是教育者通过使受教育者的美德得到奖励和恶德受到惩罚而使其欲求美德的道德教育方法。这种道德教育方法的主体、实施者或教育者,固然主要是社会及其代表者,亦即领导人;而奖惩的客体、对象或被教育者,固然主要是社会的成员、被领导者。但是,每个人既是受教育者同时又是教育者,因而每个人既是奖惩的主体或施予者,同时又都是奖惩的客体或对象。只不过,只有领导者拥有权力,因而领导者给予被领导者的奖惩,大都是权力奖惩,如职务之升降、大会表彰等等;反之,被领导者就其被领导来说,必无权力,因而被领导者给予领导者的奖惩,必定是非权力奖惩,因而主要是舆论奖惩,如说长道短、毁誉领导者的名声等等。然而,为什么奖惩可以使人欲求美德?奖惩之为使人欲求美德的道德教育方法的根据究竟何在?

原来,人是个社会动物,每个人的生活都完全依靠社会和他人:他的一切利益都是社会和他人给的。所以,能否得到社会和他人的赞许,便是他一切利益中最根本最重大的利益:得到赞许,便意味着得到一切;遭到谴责,便意味着丧失一切。能否得到社会和他人的赞许之关键,显然在于他的品德如何:如果社会和他人认为他品德好,那么,他便会得到社会和他人的赞许和奖励;反之,则会受到社会和他人的谴责和惩罚。

这就是一个人最初为什么会有做一个有美德的人的道德需要的缘故:他需要美德,因为美德就其自身来说,虽然是对他的某些欲望和自由的压抑、侵犯,因而是一种害和恶;但就其结果和目的来说,却能够防止更大的害或恶(社会和他人的唾弃、惩罚)和求得更大的利或善(社会和他人的赞许、赏誉),因而是净余额为善的恶,是必要的恶。因此,美德乃是他利己的最根本、最重要的手段:他对美德的需要是一种手段的需要。但是,逐渐地,他便会因美德不断给他莫大利益而日趋爱好美德、欲求美德——爱就是对于利益和快乐的心理反应——从而便为了美德而求美德,使美德由手段变成目的;就像他会爱金钱、欲求金钱、使金钱由手段变成目的一样。

因此,每个人以美德为目的的道德需要,源于以美德为手段的道德需要;而以美德为手段的道德需要又源于社会和别人因他品德的好坏所给予他的奖惩。于是,说到底,每个人做一个有美德的人的道德需要——不论是以美德为手段的需要还是以美德为目的的需要——均以奖惩、利益和快乐为根本动因、根本动力。奖惩是每个人做一个有美德的人的道德需要的根本动因、根本动力:这就是奖惩必定使人欲求美德而避免恶德的原因,这就是奖惩之为使人欲求美德的道德教育方法的根据。

可见,奖惩是每个人做一个有美德的人的道德需要、道德欲望形成发展的根本的源泉和动力,因而是形成和增强受教育者做一个有美德的人的道德需要、道德欲望的道德教育方法,是使道德由社会外在规范成为受教育者自身内在需要、欲望的教育方法,说到底,是陶冶受教育者个人道德感情的道德教育方法。不过,奖惩只能使受教育者愿做一个有美德的人;却不能保证受教育者实行道德从而实际成为一个有美德的人,不能使受教育者将成为一个有美德的人的道德愿望、道德理想付诸行动。保证受教育者实行道德从而实际成为一个有美德的人的道德教育方法是身教。

*身教:形成个人道德意志的道德教育方法*

所谓身教,顾名思义,就是教育者通过自己躬行道德而使受教育者实行道德的道德教育方法。不难看出,这种方法之真谛乃在于道德之最深刻的本性:道德是社会制定或认可的关于每个人的行为应该如何的社会契约,是对每个人的行为的一种规范、限制、约束。这样,对于道德来说,一个人虽然知道自己应该遵守,并且也确实愿意遵守,但是,如果别人都不遵守,那么,自己也就不会遵守了;否则,自己岂不枉受束缚?任何契约的每一位缔结者岂不都是如此?岂不都是如果自己遵守契约,则必定要求他人也遵守契约?如果他人不遵守,自己岂不枉受束缚而毫无意义?教育者与受教育者之间是否实际遵守道德契约的关系,岂不更加如此?

教育者通过言教和奖惩,使受教育者知道应该遵守道德、并且愿意遵守道德。但是,究竟怎样才能使受教育者的这种道德欲望强大到能够克服其他欲望,从而引发遵守道德的实际行为呢?如果教育者不仅言教和奖惩,而且还身教,不但要求受教育者实行道德,而且自己率先躬行道德。那么,受教育者便会与教育者发生情感共鸣,便会认为教育者诚实公正、言行一致:让别人做的事自己首先做。这样一来,受教育者欲求做一个遵守道德有美德的人的道德欲望和感情便会得到加强,因而能够克服与之冲突的其他感情和欲望,从而引发遵守道德的实际行为,乃至长年累月自觉自愿地实行道德而成为一个有美德的人。

相反地,如果教育者仅仅言教和奖惩而不能做到身教,只要求受教育者实行道德而自己却并不实行道德,那么,受教育者便会产生反感,认为教育者言行不一、虚伪、欺骗和不公正:把自己不愿做的事让别人做。这样一来,受教育者欲求做一个遵守道德有美德的人的道德欲望和感情便会减弱萎缩,因而不能够克服与之冲突的其他感情和欲望,从而也就不会引发遵守道德的实际行为。诚然,他迫于教育者的奖罚而能够偶尔实行道德,那当然只是做样子给教育者看,而决非其自觉自愿;因而只要教育者看不到,他必定溜之大吉,极力逃避实行道德。于是,他不会长年累月实行道德,从而也就不会成为一个有美德的人。

这个道理,不但是人人都有的体验,而且已为现代社会学家的实验所证实。米斯切尔等 1966 年做了如下实验:让儿童们做小型滚木球游戏。做法是让儿童按一定的规则将木球投入球门,投中者得分,而得 20 分以上就可得奖。如果遵守规则,得奖的机会很少;如果偷偷违反规则就可把球投中,因而得分得奖。每个游戏者都有一个严格遵守规则和不守规则而用骗人方法得分的可能性。在实验开始阶段,儿童与成人一起玩。把儿童分为两组:第一组,成人不仅通过言教告诉儿童守规则,而且身教,以身作则、言行一致;第二组,成人仅仅言教却不能身教,仅仅告诉儿童守规则,自己却不守规则,言行不一。那么,成人之身教与否对儿童行为有何影响呢?于是实验者又设计了第二个实验,让儿童独自玩此游戏,研究者可通过观察孔看到儿童行动。结果发现第一组儿童得奖的次数很少,只占百分之一左右,说明大多数儿童深受成人以身作则之身教的影响因而是严守规则的;第二组儿童得奖次数达到百分之五十以上,说明他们深受成人不以身作则之身教的影响,因而一旦离开成人便会不守规则。

可见,就道德的实行来说,身教重于言教:“其身正,不令而行,其身不正,虽令不从。”[27] 身教是——言教则不是——引导受教育者实行道德的道德教育方法,因而也就是引导受教育者确定道德行为动机、执行道德行为动机的道德教育方法,也就是锻炼受教育者道德意志的道德教育方法。这样一来,道德教育方法岂不止于身教?不!因为身教、言教和奖惩结合起来,虽然足可以使受教育者实际成为一个有美德的人,但是,这些教育方法却都是片面的,不能给受教育者以完整的影响。完整的道德教育方法,是模仿完整的人,亦即所谓“榜样”。

榜样:培养个人道德认识、道德感情和道德意志的综合道德教育方法

人是个道德动物,每个人或多或少必定都有遵守道德规范从而做一个好人的道德需要、道德欲望和道德愿望。这些道德需要、道德欲望和道德愿望经过言教、奖惩和身教等道德教育方法便会逐渐强大而终成道德理想:道德理想岂不就是远大的道德愿望?岂不就是必经奋斗在较远的未来才能实现的远大道德愿望?道德需要、道德欲望、道德愿望和道德理想,无疑与其他需要、欲望、愿望和理想一样,乃是引发相应行为的动力。那么,一个人做一个好人的道德理想将引发怎样的行为呢?换言之,一个人怎样才能实现他做一个好人的道德理想呢?最佳的途径,就是模仿道德榜样,因为模仿无疑是每个人所固有的最深刻的人性。

因为道德理想如果是抽象的、笼统的、模糊的和非现实的,显然无法实现。问题的关键在于,言教、奖惩和身教使受教育者形成的,恰恰只是抽象的、笼统的、模糊的和非现实的道德理想;只有榜样——当其成为受教育者的道德理想或理想人格的时候——才能使这种道德理想现实化、具体化和明确化。试想,每个人做一个好人的道德理想,岂不只有通过模仿榜样从而转换为做一个像岳飞、文天祥和雷锋式的人,才能现实化、具体化和明确化

吗？否则，如果没有任何道德榜样，做一个好人的道德理想岂不只能是抽象的、笼统的、模糊的和非现实的吗？它怎么可能现实化、具体化和明确化呢？

因此，道德榜样就是受教育者做一个好人的道德理想之现实化、具体化和明确化的模型；模仿道德榜样就是受教育者现实化、具体化和明确化自己的道德理想的唯一途径，因而也就是他实现自己的道德理想的唯一途径：当他通过模仿道德榜样而终于成为像道德榜样一样的人的时候，岂不就实现了自己的道德理想？所以，一个人的品德固然可以超过他所模仿的道德榜样，甚至成为更加伟大和独特的道德英雄，但是，模仿和学习乃是创造和独创的基础：模仿道德榜样乃是他之所以超过他所模仿的道德榜样的基础。这就是为什么受教育者必定会模仿教育者所树立的道德榜样的缘故：模仿榜样是受教育者实现自己道德理想的必由之路。

可见，人的模仿本性及其做一个好人的道德理想，乃是榜样之为道德教育方法的前提和依据：榜样就是教育者引导受教育者模仿某些高尚者品德从而使受教育者的道德理想得到实现的道德教育方法。显然，榜样作为道德教育方法，与言教、奖惩、身教皆有所不同。一方面，榜样是一种全面的道德教育方法。因为言教、奖惩和身教所培养和提高的只是受教育者品德的某一种因素——或者是道德认识或者是道德感情或者是道德意志——因而皆为片面的道德教育方法。相反地，榜样所培养和提高的则是受教育者品德的全部因素。因为正如沛西·能所指出，此乃模仿本性使然："模仿趋势表现在行动、情感和思想三个方面。意识生活的这些因素是那么密切地相互结合在一起，以致在一个方面开始的模仿，通常会扩散到其他方面。所以，在女孩子中间，对一个被崇拜的女教师的模仿，可能开始是仿效她的笔迹、她的口吻和她的头饰，结果往往全盘地采取她的情操和意见。"[28] 所以，榜样是教育者引导受教育者模仿和学习某些高尚者品德各种因素的全面道德教育方法，是教育者引导受教育者模仿和学习某些品德高尚者的道德认识、道德感情和道德意志的综合道德教育方法。

另一方面，榜样是最具感染力的道德教育方法。因为不言而喻，言教、身教和奖惩的教育未必是具体的、感性的、直观的、形象的和生动的；反之，榜样的教育则必定是具体的、感性的、直观的、形象的和生动的：具体的、感性的、直观的、形象的和生动的教育岂不更具感染力？岂不更能够陶冶、增强和提高受教育者的道德感情、道德意志和道德认识？试想，有什么道德教育方法能够比文天祥为国为民而放弃荣华富贵直至牺牲性命的鲜活榜样更具感染力？他的一句"人生自古谁无死，留取丹心照汗青"岂不比万卷德育学更具实效和力量？这恐怕就是为什么说“榜样的力量是无穷”的缘故。

合而言之，榜样乃是一种最富感染力的陶冶、增强和提高受教育者道德感情、道德意志和道德认识的全面的道德教育方法。这种道德教育方法对于品德培养的重要意义，曾被苏霍姆林斯基概括为一句名言：“人只能用人来建树。”[29]因此，道德教育方法从培养受教育者品德某一种因素的言教、奖惩和身教到培养受教育者品德全部因素的榜样之研究，实乃从片面到全面和从分析到综合，因而便走完了自己行程，便完成了教育者对被教育者的品德培养，亦即完成了人与人相互间的、外在的个体品德培养。那么，相反地，每个人自己对自己的品德培养方法——亦即所谓道德修养方法或个体品德培养的内在方法——究竟是怎样的呢？

### 4. 道德修养：国民个体品德培养的内在方法

*学习：提高个人道德认识和形成品德所有因素的道德修养方法*

提高个人道德认识和形成品德所有因素的道德修养方法学习心理学的研究表明，所谓学习，亦即习得，就是有机体后天获得的、有意识的、能够形成个性的反应活动，说到底，也就是有机体后天获得的有意识的能够形成个性的知、情、意、行之反应活动。[30]准此观之，作为道德修养方法的学习——亦即道德学习——岂不就是有机体后天获得的、有意识的、能够形成道德个性、道德人格或品德的反应活动？岂不就是每个人后天获得的能够形成其道德人格或品德的知、情、意、行之四大活动？

这一定义显然意味着：每个人的道德人格或品德是后天获得的，是道德学习的结果。但是，这种学习，说到底，正如儒家所言，无非存心养性：一方面，压抑、减少自己生而固有的恶的人性，阻止其成为稳定的、恒久的心理状态，从而不致变成自己的品德和个性，使自己不致成为一个小人、坏人和不道德的人；另一方面，扩充、积累自己生而固有的善的人性，逐渐使之成为自己的稳定的、恒久的心理状态，从而变成自己的品德、人格和个性，使自己成为一个有美德的人。于是，孟子一言以蔽之曰：“学问之道无他，求其放心而已矣。”[31]

这样，学习作为道德修养方法，不但是提高品德所有因素的全面的道德修养方法，而且真正讲来，道德学习原本就是道德修养：二者实乃同一概念。这不但是因为所谓道德修养与道德学习，说到底，都是存心养性，都是存养扩充自己心中所固有的善的人性；而且就二者的定义来说，岂不都是指后天进行的能够形成其理想道德人格的活动？可是，为什么人们通常都将道德学习当做道德修养的一种特殊方法呢？亦即当做获得道德知识和提高道德认识的道德修养方法呢？

原来，学习是一个极为复杂的概念，因而具有广义学习概念与狭义学习概念之分。学习是有机体后天获得的、有意识的、能够形成个性的反应活动，只是广义学习概念的定义；而狭义学习概念则是获得知识和科学的活动，是有机体后天习得的有意识的能够形成个性的获得知识的反应活动。如果学习是获得知识的活动，那么，道德学习岂不就是获得道德知识、拥有道德智慧和提高道德认识的活动？道德学习就是获得道德知识、道德智慧的道德修养方法，就是提高个人道德认识的道德修养方法：这就是狭义道德学习概念的定义，亦即道德学习的通常定义。

从这个定义来看，道德学习固然不再是提高品德所有因素的全面的道德修养方法，却仍然是首要的、最重要的和最主要的道德修养方法。因为个人道德认识不仅是品德的指导因素、首要成分，而且是品德的其他因素——个人道德感情和个人道德意志——形成的必要条件。试想，如果一个人不进行道德学习，没有获得和提高个人道德认识，不知道为什么应该做一个有美德的人，那么，他怎么可能有欲求做一个有美德的人的道德感情？他怎么可能有克服各种困难而实际成为一个有美德的人的道德意志？所以孔子说："好仁不好学，其蔽也愚；好知不好学，其蔽也荡；好信不好学，其蔽也贼；好直不好学，其蔽也绞；好勇不好学，其蔽也乱；好刚不好学，其蔽也狂。"[32]

可见，即使就道德学习的狭义或通常定义来说，道德学习仍然不但是获得和提高个人道德认识的道德修养方法，因而是道德修养的前提与指导；而且因其是获得和提高个人道德认识的道德修养方法，同时也是形成个人道德感情和个人道德意志的必要条件与根本方法，因而也就是提高品德全部因素的全面的、全局的、普遍的道德修养方法，是首要的、最重要的和最主要的道德修养方法。那么，究竟应该怎样学习呢？

道德学习的方法多种多样，如攻读伦理书籍、听取他人传授、学习道德榜样、参观访问调查、反思社会生活、体验人生真谛等等。不过，一个人的道德知识有感性和理性之分：感性主要来自社会生活实践，理性主要来自伦理书籍。因此，反思社会生活是获取感性道德知识的主要形式；阅读伦理书籍是获取理性道德知识的主要形式。学习的主要目的无疑在于经过感性而达于理性。于是，正如朱熹所言，道德学习的最重要形式是读书："为学之道，莫先于穷理，穷理之要，必在读书。"[33]一个人通过这些学习，一旦真正懂得了为什么应该做一个有美德的人，便会进而树立做一个有美德的人的道德愿望和道德理想：这就是立志。

立志：陶冶个人道德感情的道德修养方法

所谓“志”，无疑就是目标、愿望和理想，就是必须经过一定的努力奋斗才可能实现的比较远大的目标、愿望和理想；因而立志作为一种道德修养方法，就是树立做一个有美德的人的道德愿望、道德目标和道德理想。因此，立志所陶冶和形成的，便不但是个人道德感情，而且是个人的全局的、整体的、根本的道德感情。因为个人道德感情无疑可以分为两类：一类是局部的、部分的、非根本的个人道德感情，如做某一件符合道德的事的道德愿望；另一类则是全局的、整体的、根本的个人道德感情，如做一个遵守道德的有美德的人的道德愿望和道德理想。所以，立志——树立做一个有美德的人的道德理想——乃是一种形成和陶冶个人整体的、全局的、根本的道德感情的道德修养方法。

这样一来，立志也就是驱使一个人的行为长期遵守道德从而使其内化为自己品德的全局的、整体的、根本的道德修养方法。因为正如亚里士多德所言，一个人的行为只有长期遵守道德才能成为一个有美德的人。[34]所以，一个人如果立志做一个有美德的人，那么，他便会为之而努力奋斗，他的行为便会长期地、恒久地、坚持不懈地遵守道德，从而使社会外在道德规范内化为自己的美德，最终实现自己的志向而成为一个有美德的人；反之，如果他没有立志，如果他不想做一个有美德的人，那么，他便没有长期遵守道德的全局的、整体的、根本的动因和动力，他便不可能长期地、恒久地、坚持不懈地遵守道德；而势必断断续续交错地、半斤八两地遵守道德和不遵守道德，以致道德和不道德互相中和、抵消而皆未能内化为其人格或个性，从而他决不会成为一个拥有美德人格或个性的人。那么，一个人究竟怎样才能够立志？

人是个社会动物，每个人的生活都要依靠社会和他人，因而能否得到社会和他人的赞许和给予，便是他一切利益中最根本最重大的利益；而能否得到社会和他人的赞许、给予之关键，根本说来，无疑在于他的品德如何。因此，一言以蔽之，美德乃是每个人获得利益和幸福的必要条件：这是最重要的道德智慧。所以，一个人能否立志做一个有美德的人，说到底，乃是他有无道德智慧的结果和标志。一个人有无道德智慧，说到底，显然又是道德学习的结果：“好学近乎知。”于是，立志而做一个有美德的人，便因其是道德智慧使然而最终是道德学习的结果；反之，陷入恶德而不能立志做一个有美德的人,则因其是不智使然而最终是道德学习不够的结果:学习是立志的唯一途径。如果一个人通过读书、实践和思考等道德学习活动而终于获得了“美德乃是每个人获得幸福的必要条件”等诸如此类的道德智慧,从而立志做一个有美德的人,那么,具体说来,他究竟应该树立怎样的道德志向呢?

不难看出,道德志向可以分为四类:第一类是“普通君子”,是芸芸众生,是普普通通的善人、好人、合乎道德的人,显然是立志的最低目标,是最低的道德志向;第二类是“伟大君子”,亦即各行各业的名家、大家、出类拔萃者,也就是那些为社会和他人做出了伟大贡献的善人、好人、合乎道德的人,因而是立志的最大目标,是最大的道德志向;第三类是“仁人”,是长期遵守无私利人的“至善”原则而使之内化为自己的人格的人,是最善、最好、最道德的人,因而是立志的最高目标,是最高的道德志向;第四类是“圣人”,是长期遵守所有道德规范而使之内化为自己的人格的人,是几乎具有全部美德的人,是道德完人,因而是立志的终极目标,是终极的道德志向。问题是,一个人究竟应该树立哪一类道德志向呢?

诸葛亮说得好:“志当存高远。”每个人都应该树立远大的道德志向:他应该树立最大的道德志向,做一个“伟大君子”,亦即成为本行的名家、大家、出类拔萃者,从而为社会和他人做出伟大贡献;他更应该树立最高的道德志向,做一个“仁人”,亦即长期遵守无私利人的“至善”原则而使之内化为自己的人格,从而成为最善、最好、最道德的人;他还应该树立终极的道德志向,做一个“圣人”,亦即长期遵守所有道德规范而使之内化为自己的人格,从而成为一个几乎具有全部美德的人。确实,每个人都应该树立最大的和最高的乃至终极的道德志向;即使最终他实现不了这些道德志向,但在他追求实现这些道德志向的过程中,一方面,他毕竟实现了自己的潜能,从而能够做出他可能做出的最大贡献和成为可能成为的最有价值的人;另一方面,他至少可以退而求其次,总能够实现最低的道德志向,亦即成为一个“普通君子”,做一个普普通通的善人、好人、合乎道德的人。

然而,无论如何,一个人一旦立志而树立了做一个有美德的人的道德愿望、道德目标和道德理想,那么,他就有了从事遵守道德的实际行为的根本动因和动力,就会从事遵守道德的实际行为,从而实现做一个有美德的人的道德愿望、道德目标和道德理想:这就是所谓的躬行。

*躬行:培养个人道德意志的道德修养方法*

所谓躬行,顾名思义,就是亲自实行,就是实行道德,就是按照道德规范做事,就是从事符合道德规范的实际活动。一个人如果仅仅学习、立志而不躬行，那么，他便只可能知道为什么应该做一个有美德的人和树立做一个有美德的人的道德愿望、道德目标和道德理想，而绝不可能实际成为一个有美德的人；他要实际成为一个有美德的人，便必须躬行，必须实行道德，必须按照道德规范做事、从事符合道德规范的实际活动：躬行是培养个人道德意志的道德修养方法，是实现道德志向——做一个有美德的人——的唯一的途径和方法。

因为所谓品德，如所周知，就是一个人长期遵守或违背道德的行为所形成和表现出来的稳定的、恒久的、整体的心理状态，就是一个人长期遵守或违背道德的行为所形成和表现出来的心理自我、道德人格："人从事什么，人就是什么。"[35]不独美德，其他的人格和技能亦莫不如此；如游泳、开车、弹琴等等，岂不都只有通过躬行实践，才能真正掌握，从而才能实际成为一个游泳健将、一个司机、一个琴手？所以，亚里士多德说："德性的获得，不过是先于它的行为之结果；这与技艺的获得相似。因为我们学一种技艺就必须照着去做，在做的过程中才学成了这种技艺。我们通过从事建筑而变成建筑师，通过演奏竖琴而变成竖琴手。同样，我们通过做公正的事情而成为公正的人，通过节制的行为而成为节制的人，通过勇敢的行为而成为勇敢的人。"[36]

品德虽只有在躬行中形成，但偶尔的躬行还不能形成品德，只有经常的、长期的、一系列的从而成为习惯的躬行，才能形成品德。[37]所以，作为培养个人道德意志的道德修养方法的躬行，便不是偶尔的、易变的躬行，而是恒久的、经常的、成为习惯的躬行。这种能够形成美德的恒久躬行包括或历经三大阶段：正心、积善与改过、慎独。

所谓正心，亦即确定躬行动机阶段，就是端正自己的心，说到底，就是端正自己的欲望和感情，就是端正自己的道德欲望和道德感情，就是增强、扩充自己的善的欲望和感情而减弱、消缩自己的恶的欲望和感情。正心的最高且终极的境界，就是使恶的欲望和感情至弱至微以至接近于零，从而使善的欲望和感情——用孟子的话来说——至大至刚以至接近于充塞心灵的全部而成为所谓"浩然之气"。[38]如果一个人的欲望和感情能够达到或接近达到这种"浩然之气"的正心之境界，那么，他善的、遵守道德的行为动机必定能够恒久克服恶的、不道德的行为动机而得到恒久的执行和实现，从而能够恒久地躬行道德而使之成为习惯和美德。可是，一个人究竟怎样才能正心而端正自己的欲望和感情？

最主要方法就是进行所谓"积善"或"集义"之道德实践。不过，"积善”或“集义”已经超越躬行的第一阶段——确定躬行动机阶段——而进入了躬行的第二阶段:执行躬行动机阶段。该阶段主要是克服善的行为或躬行之偶尔性而使之具有恒久性,从而使之逐渐演进为习惯而终成美德。试想,一个人的善的欲望和感情即使不能至大至刚而成为浩然之气,但是,如果他持之以恒,不断地确定和执行一件又一件善的遵守道德的行为动机,那么,逐渐地,他这种一件又一件的善的遵守道德的行为或躬行岂不就会积累而成为恒久的习惯和美德?他岂不就会成为一个有美德的人了?这就是所谓的“积善”或“集义”:“积善”或“集义”就是不断地确定和执行善的、遵守道德的行为动机,就是持之以恒地遵守道德的行为。

粗略看来,躬行由正心而至于积善,便能够形成美德而使一个人成为有美德的人,因而便完成了躬行的全过程。然而,细究起来,并不尽然。因为完全遵守道德、只行善事而不做恶事的人,是绝不可能存在的。人们常说:“人非圣贤,孰能无过?”[39]似乎圣人完全遵守道德而无过。然而,正如陈确所言:“世儒谓‘唯圣人无过’者,妄也。”[40]君子、仁人乃至圣人或圣贤,也绝不可能完全遵守道德,完全行善。他们必定也有违背道德而干诸如损人利己的不道德的、不应该的、恶的事情。只不过,他们能够改过迁善,从而这种不道德的行为比较少,只是偶尔的而不是恒久的,因而没有使他们形成和具有损人利己的品德或人格罢了。所以,王阳明说:“夫过者,自大贤所不免,然不害其卒为大贤者,为其能改也。故不贵于无过,而贵于能改过。”[41]因此,改过与积善实乃一枚硬币的正反两面,是躬行的相辅相成的两个对立面,是形成美德而避免恶德的充分且必要条件。

那么,躬行由正心、积善而至于改过,是否真正完成了躬行的全过程呢?否。因为,如所周知,躬行——正心、积善与改过——原本有两种形式或类型。一种是在不但自己知道而且他人也知道的情况下,亦即在自己与他人共处而有人监督的情况下,实行道德、按照道德规范做事、从事符合道德规范的实际活动;一种是在他人不知而自己独知的情况下,亦即在自己独处而无人监督的情况下,仍旧实行道德、按照道德规范做事、从事符合道德规范的实际活动:后者便是所谓的“慎独”;而前者则可以称之为“非慎独的躬行”。慎独就是独处情况下的谨慎躬行,就是在个人独处的情况下仍旧谨慎地不折不扣地实行道德、按照道德规范做事、从事符合道德规范的实际活动,就是在人虽不知而己独知的幽暗之中、细微之事也谨慎从事符合道德规范的实际活动。

慎独显然是躬行的终极阶段。因为一个人如果达到了慎独境界,从而在人虽不知而己独知的情况下也遵守道德，那么，他遵守道德便是自愿的而不是被迫的；他遵守道德便是出于自愿做一个有美德的人的道德需要，为了使自己成为一个有美德的人；而不是迫于社会和别人的监督，不是为了做样子给社会和他人看的。这样，他便能够任何情况下——不论他人是否知道——都遵守道德，他遵守道德的行为或躬行便必定是恒久的，他必定实际成为一个有美德的人。所以，叶适说："慎独为入德之方。"[42]

这样一来，学习、立志与躬行便似乎构成了道德修养方法的完整体系。因为一个人的道德修养经过学习、立志而至于躬行，便可以使自己成为一个有美德的人了：躬行是美德形成和获得的充分且必要条件。其实不然。因为只有学习、立志和躬行，一个人固然可以实际成为一个有美德的人，却不可能知道自己实际上是不是一个有美德的人。这样，他的道德修养便没有依据，便是无的放矢。道德修养必须依据于自己的品德实际，必须依据于自省。

### 自省：培养个人道德认识、个人道德感情和个人道德意志的综合道德修养方法

作为道德修养方法的自省，亦即道德自省、道德内省、道德反省，是一个人对自己的品行——品德和行为——是否合乎道德的自我检查，是一个人对自己的行为及其所表现和形成的品德的道德价值之自我检查，说到底，也就是一个人对自己的行为动机与行为效果及其所表现的个人道德认识、个人道德感情和个人道德意志的道德价值之自我检查。这样，通过自省，一个人的道德修养便有了依据，便知道自己的品德之优劣善恶究竟是在哪些方面——是个人道德认识还是个人道德感情抑或个人道德意志，便可有的放矢地扬善抑恶和去恶从善，从而自觉地使自己实际成为一个有美德的人。因此，自省乃是一个人的品德形成和修养的依据与基础，是培养个人道德认识、个人道德感情和个人道德意志的综合道德修养方法。那么，一个人如何才能勤于道德自省？

道德自省显然源于道德立志，源于做一个有美德的人的道德志向，说到底，源于每个人所具有的做一个有美德的人的道德需要、道德欲望和道德感情。因为一个人要成为一个有美德的人，无疑只有去做遵守道德的好事、道德的事、高尚的事；这些遵守道德的好事积累到一定程度，道德便会由社会外在规范而内化为他的品德，他就会成为一个有美德的人了。所以，一个人有了做一个有美德的人的道德需要、道德感情和道德志向，便会不断驱使他遵守道德做好事，便会不断驱使他察看、自省自己的行为和品德是否合乎道

德,便会不断驱使他察看、自省自己是不是一个有美德的人,从而因自己做一个有美德的人的道德需要、道德感情和道德志向是否被自己的行为所满足而快慰或悔恨。

因此,一个人做一个有美德的人的道德需要、道德感情和道德志向,乃是驱使他进行道德自省的源泉和动力。这样一来,一个人自省的勤奋程度便必定与其做一个有美德的人的道德需要、道德感情和道德志向的强弱程度成正比例关系:一个人做一个有美德的人的道德需要、道德感情和道德志向越强大,驱使他进行道德自省的动力便越强大,他便越勤于进行道德自省;一个人做一个有美德的人的道德需要、道德感情和道德志向越弱小,驱使他进行道德自省的动力便越弱小,他便越懒于进行自省;如果一个人做一个有美德的人的道德需要、道德感情和道德志向逐渐弱小而接近于零,他就失去了进行道德自省的动力,他就可能不知道道德自省究竟为何物了。所以,一个人要想勤于进行道德自省,便必须增强自己做一个有美德的人的道德需要、道德感情和道德志向。那么,当一个人具有了这样的道德感情、道德志向和道德智慧从而能够进行道德自省时,他究竟应该怎样进行道德自省?或者说,道德自省的具体方法究竟如何?

孔子将道德自省的方法归结为"自讼",亦即自己与自己打官司;亚当·斯密则相当详尽地阐发了道德自省的这种自讼方法。[43]融汇两位大哲的理论可知,自讼就是将自我一分为二,分为两个自我:一个是作为被审查者、被评判者的自我,亦即作为行为者的自我,说到底,就是自己的品行,也就是自己的行为动机与行为效果及其所表现和形成的个人道德认识、个人道德感情和个人道德意志;另一个则是作为审查者、评判者的自我,亦即自己的良心。这样一来,自讼的具体过程,也就是自己的良心运用社会的外在道德规范和自己内在的道德理想,来衡量和审查自己的品行——行为动机与行为效果及其所表现的个人道德认识、道德感情和道德意志——之过程:

如果看到自己的行为——亦即动机和效果——符合道德规范,看到自己的品德——亦即自己所具有的道德认识、道德感情和道德意志——逐渐接近君子、仁人乃至圣人的道德境界,那么,良心这个法官就会宣判自己有德无罪而庄严地奖励自己,使自己陶醉于自豪感的极大快乐和良心满足的无比喜悦中,从而推动自己更好地遵守道德,尽快达到君子、仁人乃至圣人的道德境界;反之,如果看到自己的行为违背道德规范,看到自己的品德逐渐背离自己的道德理想而日益堕入小人、坏人和恶人的境界,那么,良心这个法官就会宣判自己缺德有罪和严厉地惩罚自己,使自己遭受内疚感、罪恶感和悔恨的痛苦折磨,从而改过迁善、遵守道德,以便从这种心灵的痛苦折磨中解脱出来。

合观道德修养方法,可以得出结论说,从逻辑上看,首要的方法是学习,因为学习使人们知道为什么应该做一个有美德的人,是每个人获得道德知识和道德智慧的活动,是提高个人道德认识的道德修养方法,是道德修养的前提与指导;尔后是立志,因为立志使人们树立做一个有美德的人的道德愿望、道德目标和道德理想,是形成和陶冶个人整体的、全局的、根本的道德感情的道德修养方法,是道德修养的动因和动力;尔后是躬行,因为躬行是实现道德志向——做一个有美德的人——的唯一方法,是培养个人道德意志的道德修养方法,是美德形成和获得的充分且必要条件,是道德修养的途径和过程;最后是自省,因为自省使一个人知道自己实际上是不是一个有美德的人,是一个人对自己的品行是否合乎道德的自我检查,是培养个人道德认识、个人道德感情和个人道德意志的综合道德修养方法,是道德修养的依据与终点。自省是道德修养的终点,道德修养终于自省,便走到了道德修养的尽头;但自省同时又是道德修养的新起点。因为经过自省,一个人便可以知道自己有哪些不道德的恶的品行和哪些道德的善的品行,知道自己道德认识、道德感情和道德意志的道德价值之实际情况,从而便可以有的放矢地修养自己的品行,便可以有目的地修养自己的道德认识、道德感情和道德意志,于是便否定之否定地回复和升华为新的学习、新的立志乃至新的躬行:如此循环往复,成为习惯,美德遂成。

### 5. 两种品德培养方法——道德教养与制度建设——之关系

通观品德培养方法,可知道德教养——道德教育和道德修养——与制度建设根本不同。因为道德教育与道德修养都是国民个体、各个个人的品德培养方法,而不是国民总体、群体的品德培养方法;而制度建设——亦即宪政民主、市场经济、思想自由和优良道德四大制度建设——则是国民总体、群体之品德的培养方法,而不是国民个体品德、个人品德培养方法。制度建设是国民总体或群体品德培养方法,它虽然不能保证具体提高各个个人的品德境界,却能够保证提高一个国家的国民总体的品德境界;而道德教育与道德修养则是国民个体或个人的品德培养方法,它只能保证具体提高每个人的品德境界,却不能够保证提高一个国家的国民总体的品德境界。这样一来,一个国家或社会,只要制度优良,不论该国道德教育与道德修养如何,即使该国不进行任何道德教育与道德修养,该国国民总体来说必定品德高尚;而它的道德教育和道德修养不论如何恶劣松懈乃至等于零,充其量,也只能导致极少数人品德败坏而已。反之,一个国家或社会,只要制度恶劣,那么,不论道德教育与道德修养如何,即使有最优良、最努力的道德教育和道德修养,该国国民总体来说也必定品德败坏;而它的道德教育和道德修养不论如何优良努力,充其量,只能造就极少数有美德的人而已。因此,作为品德培养方法,制度建设远远重要于道德教养:制度建设是大体,是品德培养的根本的、主要的和决定性的方法;而道德教养——道德教育和道德修养——则是小体,是品德培养的非根本的、非主要的和非决定性的方法。所以,邓小平说:"制度好可以使坏人无法任意横行,制度不好可以使好人无法充分做好事,甚至会走向反面。即使像毛泽东同志这样伟大的人物,也受到一些不好的制度的严重影响,以至于对党对国家对他个人都造成了很大的不幸——不是说个人没有责任,而是说领导制度、组织制度问题更带有根本性、全局性、稳定性和长期性。"[44]

## 注　释

〔1〕 周辅成编:《西方伦理学名著选辑》下卷,商务印书馆,1987 年版,428 页。

〔2〕 Aristotle, *Aristotle's Nicomachean Ethics*, translated with commentaries and glossary by Hippocrates G. Apostle, Grinnell, Iowa: Peripatetic Press, 1984, p. 21.

〔3〕 焦弘:《老子翼 · 卷七引》。

〔4〕 John K. Roth, *International Encyclopedia of Ethics*, Fitzroy Dearborn, London, 1995, p. 912.

〔5〕 《孟子 · 告子下》。

〔6〕 Charles Darwin, *The Descent of Man and Selection in Relation to Sex*, John Murray, Albemarle Street, W. London, 1922, p. 148.

〔7〕 《伦理学和政治学中的人类社会》,肖巍译,中国社会科学出版社,1992 年版,66 页。

〔8〕 《孟子 · 告子下》。

〔9〕 Steven M. Cahn and Peter Markie, *Ethics: History, Theory, and Contemporary Issues*, Oxford University Press, New York, Oxford, 1998, pp. 675-676.

〔10〕 Archie J. Bahm, *Why Be Moral?* Albuquerque World Books, 1992, p. xi.

〔11〕 Ibid., p. x.

〔12〕 John K. Roth, *International Encyclopedia of Ethics*, Fitzroy Dearborn, London, 1995, p. 915.

〔13〕 Friedrich Paulsen, *System of Ethics*, translated by Frank Thilly, Charles Scribner's sons, New York, 1908, p. 406.

〔14〕 Abraham H. Maslow, *Motivation and Personality*, second edition, Harper & Row Publishers, New York, 1970, p. 59.
〔15〕 Robert Maynard Hutchins, *Great Books of the Western World*, Volume 43, *American State Papers the Federalist*, by J. S. Mill, Encyclopaedia Britannica Inc., Chicago, 1952, p. 463.
〔16〕 冯友兰:《三松堂全集》第四卷,河南人民出版社,1986 年版,125 页。
〔17〕 《孟子 · 尽心上》。
〔18〕 冯友兰:《三松堂全集》第四卷,河南人民出版社,1986 年版,608 页。
〔19〕 郭沫若:《十批判》,人民出版社,1959 年版,213 页。
〔20〕 《荀子 · 非十二子》。
〔21〕 《荀子 · 儒效》。
〔22〕 程颐:《河南程氏遗书》卷二十五。
〔23〕 Robert Maynard Hutchins, *Great Books of the Western World*, Volume 43, *American State Papers the Federalist*, by J. S. Mill, Encyclopaedia Britannica Inc., Chicago, 1952, p. 292.
〔24〕 Richard T. Nolan, Frank G. Kirkpatrick with Harold H. Titus, and Morris T. Keeton, *Living Issues in Ethics*, Belmont, Calif.: Wadsworth Pub. Co., c1982, pp. 285-286.
〔25〕 Ibid., p. 296.
〔26〕 《孟子 · 尽心上》。
〔27〕 《论语 · 子路》。
〔28〕 沛西 · 能:《教育原理》,人民教育出版社,1964 年版,第 167 页。
〔29〕 苏霍姆林斯基语,转引自崔相录:《德育新探》,光明日报出版社,1987 年版,132 页。
〔30〕 Edward L. Thorndike, *Human Learning*, New York: The Century Co., 1931, p. 5; Stephen Sheldon Colvin, *The Learning Process*, MacMillan, 1911, p. 1.
〔31〕 《孟子 · 告子》。
〔32〕 《论语 · 阳货》。
〔33〕 朱熹:《性理情义》。
〔34〕 Aristotle, *Aristotle's Nicomachean Ethics*, translated with commentaries and glossary by Hippocrates G. Apostle, Grinnell, Iowa: Peripatetic Press, 1984, p. 21.
〔35〕 海德格尔:《存在与时间》,三联书店,1987 年版,288 页。
〔36〕 Aristotle, *Aristotle's Nicomachean Ethics*, translated with commentaries and glossary by Hippocrates G. Apostle, Grinnell, Iowa: Peripatetic Press, 1984, p. 21.
〔37〕 Ibid.
〔38〕 《孟子 · 公孙丑上》。
〔39〕 赵青黎:《箴友言》。

〔40〕 《陈确集·近言集》。
〔41〕 王阳明:《王阳明全集·卷二十六·教条示龙场诸生·改过》。
〔42〕 叶适:《习学记言序目·卷八》。
〔43〕 Adam Smith, *The Theory of Moral Sentiments*, edited by D. D. Raphael and A. L. Macfie, Clarendon Press, Oxford, 1976, p. 113.
〔44〕 《邓小平文选》第二卷,人民出版社,1994 年版,333 页。

## 思考题

1. 洛克、休谟、费尔巴哈和弗洛伊德都一再说:爱就是自我对其快乐和利益之因的心理反应。可是,为什么那些不孝儿女,他们虽然从父母那里得到了极其巨大的快乐和利益,却并不深爱他们的父母?
2. 孟子曰:“夫仁,天下尊爵也,人之安宅也。莫之御而不仁,是不智也。”这意味着:陷入恶德是一种真正的愚蠢和不智;而追求美德则是一种真正的智慧。这种观点究竟是一种劝人为善的道德说教,还是一种不依人的意志而转移的客观真理?试回答今日西方美德伦理学的根本问题:一个人究竟为什么是道德的?
3. 好人或处于美德境界的人,虽然有美德也有恶德,但必定以美德为主;反之,坏人或处于恶德境界的人,虽然有恶德也有美德,但必定以恶德为主。那么,这种将好人与坏人以及美德境界与恶德境界区别开来的主要的、决定性的、支配性的品德究竟是什么?
4. 有些伦理学家以为市场经济是一把双刃剑:虽发展经济却败坏道德。这样一来,市场经济便不可能是提高国民品德的方法;恰恰相反,它只可能败坏道德:败坏道德是它发展经济所不可避免的副作用。于是,伦理学家的任务就是:如何既搞市场经济又尽量避免它败坏道德的副作用,从而将这种副作用降自最低限度。这种观点能成立吗?
5. 管子说:“仓廪实则知礼节,衣食足则知荣辱。”这种观点科学吗?孟子赞成管子的观点,进而发挥道:“民非水火不生活,昏暮叩人之门户求水火,无弗与者,至足矣。圣人治天下,使有菽粟如水火。菽粟如水火,而民焉有不仁者乎?”可是,他又断言:“为富不仁矣,为仁不富矣。”这是否自相矛盾?
6. 爱尔维修说:“在已证明大的报酬造成大的德行、荣誉之贤明的管理是立法家能够用以联结个人利益于公众利益而形成有德行的公民之最有力的纽带以后,在我想来,我是很正当地由此下结论说某种人民对德行之爱慕或冷淡就是他们的政体不同的结果。”(爱尔维修:《精神论》,辛垦书店,1928 年版,116 页)他说得对吗?
7. 法国第戎科学院 1749 年发布征文,题目是:“科学与艺术的复兴是否有助于敦风化俗?”卢梭在应征论文中写道:“我们的灵魂是随着我们的科学和我们的艺术之臻于完善而越发腐败……海水每日的潮汐经常受那些夜晚照临我们的星球的运行所支配,也还比不上风尚与节操的命运之受科学与艺术的支配呢。我们可以看到,随着科学与艺术的光芒在我们的天边上升起,德行也就消逝了。这种现象在各个时代和各个地方都可以观察到。”(卢梭:《论科学与艺术》,7 页)这些观点正确吗?

# 第三版后记

2007 年底,我专心致志整整写了 22 年的 150 余万字的《新伦理学》(修订版)终于完稿,于是开始修改《伦理学原理》第二版,至 2008 年底定稿,亦即《伦理学原理》第三版。该版不同于第二版的内容主要有三:其一,系统论述共产主义的应然性和必然性,确证共产主义理想和集体主义原则在伦理学体系中的重要地位:共产主义是社会治理的最高理想,集体主义是一种统领所有道德规范的道德总原则;其二,删改全书艰深难懂部分而力求深入浅出、清晰简明;其三,重写了美德伦理学部分。虽经反复修改,但错误和疏漏之处在所难免,恳请读者批评指正。特别是,限于篇幅和教材的要求,很多伦理学问题没有论述或未能充分论证。对于这些问题有兴趣的读者,请参阅拙著《新伦理学》(修订版,全三册,商务印书馆 2008 年版)以及《伦理学方法》(商务印书馆 2003 年版)、《人性论》(商务印书馆 2005 年版)、《名家通识讲座书系:道德哲学原理十五讲》(北京大学出版社 2008 年版)、《名校名师名课系列:伦理学与人生》(复旦大学出版社 2009 年版)和《复旦博学书系:伦理学导论》(复旦大学出版社 2009 年版)。本书第十章由中央民族大学马克主义学院的孙英博士撰写,谨此说明。本教材承蒙责任编辑田炜精心审阅修改,饱含她的辛劳;本教材的写作还得到“2008 年度北京大学教材建设立项”和“北京大学创建世界一流大学计划”经费资助,在此一并深致谢忱。

王海明

北京大学哲学系伦理学教研室

2009 年 2 月 2 日

# 博雅大学堂·哲学书目

| | | | |
|---|---|---|---|
| * 楼宇烈等 | 东方哲学概论 | * 王　博 | 庄子哲学 |
| * 赵家祥等 | 历史唯物主义新编 | * 孙尚扬 | 宗教社会学 |
| * 赵家祥等 | 马克思主义哲学教程 | * 张志刚等 | 宗教研究指要 |
| * 张世英 | 哲学导论 | * 陈　波 | 逻辑哲学 |
| * 张文儒等 | 现代中国哲学 | * 叶　朗 | 美学原理 |
| * 赵敦华 | 西方哲学简史 | * 邢滔滔 | 数理逻辑 |
| * 赵敦华 | 现代西方哲学新编 | * 胡　军 | 知识论 |
| * 陈　来等 | 中国哲学史 | 韩水法 | 政治哲学 |
| * 陈嘉映 | 语言哲学 | 吴国盛 | 科学通史教程 |
| * 王海明 | 伦理学原理 | 程　炼 | 心灵哲学 |

打 * 号者为已出。